E
F
G
H
rry-la-Ville – Coye
13 Saint-Denis – Université
Marché de St-Denis
Basilique de St-Denis
Cimetière de St-Denis
Hôpital Delafontaine
Cosmonautes
La Courneuve 6 Routes
Hôtel de Ville de La Courneuve
Basilique de St-Denis
Saint-Denis Porte de Paris
Stade de France Saint-Denis
La Plaine Stade de France
La Courneuve Aubervilliers
Le Bourget
Stade Géo André
Danton
La Courneuve – 8 Mai 1945
La Courneuve 8 Mai 1945 7
Maurice Lachâtre
Drancy – Avenir
Hôpital Avicenne
Gaston Roulaud
Escadrille Normandie – Niémen
La Ferme
Libération
Hôtel de Ville de Bobigny
Fort d'Aubervilliers
Aubervilliers – Pantin Quatre Chemins
12 Porte de la Chapelle
5 Bobigny Pablo Picasso
Jean Rostand
Auguste Delaune
Pantin
Simplon
Marcadet Poissonniers
Marx Dormoy
Porte de la Villette
Bobigny – Pantin Raymond Queneau
Corentin Cariou
Pont de Bondy
Petit Noisy
Chelles Gournay E
Château Rouge
Crimée
Église de Pantin
Barbès Rochechouart
La Chapelle
Riquet
Stalingrad
Ourcq
Porte de Pantin
Hoche
Noisy-le-Sec T 1
Anvers
Laumière
Tournan E
Gare du Nord
Jaurès
Danube
Magenta
7bis Louis Blanc
Bolivar
7bis Pré St-Gervais
11 Mairie des Lilas
Château Landon
Botzaris
Poissonnière
Gare de l'Est
Colonel Fabien
Buttes Chaumont
3bis Porte des Lilas
Château d'Eau
Belleville
Pyrénées
Jourdain
Place des Fêtes
Télégraphe
Jacques Bonsergent
Saint-Fargeau
Strasbourg Saint-Denis
Goncourt
Couronnes
Bonne Nouvelle
République
Pelleport
Temple
Ménilmontant
Oberkampf
Arts et Métiers
Réaumur Sébastopol
Parmentier
Père Lachaise
Porte de Bagnolet
3 Gallieni
Filles du Calvaire
Rue Saint-Maur
3bis Gambetta
Châtelet Les Halles
Rambuteau
St-Sébastien Froissart
Saint-Ambroise
Philippe Auguste
9 Mairie de Montreuil
Hôtel de Ville
Richard Lenoir
Voltaire
Croix de Chavaux
Chemin Vert
Alexandre Dumas
Robespierre
11
Bréguet Sabin
St-Paul
Charonne
Porte de Montreuil
Pont Marie
Bastille
Avron
Maraîchers
Marne-la-Vallée
Parcs Disneyland A
St-Michel Notre-Dame
Rue des Boulets
2
Buzenval
Ledru-Rollin
Sully Morland
Cluny La Sorbonne
Faidherbe Chaligny
6 Nation
Vincennes
Porte de Vincennes
Saint-Mandé
Maubert Mutualité
Gare de Lyon
Reuilly – Diderot
Boissy-Saint-Léger A
Cardinal Lemoine
Quai de la Rapée
Montgallet
Picpus
Bérault
1 Château de Vincennes
Bel-Air
Jussieu
Gare d'Austerlitz
Daumesnil
Place Monge
Michel Bizot
Port-Royal
10
Censier Daubenton
Dugommier
Saint Marcel
Porte Dorée
Denfert Rochereau
Les Gobelins
Bercy
Campo Formio
Porte de Charenton
Saint-Jacques
Quai de la Gare
Cour St-Émilion
Corvisart
Place d'Italie
Chevaleret
Liberté
Glacière
5
Nationale
Bibliothèque Fr. Mitterrand
Charenton – Écoles
Tolbiac
Olympiades 14
École Vétérinaire de Maisons-Alfort
Cité Universitaire
Maison Blanche
Porte d'Italie
Porte de Choisy
T 3 Porte d'Ivry
Ivry sur-Seine
Maisons-Alfort – Stade
Stade Charléty
Poterne des Peupliers
Le Kremlin Bicêtre
Maisons-Alfort Alfortville
Maisons-Alfort Les Juilliottes
Gentilly
Pierre et Marie Curie
Villejuif Léo Lagrange
Mairie d'Ivry 7
Vitry sur-Seine
Créteil – L'Échat
Laplace
Villejuif Paul Vaillant-Couturier
Créteil – Université
Le Vert de Maisons
cueil – Cachan
7 Villejuif – Louis Aragon
8 Créteil – Préfecture
Les Ardoines
Massy – Palaiseau
Versailles – Chantiers C
Orly Sud
Dourdan
Saint-Martin-d'Étampes C
Malesherbes D
D Melun
E
F
G
H
2
3
4
5
6
7
8

PETITE HISTOIRE DES STATIONS DE METRO

# パリのメトロ
# 歴史物語

ピエール＝ガブリエル＝ロジェ・ミケル
Pierre-Gabriel-Roger Miquel

蔵持 不三也 訳
Fumiya Kuramochi

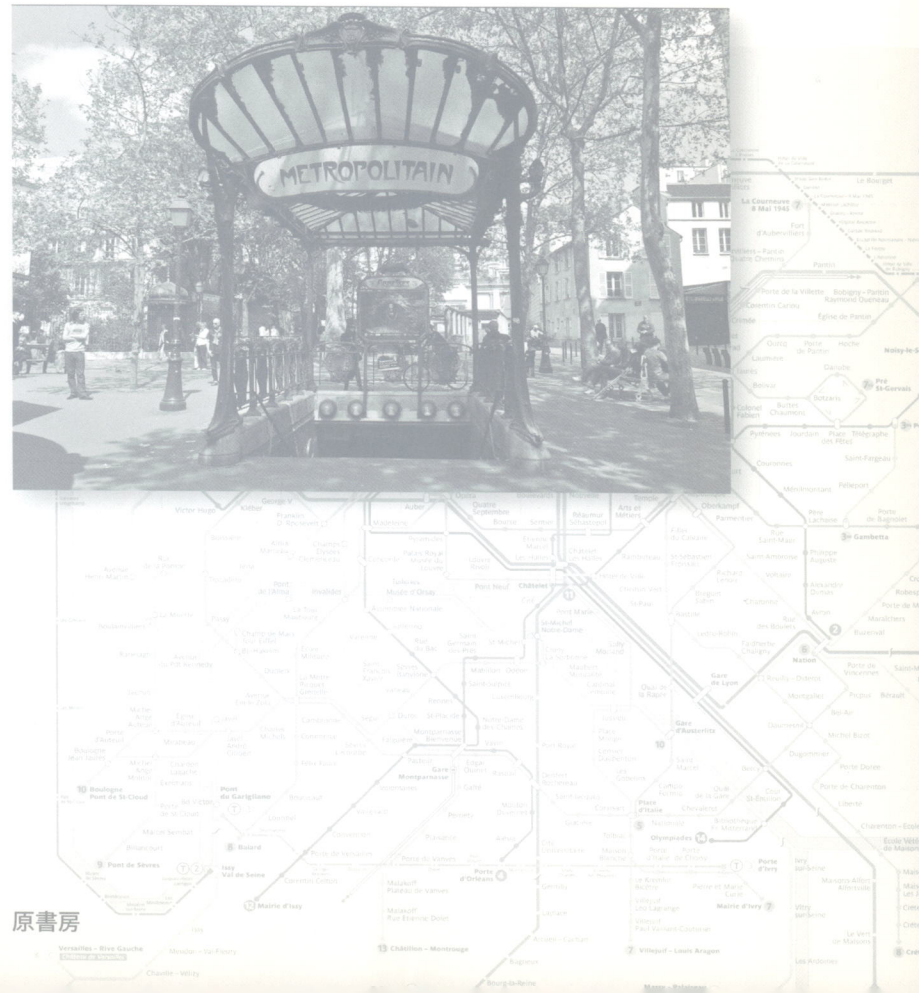

原書房

パリのメトロ歴史物語●目次

序文——メトロの歴史　5

1号線　ポン＝ド＝ヌイイ駅——シャトー・ド・ヴァンセンヌ駅
　　　　ラ・デファンス＝グランド・アルシュ駅——シャトー・ド・ヴァンセンヌ駅　27
2号線　ポルト・ドーフィヌ駅——ナシオン駅　59
3号線　ポルト・ド・シャンペレ駅——ポルト・デ・リラ駅
　　　　ポン・ド・ルヴァロワ＝ベコン駅——ガリエニ駅　89
3号線bis　ポルト・デ・リラ駅——ガンベッタ駅　111
4号線　ポルト・ドルレアン駅——ポルト・ド・クリニャンクール駅　115
　　　　RER（首都圏高速交通網）-B線　141
5号線　プラス・ディタリ駅——ポルト・ド・パンタン駅
　　　　プラス・ディタリ駅——ボビニ・パブロ・ピカソ駅　143
6号線　シャルル・ド・ゴール＝エトワル駅——ナシオン駅　159
　　　　RER（首都圏高速交通網）-C線（一部）　179
7号線　プラス・ディタリ駅——ポルト・ド・ラ・ヴィレット駅
　　　　メリー・ディヴリ駅／ヴィルジュイフ・ルイ・アラゴン駅——ラ・クールヌーヴ＝ユイ・メ・ミルヌフサンキャラントサンク駅（*8MAY 1945*）駅　185
7号線bis　ルイ・ブラン駅——プレ・サン・ジェルヴェ駅　212
8号線　バラール駅——ポルト・ド・シャラントン駅
　　　　バラール駅——クレテイユ・プレフェクテュール駅　217
9号線　ポン・ド・セーヴル駅——メリ・ド・モントルイユ駅
　　　　ポン・ド・セーヴル駅——ポルト・ド・サン・クルー駅——メリ・ド・モントルイユ駅　235
10号線　ブローニュ＝ポン・サン・クルー——オーステルリッツ駅　255
11号線　メリ・デ・リラ駅——シャトレ駅　269
12号線　メリ・ディシ駅——ポルト・ド・ラ・シャペル駅　275
13号線　ポルト・ド・クリシー駅——ポルト・ド・ヴァンヴ駅
　　　　シャティヨン・モンルージュ駅——アニエール＝ジュヌヴィリエ＝レ・クルティーユ駅——ウニヴェルシテ・サン＝ドゥニ駅　291
14号線　サン・ラザール駅——オランピアード駅　311

訳者解説——メトロもしくは歴史の里程標　318

＊正体は当初の路線、イタリック体は延長後の現行路線

## 凡例

1．本書は、Pierre Miquel : Petite histoire des stations de metro, Albin Michel, Paris, 1993 の全訳である。
2．原著刊行後のメトロの新駅・新路線および名称の改変については、訳者の判断で補足・説明した。
3．本文中の写真はすべて訳者による。
4．原著にみられる若干の誤記・誤植は、訳者の判断で適宜修正した。
5．本文中、短い訳注は ［　］で、それ以外は番号を付してつけた。

# 序文
# メトロの歴史

　パリのメトロ（地下鉄）は身近な鉄道である。それは主な十字路すべてに止まる。それぞれの駅名が記された琺瑯びきのプレートは、道路表示板から着想を得ている。青地に白く浮かび上がった駅名の文字は、かつて駅長が整備していたおよそ400もの駅舎［2011年夏現在384駅舎（無人駅を含む）］に見られる。これらの駅名はパリの地上に張りめぐらされた名前のクモの巣、つまり歴史が市内各所に遺した呼称の網目を、しばしば地下に再現している。1900年代における地下鉄網の創設者とその後継者たちは、中世から20世紀にかけて登場した偉人たちの名を駅名につけるという伝統を守った。こうしてメトロは、祖先の記憶、ごく例外的には高名な女性の記憶をただちに呼び覚ましてくれる、いわば動く殿堂となっているのだ。そして、駅の名を読むやいなや、電車が再び走り出す。

メトロのプラットフォーム（シャルル・ドゴール＝エトワル駅）

　それ以外のメトロの駅名は、ほとんどがパリの地名から恣意的につけられているが、一部はそれを顧慮せず、逆に一部は過度なまでの細心さで命名さ

れている。そして今日、駅名となった一部の名前は忘れ去られているものの、辛うじて電車が止まるわずかな間だけ——ただし、日に100回あまり——呼び起こされるようになっている。たとえ歴史に関心がなくても、駅名からモンジュやガリバルディの名を思い浮かべない旅行者などいるだろうか。とはいえ、これらの偉人たちがなぜ駅名に選ばれたか、その理由を知っている者はいるのか。歴史はなぜ彼らを特別に扱ってきたのか。メトロは英雄たちの忘却に対して戦う使命を神々から授かっているのだろうか［以下の序文中、生没年以外に簡単な訳注をつけた人物や地名以外は、原則的にメトロの駅名となっている。本文の該当箇所を参照されたい］。

　歴史からすぐさま忘れられた者は数多い。駅名に残る彫刻家アレクサンドル・ファルギエール［1831-1900］のことを、いったいだれが覚えているというのか。地質学者のアンドレ・ブロシャン・ド・ヴィリエ［1772-1840］や、人通りの多い広場にその名が冠せられた化学者アントワヌ・ジェローム・バラール［1802-76］の場合はどうか。ミロメニル侯爵［1723-96］とはだれか。ルイ16世時代の国事尚書である。おそらく彼は、国王弁護団のひとりだったゆえに忘却をまぬがれた、政治家のマルゼレブ［1721-94］を知っていた。だが、バリケードの上で20歳の若い命を散らした、理工科学校生のルイ・ヴァノー［1811-30］については何を語れるか。さらにいえば、皇帝ナポレオン３世のためにメキシコで犬死したロミエール将軍［1812-63］に関してはどうか。

　アンリ＝マルタン大通りのことはだれもが知っている。好運にもアンリ・マルタン［1810-83］の名がつけられたのは、彼が一世を風靡した『フランス史』の著者だったというより、むしろ16区の区長だったことによる。また、ジュール・ジョフラン［1846-90］については、ピエール・シャルドン［1845没。「貧者の医師」］と、オートゥイユの鐘楼——メトロの駅名にその名を冠するという栄誉に浴していない、詩人・劇作家のアルフレッド・ド・ミュッセ［1810-57］によって祝福された——の陰に高齢者用ホームを創設した、ダニエル・ラガシュ［1903-72］の絶妙な結びつき［→シャルドン＝ラガシュ駅］ほど知られてはいない。

　駅名にまつわるこうした事例は、さらにいくつも列挙できる。たとえばカデは、フリーメイソン大東社の高名なロッジのメンバーではない［現在フリーメイソン博物館となっているこのロッジはカデ駅近くにあった］。たしかにフリーメイソンのような羊皮製の前掛けをつけていたが、それは彼が庭師だっ

たからにすぎない。事実、彼はパリの公共ごみ捨て場でキャベツを栽培し、その野菜畑は、好運な所有者であるパリ市がのちに彼の名を通りに冠するほど有名になり、これによりカデはメトロの駅となったのだ…。一方、ラ・クールヌーヴ線のル・リケ駅は、アカデミー・フランセーズ（フランス学士院）の司祭［ミシェル・リケ（1898-1993）。イエズス会士・神学者］ではなく、ルイ14世時代にミディ運河を建設した土木技師ピエール・ポール・リケ［1609-80］の名に由来する。さらにボワシエールの駅名は帝政時代に県知事や急進社会主義の県会議員をつとめた人物［エルネスト・ヴァルトン・ド・ボワシエール（1811-94）］の名ではなく、復活祭直前の日曜日に祝別されたツゲの小枝で飾り立てる木（ボワシエール）の十字架が、そこに立っていたことからの命名である。

　これら駅名の一部にはもとの名前が変形したものもある。たとえばモベールは運よく駅名［モベール＝ミュテュアリテ］になっているが、この駅名のもとになった人物は、サント・ジュヌヴィエーヴ大修道院の第2代院長ジャン・オーベール［1741没］である。かなり激しい気性の持ち主だったところから、彼はオーベール・ル・モーヴェ（つきあいにくいオーベール）と呼ばれ、それが転じてモベールとなった。また、シュヴァルレ駅の呼称は、詐欺師（シュヴァリエ・ダンデュストリ。字義は「悪賢い騎士」）と無縁であり、シャラントン線のモンガレ駅とまったく同様に、たんなる通称にすぎない。

　異なる名称を結びつけた駅名には、奇妙なものもある。前述したシャルドン＝ラガシュ駅はきわめて正当な組み合わせだが、物理学者のルネ・レオミュール［1683-1757］についていえば、おそらく彼がその存在を知らなかったセバストポルの町と結びつけられている［→レオミュール＝セバストポル駅］。ストラスブール＝サン・ドゥニは姉妹都市を結びつけた駅名だが、レウイ＝ディドロ駅のディドロ［1713-84］は、国王の城館があったレウイ村とは無関係である。これと同じことはアーヴル（Havre）＝コーマルタン駅についてもいえる。1778年から84年までパリの商人頭［市長に相当］をつとめたフランソワ・コーマルタン［1725-1803］は、フランス北部の港町ル・アーヴル（Le Havre）で船に乗ったことなど一度たりとなかったはずだ。バルベス＝ロシュシュアール駅の場合は、革命家で共和派のアルマン・バルベス［1809-70］と、モンマルトル女子修道院長のマルグリット・ド・ロシュシュアール・ド・モンピポー［1665-1727］とが一緒になっている。しかし、これはたんなる時代錯誤ではない。この修道院長もまた世間の道徳に立ち向かったからである。一方、マルカデ＝ポワソニエの駅名はしごくもっともで

ある。マルカデ（市場）では魚(ポワソン)を売ることができたからである。では、サンシエ＝ドーベントン駅にその名を残す博物学者のルイ・ドーバントン［1716-99］は、のちにサンセ（Sancée）やサンセ（Censée）、そして最終的にサンシエ（Censier）と改称するサン＝シエ（Sans-Chief）通りで何を行ったのか。これは純粋に地理的な符合といえる。

シュリー＝モルラン駅は、雌鶏のポトフ王［この料理を労働者たちにも普及させようとしたとさせるアンリ４世（フランス国王在位1589-1610）のこと］の大臣だった、善良公シュリーことマクシミリアン・ド・ベテュヌ［1559-1641］とフランソワ・ド・モルラン［1771-1805］を結びつけたもので、この駅名は、1805年、ナポレオン軍がロシア・オーストリア連合軍を相手にしたアウステルリッツの戦いで英雄的な任務を担った際、近衛歩兵隊の先頭に立って戦死した連隊長モルランに捧げられた大通り近くで、今も昔と変わらぬたたずまいを残すシュリー館の位置に由来する。こうしたシュリーとモルランの組み合わせは、歴史的にみて奇抜な印象を与える。

冬のモンパルナス＝ビヤンヴニュ駅

ラ・モット＝ピケ［1720-91］とセーヴル＝ルクールブは、歴史上の人物名と地名とを単純に並置させた駅名である。それよりややこしい駅名はモンパルナス＝ビヤンヴニュだろう。ビヤンヴニュ（Bienvenüe）のuの上に付された分音記号（¨）は重要な意味を帯びており、メトロ駅の命名者たちは、前述の地下鉄網創設者である技師ヒュルジャンス・ビヤンヴニュ［1852-1936］に敬意を表して、モンパルナス駅にその名をつけたのだ［同じ発音だが、分音記号のないbienvenueは「ようこそ」を意味する］。セーヴル＝バビロヌの

駅名にも注意が必要である。それはセーヌ河岸の都市と古代バビロニアの首都を結びつけたわけではない。バビロン通りは、1663年にこの幹線道路に設けられた、パリ外国宣教会［キリスト教の東洋伝道を目的とするカトリック団体］の創立を祝福して命名されており、同宣教会の中心的指導者で、名称の由来となったベルナール・サント＝テレーズは、バビロン司教の肩書をもっていた。

　一方、ラマルク＝コーランクール駅についていえば、博物学者のモネ・ド・ラマルク［1744-1829］は、イタリア北部ヴィツェンツァの公爵で帝国の将軍でもあった、クーランクール侯爵［1773-1827］との組み合わせに満足しているだろうか。だが、彼はそれに慣れなければならない。こうした命名でもっとも明らかな時代錯誤は、枢機卿リシュリュー［1585-1642］と、ナポレオン１世に仕え、そのエルバ島への流刑にも従った歩兵師団長ドルオ［1774-1874］との結びつき［→リシュリュー＝ドルオ駅］である。これはメトロの乗客たちに奇妙な歴史を想い起こさせる。

メトロの車内（１号線）

　リシャール＝ルノワール駅のフランソワ・リシャール＝ルノワール［1774-1847］とルノワール＝デュフレヌ［1768-1806］は、帝国時代の共同企業家［綿布工場経営者］で、互いに気心を通じ合っていた。では、サン＝セバスチャン＝フロワサールの駅名はどうか。火縄銃製造人たちの守護聖人である聖セバスティアヌス［３世紀の殉教者］は、1440年頃に没した年代記者のジャン・フロワサール［1333／39生］に着想を与えたことが、一度たりとあったのただろうか。さらに、ナポレオン３世のもとでセネガルを征服し、

1870年にはプロイセン軍から見事にリールを守りきった勇敢な将軍ルイ・フェデルブ［1818-89］は、ルネサンス期におけるロレーヌ地方の高名な精錬職人の一族シャリニーとともに、いったい何をしようというのか。では、アルマ＝マルソー駅はどうか。第1共和国軍のなかでルイ＝ラザール・オッシュ［1768-97］やジャン＝バティスト・クレベール［1753-1800］と同輩だったフランソワ・マルソー［1769-95］が、ナポレオン3世下のアルマの戦い［1854年、英仏連合軍がロシア軍を破った］での勝利とは無縁であることはたしかだが、ミシェ・ランジュ＝モリトールの駅名につけられた大天使ミカエル（ミケランジュ）もまた、帝国につくした元帥モリトール［1770-1849］を知らなかった。

　これらメトロ駅の駅名表示板は、大学入学資格試験の受験生には危険なものである。有名な政治家についていえば、メトロはかなり左寄りである。たとえばロベスピエール［1758-94］は、ミラボー侯爵［1715-89］ともども、その識見ゆえに駅名に名を冠された唯一の革命家である。ジョルジュ・ダントン［1759-94］やニコラ・ド・コンドルセ［1743-94。→サン＝ジェルマン＝デ＝プレ駅］、カミーユ・デムラン［1760-94。→サン＝シュルピス駅］、エマニュエル＝ジョゼフ・シエイエス［1748-1836。フランス革命の理論的指導者で、のちにナポレオンによるブリュメール8月のクーデタ（→サン＝プラシド駅）にかかわる］らの駅名はない。彼らの名の一部は大通りにつけられているが、啓蒙思想家ジャン＝ジャック・ルソー［1712-78］の名は、小路に見られこそすれ、メトロの駅名にはない。これに対し、メトロは同じ啓蒙思想家のヴォルテール［1694-1778］やディドロ［1713-84］を祝福している。1889年にブーランジェ将軍［1837-91。対独強硬派の軍人政治家。1885年、労働者から王党派まで、政治に不満を抱く人々を糾合して、ブーランジスムと呼ばれる第3共和制打倒運動を指揮し、翌年陸軍大臣となって軍制改革を行う］が起こした事件［議会解散・立憲議会・憲法改正を唱えて選挙に大勝し、クーデタをはかった］のあと、パリは右に舵を切り、1900年後に建設されたメトロは19世紀のかなりの数にのぼる革命家たちに敬意を表するようになる。1848年の2月革命にかかわったアレクサンドル・ルドリュ＝ロラン［1807-74］や、アルマン・バルベス［1809-70］、ルイ・ブラン［1811-82］などに、である。しかし、大革命の殉教者であるル・ペルティエ・ド・サン＝ファルゴー［1760-93］を、駅名となっている18世紀の大領主で商人頭だったルイ・ル・ペルティエ［1730-99］と混同してはならない。

序文

　ルイズ・ミシェル［1830-1905］は1871年のパリ・コミューンを、レオン・ガンベッタ［1838-82］は第3共和政の樹立をそれぞれ想起させる人物であり、この共和政もまた、レピュブリック（共和国、共和政）やカトル＝セプトンブル（9月4日）という駅名になっている。社会主義者のジャン・ジョレス［1859-1914］やマックス・ドルモワ［1830-1905］、マルセル・サンバは、レオ・ラグランジュ［1900-40］とともに、メトロの殿堂(パンテオン)に加わる栄誉を得ている。
　一方、戦争もまた殉教者たちを生みだし、ジョルジュ・マンデル［1885-1944］からガブリエル・ペリ［1902-41］まで、ポール・ヴェヤン＝クテュリエ［1892-1937］からコロネル（大佐）・ファビアン［1919-44］まで、その多くが駅名となっている。さらには、人知れず銃殺されたジャック・ボンセルジャン［1912-40］やコランタン・カリウー［1898-1942］、シャルル・ミシェル［1903-41］、あるいはギ・モケ［1924-41］といった犠牲者たちの名も忘れてはならない。琺瑯(ほうろう)びきの表示板にその名が記されているおかげで、レジスタンス（対独抵抗運動）はこれら有名人や民衆的英雄たちを、駅名という「受賞者名簿」に載せているのだ。
　しかし、大臣や政治家の駅名はまれである。マルゼルブはそのリストに載っているが、テュルゴー［1727-81。ルイ14世時代の財務総監で、自由主義経済政策によって国家財政の再建をはかったが、貴族・聖職者階級の反発を招いて失脚した］の名はない。エティエンヌ・マルセル［1316頃-58］とエティエンヌ・ドレ［1509-46］は、イエズス会修道士のラ・シェーズ［1624-1709］やルモワヌ枢機卿［1250-1313］ともども、駅名に名が残る人物としてはもっとも古い時代に属する。コルベール［1619-83。ルイ14世下で財務総監を務め、重商主義による絶対王政の基盤固めにつくした］やルーヴォワ侯爵［1639-91。ルイ14世に重用された政治家で、軍隊の強化をはかった］は、フーシェやタレーラン＝ペリゴール［1754-1838。フランス革命前期から七月王政にかけて活躍した政治家・外交官］、あるいはギゾー［1787-1874。政治家・歴史家。七月王政に主導的な役割を果たし、初等教育制度の確立につくした］、アドルフ・ティエール［1797-1877。弁護士・歴史家。1814年に著した『フランス革命史』で名声を博したのち、政界に転じて7月王政期に首相、70年の普仏戦争時には国防政府の首班として和平交渉を行うが、アルザス・ロレーヌを割譲したことでパリ市民の怒りを買い、パリ・コミューンを誕生させる。これを弾圧して第3共和政の初代大統領になるが、王党派と急進的共和派との内部対立によって政権が瓦

解し、1873年、辞職を余儀なくされた]、レイモン・ポワンカレ[→シャンゼリゼ＝クレマンソー駅]、ジョゼフ・カイヨー[1863-1944。第1次大戦前に対独協調路線を唱えて主戦派と対立し、大戦中は対独通謀の罪で投獄された]などと同様、駅名とは無縁である。メトロはこうした共和派のパンを食べない。ただし、レオン・ガンベッタ[1838-82。普仏戦争で徹底抗戦を主張し、戦後は共和派の指導者として第3共和政の基盤を築いた]とジョルジュ・クレマンソー[1841-1929]は、愛国者としての名誉ゆえに例外としている。シュリー公爵[1560-1641]の名が駅名に冠せられたのは偶然にすぎず、彼のよき主人たるアンリ4世の駅名はない。ド・ゴールはエトワル広場にその場を得たが、彼は尊厳王フィリップ2世[カペー朝第7代王。在位1180-1223]や、愛人の腕の中で急逝した――執務官によれば、「意識を失った」――フェリクス・フォール[1841-99]とともに、駅名の殿堂に加えられた数少ない国家元首である。

コンコルド広場。オベリスクと遠くシルエット状のエッフェル塔が見える

命名の不公平は国家への偉大な奉仕者に対してもみられる。たとえば、セーヌ県知事だったジョルジュ＝ウジェーヌ・オスマン、通称オスマン男爵[1809-91。ナポレオン1世の将校を父としてパリに生まれ、1831年にフランス中西部ヴィエンヌ県の事務局長となったのを皮切りに、数県で副知事や県知事を務め、第2帝政下の1853-70年にセーヌ県知事となる。1666年の大火のあと近代化を遂げた、ロンドンをまのあたりにしたナポレオン3世の意向を受けて、「空気と人間の循環」や衛生都市化を標榜してパリの大規模な都市改造に着手し、これに

よってパリの60パーセントが近代化したという］の駅名がないのに対し、その前任者だったランビュトー伯爵［1781-1869］の駅は、レ・アル地区のすぐ近くに君臨している。では、なぜ誠実な行政官だったジュール・ジョフランや、アンリ・マルタン同様、国民議会議員や市長にふさわしかった高潔なアレクシス・ヴァヴァン［1792-1863］には駅名にその名をつけるという名誉を与えたのか…。じつは駅名の命名権はパリ市参事会にあり、この参事会はまずみずからが高く評価する高位の市吏を選ぶ。しかし、この分野でさえ、授けられる報奨は恣意的かつ限定的である。

さらに、栄光に包まれた外国人も駅名に名を残すが、メトロはいささかなりと排外主義的で、合衆国のふたりの大統領（フランクリン・D・ローズヴェルト［1858-1919］とジョン・F・ケネディ［1917-63］）、イングランド王（ジョージ5世［1916-36］）、そしてフランス軍に加わったふたりの革命家、すなわちガリバルディ［1807-82］とシモン・ボリバル［1783-1830］の名がみられるにすぎない。ほかに外国人はいない。たといいかなる将軍だろうと、大統領だろうと、はたまた君主や学者だろうと、文学者や探検家だろうと、駅名表示板にその名を刻むに値しないと判断されてきたのだ。

一見するだけでわかるように、左派の革命家やレジスタンス活動家たちの大部分は、首都の東と北を走る路線の駅名となっている。たとえば、ルイ・ブラン駅はスターリングラッド駅の近くで、ジャン・ジョレスやシモン・ボリバル、コロネル・ファビアンといった駅と隣りあっている。そこから遠くない場所には、レジスタンス活動家だったジャック・ボンセルジャンやコランタン・カリウーの駅がある。さらに、マルクス・ドルモワ駅は、バルベス駅と同じように、ポルト・ド・ラ・シャペル駅に隣接している。20世紀初頭に高揚期を迎えた20区に位置するガンベッタ駅は、サン＝ファルゴー駅に近く、より東南のバスティーユ線にあるルドリュ＝ロラン駅は、ルイイ＝ディドロ駅に近い。ロベスピエール駅は1930年代、毎朝モントルイユ地区からやって来る労働者や蚤の市からの浮浪者を迎えていた。彼らは夏、パリの市壁跡で起居し、冬にはメトロの暖かい地上換気口の上で眠るようにしていた。

ポール・ヴァイヤン＝クテュリエ駅とレオ・ラグランジュ駅はヴィルジュイフ線に並んでおり、その枝分かれした路線は共産主義の強いイヴリの町へと向かっている。北の方に目を向ければ、ガリバルディ駅はポルト・サン＝カンタン駅を挟んで、レジスタント活動家の名を冠したギ・モケ駅と仲良く

連なっているが、無政府主義の活動家だったルイズ・ミシェルの駅は、上品なアナトル・フランス［1844-1924］の駅と銀行家ペレール兄弟［兄エミール（1800-75）、弟イサク（1806-80）］の駅に挟まれて孤立しているようでもある。ジョレス駅はブローニュ地区、マルセル・サンバ駅はビヤンクール地区にある。1920年代から30年代にかけて、パリの労働者たちは名前が気に入った駅でメトロに乗りこんだものだった。だが、それから長い時間がたつと、メニルモンタンから金属・冶金工場が撤退し、カイユ社［ジャン＝フランソワ・カイユ（1804-71）が設立した工場で、機関車などを生産した］は、ジャヴェルからシトロエン社が転出する以前に姿を消した。ルノー社もまたパリ南部の工場地帯から、ルヴァロワ社もポルト・ド・シャペルから同様に撤退した。そして今では、駅名の表示板がこうしてパリ各所から消えた社名を想い起させるだけとなっている。

　パリの中心部や南部ないし西部には、周縁との境界付近を除いて、革命の痕跡はあとかたもなくなっている。そこでは駅名表示板がさまざまな勝利や愛国的な戦争、さらには国家的な記憶をより積極的に想い起させる。すなわち、17の駅名が戦争、27駅名が将軍、とくに凱旋将軍の名となっている。たしかにナポレオンは共和国であるがゆえにその名は駅名になっていないが、彼の勝利のいくつかは、駅の白壁に刻まれている。カンポ＝フォルミオの休戦［イタリアに侵攻したナポレオンが1797年オーストリア軍と結んだ休戦協定］を別にして、オーステルリッツ［1805年、ナポレオン率いるフランス軍がオーストリア・ロシア連合軍を破ったチェコのアウステルリッツの戦い］、イエナ［1806年、ナポレオン軍がフリードリヒ・ヴィルヘルム３世率いるプロイセン軍を破った戦い］、ピラミッド［1798年、エジプト遠征中のナポレオンがマルムーク人に対して勝利した戦い］、ワグラム［1809年にナポレオン軍がウィーン近郊でカール大公のオーストリア軍を破った戦い］などである。

　パリの大通りの偉大な建設者だったナポレオンの甥［ナポレオン３世ルイ。1808-73。第２共和政大統領（在職1842-52）ののち、第２帝政皇帝（在位1852-70）となるが、普仏戦争に敗れて皇帝を退位した］もまた、クリメ（クリミア）やマラコフ、アルマ、ソルフェリノ（ソルフェリーノ）などの駅名によって、忘れられない存在といえる。オスマンの忠誠は、「小ナポレオン」にとって、過去の栄光を追憶すること以上のものだった。ナポレオン３世を喜ばせるため、アレシアの戦い［前52年］を喚起する駅名（アレジア駅）もつけられているが、この戦いでフランス［ガリア］は一敗地にまみれている。しかし、

## 序文

　この２代目皇帝はユリウス・カエサルの伝記を書いたことを自負していなかったか。

　駅名のリストには、かつて初代フランク王のクロヴィス［在位481-511］が東方遠征の際にアラマン人を撃破したトルビアックの戦い［496年］や、トロカデロの戦い、すなわちカルロス支持者たちを救うためにスペインに派遣されたフランス・ブルボン王家に属する諸侯たちの戦い［1823年、スペイン・ブルボン家のカルロス10世による絶対君主制に対して、自由主義者たちが立ち上がったいわゆる立憲革命を弾圧した］を追憶する駅名を除いて、王党派の勝利に関するものはひとつもない。

　これに対し、ヨーロッパの３度の戦争は駅名となっている。共和主義者たちは1870年にパリ市民たちがプロイセン軍に英雄的なまでの抵抗劇を繰り広げた、パリ西郊のビュザンヴァルをメトロの駅名に加えるよう圧力をかけ、激戦地ヴェルダンの地名は、1914年から18年にかけて数多くの兵士たちが死地に赴いた東駅（ガール・ド・レスト）に追加されている（ガール・ド・レスト＝ヴェルダン駅）。フランス人がかかわった第２次大戦の戦場名としては、唯一ビル＝アケムがある。スターリングラッドに捧げられた駅名もあるが、エル＝アラメイン［1942年、連合軍が枢軸軍を破ったエジプト北部の戦場］の名はない。パリのメトロから名誉が与えられている外国でのただひとつの戦勝地は、スターリン元帥の名を冠している。

　将軍をはじめとする軍人の名は、つりあいをほとんど気にすることなく、メトロとＲＥＲ（エール・ウ・エール）［首都圏高速交通網。パリ道路公団と国鉄の共同運営によるパリ市内と近郊を結ぶ交通機関］の駅名に頻出している。そのうち革命期の軍人は４駅——マルソー、デュゴミエ［1738-94］、クレベール、オシュ——に名を残しているだけだが、第１帝政期の将軍の名は11駅——ムトン＝デュヴェルネ［1769-1816］、カンブロンヌ［1770-1842］、ドメニル［1776-1832］、ドルオ［1774-1847］、デュロック［1772-1813］、コランクール［1773-1827］、エグゼルマン［1775-1852］、ヴィクトル［1764-1841］、マセナ［1758-1817］、モルラン［1711-1805］、モリトール［1770-1849］——にある。ただし、ネー元帥［1769-1815。ナポレオン１世のロシア遠征失敗時、退却作戦を指揮してモスコヴァ公となるが、復古王政時に反逆罪で処刑される］やミュラ元帥［1767-1815。1795年の王党派によるヴァンデミエールの叛乱鎮圧で手柄を立て、ナポレオンの信を得た彼は、その副官としてナポレオン戦争で戦功をあげ、彼の妹と結婚してナポリ王となる。だが、1812年のロシア遠征で、皇帝の意に反

してイギリスやオーストリアと交渉を進め、14年、フランスから離反し、翌年、ワーテルローの戦い後にナポリ奪回をはかったが、失敗し、逮捕・処刑された]、ベルティエ［1753-1815。ナポレオンの側近として陸相や参謀総長などを歴任した]、スルト［1769-1581。ナポレオン1世に仕え、一連のナポレオン戦争で軍功をあげて帝国元帥となる。ナポレオン退位後、王党派に鞍替えし、七月王政後、ルイ＝フィリップのもとで陸相や首相を務めた。軍人としては非凡な才能を有していたとされるが、名誉欲や変節の多い人物としても知られる]、ポニアトフスキ［1763-1813。祖国ポーランドの独立につくし、ナポレオンのロシア遠征に従軍して戦死する]といった元帥や将軍の名はない。では、なぜデュロックの駅名があってダヴー［1770-1823。フランス革命期・ナポレオン帝政期の元帥]のそれがないのか。カンブロンヌがあってランヌ［1769-1809。ブリュメール18日のクーデタで手柄を立て、ナポレオン1世に重用された元帥]やラサル［1775-1809。ナポレオン軍騎兵隊の将軍。ワグラムの戦いで戦死した]の駅名が不在なのか。

リュクサンブール公園と
手まわしオルガン弾き

　アンシャン・レジーム（旧体制）期となると、さらに取り扱いが悪くなり、大提督モット＝ピケが海軍を代表する唯一の駅名となっているにすぎない。18世紀に近代軍を組織したセギュール元帥に捧げられた駅は、インドの征服者であるデュプレクス総督の駅と並んでいるが、シュルクフ［1773-1827。海賊から政府認可の私掠船船長となり、革命期から帝政期にかけて、主にインド洋で英国船を多数拿捕・掠奪した]やシュフレン［1729-88。海軍軍人としてアメリカ独立戦争やインド洋上戦などで軍功をあげる]の名はない。ナポレオン

軍の将軍だったラ・トゥール・モーブール侯爵の名で呼ばれる駅は、彼が19世紀初頭に院長をしていた廃兵院の近くにある。

　第2帝政期の将軍たちは、いくつものメトロ駅に名を残している。ロミエール［1812-63］のほかに、たとえばクリミア戦争時、インカーマンの流血戦でイギリス兵たちとともに戦死したルノルマン・ド・ルルメル［1775-1852］がそのひとりである。ジョゼフ・ペルネティ［1766-1856］は、ピエール・ド・ペルポール［1754-1807］と同様、遠征時に戦死をとげたことだけで栄誉を得ているが、第2帝政は大ナポレオン戦争の生存者を称揚しようとした。だが、メトロ駅のオープニング・セレモニーでの演説文を読んだ共和主義者たちは、前体制の素晴らしい想い出を残そうとしなかった。それゆえマク＝マオン元帥［1808-93。アイルランド系移民の子孫。サン＝シル陸軍士官学校卒業後、1830年にアルジェリア征服戦争に参加し、43年にフランス外人部隊司令官、64年にアルジェリア総督となる。普仏戦争後、王党派のヴェルサイユ軍を指揮してパリ・コミューンを弾圧する。のち、第3共和政大統領］やニエル元帥［1802-69。メトロ駅名に残るマジャンタやソルフェリーノの戦いで軍功を立ててナポレオンに重用され、軍事大臣を務めた］、コルタンベール［不詳］の駅名がない。彼らがくつもの戦いで軍事的な功績をあげたにもかかわらず、である。共和政下では、逆境にあっても英雄的に振る舞った者を追慕するだけだった。1870年の普仏戦争で北部方面軍を指揮したフェデルブ将軍［1818-89］や、ベルフォール守備軍のダンフェール＝ロシュロー大佐［1823-78］のように、である。ただし、前記ビュザンヴァルやアヴロン、ラ・デファンスといった駅名は、イタリア義勇軍のガリバルディの名と同様、1870年［普仏戦争］の想い出を喚起させる。

　第1次大戦はさらに扱いがひどくなる。前述したように、たしかにヴェルダンの地名を東駅の駅名表示板に追加し、ジョゼフ・ガリエニ将軍［→ポルト・デ・バニョレ駅］を称えこそすれ、なぜかジョゼフ・ジョフル元帥［→シャンゼリゼ＝クレマンソー駅］の名はない。他の元帥についてもしかりである。第2次大戦にいたっては、ド・ゴールの名が死後かなりたってからエトワル駅に追加され、ラトル・ド・タシニ元帥［1889-1952］の名が［ポルト・ドーフィヌ駅の別称として］辛うじて生き残っているだけである。パリを解放したルクレール将軍［1902-47］の名も、ポルト・ドルレアン駅に追加されているにすぎない。

　こと文学者や科学者の場合、こうした不公平は一層著しい。芸術家は数少

ないながらも駅名となっている。たとえば、前述した彫刻家のファルギエールは、同じ彫刻家のピガルともども、その芸術を代表している。ミケランジェロ［仏語名ミケランジュ。1475-1564］も、1864年、16区の通りに名がつけられるという名誉に浴しているが、おそらくこの命名は、良識のある役人が新婚旅行にアルノ河岸のフィレンツェを訪れるという誓いをし、それが実現したことへの返礼だった。そして、このフィレンツェの造物神(デミウルゴス)はそれぞれモリトール元帥と美しいオートゥイユ村の名と結びつけられて、メトロの駅名に組み込まれている［ミケランジュ＝モリトール駅とミケランジュ＝オートゥイユ駅］。

　だが、メトロの駅名には、ラシーヌ［1639-99］の名もコルネイユ［1606-84］やモリエール［1622-73］の名もない。彼らは名は首都の主要な交差点にすらない。実際、メトロの駅名に、ヴォルテールやディドロ以前の文学者の痕跡は、14世紀に感動的な説教を行っていたマビヨン以外に見あたらない。メトロは叙事詩を好み、バルザック［1595頃-1654］やプルースト［1754-1826］より、むしろヴィクトル・ユゴーやエミール・ゾラ［1840-1902］を駅名に選んでいる。これら民衆的な作家たちは共和主義的な詞華集を編んでいる。それゆえ、彼らの名がメトロ駅につけられたとしても、当然のことであって驚くに値しない。『レ・ミゼラブル』の原作者ユゴーと《ルーゴン＝マッカール叢書》のゾラは、ペール・ラシェーズ墓地の近く、クリシーの債務監獄からかなり離れた駅を与えられたアレクサンドル・デュマ［1802-95］とともに、フランス人作家のうちでもっとも人気があった。

　アカデミー・フランセーズ会員で急進的かつ反教権主義者だった歴史家のエドガー・キネ［1803-75］は、モンパルナス墓地に眠っている。そんな彼の名を冠したメトロ駅を降りれば、諸聖人の祝日［11月1日］に彼の墓に菊の花を捧げることができる。だが、ミシュレ［1798-1874。民衆史の先駆者とされる歴史家で、大著『フランス史』などで知られる］やヴィクトル・デュリュイ［1811-94。第2帝政下で文相となり、国民教育の再編・普及に努めた］は、各地のリセに名前がつけられているものの、ことメトロ駅に関していえば、キネと同様の名誉を受けていない。

　ほかの作家はどうか。アナトル・フランスとゴンクール兄弟の名が死後かなりたってから駅名に加わったのは、いささか意外である。彼らを称えるには、死期をまたなければならなかったからだ。ただし、ゴンクール兄弟が有名になったのは早かった。ふたりと同様に食通の作家たちがほとんど足を踏

み入れることがなかった、レピュブリック地区とベルヴィル地区の間にある旧アントニー通りに、その名がつけられたからである。兄のエドモン・ド・ゴンクールは1896年に他界し［1822生］、それから3年後にゴンクール通りが生まれている。これにより、弟のジュール［1830-70］も栄光の小道に入るようになった。だが、帝国裁判所は彼らの名前に小辞のde（ド）がついているのに異議を申し立て、彼らの著作を検閲した。そんな兄弟の名は、共和国時代になってようやくメトロ駅に冠せられるようになった。

　繊細なアナトル・フランス（駅）はパリ西北郊のルヴァロワに移転させられ、この労働者地区でパリ・コミューンの女性英雄ルイズ・ミシェル［1830-1905］（駅）と出会う。『赤い百合』の作家の名は、1947年、名士や富裕夫人たちの街区である7区の河岸通りにつけられているが、彼はまた冶金工やアカデミー・フランセーズ会員の家でかなり酒も飲んだ。

　詩人のルイ・アラゴン［1897-1982］はヴィルジュイフ［ヴィルジュイフ＝ルイ・アラゴン駅］で、パブロ・ピカソ［1881-1973］はボビニ［ボビニ＝パブロ・ピカソ駅］で称えられている。その命名は、1950年代の「赤い郊外」［共産党の強い地区］まで路線が拡張されるまで待たなければならなかった。それにしても、パンタン地区のいったいだれがレイモン・クノー［1903-76］の名をメトロ駅の壁に刻むほど、この愛すべき風刺詩人に夢中だったのか［ボビニ＝パンタン＝レイモン・クノー駅］。しかし、『地下鉄のザジ』を書いた不滅の作者は、たしかにそうした栄誉を受けるにふさわしい。

　今日メトロ駅に名に残すフランス人作家は11人、芸術家は4人（うち、外国人は1人）いる。そのかぎりにおいて、文学者や芸術家のバランスシートはかなり頼りないものといえる。それでも、科学者よりはいいのだろうか。

　たとえば、数学者のモンジュ［1746-1818］とラプラス［1836-84］といえば、19世紀の初頭および世紀末のフランスを数学的な栄光で飾った、科学の殿堂に入ってしかるべき人物である。だが、まぎれもない才能の持ち主だったラプラスが駅名にないのに対し、モンジュの名がメトロ駅につけられているのは、国立理工科学校の創設者としてなのか、革命期の海軍大臣としてか、それともいわゆる政治家としてなのか。

　これに対し、パストゥール［1822-95］の栄光は燦然と輝いている。ヴィクトル・ユゴーと同様、彼はサン＝シュルピュス教会［フランス革命下でキリスト教を否定しようとする運動のあいだ、理性崇拝のための神殿とされた。1884年にグリニッジに取って代わられるまで、この教会堂には本初子午線が置か

れていた]や、哲学の教育を「バビロンの聖杯にいるドラゴンの苦難」とみなしていた、教皇ピウス9世［在位1846-78。第1ヴァチカン公会議を開き、教皇の無謬性を唱えた］の神に対する崇拝に代わって科学を崇拝しようとした、誕生間もない第3共和政の象徴的存在だった。メトロ網の乗り継ぎ駅となっているパストゥール駅は、たしかにモンパルナス＝ビヤンヴニュ駅ほど重要ではないまでも、レオミュール＝セバストポル駅と同等とみられている。18世紀の物理学者であるレオミュール［1683-1757］の名は、郊外線ないし路線郊外部の駅に名を残すピエール夫妻［→ピエール・エ・マリー・キュリー駅］とともに、物理学者として唯一の駅名となっている。

　植物学者のジュシュー一族と博物学者のドーバントン［1716-1800］は自然科学に名誉をもたらし、バラール［1802-76］は唯一化学者の代表である。たしかに物理・化学者のゲ＝リュサック［1778-1850］や化学者のベルトレ［1748-1822］は、通りやリセに名前がつけられているものの、メトロの駅名にはない。地質学者のブロシャン［1772-1840］をゴブラン織り工場の経営者としてだけでなく、科学者として計算に入れたとしても、科学者の数は全体でもたかだか8人にすぎない。きわめて少ない数といえる。彼らは駅名になっているおかげで奇跡的に忘却をまぬがれているが、ラプラスやジュシューの業績を思いだせる旅行者はごく少数だろう。

　駅名に名を残す者としては、ほかに法律家や技術者、医師ないし薬剤師といった専門家たちがいる。廃兵院の筆頭薬剤師だったパルマンティエ［1737-1813］は、パリ東部のメトロ駅に名を冠せられる栄誉を得ている。ただし、ブシコー［1810-77］の駅名は注意を要する。病院の名称となってはいるが、ブシコーは内科医でも外科医でもない。この人物は企業人で、パリ最古の百貨店であるオ・ボン・マルシェ［字義は「安売り屋」］の創業者であり、第2帝政と第3共和政のもとで得た利益を元手に、その妻がブシコーの名を冠した前記病院を設立した。1821年に他界したコルヴィザール博士［1755生］は、メトロがその想い出を保っている唯一の医師である。

　医師とは対照的に、技術者の名をつけた駅はかなり多い。前述したヒュルジャンス・ビヤンヴニュのほかに、ミディ運河［地中海と大西洋を結ぶ南仏の運河］を築き、17世紀に名をはせたシャリニー鋳造所［カルヴィリン砲や小銃を生産したことで知られる］を創設したピエール・リケがいる。ドイツ出身のオベルカンプは、フランス初の紡績工場を設立したリシャールや、ガス機関を実用化したベルギー出身のリシャール＝ルノワール、あるいはスイス出

身の時計製造業者で、天才肌のブレゲと同じように実業家である。のちには自動車産業のアンドレ・シトロエンも駅名となったが、ルイ・ルノー［1877－1944。ルノー社の創業者］はその勲章にあずかっていない。

　ここではさらに、メトロ駅の壁に名前が刻まれた数少ない金融資本家として、ペレール一族のことも銘記しておいた方がよい。ただし、この一族はみずからが創設した動産銀行の破産とともに崩壊している。たしかに、第2帝政期の高名な銀行家たちは、「資本の普遍的な支援」を実現するため、伝統的な財界を軽んじていた。これらサン＝シモン主義者たちは、国立理工科学校出身の技術者であるヒュルジャンス・ビヤンヴニュから全面的な共感を受けていた。そのビヤンヴニュと同様、彼らもまた創意に富んだ人物たちだった。

　面妖なことに、実業家や技術者、医師、薬剤師、工場主、銀行家、さらに国際的に認められた学者を加えても、駅名に名を残す人物は21人にすぎない。たしかに科学は文学以上に光を放っているが、それでも政治や軍事ほど称えられてはいない。こうしたメトロの駅名にかんする理論的事典には大きな欠落があり、その学問的な無教養ぶりを露呈しているといわざるをえない。しかし、それは自分に責任がないと訴える。地形や地名にのみ罪があるというのだ。たとえばサン＝ラザール駅周辺は、通りがヨーロッパの主要な都市名を掲げているが、このような地区ではなく、科学者の名前をいただくような地区をなぜつくらなかったのか。ナプル（ナポリ）やアテン（アテネ）、ロム（ローマ）、モスクー（モスクワ）、レニングラッド（レニングラード）といった通りに囲まれたヨーロッパ地区で、駅名を選んだ者たちはどのような命名にするかひたすら悩み、最終的にロム、リエージュ、アンヴェール（アントウェルペン、アントワープ）といったいくつかの駅名を採用するだけにとどめた。

　これに対し、鉄道駅はすべてメトロの路線上にある。しごく当然なことである。パリにおいて、旅行者の乗り換えを円滑にするためである。オーステルリッツ、リヨン、サン＝ラザール、エスト（東）、ノール（北）、モンパルナス、そしてオルセー（現オルセー美術館）の各駅は、いずれも路線の中心であり、乗降客が最も多い駅でもある。

　数多くの記念建造物もまた駅名となっている。オペラ（座）やコンコルド（広場）、ルーヴル、チュイルリー、オテル・ド・ヴィル（市庁舎）、オデオン（座）、エコール・ミリテール（陸軍士官学校）、シャン＝ド＝マルス（練

兵場）などがそれで、のちにはさらに、おそらく旅行者の関心を考慮して、トゥール・エフェル（エッフェル塔）が駅名に加わった。だが、エトワル広場の凱旋門やルーヴル宮のカルーゼル門、あるいはサン＝ドゥニ地区に立つルイ14世の凱旋門などは、命名の栄誉に浴していない。また、ブルス（証券取引所）やアンヴァリッド（廃兵院）、ゴブランおよびセーヴルの工場、さらにパリ近郊のイシやクリシー、サン＝トゥアン、リラ、モントルイユ、イヴリーなどの市役所も、さながら訪れる価値がある記念建造物でもあるかのように、強引に駅名に加えられている。城壁を残している要塞――フォール・ドーベルヴィリエ（オーベルヴィリエ要塞）やシャトー・ド・ヴァンセンヌ（ヴァンセンヌ城）――も、1789年の革命で襲撃されたラ・バスティーユ（旧バスティーユ監獄）駅のかたわらにある。このバスティーユは、シャトレと同様、もとは監獄で、今ではその双方に巨大な円柱がそびえている。

　パリ市内各所の市門は、独自の運命を歩んでいる。それらは前出のアドルフ・ティエールが提言し、1844年に完成した市壁の痕跡である。合計17か所の市門は主要道路を走らせるために整備された。現在、メトロには市門（ポルト）のつく駅名が23か所あるが、ひとたび市壁が撤去され、1860年に大パリができると、これらの市門は、オーベルヴィリエやクリニャンクールのように市壁と県道をつなぐたんなる柵、あるいはパンタンやオートゥイユのように地方道との出入り口とみなされるようになった。こうして「ポルト」という普通名詞は、もはや記念碑的な建造物ではなく、通常はメトロ路線の終着駅を指す便利な言葉となった。つまり、メトロは昔の市壁の境界に止まったのである。最初のうち、メトロの路線を郊外まで延ばすという野心はなかった。

　だが、この野心は20世紀の建設熱や、増大しつつあった多くの労働者たちを郊外からパリの中心地へ運ぶ必要性に迫られて、きわめてすみやかに実現へと向かった。彼らを職場にできるかぎり早く着かせ、路面バスの混雑を避けさせたいと考えたからである。

　1930年代にその作品がメトロのなかで広く読まれたモーリス・デコブラ［1885–1973。フランスの記者・作家・劇作家・詩人で、30年間世界中を旅し、第2次大戦後に帰国して作家として名をなした］は、代表作『寝台車のマドンナ』のなかでアメリカ人金融家にこう言わせている。「貴国のメトロは、まるで前世紀のこどもだましですな。オペラからエトワルまで20分もかかる。16分かかりすぎる。路線を2倍にして、ヴァンセンヌからマイヨまで3駅しか

止まらない特急を走らせるばいいのに、何がそれを躊躇させているのか？」

　だが、ついにそれが実現した。RER（首都圏高速交通網）のおかげで、である。このRERは、しばしば国鉄の線路を借りながら路線を遠くまで延ばし、パリを最短数分で横断できる路線網を2倍ないし3倍化してきた。それゆえ、乗客はラ・デファンス駅からガール・ド・リヨン駅の間に、『寝台車のマドンナ』を3頁以上読むことができなくなっている。こうしてメトロはまず、セーヌ川やマルヌ川に橋をかけて数珠つなぎの新駅をいくつも獲得した。以後、路線網はその域内にセーヌの大きな湾曲部とマルヌ川の合流点を取り込むことになる。すでにパリには、ポン=マリやポン=ヌフ、ポン・ド・ヌイイ、ポン・ド・セーヴルといった駅があったが、ペレール=シャンペレ線をポン・ド・ルヴァロワ=ベコン駅やケ・ド・ラペ（ラペ河岸）駅、ケ・ド・ラ・ガール（駅河岸）駅まで延長した。さらに、ポン・ド・ラルマ駅（RER）線に、ジョワンヴィル・ル・ポン駅やセーヌ、マルヌ両河川の港町ないし船着き場もいくつか加えられた。

　パリを走るメトロの駅名には、すでに数多くの地名が組み込まれていた。パシー、ラ・ミュエット、ジャヴェル、ベルヴィル、レ・ビュット=ショーモン、クロワ・ド・シャヴォー、マレシェ、シュヴァルレ、ビヤンクール、ショセ・ダンタン=ラ・ファイエットなどである。さらに教会（トリニテ、エグリーズ・ド・パンタン、ノートル=ダム・ド・ロレット、エグリーズ・ドートゥイユ）や貯水塔（シャトー=ドー）、大学（クリュニー=ラ・ソルボンヌ、クレテイユ・ウニヴェルシテ、ナンテール・ウニヴェルシテ[RER]）、専門学校（アール・エ・メティエ、エコール・ヴェテルネール・ド・メゾン=アルフォール）などの駅名もある。一方、RERの駅名は、マルヌ=ラ=ヴァレやセルジーといった新しい町の名がつけられたが、そうしない場合は、いったいに昔の村の名を用いている。ロニュやトルシー、リュエル=マルメゾン、ル・ヴェジネなどのようにである。

　聖人にちなんだ駅名は郊外に少なく、パリ、とくにその中心部に集中している。サン=ドゥニ（聖ドゥニ）だけでも3駅ある［ストラスブール=サン=ドゥニ、バジリク・ド・サン=ドゥニ、サン=ドゥニ=ポルト・ド・パリ］。なぜか。一説に、フランク族の王たちは、この聖人の名で次のような鬨の声をあげたという。「モンジョワ！　サン=ドゥニ！」。ストラスブール=サン=ドゥニの駅名は、ルイ14世の栄光に捧げられた記念碑的な凱旋門のひとつへと通じる、サン=ドゥニ通りに駅があるためで、サン=ドゥニ=ポルト・

ド・パリ［字義は「パリの市門サン＝ドゥニ」］は、クリシー路線の拡張にともなって命名された。そしてバジリク・ド・サン＝ドゥニは、この聖人に捧げられた大聖堂にちなむ。そこではメトロが歴代国王たちの足元を走っている。国王たちは、いわばメトロを墓所としているのだ。

　サン＝トゥアン（聖ウアン）の場合はさほどまっとうな理由があるわけではない。聖ドゥニと同様、彼はパリ人であると同時にフランク人だった。ルーアン司教だった彼は、国王ダゴベルト１世［602／05-638／39］の従僕となり、パリ人の繁栄と安全のために力を注いだ。そんな聖ウアンにも、メリー・ド・サン＝トゥアンやポルト・ド・サン＝トゥアンの２駅が捧げられている。パリ司教だった聖ジェルマン［496-576］は、サン＝ジェルマン＝デ＝プレ駅にある、市内でもっとも美しい大修道院にその名が冠せられている。メトロは乗客たちをこの修道院の下で降ろす。そんなパリの聖ジェルマンと、教会こそ有するものの、メトロ駅をもたないオーセール司教の聖ジェルマン［378頃-448。原罪を否定するペラギウス説を論駁するためブルターニュに赴き、やがてイタリアのラヴェンナで没する］を混同してはならない。さらに、聖ラザロは病院や施療院、ハンセン病療養所などの守護聖人だが、パリの療養所はのちに監獄となり、ついで解体されてサン＝ラザール駅となっている。

ノートル＝ダム司教座聖堂とシャルルマーニュ騎馬像

　このように、パリのメトロ駅には多くの聖人がいる。サン＝ポール（聖パウロ）、サン＝ジャック（聖ヤコブ）、サン＝プラシド（聖プラシド［518-542]）、サン＝シュルピス（聖スルピス［576-674]）などである。たとえば、サン＝クルー（聖クロアルド［522頃-60頃]）はメロヴィング朝の王子だっ

たが、修道生活に身を捧げ、自分の修道院を建てている。サン＝マルセル（聖マルセル［522頃-60頃］）はジェルマンと同じようにパリの司教で、かつてもてなしのいいオーベルジュで、ソルボンヌの「学生たち（エショリエ）」と遊興にふけっていた市外区に埋葬されている。これらの聖人たちは多かれ少なかれパリ人だった。2000年前、ときにはそれ以前から、彼らはセーヌの河岸で崇敬されてきた。とすれば、メトロがその駅名に彼らの名をいただいたとしてもなんら不当ではない。

　こうした聖人の多さは、教会や礼拝堂、聖所、大小の修道院、礼拝地ないし殉教地の多さと符合するが、まさにそれこそがフランス歴代王たちの首都を聖なる都市にしたのである。そして、このパリでもっとも高い丘であるモンマルトルは、つねに信仰の場所だった。そのモンマルトルへ行くには、マルティル（字義は「殉教者」）通りの麓にあるアベス（「女子修道院」）駅ないしノートル＝ダム・ド・ロレット（「ロレットの聖母」）駅を降りて階段を上る。メニルモンタンの麓にあるフィユ・デュ・カルヴェール（「カルワリオ会修道女」）駅と、ヴァンセンヌ街道にあるピクピュス駅は、盛式誓願修道士たちが施療院で収容者の介護をし、説教や教育を行い、貧者たちの世話をしていた大都市パリで、とくに活発だった往時の修道生活を今に伝える証人である。

　メトロ網は幾度となくパリの中世的信仰を呼び起こす。だが、それは近代の信仰をも喚起している。たとえばマドレーヌ（駅）はすべてをナポレオンに負い、ルイ16世［国王在位1774-92］の時代に創建されたパンテオンは、まちがいなく教会だった。こうしてすべての高台は、パルナス山（モンパルナス）を除いて、いずれも栄光に彩られ、ミューズたち［歴史や叙事詩・叙情詩、合唱歌舞、悲喜劇、天文などをつかさどる姉妹神］に捧げられ、なおも何ほどか異教的なものとしてある。

　ときに地上に出るが、通常は地下を走り──旧市壁内──、延長路線で再び地上に顔を出すメトロは、場の記憶と人々の物語や歴史を想い起こさせる。1990年代の駅を飾っていたが、ほとんど忘れ去られた名前を光をあてて呼びさます。それはけっして無益なことではないだろう。メトロがその駅名を一般の通りや大通り、あるいは広場の名からのみ借りているかぎり、この種の研究は必然的にパリ市民たちの生活にかかわるものとなる。メトロがもっとも忠実にその生活を説明しているからである。にもかかわらず、市吏たちは、時代で異なるものの、路線の経路に地理的条件によって正当に位置づけ

られるべき駅名ではなく、駅名を自分の好みによって選んだ。それは彼らのメンタリティを雄弁に物語るが、こうした選択は決して無邪気なものではない。彼らが社会的な通念や偏見のみならず、熱狂や集団的な意識の危機、さらには信仰活動をも裏切っているからである。

　メトロにはまた、歴史の闇のなかから出てきた人物たちがパリを中心として円舞らしきものを踊り、あらゆる時代や社会情勢、悲劇、国家的栄光などを想い起させる、もうひとつの「大いなる集会」を想像することもできる。そこではさまざまな聖人や有名人、軍人、学者、文人、画家たちの大がかりなパレードもみられる。忘却や欠落がどうであれ、全体的に新しくなった古い鉄路は、その乗客たちになおもメトロ駅をいくつも提供することができる。しばしば模様替えされたこれらの駅は、歴史のトンネルから抜け出して、不当にも忘れ去られた奇異な名前をプラットホームの照明のなかに唐突に刻むのだ。こうした名前は、それひとつだけで地区を色づける。地下からのエスカレーターで昇れば目の前に立ちならぶ建物群。その概観を自分の色で染め上げる。メトロに乗る。それは電車に飲み込まれるのではなく、歴史の祝祭に参加することにほかならない。そこではもっとも偉大な名前がつねに駅名となるわけではない。琺瑯(ほうろう)びきの駅名表示板からの招待に応える名前とは、その時代を雄弁に物語ることができるものなのである。

　われわれはこれら駅名に言葉を帰し、ひとつのメトロ駅から次の駅までの短い乗車時間に、これらの駅名がわれわれに語りかけることを理解する。

　メトロの路線は、なによりもまずその歴史的なありようのうちに示されている。一方、RERの路線は古い路線網の軸と結びつけて検討されてきた。つまり、歴史とかかわる駅名だけが個別的な扱いを受けてきたのである。

# 1号線

メトロ1号線ルーヴル＝リヴォリ駅。
左手はルーヴル美術館

# 1号線

ポン・ド・ヌイイ駅 ～ シャトー・ド・ヴァンセンヌ駅

ラ・デフォンス=グランド・アルシェ駅 ～ シャトー・ド・ヴァンセンヌ駅
《開業1900年、営業距離16.6km、駅数25》

- ラ・デフォンス=グランド・アルシェ駅
- エスプラナード・ド・ラ・デファンス駅
- ポン・ド・ヌイイ駅
- レ・サブロン駅
- ポルト・マイヨ駅
- アルジャンティヌ駅
- シャルル・ド・ゴール=エトワル駅 ◉
- ジョルジュV（サンク）駅
- フランクラン・D・ローズヴェルト駅 ◉
- シャンゼリゼ=クレマンソー駅
- コンコルド駅 ◉
- チュイルリー駅
- パレ・ロワイヤル=ミュゼ・デュ・ルーヴル駅 ◉
- ルーヴル=リヴォリ駅
- シャトレ駅 ◉
- オテル・ド・ヴィル駅
- サン=ポール駅
- バスティーユ駅 ◉
- リヨン駅
- ルイイ=ディドロ駅 ◉
- ナシオン駅 ◉
- ポルト・ド・ヴァンセンヌ駅
- サン=マンデ=トゥーレル駅
- ベロー駅
- シャトー・ド・ヴァンセンヌ駅

※路線図中 ◉ は接続駅を示す（以下同）

1号線

　1号線のメトロがはじめて本格的に始動したのは、1900年7月19日午後1時のポルト・マイヨ駅だった。当時この駅は、土木技術者のヒュルジャンス・ビヤンヴニュ［1852-1936］が、ブリュッセルや北仏のリール、カイロ、ロシア南部のアストラハン、さらに古代のシルクロード沿いに位置する中央アジアのタシケントなどで電動式の路面電車を走らせた、男爵エドゥアール・エンパン［1852-1929］率いるパリ地下鉄会社の財政支援を受けて、最初に建設した1号線の終点だった。
　それにしても、パリ市はなぜ巨費を投じて、トンネルを開削したり、プラットフォームをつくるといった大工事をともなう計画に突然着手したのか。それは、世界中の目が1900年の万博に注がれていたためである。エトワル駅を通る1号線は、万博関連のさまざまな催し物の窓口が置かれたトロカデロ宮と結びつかなければならなかったのである。
　だが、1号線は肝心の万博初日前夜、つまり4月14日までに開業できなかった。工事が終わらなかったのだ。とはいえ、乗客たちは首都最大の工事責任者たちを別段糾弾することもなく、メトロ開業初年度の7月19日から12月31日までに、1600万もの人々がこれを利用した。
　ポルト・マイヨからシャトー・ド・ヴァンセンヌへといたる1号線は、たしかに壮大な事業で、18もの駅が一気につくられた。それでもなお、ブリ・シュル・マルヌやノジャン、ロスニ・ス・ボワ、フォントネといったパリ東郊の住民たちは、メトロに乗るため、ヴァンセンヌの森を通り抜けなければならず、不満たらたらだった。彼らが森のはずれのシャトー・ド・ヴァンセンヌ駅で乗降できるようになるには、1934年まで待たなければならなかった。これに対し、パリ西郊ピュトーの労働者やクールブヴォワの機械工たちは、1937年のポルト・マイヨ～ポン・ド・ヌイイ区間の開通を享受した。この区間は1992年にラ・デファンスまで拡張されるようになる。たしかにこの1号線の拡張は遅々としたものだったが、それでもなお西から東へと路線を延ばし続けている。そして今日、ヴァンセンヌからは、マルヌ・ラ・ヴァレ方面（Ａ4号線）やボワシ・サン・レジェ方面（Ａ2号線）へと向かう、RER［→序文］の電車が出発するようになっている。一方、ラ・デファンスからはサン・ジェルマン・アン・レへ向かうＡ1号線とポワシーへ向かうＡ5号線、さらにセルジ・サン・クリストフへ向かうＡ3号線が出ている。
　こうしてメトロでは、歴史がさながらザリガニのように後ずさりしながら

29

進んでいる。最初期のメトロ駅はパリの中心部に、最近の駅は周辺部にある。赦されるなら、本書はまずもっとも古い、そしてもっとも尊敬に値する路線から始めたい。

## ポルト・マイヨ（Porte-Maillot）駅

　マイユ［ペルメル遊びとも。17世紀に流行したゴルフの原型］をしにマイユ門に行こう（!）。そこは他のポルトとは一風異なってパリの市壁跡ではなく、ダゴベルト［→序文］以来、歴代の王たちが狩りを楽しんだブローニュの森を囲む壁の跡地にある。カトリーヌ・ド・メディシス［1519-89］の夫王アンリ2世［在位1547-59］は、あまりにも頻繁に密猟者によって殺害される雌雄の鹿やノロ鹿の損失を防ぎ、騎士を急襲する盗賊団の隠れ家を一掃するため、森を高い壁で囲んだ。こうしてルイ14世の時代、人々はここでマイユに興じることができるようになった。マイヨ門はそこに通じていたのである。この門はミュエットおよびマドリッドにあった王城の司令官で、狩猟隊長でもあったテオフィル・カトランによって常時監視されていた。彼は注意深い人物で、追いはぎや狩猟対象の野禽獣の泥棒を捕らえるだけでなく、決闘好きたちが隠れて勝手に闘うのもやめさせた。

　石でできたこの門は堅固なもので、夜に閉められ、夜明けに開門された。昼間は乗馬用の小径で、マイユに興じる者たちが、長さ1メートルほどの柄がついたマイエ（スティック）で、柘植製の小さな球を叩いていた。狙いは球をできるだけ遠くに運ぶことだった。おかげで、不用意に散歩を楽しもうとしていた者たちは、そのコースを避けなければならなかった。運悪くマイユの球があたれば、命取りになることもあったからだ。

　テオフィル・カトランは、葬儀車がルイ14世の遺骸をヴェルサイユからサン＝ドゥニの大聖堂［→バジリク・ド・サン＝ドゥニ駅］に運んだ1715年9月の夜間、ブローニュの森にあった11か所の門を閉めさせた。その際、棺が通れるよう、彼はある門の上部を削り落とさせた。運搬人たちは松明を手にした兵士たちに足元を照らしてもらいながら、急いでセーヌ川を渡った。なぜそこまで気を配らなければならなかったのか。それは、ルイ14世がパリ市民たちの怨嗟の的となっていたからである。この門は、1774年、暴動の恐れなどないにもかかわらず、ルイ15世［在位1715-74］の亡骸が急いでそこを通過した際も壊されたままだった。それが修復されるには、ルイ16世の時代まで待たなければならなかった。

今日、その門は跡形もなくなっている。彫刻家クストゥー［ニコラ（1658-1733）ないしその息子のギヨーム（1677-1746）］作の見事な鉄柵は解体され、門全体が撤去されてしまった。わずかにメトロの駅だけが、その乗客たちのためにマイユの想い出を保っているだけである。とはいえ、コンコースでそれに興じるのは無分別とのそしりをまぬがれえないだろう。

## アルジャンティヌ（Argentine）駅

　ここは友好国の名を呼称にした唯一の駅である。ブラジル駅や合衆国駅、イギリス駅はない。アルゼンティヌ駅のみである。なぜか。

　駅名の由来となっているアルジャンティヌ通りは、当初は凱旋門の西側に広がる田園風の野原を連想させるプルーズ＝ド＝レトワル［字義は「星の芝」］通りと呼ばれていた。1868年、それはオブリガード［ポルトガル語で「ありがとう」の意］通りと改称された。メトロはこのオブリガード駅に停まっていた。1845年11月20日、英仏艦隊が、アルゼンチンの独裁者ロサス[1]の軍隊——その縦列隊形部隊が、パンパ（大平原）を血で染めていた——に対して、リオ・デ・ラ・プラタ（ラプラタ川）の封鎖を解くべく送りこんだ海軍陸戦隊を上陸させたのが、まさにラプラタ川河口のオブリガードだった。当時、ロンドンでは、ロサスが信奉者たちを棍棒でブエノスアイレスまで駆り立てていると考えられていた。この暴君が国を閉鎖してヨーロッパの利害を損なおうとしている。そう非難してもいた。オブリガードの勝利は、シティの金融家たちを満足させ、以後、アルゼンチンの貿易は英仏の企業が完全に独占することになった。こうしてアルゼンチンに向けて大量の新しい有刺鉄線が輸出され、これによって穀物生産者を保護しながら、畜産業者の収益が改善されるようになった。

　1945年、フランスは飢えていた。フランス政府からの要請に応えるため、アルゼンチンは小麦や肉を貨物船でただちに運んだ。これに感謝して、パリはその1本の通りをアルゼンチンと命名した。この国で台頭した新たな独裁者、すなわちフアン・ペロン［1895-1974。大統領在職1946-55／1973-74］について綿密に調べることもせずにである。やがてアルゼンチン政府は、みずからの手でアルジャンティヌ駅の装飾を約束するようになる。特別な特権によってである。

1．ホアン・マヌエル・デ・ロサス（1793-1877）は、13歳でイギリス軍に対する生地ブエノスアイレス防衛戦に加わり、やがて牧場経営や牛肉輸出で蓄財する。

1820年頃、政界に身を投じ、上流階級を主体とする保守派（連邦派）の統領として、1832年ブエノスアイレス州知事となる。そして、中央集権をめざす統一派を打倒する一方、インディオを州内から追放・虐殺する。以後、独裁政治を行うが、1852年、腹心の叛乱にあい、イギリスに亡命して、南部サウザンプトンで貧困のうちに没する。1989年、彼の遺骸は生地に移され、埋葬された。

### シャルル・ド・ゴール＝エトワル（Charles-De-Gaulle-Étoile）駅

　シャルル・ド・ゴール、ジョルジュⅤ（サンク）、フランクラン・D・ローズヴェルト、そしてシャンゼリゼ＝クレマンソーの名を冠した4駅とともに、1号線は2度の世界大戦の記憶に捧げられた「聖道」ともいうべきシャンゼリゼの凱旋通りに入っていく。毎年11月11日と5月8日、これらの駅は閉鎖される。通りで軍隊行進がくりひろげられるからである。

　あまたあるパリの広場のうち、エトワル以上に6月18日の人物［ド・ゴール将軍（1890-1970）のこと。彼は1940年のこの日、BBC放送でロンドンからフランス国民にナチスへの徹底抗戦を最初に呼びかけた］の名を冠するのにふさわしい広場はない。1940年11月11日、フランス最初の対独抵抗運動が大規模な示威行進をくりひろげたのもここだった。

　この行進は完全に自発的なものだった。驚くべきことに、パリのリセや大学の学生たちは、ロンドンからの指令がなかったにもかかわらず、ドイツの占領軍やフランス警察に挑戦するかのように、凱旋門を行進したのである。1818年11月18日の休戦協定を祝うことは、実際のところ、占領軍によって厳しく禁じられていた。不意をつかれたパリ市警は、ドイツ国防軍が機関銃でデモ隊を弾圧するのを傍観するほかなかった。

　一部のデモ参加者は2本の釣り竿を肩に担いでいた。6月18日の将軍（ド・ゴール）の名は、BBCのフランス語による放送によって、ようやく人々に知られはじめており、この行進の目撃者たちは、2本の釣り竿が何を意味するか、たちどころに理解した。

　エトワル広場また、11月11日、人々が占領軍の前で「ド・ゴール万歳」と叫んだ初めての場所でもあった。帰国したド・ゴールは、1944年8月にそこで凱旋行進を行う前から、すでに若い学生たちから歓呼の声で迎えられていた。この想い出は、近年シャルル・ド・ゴール＝エトワルと改称された駅でメトロに乗る戦争生存者の心に、なにかしら熱いものを感じさせている。

## ジョルジュ V（Georges V）駅

　ジョージ5世［イギリス王在位1910-36］は、その名をパリのメトロ駅に与えた唯一の外国人君主である。命名は第1次大戦に想い出による。ジョルジュV駅は当人の生存中に駅名表示板に名が刻まれた数少ない駅のひとつである。フランスでとくに有名だったジョージ5世は、アルバート・エドワード公というより、パリではむしろプリンス・オブ・ウェールズと呼ばれた、のちの国王エドワード7世の次子である。彼はレストラン・マキシムの常連で、ありとあらゆる芝居に足を運んだ。王太子として英仏協商［1904年］を締結するため、威風堂々とパリを訪れた際、パリ市民たちは彼を熱狂的に迎えた。1901年に即位した父王が1910年に他界すると、翌1911年、このプリンスはイギリス王に即位し、14年の第1次大戦ではフランス側に立ってドイツと戦った。

　戦争中のジョージ5世の行動は模範的なもので、イングランドやスコットランド、アイルランド、インド、ニュージーランド、オーストラリア、カナダからの何十万もの兵が戦っていた前線ヴィミー［北仏アラス近郊の激戦地］の塹壕を幾度も訪れている（ニュージーランド兵たちの墓地は北仏のピカルディー地方にある）。この慰問は毎回フランス紙にルポルタージュとして数多く紹介された──そこではまた、ベルギーの騎士的国王アルベール1世［在位1909-34。ベルギーの中立を守るため、ドイツ軍の領内通過をこばんだ］もまた、たえず称賛の的となっていた。こうしたことに鑑みれば、イギリス王ジョージ5世がシャンゼリゼの凱旋通りにある駅の名になったとしても不思議はない。

## フランクラン・D・ローズヴェルト（Franklin D. Roosevelt）駅

　アンタンへと続く古い大通りには、イタリアが第1次大戦でフランスの同盟国となった1918年当時、ヴィクトル＝エマニュエルIII［ヴィットーリオ・エマヌエーレ3世。イタリア国王在位1900-46］の名がつけられていたが、1945年ともなれば、この呼称を残すことは難しかった。晴れがましい凱旋通り［シャンゼリゼ通り］に、ベニート・ムッソリーニ［1883-1945］のファシスト政権を受け入れた国王の名があることは、ファシズムに対して勝利を収めた軍隊がシャンゼリゼを行進する際、何としても避けなければならなかった。

　フランクリン・デラノ・ローズヴェルト［ルーズヴェルトとも。1882-

1945］は、連合国が勝利する前月の1945年4月12日に没している。彼はド・ゴールとかならずしもよい関係を築いてはおらず、アルジェでの会議では、ド・ゴールに反対してアンリ・ジロー大将［1879-1949。北アフリカ軍民最高司令官。1943年5月にアルジェで結成されたフランス国民解放委員会で、ライバルのド・ゴール将軍とともに共同指導者となった］を支持した。だが、パリ市議会は、戦争後のフランス復興には合衆国の援助が欠かせないであろうということを理解していた。こうして連合軍は凱旋門の下を行進する。

　それにしても、シカゴでの反ファシズム演説［1937年、日独を疫病に見立てた隔離演説］や、「ヴィクトリー・プログラム」［1941年9月に起草された勝利計画で、合衆国が枢軸国と戦う諸国に対し、物資援助のほかに軍隊を派遣することをうたった］、さらには「オーヴァーロード作戦」［1944年6月6日を決行日とした連合軍のヨーロッパ進攻計画］の大統領が、なぜパリのメトロの駅名にないのか。そこで大通りに彼の名をつけることになった。さらに彼はメトロ駅に名に残す最初の合衆国大統領ともなった。だが、ウッドロウ・ウィルソン大統領［1856-1924］は、第1次大戦の休戦協定が結ばれた1918年、ローズヴェルトと同様の栄誉に浴することがなかった。

　アルジャンティヌ駅の場合と同じように、メトロ駅の改名は隣接する通りの命名にほとんど無原則的に続いてなされた。成文化こそされていないが、メトロ駅は地上の四つ辻で交差する2本の幹線道路のいずれかの呼称をとらなければならない、とする規則に従わざるをえなかったためである。メトロは駅名表示板が修正主義に入り込むのを控えていた。にもかかわらず、メトロはそうした修正主義の徹底した信奉者だったのではないか。もしド・ゴールがローズヴェルエトを受け入れていたとするなら、メトロがローズヴェルトを拒む理由はなかったはずだ。じつは当時、メトロは6月18日の将軍の名をエトワル駅につけておらず、ド・ゴールの名が駅名となるのは、彼が没してからかなりたってからのことだった。

## シャンゼリゼ＝クレマンソー（Champs-Élysées-Clemenceau）駅

　シャンゼリゼ駅にジョルジュ・クレマンソー［1841-1929］の名が加えられるようになるには、あるきっかけがあった。つまり、命名はすみやかになされたわけではなかったのである。シャンソン「ラ・マドロン」[(1)]を聴いた民衆は熱狂し、「ル・ティグル（虎）」［クレマンソーの異名。1871年、彼が共和派の内閣をしばしば瓦解させたところから］をジョフル元帥[(2)]やフォシュ元

帥［1851-1929。→エスト（東）駅、アヴニュー・フォシュ駅］と結びつけた。共和国大統領だったレイモン・ポワンカレ[3]ではなく、である。クレマンソーは1917年からポワンカレのもとで首相を務め、勝利に不可欠な策士とみなされていたが、20年の大統領選挙に敗北する。人々は、彼よりは風采の上がらないポール・デシャネル[4]を選んだのである——デシャネルはそれから7カ月後の1920年9月、パジャマ姿のまま車から路上に身を投げ出して自殺をはかった［原文は「（遺骸が）線路の上で見つかった」となっている］。

　クレマンソーは生前、通りに名が冠せられるという栄誉を得ていない。1929年に他界したのち、その遺志により、シャンゼリゼ大通りに彼の名の広場が設けられた。そこには彫像が立てられ、毎年11月11日の祝典時に、共和国大統領が花束を捧げることになっている。これがきっかけとなって、メトロは「ル・ティグル」を記念する駅名をつけるようになったのである。クレマンソー駅を出たところにある彼の彫像は、兜をかぶって塹壕の中を歩いているようで、その姿は活き活きとしている。左手には廃兵院、右手には彼がついにその主人となれなかったエリゼ宮［大統領府］があり、前方には凱旋門が見える。

　ここではさらに、彼のかつての政敵だったレイモン・ポワンカレがパリに大通り名がついているが、メトロ駅にその名がないという点を指摘しておかなければならない。それは地理的条件のせいとすべきだろうか。

1．「ラ・マドロン」は、1914年に兵隊ものの軽喜劇で知られたバックこと、シャルル=ジョゼフ・パスキエ（1882-1953）が、酒場で働く女性への想いを歌った曲で、慰問公演からヒットした。

2．ジョフル元帥（1852-1931）は国立理工科学校で学び、卒業後、工兵将校として要塞建設の専門家となる。1911年に総参謀長と最高軍事評議会副議長の要職につき、さらに第1次大戦が始まってまもない1914年8月には、北方・北東方面部隊の総司令官となったが、同年8月14日から24日にかけての国境戦でドイツ軍に敗れてしまう。しかし、パリのタクシーを徴用して前線に兵士を運んだガリエニ将軍の支援を受けて兵力をパリ北方に集め、ドイツ軍の右翼を攻撃する。これにより、1914年9月6日から13日にかけてのマルヌの戦いで決定的な勝利を収め、ドイツ軍の快進撃を食い止めることができた。1916年、元帥に昇級し、のちにアカデミー・フランセーズ会員にも選ばれた。なお、陸軍士官学校前の広場にはジョフルの名がつけられている。→ガリエニ駅

3．ポワンカレ（1860-1934）はパリ大学で法学を修めて弁護士となり、作家

ジュール・ヴェルヌ (1823-1905) らの顧問となる。1887年に政界に転じ、第3共和政の大統領、戦後挙国一致内閣の首相兼蔵相などを歴任する。数学者アンリ・ポワンカレの従弟。

4. ブリュッセル生まれのデシャネル (1855-1922) は、1898-1902年および12-20年に下院議長をつとめ、1920年2月から9月まで大統領職にあった。彼はまた文人としてもよく知られ、1899年にはアカデミー・フランセーズ会員に選ばれている

### コンコルド (Concorde) 駅

　メトロはコンコルド駅からオテル・ド・ヴィル（市庁舎）駅まで、歴史的記念路線に入る。その間に連なるチュイルリー、パレ=ロワヤル、ルーヴル=リヴォリ、シャトレ駅は、いずれも訪れるだけの価値がある。

　立派なメトロ駅を出ると、目の前にクリヨン館がある。1919年、ウィルソン大統領［在職1913-21。プリンストン大学学長も務めた (1902-10)］がヴェルサイユ条約交渉の際に滞在した館である。ここでは、1793年の恐怖政治期[(1)]にギロチン刑が行われていたことを想い起したい。この年の12月8日、罪人を乗せた荷車が、高名だったがすでに忘れられていた女性を処刑台へと運んできた。むろん前年に、サン・キュロットたち［フランス革命期の手工業者や職人、賃金労働者などの無産市民のことで、当初は貴族による蔑称だったが、のちに革命家や革命に参加した者たちが自称した→コンコルド駅］によって生きたまま無残にも体を切り刻まれたランバル公妃ではない。10月16日に処刑されたマリー=アントワネット［1755-93］でもない。亡きルイ15世［在位1715-74］の寵姫だったバリー公妃ジャンヌ・ベキュである。

　50歳の公妃ベキュは、人々から忘れ去られつつあった。にもかかわらず、告発を受けて逮捕され、略式裁判で極刑を宣告され、革命広場、現在のコンコルド広場に連行された。だが、彼女は最期まで瀟洒さを忘れず、背筋を伸ばしたまま運命の階段を上っていった。恐れはなかったが、命を愛していた。シャンゼリゼを飾る並木道の葉叢越しに姿を現した太陽を見ながら、すでに自分の髪を切り落としていた死刑執行人に、処刑をしばし待ってくれるよう哀願した。そして冷たく凍りついた自由の石膏像の方に眼をやった。不満をもらさず、侮蔑の言葉ひとつも吐かなかった。彼女は去っていく命や広場を温める太陽を強く感じ、自分が愛してやまなかったパリの空気を最後に深く吸い込んだ。その最後の言葉に悲壮な色は微塵もなかった。「あと5分だけ

待ってください、執行人殿！」。しかし、国王と宮廷をその足元にひざまずかせた彼女に、もはや温情は与えられなかった。なおも美しかった彼女の頭は、ギロチン台の下に置かれたおが屑の中に転がり落ちた。同時代の人々はそんな公妃の死を知って心から涙を流した。国王の他の寵姫たちについては、なぜ同情が寄せられなかったのか。メトロは「バリー公妃」を想い起すため、コンコルド（融和）などというきわめて不適当な駅名を、一度たりと改称しようと思わなかった。そう断言してもよいだろう。なんという不公平さ！

1．恐怖政治期とは、フランス革命期に実権を握ったジャコバン（山岳）派の独裁者ロベスピエール（1758-94。→ロベスピエール駅）が、反対派を粛清した時期で、その犠牲者はフランス全土で２万を越したという。

## チュイルリー（Tuileries）駅

　もはやチュイルリー宮はない。1871年［パリ・コミューンの年］、宮殿は焼き払われ、完全に解体されたからだ。それは王政の象徴ではなかったか。にもかかわらず、ルイ16世のあと、ナポレオンはそこに住んだ。ルイ18世とシャルル10世は、ルイ・フィリップ［1830年の７月革命で即位したフランス最後の国王。1848年退位］とナポレオン３世［第２帝政皇帝。在位1852-70。ナポレオン１世の甥で、普仏戦争に敗れて退位した］の前に、あいついでその主となった。すべての革命はこのチュイルリー宮の奪取を第１目標としていた。宮殿は1848年の２月革命で略奪にあい、フロベール［1821-80］はその『感情教育』のなかで、中央市場で働く女性たちが玉座の上に陣取ったと書いている。同様の事態は、民衆が初めて宮殿を取り囲んだ1792年にも起きた。さらに中央市場の女性たちが「パン商主人や女主人、徒弟たち」を探すため、ヴェルサイユ宮殿に押しかけた大革命の1789年10月、ルイ16世［在位1774-92］はたしかにチュイルリー宮に住んでいた。

　1792年８月10日、マルセイユやブレストからやってきた連盟兵（義勇兵）たちは、スイス人傭兵隊によってこの宮殿前で虐殺された［フランス国家「ラ・マルセイエーズ」は、このマルセイユ連盟兵たちが歌った行進曲］。国王と家族はフイヤンの露台にあったマネージュの間に逃げ込んだ。そこには立法議会があったからで、議会は国王一家を守った。ルイ16世はもはや国王ではなく、ヴァレンヌへの逃走は彼の威信を打ち砕いた。このチュイルリー奪取は王制を終らせ、恐怖政治［→コンコルド駅、ロベスピエール駅］と同時に、マネージュの間で内密に宣言されていた９月21日の共和政の誕生をも告げ

た。

　一方、1871年のパリ・コミューン時［→序文、ベルヴィル駅］では、ヴェルサイユ正規軍がパリに入城し、蜂起が終焉を迎えたことに絶望したコミューン参加者たちが、宮殿に火を放ち、その火は三日三晩燃えつづけたという。かろうじてルーヴル宮は災難をまぬがれた。共和政はフランス史になかであまりにも重すぎるチュイルリー宮を再建すべきとは思わなかった。ただ、その有名な庭園にガンベッタ［→序文、ガンベッタ駅］の、ついで「フランスのペリクレス」と呼ばれた首相ワルデック＝ルソー［1846-1904］の彫像を立て、宮殿と庭園を占有した［ペリクレス（前495頃-前429）はアテナイの政治家で、学芸を保護し、アテナイをギリシア最大の都市国家とした］。

　今日、フロールとマルサンの両翼を除いて、チュイルリー宮は消失している。むろん、赤い制服を着たスイス人衛兵たちが宮殿の前で歩哨に立つこともない。

## パレ・ロワヤル＝ミュゼ・デュ・ルーヴル（Palais Royal-Musée du Louvre）駅

　このパリでもっとも瀟洒なメトロ駅は、ルーヴル美術館を訪問したり、王宮（パレ・ロワヤル）の庭園や国務院、コメディー＝フランセーズ座——ルーヴル骨董店やモジリアニが描いたルーヴル・ホテルも忘れてはならない——を探そうとするメトロの旅行者たちの最寄り駅となっている。

　この場所は、従弟の国王ルイ16世［在位1774-92］の処刑に賛成票を投じた国民公会議員のオルレアン公フィリップ、のちのフィリップ平等公［1747-93。自由主義者の王族として全国三部会に参加したが、のちに処刑される］の所有地だった。輝くばかりの放蕩三昧で多額の借財を背負い、破産寸前だった彼は、豪壮な王宮を再建して家産を立て直そうとした。設計者はボルドーにあるグラン・テアトル［字義は「大劇場」。1780年竣工］の建築家だったヴィクトル・ルイ［1731-1800］。庭園とファサード付きの建物からなる王宮全体は、賃料こそ高額だが、見事に整備された60あまりのパビリオンからなる商店街でなければならなかった［上階はブルジョワたちの住居］。そんな何かと物入りなオルレアン公の親しい隣人になるという名誉を得るには、だれであれ破産を覚悟しなければならなかった。

　広大な庭園の三方を用いて、平等公はある良策を考えた。建築家のルイに命じて、パリ市民が出入りできるアーケード付きの長い通廊を計画させたの

だ。そこではだれもが午前2時まで散策ができた。のちにそこは、新しい哲学者たちが奥方気取りの女性や公娼たちと出会ったり、即席の弁士たちの話に耳を傾けたり、あるいはカフェ・ド・フォワといった間もなく有名になるカフェで、扇動的なジャーナリストたちと密会したりする場となった。ルイはさらに、平等公が芝居好きだったため、大がかりな劇場の建設も計画した。こうしてコメディー＝フランセーズ座は王宮の敷地内にしかるべき建物を見出すことになった［1799年。なお、同座の創設は1680年］。

　やがて平等公は通廊の店舗を5万リーヴルで売りに出す。なにしろ首都でもっともスノッブで評判だった場所である。買い手はひともうけしようとわれ先にやってきた。彼は夢見ていた。自分が以前より金持ちになることを。そんな従兄に対し、ルイ16世はユーモアを交えながらこう言ったという。「いずれいろいろな人間が店にやってくるでしょう。そうなれば、おそらくあなたとは日曜日しか会えませんね！」

### ルーヴル＝リヴォリ（Louvre-Rivoli）駅

　この駅を出ると、1572年の聖バルテルミの祝日［8月24日］、カトリック教徒によるユグノー（プロテスタント）虐殺の合図となった、サン＝ジェルマン＝ローセロワ教会の大鐘の音を聞くことができるかもしれない。

　当時、フランス国王たちはセーヌ河岸のルーヴル宮に住んでいた。1572年8月23日、国王シャルル9世［在位1561-74］とその母妃カトリーヌ・ド・メディシス［1519-89］は、［ナヴァラ王アンリ、のちのアンリ4世とメディシスの王女でシャルルの妹との挙式に参列するため］地方からやってきたプロテスタントの指導者たち全員を、ルーヴル宮で虐殺する決意を固めた。国王を説得するため、カトリーヌは彼が死の危機に瀕しており、ユグノーたちの大規模な陰謀が彼の暗殺を最大目標としていると説いた。説き伏せられたシャルル9世は、断罪者のリストを作成させた。そのリストをまぬがれたのは、王族のふたり、すなわちナヴァラ王アンリとコンデ公アンリ［1552-88］だけであり、残りは全員殺害された。

　8月24日未明、パリの市門はすべて閉じられ、船はだれも逃げ出せないよう、川岸に係留された。そして市庁舎の周りに数門の大砲がすえられた。人々を威嚇して、銃をとらせないようにするためである。ギーズ公アンリ1世［1550-88。カトリック同盟の指導者］が、コリニー提督［1550-72。プロテスタント勢力の指導者］をその宿舎があったベテジー通り（現ペロー通り）

に帰る途中で暗殺［未遂］させようとしている間、コンデ公とナヴァラ王はルーヴル宮に拘禁され、国王の居室に連行された。一方、国王の親衛隊隊長ナンセイは配下のスイス人傭兵たちとともにルーヴル宮の歩廊を巡回し、回廊はもとより、部屋で見かけた者まですべて殺害した。カトリック側指導者の兵士たちは、地方からやってきたユグノーたちが寝泊りしていたサン＝ジェルマン＝ローセロワ一帯を封鎖した。彼らは互いに見分けがつくように被り物に白い十字架を記し、白い綬を肩から下げていた。この日、プロテスタントのロシュフーコーやテリニー、スービーズも暗殺され、遺体はルーヴル宮の中庭に集められた。サン＝ジェルマン＝ローセロワ教会の大鐘が朝5時を告げると、人々は虐殺が起きたことを知り、遺体は「通りに引きずり出され、さながら死んだ家畜のようにロープで縛りつけられた」。

　3日の間、パリでは修道士たちに刺激されて殺戮が続いた。ルーヴル宮はいわばこの町全体で繰り広げられた殺戮の口火を切ったことになる。人権派の友人たちよ、ルーヴル駅に降りたまえ！

## シャトレ（Châtelet）駅

　サンテ駅はなく、プティットないしグランド・ロケット駅もなかった[(1)]。サン＝ラザール駅とクリシー駅はときに昔の監獄を想い起こさせる。それが閉鎖されてかなりたっているにもかかわらず、そしてメトロを敷設するために解体されたあとでさえも、である。シャトレ駅は、バスティーユ駅と同様、中世の城砦内に設けられ、ナポレオン1世によって取り壊された王立監獄を想起させる。

　この監獄は、もとは870年に禿頭王シャルル2世［カロリング朝西フランク王国初代国王。在位843-77］が、ポン・ト・シャンジュ（両替橋）を守るために築いた木造りの小城砦で、12世紀に肥満王ルイ6世［在位1108-37］がこれを石造りに改築し、シャトレ［château「城」の古形）］と改称した。だが、フィリップ・オーギュスト［尊厳王・パリ大学の創設者。在位1180-1223］がパリの周囲に連続する市壁を築くと、グラン・シャトレはもはや用ずみとなり、セーヌ川の対岸、プティ・ポン橋のたもとにあったもうひとつの城砦プティ・シャトレも不要となった。それをどうしたか。前者はパリ奉行裁判所、後者は監獄となったのである。

　この監獄の近く（現在はバスティーユ広場近く）には、身元不明死体公示所、いわゆるモルグがあった。そこでは、自殺や事故あるいは殺害によって

夜間の公道で命を落とした者たちの遺体が、「モルグとともに」、つまり慎重に識別された。一説に、ルイ14世の時代には、毎晩15体ほどの遺体がここに集められたという。

　かつてはセーヌの川岸に立つと、尋問のための拷問を受けている囚人たちの悲鳴が聞こえたものだった。革命までは「予備的な拷問」と「通常の拷問」が正当化されていたからだ。こうした拷問をこうむった有名な囚人たちは数知れない。彼らはかならずしもメトロ駅にその名を残していないが、詩人で人文主義者のクレマン・マロ[2]と、大盗賊カルトゥーシュ[3]はシャトレに投獄されている。さらにファヴラ侯爵は1789年、王党派の陰謀によってここで断罪された。恐怖政治時代［→コンコルド駅、ロベスピエール駅］には、サン・キュロットたちがパリのすべての拘置所と同様、これを監獄に用いた。

　ナポレオン1世の命で解体作業人たちがこのシャトレ監獄を取り壊したとき、民衆は歓喜のダンスを踊ったという。現在、シャトレ広場には勝利の彫像が置かれているが、それは皇帝ナポレオン3世［在位1852-70］の軍隊がロシアのセバストポルで勝利を収めたことを記念するものである。そして広場を挟んで劇場が2館［シャトレ劇場とパリ市立劇場］向き合っている。こうしてシャトレは息を吹き返した。

1．サンテは施療院兼監獄名、プティット・ロケット、グランド・ロケットはいずれも監獄で、前者は女囚用、後者では、パリ・コミューン期（→序文、チュイルリー駅、ベルヴィル駅）の1871年、コミューン兵による多くの人質が銃殺された。
2．マロ（1496-1544）。1534年10月、カトリック批判のビラがパリ市内や宮殿内の寝室にまで貼られたことに激怒したフランソワ1世（→サン＝ポール駅）が、プロテスタント弾圧を強化したいわゆる檄文事件に関与したとして逮捕・投獄された。
3．カルトゥーシュ（1693-1721）はパリに生まれ、ルイ14世後のパリを中心に、大盗賊団を組織して悪事のかぎりをつくして車刑に処されたが、死後、民衆的な英雄となった。詳細は拙著『英雄の表徴』（新評論、2011年）を参照されたい（→ポルト・ド・シャラントン駅）。

### オテル・ド・ヴィル（Hôtel de Ville）駅

　パリ市庁舎（オテル・ド・ヴィル）にバルコニーはない。あるのは窓だけである。しかし、このガラスがはめ込まれた高窓から、歴史は霊感を受けた人物を介して、市庁舎前広場に集まった民衆に繰り返し語りかけてきた。

現在の建物は、1789年の大革命や19世紀のさまざまな革命の時にあったものではなく、1883年に建てられたにすぎない。現在の建物と兄弟同様に類似していた以前のそれは、チュイルリー宮と軌を一にして1871年に焼失している。高台のベルヴィルやメニルモンタン地区の民衆、とくに仕事着に庇帽という出で立ちの労働者たちが、共和政を叫んで下りてきたのがここだった。1848年にはまた、詩人で政治家でもあったラマルティヌ［1790-1869。2月革命の臨時政府で外務大臣となった］が三色旗でほぼ全身を覆い、叛乱の赤旗を拒んだのもここだった。社会共和政を声高に叫ぶ労働者たちをなだめるため、彼は革命の高揚を叙情的に写し取った次のような言葉を発した。「もっとも崇高な詩をともにつくろうではないか」

　共和政は、1870年、ブザンゴ［青年共和主義者たち。1830年の7月革命後に、船乗り用の革製エナメル帽をかぶって行動した］やルージュないしブルーと呼ばれ、のちにアンリ・ギユマン［1903-92。歴史家・反順応主義的論争家］がジュール［「ならず者」の意］と呼ばざるをえなかった者たちによって、新たに組織された。普仏戦争のスダン［→カトル＝セプタンブル駅］でフランス軍がプロイセン軍に敗れた3日後の1870年9月4日、ガンベッタ［→序文、ガンベッタ駅］やジュール・ファーヴル[1]、ジュール・フェリー、ジュール・グレヴィらに率いられたパリ市民たちは、長い隊列を組んでブルボン宮［セーヌ川を挟んでコンコルド広場と向き合う宮殿で、現在は国民議会議事堂とマザリヌ古文書館がある］から出て共和政を宣言し、市庁舎の窓から、ガンベッタが民衆にそれを告げた［→カトル＝セプタンブル駅］。

　1944年、ドイツ軍から解放されたパリで、人々はド・ゴールにガンベッタと同様の演説を求めた。それまで第3共和政の精神は眠りについており、親独政権の首班だったペタン元帥［→アヴニュ・フォシュ駅］によって「麻痺」させられてもいた。6月18日の将軍［ド・ゴールのこと。→シャルル・ド・ゴール＝エトワル駅］は、しかしその要求を埒もない話として受け付けなかった。「共和政？」。彼は言う。「それは今までずっと存在してきた」

1．ファーヴル（1809-80）は、普仏戦争下の臨時（国防）政府外相としてビスマルクとの停戦交渉に臨むが、失敗する。フェリー（1832-93）は普仏戦争時のパリ市長。のちに教育相・首相として教育の無償化や女子教育の整備などを行う。グレヴィ（1807-91）はフランス中東部ジュラ地方の共和主義信奉者の家に生まれ、弁護士となる。憲法制定議会や立法議会に参加して、1851年のナポレオン3世によるクーデタで逮捕されるが、のちに釈放され、ガンベッタらとともに普仏戦

争の開戦に反対する。第3共和政大統領。

## サン゠ポール（Saint-Paul）駅

シャルル6世［在位1380-1422］からルイ11世［1461-83］まで、フランスの王太子や王子たちはすべて、メトロ駅にその名を残すサン゠ポール゠デ゠シャン教会で洗礼を受けていた。この教会を取り囲むようにして王館［シテ宮］が建っており、そこには賢明王シャルル5世[1]と発狂した国王シャルル6世［在位1380-1422］が住んでいた。だが、この王館はあまりにも居住に適さなくなったとして、フランソワ1世[2]によって競売にかけられる。隣接するシャルル5世の市壁やサン゠タントワヌ通りの大排水溝からの悪臭が、シャルル6世の哀れな時代の嫌な記憶ともども、騎士王の意気を殺いだからだという。

しかし、シャルル5世は1358年2月22日、すべての市門を閉じさせ、跳ね橋を上げさせて籠城することで、この場所を有名にしている。百年戦争真っ盛りの頃である。彼の父である善王ジャン［在位1350-64］はポワティエの戦い［1356年］でイングランド軍の捕虜となり、ロンドンに連行されて釈放のための身代金を待っていた。王太子のシャルルは徴税や長期化した戦争、さらに生活必需品の不足などで激怒したパリ市民たちを抑えることができなかった。こうして3000を数える叛徒が、この日、サン゠ポール館を取り囲んだ。彼らは国王より人々の幸福を約束できると唱える、パリ商人頭［市長に相当］のエティエンヌ・マルセル［→エティエンヌ・マルセル駅］に率いられていた。

これに対し、王太子の護衛は手薄だった。「市場のヘラクレス」と呼ばれていた頑健な精肉商たちは衛兵たちを一蹴して、王館の扉を押し開けた。民衆からきわめて悪評を買っていた王太子の顧問たちは、ただちに首をはねられた。ノルマンディー元帥のロベール・ド・クレルモンとシャンパーニュ元帥のジャン・ド・コンフランの血が、若いシャルルのローブに跳ねかかった。エティエンヌ・マルセルはシャルルを守ってこう言うのだった。「王太子様、パリの垂れ頭巾を被りなさい！」

この日、のちのシャルル5世はマルセルの差し出した垂れ頭巾で命びろいをした。それから彼はセーヌ川を小舟で下って難を逃れ、やがて権力の座につくことになる。そんな彼がサン゠ポール館での忌まわしい想い出を抱いていたと考えるわけにはいかない。玉座にあった彼は、長い間そこに住んだか

らである。
1．シャルル5世（在位1364-80）は百年戦争さなかに直轄領からの年貢を廃止し、国税制度を確立して国家財政を安定させ、フランスの強大化をはかった。
2．フランソワ1世（在位1515-47）は王権を強化し、コレージュ・ド・フランスを創設する一方、レオナルド・ダヴィンチなどの芸術家を庇護してフランス・ルネサンス文化を開花させた。

### バスティーユ（Bastille）駅

　シャトレと同じように、バスティーユは監獄になるまでは城砦だった。ヴァンセンヌ街道とシャルル5世の市壁が交わるところに築かれたそれは、百年戦争時にはパリの要塞化した市門のひとつにすぎなかった。
　やがてバスティーユは閉鎖され、監獄に転用されたのち、アンシャン・レジーム（旧体制）の象徴となる。それは百年戦争の敵国だったイングランド兵の侵入を見張るのではなく、犯罪者たちを監視するものとなったのだ。1789年7月14日に絶対王政が瓦解したのが、まさにここだった。だが、そこは贅沢な監獄で、少数の駐屯部隊がごくわずかな囚人を監視しているだけだった。そのきわめて特殊な囚人たちは、封印状［高等法院に登録されて初めて実効力をもつ王令］にもとづく国王の恩恵により、［極刑を免れて］幽閉されていた。
　歴代の国王たちはみなこの監獄を用い、良王アンリ4世［在位1589-1610］ですら、ビロン公ゴントー元帥［1562-1602。国王の信を得ながら弑逆の陰謀に加わったとして、バスティーユ内で斬首される］や、アンリの寵姫アンリエット・ダントラグ［1579-1633］の異母兄アングレーム公のシャルル・ド・ヴァロワ［1573-1650。アンリとアンリエットの庶子ガストン＝アンリを王太子とし、正嫡のルイ（のちのルイ13世）を追い落とそうとする陰謀に加担した］をこの監獄に投獄している。
　ルイ14世の時代、バソンピエールなる人物はそんなバスティーユを誇りにしているが、ニコラ・フーケ[1]もまた、ロアン枢機卿［1734-1803。フランス史上有名なマリー＝アントワネット王妃（1755-93）の首飾り事件に連座して、1785年8月から86年6月まで幽閉］やビュシ＝ラビュタン［1618-93。パリ駐屯軍司令官時代、部下が塩の密売をしているのを放置していた職務怠慢の罪で数か月幽閉］同様、そこに監禁されている。彼らはこの監獄で豪勢な食事をし、総督の同意を得て、さまざまな訪問客を受け入れてもいた［ヴォルテール（→

ヴォルテール駅）もまた時の摂政オルレアン公を非難した筆禍で、1717年、バスティーユ送りとなっている］。

　だが、バスティーユにはまぎれもない犯罪者も投獄された。たとえば毒婦ヴォワザンのようにである。彼女はパリで拷問を受け、グレーヴ広場（市庁舎前広場）でのその処刑の日には、広場を望む窓が高値で貸し出されたという(2)。ルイ14世時代、女性が妖術を弄した廉で火刑にかけられることは滅多になかった。

　「脱獄王」ラテュード［1725-1805］はいわばバスティーユの主のひとりだった。この若者［外科医の徒弟］は、ルイ15世［在位1715-74］の寵姫ポンパドゥール夫人［→ラ・モット=ピケ=グルネル通り、サンティエ通り］に匿名で無害な粉の入った小箱を送った。それから彼は署名入りの書状を夫人に送り、そこに彼女が爆薬の入った小箱を受け取っていると記したのである。褒美をもらうため、住所も書いておいた。だが、刑事代官はそのごまかしに気づき、ラテュードをバスティーユに投獄する［1749年。以後、彼は3度脱獄している］。

　しかし、1756年、ラテュードは今もカルナヴァレ歴史博物館で見ることができる縄梯子を用いて脱獄する。彼はこの有名な監獄の解体時にも存命で、没したのは1805年にすぎない。享年80。一説に聖ルイ騎士団員の私生児だったという彼は、王立監獄の破壊をおそらく心底悲しんだことだろう。王政主義者だったからだ。

1．フーケ（1615-80）はわずか13歳（！）でパリ高等法院の弁護士となり、1656年には同法院検事総長に就任する。コルベールの寵を得てルイ14世時代の大蔵卿となるが、在任中、不正に私財を肥やしてパリ郊外のヴォーに壮大な城を築く。だが、やがて国王の不振を招き、ダルタニャン［→リュ・ド・バック駅］によって逮捕拘禁されたのち終身刑を宣せられ、イタリア・トリノ地方のピネロロ要塞監獄に送られた。

2．この事件の首謀者はゴブラン工場創設者の血筋を引くブランヴィリエ侯爵夫人マリ=マドレーヌ。彼女は財産を独り占めしようと、兄弟姉妹のみならず、父親まで毒殺したとして、1676年、尊属殺人の罪でグレーヴ広場で火刑に処されたが、その供述により、マリ・ボスなる女占い師が逮捕される。彼女は侯爵夫人が用いた毒薬「プードル・ド・シュセッシオン」（字義は「遺産相続の粉」）、つまり砒素を、あろうことか夫の毒殺をもくろむ、宮廷人や高等法院関係者の夫人たちに提供していたという。そしてボスの供述によって、当時パリで手相・人相占いや堕胎術で評

判をとっていた、カトリーヌ・デシャイエ、通称ラ・ヴォワザンも共犯者として逮捕され、1680年2月、ラ・ヴォワザンは特別裁判所で、(ボスを含む?) 36人の共犯者もともども死刑を宣せられ、火刑に処された。

### リヨン (Lyon) 駅

　1849年、パリからトネール[フランス中東部ディジョン北西方の町]行きの列車が初めて出発して以来用いられている駅である。駅舎はセーヌ川に近いため、線路は洪水の被害にあわないよう7メートル高くなっている。メトロもまたトンネル内への水の浸透を防ぐべく、同様の配慮がなされている。

　1887年7月8日、デモ隊が駅舎に侵入したとき、メトロ駅はまだできていなかった。デモ隊はクレマンソー首相から陸軍大臣に任命され、少し前に罷免されたジョルジュ・ブーランジェ将軍[1837-91。→序文]と一緒だった。立派な軍人である将軍は、彼を押し立ててスキャンダルまみれの汚れた共和政を打倒しようとするパリ市民たちの偶像的存在だった。だが、実権を握っていたのはジュール・フェリーとジュール・グレヴィだった[→バスティーユ駅]。当時、「リモジェ(更迭・罷免)」という言葉はなかったが、彼はリモージュではなく、オーヴェルニュ地方のクレルモン゠フェランへと厄介払いされた[1]。

　だが、パリ市民たちはブーランジェの更迭を望まなかった。群衆は駅の扉を押し破って駅舎になだれ込み、将軍の乗る列車を奪って、その屋根によじ登った。将軍は駅員に導かれて反対車線に降りたが、違法な行動を望まず、オーヴェルニュにおける任務を甘受して、来るべき選挙に備えようとした。にもかかわらず、デモ隊は機関車の屋根に上り、スローガンを叫んだ。「エルゼ宮[大統領府]へ！　ブーランジェ万歳！　汽車を止めよう！」

　ある者は線路に横たわったが、ブーランジェを乗せた列車が動き出すとただちに起き上った。しかし、彼は最初の停車駅であるシャラントンで下車した。そこに群衆の姿はなく、駅舎は静まり返っていた。駅長室のなかで、パリの偶像は両手を洗った。リヨン駅のことを考えているのかと尋ねられた彼は、歴史的な言葉を紡ぎだす感性を持ち合わせず、ぶっきらぼうにこう答えるのだった。「うー、暑かった！」

1. リモジェ (limoger) の由来は、第1次大戦開戦直後、ジョフル (→シャンゼリゼ゠クレマンソー駅) が、無能な将校たちをドイツ国境から遠いリモージュ (Limoge) に転属させたところから。

## ルイイ゠ディドロ（Reuilly-Diderot）駅

　かつてサン゠タントワヌ大修道院の散策者をメロヴィング朝の歴代王たちの別荘まで導いていた古いルイイ街道と、『百科全書』の思想家との間に明確な関係はない。ルイイの集落はディドロの時代よりかなり以前からなく、サン゠タントワヌ市外区の作業場となっていた。

　これに対し、ディドロ大通りの方は、1879年以降権力を手中に収めていた共和主義者たちによって改称されている。それまではマザ大通りと呼ばれていた。ナポレオン軍の連隊長ジャック・F・マザ［1765-1805。アウステルリッツの戦いで戦死］の名にちなんだ有名なマザ監獄は、1850年、近代的な施設とされたフォルス監獄となった。そこでは囚人たちがそれぞれ独房に収容されたが、これらの独房は放射線状に配置され、中央部からすべてが監視できた［これを一望監視システム（パノプティコン）という］。すべての囚人はこの放射線の起点で営まれる日曜ミサに独房から臨むことができた。帝政時代、多くの共和主義者たちはこうした新しい独房を享受していた。とはいえ、監獄は監獄である。彼らはフォルス監獄にきわめておぞましい記憶を抱いており、彼らの後継者たちは1898年にこの監獄が取り壊されて、パリ南郊のフレーヌ監獄［→エグリーズ・ド・パンタン駅］に移された時、快哉を叫び、その跡地で大がかりな民衆祭が催された。

　マザの名をディドロに変えるという発想は共和主義的なものだった。ディドロは反宗教的な著作を発表し、神の存在を疑った廉で投獄されている。だが、彼が反省のために送り込まれたのはフォルス監獄ではなく、ヴァンセンヌ城だった。こうしてメトロ駅は、フランスの懲罰システムの政治的犠牲者のひとりに敬意を捧げることになった。ただし、それは大通りの改称にともなってのことであり、そのかぎりにおいて、ディドロは幸運だったといえる。彼はヴォルテール同様、メトロ駅に名を残す啓蒙時代唯一の思想家となったからだ。ジャン゠ジャック・ルソーはこうした栄誉に浴すことができず1区の小路のみが辛うじて彼を記念しているにすぎない。パリは改革者たちを称える際、民主主義者よりむしろ自由主義者に敬意を表していた。

## ナシオン（Nation）駅

　バスティーユ地区からレピュブリック地区にかけてのパリ東部は、1870年9月4日、フランスで宣言された新しい体制を祝った。だが、それからの10年間、トローヌ大市が開かれていた旧トローヌ広場はなおもその

名を維持していた[1]。共和主義者たちは長い間共和政樹立に向けて力を注いできたが、それには王政の復活を願う王党派の有力者たちを選挙で打ち負かさなければならなかった。その成果が9月4日の祝典だった。

メトロのナシオン駅を出ると、広場の中央に彫刻家ダルー［1838-1902］作の『共和国の勝利』像が目に入る。その除幕式は、ドレフュス事件［→ナシオン駅］が終結した1899年に行われた（この事件の間、共和主義者と反共和主義者は、スパイ行為を働いたという冤罪によって流刑に処された、フランス陸軍参謀本部のユダヤ人アルフレド・ドレフュス大尉に関して、再び対立していた）。

もし王党派が勝利を収めていたなら、ナシオン駅は1660年8月26日を記念してトローヌ広場の名を冠したことだろう。この日、北仏ランスでの戴冠式からパリに戻ってきたルイ14世と王妃マリー＝テレーズ［1638-83］を厳かに迎えるため、広場に玉座が設けられた。そして、太陽王の彫像の周りに記念碑も建てられることになっていた。

そんな広場の名を、革命はすみやかにあらためた。そこには「ひっくり返された玉座」の代わりにギロチン台が設けられ、1300人以上が首をはねられた。彼らの遺体は赤い荷車に乗せられてピクピュス墓地まで運ばれた。帝政時代、広場は昔の名前に戻る。ヴァンセンヌ城の中庭に連なる販台の上に、「蜂蜜入りの香料パン」が並ぶ平和の象徴となったのだ。

今日、メトロのバスティーユ駅とナシオン駅は、メーデー・パレードが繰り広げられる5月1日には人々でごった返す。共和国像のあたりで行列は解散となるが、かつてその行程では、ナシオン広場を「ひっくり返された共和政」に変えることを望まない人々の政治結社が、かならずといってよいほど生まれたものだった。

1.「玉座」を意味するトローヌ大市は、957年、サン＝タントワヌ大修道院（前項参照）が復活祭直前の聖週間に蜂蜜入りの香料パンを売る権利を得て始めたもので、1965年以降は毎年4・5月にヴァンセンヌの森で行われている。

### ポルト・ド・ヴァンセンヌ（Portes de Vincennes）駅

ヴァンセンヌにはドイツへ向かう街道の市門(ポルト)があった。この市門はまた、東からやってくる侵入者をつねに優先的に迎え入れ、そのメトロ駅は、避けることのできない戦場へと兵士たちを送ってきた。

現在の東部高速道路の入り口に置かれたヴァンセンヌの兵士像は、

1870年［普仏戦争］の攻囲戦の際、プロイセン軍を監視するために歩哨に立っているズワーヴ兵［アルジェリア歩兵］の像と対をなしている。1814年、パリを守るフランス元帥軍の右翼はヴァンセンヌを拠点としていた［この年、1812年のナポレオン軍のロシア遠征失敗を受けて、イギリス、ロシア、プロイセン、スウェーデン、ライン同盟諸邦が第6次対仏大同盟を結んでフランスを攻撃した］。国立理工科学校の学生たちが操る大砲28門の砲兵中隊は、ちょっとした合図でももっとも危険な地点に移動できるよう、トローヌの柵に集結していた。

　この中隊は司令官ルイ・エヴァン［1775-1832］の命令でヴァンセンヌ村へと向かったが、ヴァンセンヌとモントルイユの傾斜路の間に陣取っていた、ピョートル・パレン伯率いるロシア軍騎兵中隊からただちに攻撃された。パレンは望遠鏡でフランス軍砲兵隊が騎馬隊の援護を受けられず、辛うじて騎馬憲兵小隊だけが援護に駆けつけるさまを見ていた。砲兵中隊はまさに食指を動かされる餌食だった。やがて理工科学校の学生たちは槍騎兵たちの急襲にあい、作戦に加わっていた広場の荷車曳きや御者たちは一目散に逃げ出した。ヴァンサン軽騎兵やオルドネ将軍率いる竜騎兵が救出に向かなければ、若い学生たちはまちがいなく戦死したはずだった。事実、ロシア兵たちのサーベルは情け容赦なく、大砲もほとんどが奪われた。30人ほどの学生は槍傷を負っていた。だが、戦死者はいなかった。捕虜として皇帝の前に引き立てられた彼らのひとりは、シベリア行きを志願し、「数学を教えたい」と言った。ロシア兵はヴァンセンヌ門で相対した敵兵たちが、じつはフランスでもっとも優秀な科学的頭脳の持ち主だったことを知って驚くのだった。皇帝は麾下の槍騎兵がわずか数分のうちに、それほどの価値を有する若者たちを根絶やしにしかねなかったことに気づいて身震いしたという。

### サン＝マンデ＝トゥーレル（Saint-Mandé-Tourelle）駅

　マンデ[(1)]はブルターニュのトレギエ一帯で説教を行ったアイルランド出身の隠修士である。さほど世に知られていない彼がヴァンセンヌの森にあるメトロの駅名になるには、いったい修道院のいかなる奔走があったのだろうか。詳細は不明である。

　ヴァンセンヌ城の門まで延長された1号線の建設者たちは、ここを重要な駅というよりは、むしろ役場や、1920年代にジャック・ドロ［1882-1955］とジョゼフ・マラ［1881-1971］によって建設された新しいサン＝ルイ＝ド＝ヴァンセンヌ教会を擁する、パリ東部の新たな町の存在を示す中間的な駅

だと考えた。こうして1号線は、バスティーユ駅からボワシー=サン=レジェへといたる鉄道路線と並走するようになった。この鉄道路線にも、サン=マンデ駅があった。

　新しい教会堂の装飾の一部は、貧者たちが崇敬する聖王ルイ9世［→シテ駅］に捧げられている。その建立に際して、村当局はさまざまな才能を招いた。たとえば彫刻家のカルロ・サラベゾル［1888-1971。コンクリート彫刻で知られ、フランス各地で死者追悼碑を数多く手がけた］や、「真福八端」［キリストが山上の垂訓で称えた8通りの幸福］を主題に選んだ、ナビ派の繊細な（フレスコ）画家モーリス・ドニ［1870-1943。ナビ派。キュービズムやフォービズムに理論的な影響を与えた］などである。とりわけドニは、年代記者のジャン・ド・ジョワンヴィル[(2)]が語っている、ヴァンセンヌのコナラの樹下で説教をする、聖王の姿を描かずにはいられなかった。

　サン=マンデ=トゥーレルは以前からパリ東郊にある住宅地のメトロ駅［1990年代にこの駅名は一般にサン=マンデとのみ記される］となっているが、町の歴史は、オスマン時代［→序文、レンヌ駅］における中心部から周縁部への人口移住の歴史そのものといえる。労働者たちはパリの北部や東部へ、ブルジョワ階級は西部に移り住んだ。サン=マンデの住民たちは、近くにナポレオン3世時代［1852-70］に整備された森や競馬場があるため、イギリスもかくやと思わせるほど裕福そうにみえる。町には個人の別荘や邸館もある。

　こうしたメゾンの1軒で、1830年の革命［復古王政で復活したブルボン朝を倒した市民による7月革命］を組織したひとりアルマン・カレル［1800-36。のちの共和国大統領アドルフ・ティエール（→序文）らと1830年に共和主義的な日刊紙「ル・ナショナル」を創刊し、7月革命に影響を与えた］が1836年に息を引き取っている。この熱情的な民主主義者は、のちに大部数の民衆紙を創刊するエミール・ド・ジラルダン［1806-81。1836年に彼が創刊した「ラ・プレス」紙は予約購読料を半額にし、さらにバルザックらによるはじめての連載小説を載せるなどして購読者を増やした］と論争する。ふたりの名誉を守る論争は、最終的にヴァンセンヌの森の木陰で行われた決闘で解決する［この決闘でカレルは鼠蹊部に銃弾を受け、それがもとで2日後に他界した］。

1．ブルトン語でモーデと呼ばれる聖マンデは、5世紀から8世紀にかけて活動したブルターニュの地方聖人。彼が同地方の蛇を一掃したとの伝承によって、毒蛇の咬傷に対する治癒聖人とされている。祝日はブルターニュ暦で11月18日。

2．ジョワンヴィル（1224頃-1317）は父の後を継いでシャンパーニュ伯家の家令となり、聖王ルイ９世による第７回十字軍に主家の手勢を連れて参加し、ルイの知己を得る。エジプトのマンスーラでルイともども捕虜となった際、彼は身代金の交渉役を買って出たという。ルイ王が列聖されて２年後の1299年頃、フランス王妃ジャンヌ（1285-1305）の求めでこの王の回想録をまとめた。

## ベロー（Bérault）駅

　駅名となっているミシェル・ベロー[1]は、ヴァンセンヌの地元で絶大な人気があった。ブドウ栽培者だった彼は、学識があり、進歩に関心を示す人物だった。そして、革命を準備し、みずからその階層の代表となる全国三部会を召集するための陳情書を起草している。ヴァンセンヌの助役となった彼は地名にその名を残しているが、メトロの駅名では、民衆的な第三身分［平民］解放運動の唯一の代表となっている。

１．ベロー（1796-1871）はヴァンセンヌの旧家出身で、町の教会再建や学校建設、道路・排水溝整備などに加えて、鉄道敷設にも尽力した。これらの活動により、ヴァンセンヌは人口がそれまでの2800から１万7000にまで増加したという。

## シャトー・ド・ヴァンセンヌ（Château de Vincennes）駅

　ヴァンセンヌ城（シャトー・ド・ヴァンセンヌ）はフランス歴代王ゆかりの場所である。ルイ７世［在位1137-81］はここに狩猟館を設け、尊厳王フィリップ２世［在位1180-1223］は木柵を壁として囲み、聖王ルイ９世［→シテ駅］は礼拝堂を建て、とりわけ賢明王シャルル５世［在位1364-80］はここに好んで住んだ。また、３人の王、すなわち強情王ルイ10世は1316年、長身王フィリップ５世は1322年、端麗王シャルル４世は1328年に、いずれもこの城で最期を迎えている。ここで生まれシャルル５世は、ここで死ぬことを念じてもいた［ヴァンセンヌ近くのボテ＝シュル＝マルヌ城で没］。また、百年戦争［1337-1453］の間、ヴァロワ王家は難攻不落との評判をとった要塞をここに築いた。

　1422年、ヴァンセンヌ城は一時イングランド兵の手に落ち、イングランド王ヘンリー５世はシャルル５世の部屋で寝ていたが、突然赤痢に罹ってしまう。当時、この疫病はだれであれ容赦しなかった。こうして彼は不帰の客となった。シャルル９世も1574年にヴァンセンヌ城で没している。マザラン枢機卿もまたそこで死にたいと思っていたのか。ヴァンセンヌの美しさに

魅了され、みずからを城の総督に任じた彼は、それを拡張した。王の館と、アンヌ・ドートリッシュ[1]とともに住んだ王女の館は彼が建てたもので、建築家はいずれもル・ノートル［1613-1700。ヴェルサイユやチュイルリーなどの宮殿庭園を設計し、フランス式庭園様式を確立した］だった。だが、それらが完成して間もない1661年3月9日、マザランは他界してしまう。

　はたしてこれは呪われた城なのか。にわかには決めかねるが、ルイ14世はもはやそこに足を運ばず、主塔を監獄に変えさせた。18世紀には多くの著名人がこの監獄に送られたが、そのなかにはディドロやミラボー伯爵［1749-91。雄弁をもってきこえた革命家・政治家］などがいる。1791年［パリ・コミューンの年。→チュイルリー駅］、フォブール・サン＝タントワヌ地区の労働者たちは、バスティーユと同様、城を完全に取り壊そうとした。ラ・ファイエット侯爵[2]はそんな彼らに対し、何もしないよう苦心惨憺して説得したという。こうして城が破壊をまぬがれたおかげで、ナポレオンの将軍ドメニル［1776-1832。→ドメニル駅］は、1814年、侵入してきた同盟軍から城を守った際、有名な科白を吐くことができた。彼は1809年のワグラムの戦いで片足を失い、義足をつけていたが、その科白は侵略者たちが彼に降伏を呼びかけたことへの返答だった。「オーストリアの兵士諸君は私の片足を奪った。諸君は私にそれを返してくれるのか、それとももう1本の足を奪うのか」［城の明け渡しを迫る敵軍の要求を拒んで、彼はさらにこう言ったともいう。「私の拒絶はこどもたちへの贈り物となるだろう」］。ドメニルはヴァンセンヌで没した。ただし、ベッドの上で、である。同様の幸運はナポレオン麾下の将軍数人だけが享受できた。

1．アンヌ（1601-66）はスペイン王フェリペ3世の長女。14歳でルイ13世（在位1602-43）の妃となり、ルイ14世をもうける。夫王の死後、幼王の摂政として政治の実権を握り、マザランを重用するが、マザランの死後、ルイ14世の親政が始まると、政治から身を引き、修道院に逼塞した。

2．ラファイエット（1757-1834）はアメリカ独立戦争に参加し、フランス革命時には国民軍司令官を務め、人権宣言を起草した。だが、1791年、パリのシャン・ド・マルス（練兵場）で開かれた共和主義者たちの集会を、パリ市長ジャン・バイイ（1736-93）とともに解散させようとして、国民軍に発砲を命じ、多くの犠牲者を出した。

## レ・サブロン（Les Sablons）駅

　1937年4月、ヴァンセンヌ～ヌイイ間の1号線はポン・ド・ヌイイまで延長される。これにより、途中、特徴的なヌイイ平原にレ・サブロン駅が設けられることになった。

　駅名の由来はセーヌ河岸にあった砂採取場(サブリエール)からか。いずれにせよ、そこは何も生えない乾いた平原である。18世紀には麦粒1つないほとんど砂漠のような土地だった。ルイ15世［在位1715-74］はそこでスイス衛兵やフランス衛兵、さらにパリに駐屯する傭兵たちの閲兵式を行った。おそらく馬でブローニュの森を走っていたマリー＝アントワネット［1755-93］は、広大な平原を見つけ、そこで競馬を催している。乗馬好きの彼女を中心に、現金による賭けもなされていた。

　ルイ16世［在位1774-92］は禁欲的な王で、賭け事や埒もない娯楽を毛嫌いし、狩りと錠前外しだけを自分に許していた。彼もまたサブロンの平原にやってきた。農学者のアントワヌ・パルマンティエ［→パルマンティエ駅、シュマン・ヴェール駅］が発見した新しい植物、すなわちジャガイモを栽培できるような乾いた土地がほかになかったからだ。それをヌイイに順応させようとしたのだろう。ジャガイモがプロイセンの凍った砂でよく育ったからである。

　当初、ジャガイモは散々な評価を受けた。人や家畜を病気にすると言われ、悪魔の発明品とも酷評された。それゆえ農民たちはその播種を拒んだ。1787年、国王はみずから四輪馬車に乗り、伴揃えも盛大にやってきて、住民たちの度肝を抜いた。出迎えたパルマンティエは国王にこう打ち明けるのだった。俗信に突き動かされて、だれかが夜、ようやく地表から出た貴重な芽をむしり取ってしまうのではないか。そして彼は、将来の収穫物を見せ、その効用をこう説くのだった。飢餓のとき、ジャガイモはパンのない飢えた人々を何千人も救うことができる、と。

　これを聞いて、国王にある考えが浮かんだ。夜、着剣したフランス衛兵に植えつけを見張らせる、という考えである。こうしてみずから高く評価しているジャガイモの値打ちを示そうとしたのである。読みはあたった。種イモを盗み出すのに成功した泥棒たちは、自分の家でそれを栽培したのである。国王がジャガイモを見張らせている以上、それは高価なものに違いない。そう信じ込ませたのだ。国王はまた、ジャガイモの小さな白花を王衣のボタン穴に挿してヴェルサイユに姿を見せた。王妃もそれを真似た。これが流行の

きっかけとなった。だれもがジャガイモを栽培するようになった。まさにサブロンの奇跡である。

### ポン・ド・ヌイイ（Pont de Neuilly）駅

　1900年当時、ヌイイは瀟洒な邸館が立ち並ぶ裕福な村だった。1830年の７月革命時、オルレアン公ルイ・フィリップはここにいたところを捜しだされ、王座が待ち受ける市庁舎前広場に導かれた［国王に推された彼は1848年の２月革命で退位する］。それまで彼は地方に住んでいた。それから１世紀後の1930年、ヌイイにはさまざまな建物が現れ、豪壮な役場や主要な大通りも整備された。高い格子窓が両側を飾る静かな通りをもつ緑豊かなこの町の邸館に住む。それは上品な生活を意味した。そこでの富裕者たちはゆったりと高級車を車庫に入れ、家を何軒も抱えることができた。こうしてパリの東部は、ロンドンやニューヨークの西部とほぼ同時に発展した。

　では、ヌイイに住んでいた銀行家や将軍、証券仲買人たちはメトロを必要としていたのだろうか。たしかに邸館の執事や女主人の付き添い婦人たちは、耕作地の泥道をパリまで歩いくことにうんざりしていた。おそらく首都のなかでこれら使用人たちがもっとも多かったのがヌイイだった。だが、１号線をセーヌ川まで延長することには別の目的があった。それは、労働者たちがセーヌ対岸のピュトーやクルブヴォワ、ナンテールからパリに手軽かつ迅速に行け、さらに首都の庶民的な地区に住む労働者たちが、1918年以降にセーヌの対岸に定着した、新しい化学ないし金属工場にその職場を得られるようにすることだった。まさにこうした変化が、数万の労働者たちの首都圏への移住を引き起こしたのである。

　ポン・ド・ヌイイ駅はいわば地の果てであり、そこでは早朝、邸館主たちが豪華な車を走らせれば、メトロから降りて工場へと向かう労働者たちの列をまのあたりにできた。「赤い郊外」、つまり人民戦線〈フロン・ポピュレール〉[1]のストライキ参加者たちが数多く住む地区に行くには、橋を渡るだけでよかった。この社会的対立の時代、ヌイイ橋はふたつの世界、すなわち闘争を無視しようとする世界としばしば闘争へ向かおうとする世界を結んでいた。

１．人民戦線は1934年以降、極右勢力に対抗するため、社会党や共産党、急進社会党などが大同団結して組織したもので、36年の総選挙に勝利して社会党党首レオン・ブルム（→ポン・ド・ヌイイ駅、アナトル・フランス駅）の人民戦線政権が成立した。

## エスプラナード・ド・ラ・デファンス（Esplanade de la Défense）駅

　エスプラナード駅は、1992年に1号線がラ・デファンス［字義は「祖国防衛」］まで拡張されてからできた最初の駅である。駅自体はたしかに当初ピュトー＝クルブヴォワと呼ばれていたが、この路線拡張の目的はもはやピュトーやクルブヴォワの労働者の町に寄与することではなかった。エスプラナード（遊歩道）という呼称は、おそらく現実の役割により適ったものだった。このエスプラナードは、ラ・デファンスという新しいビジネス街の中心を形作るコンクリートの人工的な大通りである、エスプラナード・デュ・ジェネラル・ド・ゴールに続いているが、そこには自動車工場もなければ飛行機工場もない。代わりに、金融や石油、保険などの国際的な大企業が入っている鋼鉄やガラス張りの高層ビルがそびえているのだ。この建設計画は、第2次大戦末期、建築家のベルナール・ゼルヒュス［1911-96。ヌイイで没する。パリのユネスコ本部やデンマーク大使館などの設計者］が作成した。彼の設計になる最初の建築は国立工業・技術センター（CNIT）［1954-58年］で、これは当時としては大胆なものだった。こうした新しい地区は、合衆国の建築に触発された未来志向的な特徴をみせており、建物にはマンハッタンやマンハッタン・スクウェアといった呼称がつけられていた。メトロ駅を降りれば、そこはニューヨークだった。

　エスプラナードのカフェで休んでいたサラリーマンは、以前の労働者にとって代わった。企業の幹部たちは大挙してあいついで開かれる展示会やセミナーに駆けつけていた。短期滞在の外国人が用いた機能的なホテルは、多国籍の高層ビルと並んでいた。なおも遠くに見えたピュトーの古い民家は、いずれ姿を消す運命だった。エスプラナード駅を開業することで、メトロは、地下の駐車場に描かれ、今は撤去された彫刻家レイモン・モレッティ（1931-2005）の怪物像を象徴とする21世紀にただちに入っていった。

## グランド・アルシュ・ド・ラ・デファンス（Grande Arche de la Défense）駅

　1号線の終着駅にはかなり対照的な時代を象徴する記念碑が並んでいる。その一方はルイ＝エルネスト・バリアス[1]が1871年に制作したブロンズの群像彫刻『パリ防衛』である。プロイセン軍を相手に、首都は、ジュール・ファーヴル［→オテル・ド・ヴィル駅］が共和国の名で同年1月28日に休戦協定を結ぶまで、じつに132日もの間、攻囲戦に耐えなければならなかった。

この普仏戦争時、パリ市民は厳しい生活を強いられた。冬は例年になく寒かったが、暖房手段などなかった。それゆえ、ヴァンセンヌやブローニュの森の木を切った。通りには50万以上もの不幸な人々が食料を求めてさまよっていた。馬を食べ、植物園で飼われている動物たちも食べた。ヴィクトル・ユゴーはレイヨウの腿肉や象のステーキを口にしたと述懐している。人々はさらに犬や猫、はてはスズメまで食した。米やカラスムギを混ぜた黒パンがごく少量配給されたものの、彼らはルイ＝ジュール・トロシュ将軍［→アヴロン駅］がなぜ敵軍の包囲網を打ち破って、ガンベッタが徴集したロワール方面軍に合流しようとしないのか理解できなかった。だが、実際のところ、パリや地方から集まった国民遊撃隊の英雄的な努力にもかかわらず、試みはすべて失敗していたのだ。

　パリ守備隊の努力やパリ市民の勇気を象徴するため、激しい戦いが繰り広げられたパリの西部に、抵抗記念碑を建てることが考えられた。それは今もなおその場にあるが、正面に見える記念建造物、アルシュ・デ・ドロワ・ド・ロム［字義は「人権アーチ」］とは比較にならない。このアーチは1898年、フランス革命200周年を記念して建てられた。それは完全な平行6面体で、もうひとつの象徴的意味を帯びている。世界中の抑圧に対する全市民の抵抗と人々の平和への意志という意味である。この巨大な鋼鉄とガラスの塊は、フランス革命の200年後に、人間と市民の権利を守るというみずからの意志をあらためて厳かに主張する国際的な革命の首都から、相互理解と人間の尊厳というメッセージを全世界に向けて発信しているのだ。

1．バリアス（1841-1905）は磁器絵付け師を父としてパリに生まれる。1858年、国立美術学校（エコール・デ・ボザール）に入り、絵画から彫刻へと転向する。1864年からのローマ留学後、パリに戻ってオペラ座の修復工事に参加する。その作品は大半が大理石製で、オルセー美術館やペール・ラシェーズ墓地（→ペール・ラシェーズ駅）に数多くみられる。

### オベール（Auber）駅

　エスプリ・オベール［1782-1871］は作曲家だった。彼は帝政の崩壊後、新オペラ座の落成式より前にパリで没している。享年98。作家のゴンクール兄弟［→序文、ゴンクール駅］は、かなり歳がいっているにもかかわらず、オベールがいつも歩道を往還する使い走りの少女（少年？）の後ろを追いかけていたと証言している。『奥方の女羊飼い』［1820年初演］や『ポルティチ

の娘』［1828年初演。ベルギー人の愛国心を刺激して、独立運動へ駆り立てたとされる。ほかに『フラ・ディアボロ』（1830年初演）など］を作曲した彼は、良心がほとんどない政治家や劇場支配人、さらにエミール・ゾラや共和主義のジャーナリストから非難された、陽気なパリの「自堕落な生活」に身を置いたジャーナリストたちの時代とともに姿を消した。だがオベールの名は、パリの東西軸を走る1号線と平行して1977年12月9日に開業したRER（→序文）の建設者によって、オペラ座との結びつきから駅名に取り上げられている。

　この開業日、RERは1960年に策定されたパリ地域の整備計画にもとづいて本格的に誕生した。オベール駅は3層からなるが、それはまさにコンクリートの塊といえる。建設工事はラ・デファンスで始まった。最初は露天での作業だったが、特殊なシールド工法により、やがて地下にトンネルを掘ることができるようになった。そして1965年6月、トンネルはセーヌ川に達した。そこでヌイイ橋の下流を選び、河床の下に予めつくっておいたプレストレスト・コンクリートの潜函（ケーソン）を埋設した。1964年以降、ロビン型のボーリング・マシンがパリの地下を掘削し、ヌイイ＝ヴァンセンヌをトンネルで結ぶもう1本の路線が敷設された。そして1971年、オベール駅は完成する。あとは、「レ・アルの穴」の中にむき出しになっていた、世界最大のシャトレ＝レ・アル駅［→シャトレ駅］の建設工事を続行するだけだった（のちにその上にはフォーロム［フォーロム・デ・アル］がつくられることになる）。

　モーリス・デコブラ［→序文］の夢はこうして実現した。ラ・デファンスからヴァンセンヌまで、高速メトロはエトワル＝シャルル・ド・ゴール、オベール、シャトレ＝レ・アル、ガール・ド・リヨン、ナシオンの5駅にしか停まらない。西部では、RERの3路線（A1、A3、A5）が延長されて、サン＝ジェルマン＝アン＝レやポワシー、セルジー＝サン＝クリストフを繋いだ。それには国鉄（SNCF）の線路と駅を借りた。これらの駅にはかつての村名ないし新しい町の名がつけられている。とすれば、あらためて指摘するまでもなく、RERの責任者たちからすれば、駅名を決定する上でさほどの苦労がなかったはずだ。同じことは東部の路線についてもいえる。なお、A2号線とA4号線はボワシー＝サン・レジェとマルヌ・ラ・ヴァレで接続し、最終的にシェシー（ユーロ・ディズニーランド）まで延びている。

# 2号線

エクトール・ギマール設計になる
アール・ヌーヴォー様式のポルト・ドーフィヌ駅入り口

# 2号線

ポルト・ドーフィヌ駅 ～ ナシオン駅

《一部開業1900年、営業距離12.3km、駅数25》

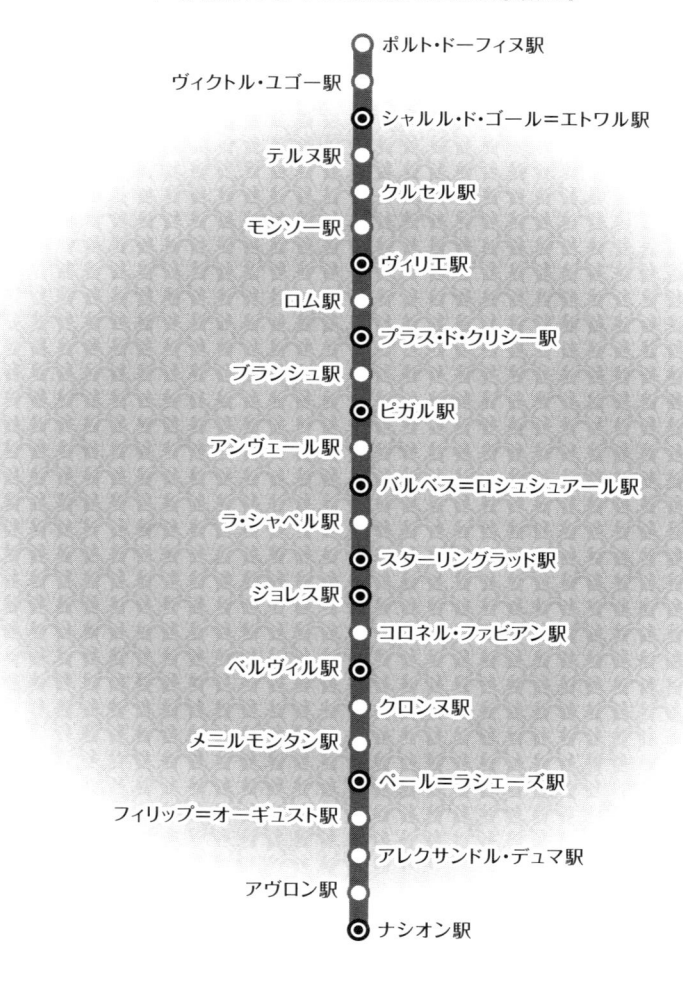

- ポルト・ドーフィヌ駅
- ヴィクトル・ユゴー駅
- シャルル・ド・ゴール＝エトワル駅
- テルヌ駅
- クルセル駅
- モンソー駅
- ヴィリエ駅
- ロム駅
- プラス・ド・クリシー駅
- ブランシュ駅
- ピガル駅
- アンヴェール駅
- バルベス＝ロシュシュアール駅
- ラ・シャペル駅
- スターリングラッド駅
- ジョレス駅
- コロネル・ファビアン駅
- ベルヴィル駅
- クロンヌ駅
- メニルモンタン駅
- ペール＝ラシェーズ駅
- フィリップ＝オーギュスト駅
- アレクサンドル・デュマ駅
- アヴロン駅
- ナシオン駅

メトロ2号線は1903年4月になってようやく全線開通している。技術的な難題が開業を遅らせたのである。路線は3区間に分けて建設され、最初はエトワル駅からドーフィヌ駅までで、1900年12月に一般営業を開始した。ただし、それは1号線（ヌイ駅〜ヴァンセンヌ駅間）と鉄道の環状線をたんに結んだだけで、ドーフィヌ広場の国鉄駅がメトロからの乗客を受け入れていた。この路線は格別の問題を引き起こすことはなかった。

　2号線の計画は、ルイ・フィリップとナポレオン3世［在位1852-70］がヴィリエやクリシー、ピガル、バルベス、そしてベルヴィルを通ってパリを取り囲んだ「環状大通り」を、地下の路線で実現することだった。この半円形の路線は、南部のナシオン駅からプラス・ディタリ（イタリア広場）、ダンフェール＝ロシュロー、モンパルナス、さらにラ・モット・ピケ＝グルネルなどの駅を経てエトワル駅にいたる6号線によって完成した。やがて首都は、大通りの下を走るメトロの地下環状線によって完全に囲まれるようになる。そんな期待が生まれもした。

　しかし、モンマルトルの丘の麓とベルヴィルではその期待を捨てなければならなかった。石膏採掘場が地下に巨大な穴を穿っていたからである。そこにメトロを通すのは軽率とのそしりをまぬがれえなかった。こうしてメトロははじめて地上を走るようになるが、それには基礎を深さ20メートルまで掘り下げた支柱によって、金属製の車体の重さを支えなければならなかった。アンヴェール駅からコロネル・ファビアン駅までがその区間である。金属建築の専門家であるルイ・ビエット［生没年不詳。→オーステルリッツ駅］が、ラ・ヴィレット駅の扇形車庫の周りに鋳鉄でアラベスク模様を施し、ジャン＝カミュ・フォルミジェ［1845-1926。→オーステルリッツ駅］が、鋳鉄製の支柱と建物のモチーフ装飾を請け負った。メトロはまさに芸術作品であった。

　1903年1月31日、バニョレ駅が開業し（1970年、アレクサンドル・デュマ駅と改称）、4月2日にはナシオン駅で1号線と接続された。最初の半円形路線がついに首都の北側に開通したのである。

**ポルト・ドーフィヌ（Porte Dauphine）駅**
　エトワルを発ったメトロ2号線は、ドーフィヌ門（ポルト）からブローニュの森に入る。昔この門は、マドリッド城［旧ブローニュ城］でヴォーデモン伯アンリ4世［1346没］のために働いていた、イタリア人技術者のバルバニ（Balbani）

の名を変形してバルバニ（Barbani）門と呼ばれていた。そこはパリ市内に向いてはおらず、ポルト・マイヨ同様、ルイ16世の時代まで一般人が立ち入ることができなかった閉じられた森、すなわちブローニュの森に通じていた。

　かつて2号線はドーフィヌ駅で、オートゥイユからバティニョル平原のポン・カルディネまで田園風の駅を連ねる鉄道と交わっていた。この駅名に名を残す神聖ローマ帝国皇帝フランツ1世［在位1745-65］の王太子妃マリー＝アントワネット［1755-93。正式には皇女］は、フランス王妃となる前、ブローニュの森の東端、つまりドーフィヌの南西1キロメートルほどのところにあったミュエット城に住んでいた。はたして当時、彼女はこの森がパリっ子たちの娯楽の空間として発展することを予想していただろうか。たとえばアルトワ伯［のちのシャルル10世（国王在位1824-30）］は、ここにフォリー（遊楽用別荘）を建て、1857年に一般開放されたロンシャン競馬場は、スノッブたちを引き寄せた。だが、第2帝政下にあった当時、ドーフィヌ一帯の拡張が、首都でもっとも広い大通りの開通へといたるとはだれも考えていなかった。それは隣接する両側の土手道や並木の芝地を除いても120メートルあった。アンペラトリス（皇妃）大通りと呼ばれていたこのボワ（森）大通りは、1929年、フォシュ大通りと改称されたが、それは元帥が没したあとのことである［フォシュとはフェルディナン・フォシュ元帥（1851-1929）のこと。→エスト（東）駅、アヴニュー・フォシュ駅］。

　エミール・ゾラは《ルーゴン・マカール叢書》［1871-93年にかけて刊行された20巻からなる自然主義小説集］において、小型4輪馬車や豪華な馬車が陸続とロンシャン競馬場につめかけたと書いている。これら紋章入りの馬車が通らざるをえなかった場所が、ドーフィヌ門だった。そこにはモルニ公爵[1]やカスティリオーネ伯爵夫人［1815-96。ナポレオン3世の寵姫。サロンの華としてさまざまなスキャンダルを巻き起こした］に会えると信じた野次馬たちが、群れをなして押し寄せたものだった。オスマン［→序文、サン＝マンデ＝トゥーレル駅、レンヌ駅］はそこに彼の最大傑作とでもいうべき大通りを実現し、それは1867年のパリ万博の際、多くの君主や国王を引き寄せた。ロシア皇帝アレクサンドル2世もそのひとりだった。6月6日、事件が起きた。ロンシャンでの閲兵式に参列するため馬車に乗っていた皇帝を、ポーランドの亡命革命家のベレゾウスキが銃撃したのである。幸い銃弾はすんでのところで的を外れた［この銃撃をまぬがれたアレクサンドル2世（在位1855-81）だ

ったが、1881年、サンクトペテルブルク市内で革命派「人民の意志」のテロリスト青年が投じた爆弾によって爆死する]。

　アンペラトリス大通りとロンシャン街道、ドーフィヌ門、さらに並木道のボワ小路は、こうして世界中の新聞がこぞって取り上げるほど有名になった。ブローニュの森の最寄り駅であるポルト・ドーフィヌ駅もまた、首都のもっともスノッブな人々が利用する駅となった。毎年秋にこの駅から外に出れば、共和国大統領杯を賭けたレースが、そして7月ともなれば、フランス軍の行進が見られたものだった。

1．モルニ公爵（1811-65）は1851年のクーデタを指導し、異父兄ナポレオン3世の第2帝政（1852-70）を実現させた。ゾラの前記《ルーゴン・マカール叢書》に含まれる1作『ウジェーヌ・ルーゴン閣下』に登場するモルシ伯のモデルとされる

## ヴィクトル・ユゴー（Victor Hugo）駅

　のちにメトロの駅名となる大通りにユゴーの名がつけられた1886年、ヴィクトワール（勝利）という名は何のためらいもなしに見送られた。誕生間もない第3共和政のもとで、詩人は栄光に浴しており、ヴィクトル・ユゴー［1802年生］の名がそれまでのアイローに代わって大通りに冠せられたほどだった。この命名は不当ではなかった。1881年以降、ユゴーはアイロー大通りの124番地に住んでいたからである。そして1885年5月22日、彼はすでに自分の名がつけられていたこの大通りで没することになる。

　改名なったヴィクトル・ユゴー大通りでは、1893年、文人がもうひとり惨めな生活のなかで息を引き取っている。ギ・ド・モーパッサンである。享年43。場所は医師エミール・ブランシュ［1820-93。精神科医。ジェラール・ド・ネルヴァル（1808-55）の主治医でもあり、その文学的着想に影響を与えたとされる］の診療所だった。

　はたしてユゴーは共和主義者だったか。たしかにのちにはそうなった。だが、それは共和国への愛着というより、むしろ帝政を嫌悪したためだった。20歳のときは、熱心な正統王朝支持者だった。ルイ・フィリップ［→ポン・ド・ヌイイ駅］は1845年、そんな彼を国王直近の貴族であるフランス同輩衆に任命し、王冠への支持に報いた。オルレアン王政を倒した1848年の2月革命の間、ユゴーは詩人ラマルティヌ［→オテル・ド・ヴィル駅］が外相を務めた臨時政府での一切の要職を拒んだ。数々の恩恵を与えてくれたオルレア

ン家になおも忠実だった彼としては、みずからが拒絶する体制の国民教育相になるなどは論外だった。

にもかかわらず、1848年12月に行われた大統領選挙へのルイ・ナポレオンの立候補には、好意的な態度を示した［ラマルティヌはこの選挙に立候補して敗れた］。しかし、毛嫌いしていた帝政には反対の態度をとるようになる。こうして彼はブリュッセルに逃れ、やがてイギリス海峡にあり、イギリス人とノルマン系フランス人が住むガーンジー島に移り住む［1855-71年］。

1880年、共和国はそんな彼に喝采を送るようになる。パストゥールと同様に奉られ、称賛されたのだ。新たな政体は文学や実証科学のうちに彼の価値を探した。共和国はその読書や公共教育の入門書のため、学者や詩人を必要としたからである。書肆アシェット版の学校教科書は、彼の髭がひときわ立派に表紙を飾っていた。アシェットは体制的な出版社で、共和主義的な嗜好をもっていた。

ユゴーの葬儀はナポレオン1世が遺灰となって帰国したときと同様に、盛大に営まれた。とすれば、彼の名がメトロ駅につけられたとしても、何ら驚くことではないだろう。

## シャルル・ド・ゴール駅 → 1号線

### テルヌ（Ternes）駅

どこからみても、さほどぱっとしない駅名がある。たとえばテルヌ門の名前にちなんだこの駅名である。事実、サン＝ジェルマン街道にあったテルヌは、かつては楽しい、だがきわめて健全な村だった。今日、メトロを降りて階段を上がると、広場の生花商たちの豊かな販台が目に入る。かつてここには野菜を集約栽培する菜園が広がっていた。

パリ西部のサン＝ジェルマン＝アン＝レは18世紀まで「空気の澄んだ山」だったが、テルヌ村もまたこのエコロジックな役割を分け合っていた。パリの医師たちは顔色の悪い患者を、テルヌの空気がかさかさになって皺の寄った肌を生き返らせてくれからと保証して、ここに送りこんでいた。

第2帝政期、ある診療所がここで水治療を行っていた。当時、まだテルヌの地の評判は輝かしいものだった。たしかに工場がいくつかこの田園風のたたずまいのうちに進出していたが、それらはチョコレートや工芸品、ローン［麻や綿のの高級平織物］の幕などを生産しているところから、問題なく設置

が認められた。パリでもっとも清浄な空気を汚すようなものは何一つなかった。さまざまな娯楽が設けられていたテルヌ城の庭園で、人々はゆったりと楽しむことができた。

　だが、パリ西部でのフォリー（遊楽用別荘）の建設によって、そうした様相に変化が訪れた。テルヌはオスマン流都市改造の熱に取り込まれていった。やがてマク＝マオン大通りやニエル大通りと交差するようになったテルヌ大通りは、当初の呼称は保ったまま、さらに西で、環状鉄道線に沿って走るペレール大通りとも結びついた。新しい建物の幸運な持ち主たちにとっての障碍、それは一帯に教会がないことだった。ルイ・フィリップの時代（1830-48年）、人々はなおも納屋でミサをあげていた。「バリケードの王」と称されたルイ・フィリップの長子フェルディナン［1810-42］が、馬車で事故死したのがテルヌ地区だった。そこでこのオルレアン公を偲んで、彼の名を冠した教会が建てられた。それがサン＝フェルディナン＝デ＝テルヌ教会である。

　ひとたびオスマン［→序文、サン＝マンデ＝トゥーレル駅、レンヌ駅］のパリに組み込まれたテルヌ地区は、こうして教会をもつことになる。そこにはさらにメトロ駅もできたが、住んだ空気は失われた。

## クルセル（Courcelles）駅

　クルセルとは、ヴィリエ街道に位置し、ヴィリエ＝ラ＝ガランヌ小教区に属していた小邑の呼称である。クルセル通りおよびそれと同じ名をもつ大通りは、オスマン時代［前項参照］に命名されており、そこはパリでもっとも有名な一族が住む貴族的な地区の中心だった。

　皇帝ナポレオン３世［在位1852-70］はモンソー公園を、日曜日ともなればパリ市民が訪れる「フォリー・デ・シャルトル」に変えた。そもそも乾燥して植物も生えず、狩猟用の獲物が飼育されていたこの土地を、王宮の造営者であるオルレアン公フィリップ、のちの平等公［→パレ・ロワヤル＝ミュゼ・デュ・ルーヴル駅］は、想像を超えた公園にしようと思った。そして、ギリシア風神殿や中国風の寺院の再建に莫大な出費を惜しまず、タタール風幕舎の傍らに蛇行する小川を通し、人工島や整備された池を築き、世界の果てから招来した貴重な香木も植えた。製粉業者のいない風車、石工たちが忍耐強くつくりあげたオベリスクやピラミッド、さらに古代風の墓…。だれもがこうした趣向を褒め称えた。公爵は折衷主義的な好みを有し、さまざまな

様式や文明を混ぜあわせることに夢中だった。一般公開されたこの公園は恒常的な娯楽場として整えられ、美しい娘たちがブランコに乗り、若者たちがオールを漕いで模擬海戦に興じた。

このフォリーはフランス革命期にも生き残ったが、第２帝政期の不動産開発熱で消滅を余儀なくされた。オルレアン家はその財産を引き上げ、パリ市に提供した。皇帝ナポレオン３世［在位1852-70］は、恐怖政治時代［→コンコルド駅、ロベスピエール駅］の血なまぐさい君主だったフィリップ平等公長年の労作の名残を再利用して、イギリス風庭園に変えた。メトロのクルセル駅は、皇帝の従妹マティルド・ナポレオン［1820-1904］がスペイン王の母后から買い受けた豪壮な邸館でサロンを催していた、上流階級が多く住む地区の最寄り駅となった。「メトロの父」ヒュルジャンス・ビヤンヴニュは、1936年８月３日、クルセル大通り112番地で他界している。享年84だった。

## モンソー（Monceau）駅

クルセル同様、モンソーも小邑だったが、やがてその石さえもが高価なものとなる億万長者たちの村へと変貌した。

かつて金融家たちはモンマルトルの坂の途中、サン＝ジョルジュ広場を囲む、通称ヌーヴェル＝アテン［字義は「新アテネ」］に住んでいた。豪華な邸館は、オスマンの都市改造［→序文、サン＝マンデ＝トゥーレル駅、レンヌ駅］によって西部に移されたが、パリの実質的な王だった金融家たちは、ゾラの小説『獲物の分け前』に登場するサカール[1]のように、だれもがモンソーに邸館をもちたいと願っていた。

そうした邸館の嚆矢となったのは、アルフォンス・ド・ロスチャイルド（ロトシルド）[2]によって建てられ、のちにエドモン・ド・ロトシルドの息子モーリス男爵が住んだものである。もうひとつの邸館は銀行家のカモンド家［スペインを追われたユダヤ系一族で、18世紀にコンスタンティノープルに定住してオスマン帝国下で金融業を営む。第２帝政期にパリに移った］が建て、のちにショコラ・ムニエ社［1816年創業。1856年に板チョコレートを初めて考案・発売して成功した］の後継者たちによって買い取られた。

こうして流行が始まる。金融家たちはモンソーに住み、自分たちの生活を守るため、敷地の周囲に金色の柵をめぐらして付近を散策する者たちを遠ざけた。フィリップ・エリア［1898-1971］が1944年に著したゴンクール賞受賞小説『ブサルデル家』の登場人物たちを思わせる人士たちが、まさにここ

に住んでいたのだ。このアカデミー・ゴンクール会員は、第2帝政期から1950年代にかけて、証券取引所の攻撃や激しい金銭欲、さらには父と息子、兄弟と従兄弟同士の対立などに揺れ動いた、上流家族の顛末をたどってみせた。ただし、ブサルデル時代の銀行家たちは、派手なお祭り騒ぎによって首都を惑わせようとは思わなかった。居間やビリヤード台つきの喫煙室、背の高い観葉植物の置かれたサロンなどからなる心地よい雰囲気に囲まれて、ひっそりと暮らしていた。

　証券取引所のエリート専用ともいうべきこの一角の住人たちは、ストの時以外、めったにメトロに乗ることはなかった。たとえばこんな話もある。1919年のある日、金融界のある大物が徴用バスに乗って、釣銭をチップとして車掌に与えたという。高い地位にある者はその地位に相応しく振舞わなければならないからだ。

1．サカールは南仏出身。パリに出てきた彼はオスマン計画に目をつけて不動産投機で巨万の富を得ようとした。『獲物の分け前』は《ルーゴン・マカール叢書》（→ポルト・ドーフィヌ駅）の第2作目で、1872年に発表された。
2．アルフォンス（1827-1905）はパリ・ロスチャイルド家創設者であるジェームズ（1792-1868）の長男で、銀行家・投資家・収集家。1855年の凶作時に麦を買い占めて巨利を得たのち、フランス銀行の最大株主となり、普仏戦争でプロイセンからの賠償金減額交渉をまとめたり、ヴァチカンへの資金援助を行ったりしたほか、ボルドー・ワインの開発・生産にも手を出すなど、その金融・投資世界での活動はつとに知られるところである。なお、彼の邸館はモンソー通り47番地にあった。慈善家やシオニズム運動の指導者としても知られるエドモン（1845-1914）はジェームズの末子。

**ヴィリエ（Villiers）駅**
　20世紀初頭には、画家たちにメトロの装飾を頼んだりはしなかった。全体的に白いファイアンスの壁は、たとえば「デュボ、デュボン、デュボネ」といったアペリティフの銘柄がもたらす恩恵を褒めそやす「広告」以外に覆われることはなかった［「dubo, dubon, dubonnet」という宣伝コピーは、ウクライナ出身のグラフィック・デザイナーだったアドルフ・ムーロン、通称カサンドラがキナ入りワインのために考案したもので、デュボネとはその醸造主の名］。当時、多くの画家たちはヴィリエ駅からメトロに乗った。今では忘れ去られているが、メトロ駅と同じ呼称のこの地区には、有名な芸術家や、まるで夜、

望遠鏡で星空でも眺めるかのように、家の屋根にスレートやトタン張りの奇妙な丸天井を建てていた裕福な銀行家たちが住んでいた。

　高級地区に住むことができなかったユトリロ［1883-1955］が制作に励んでいた、モンマルトルからさほど遠くないかつてのヴィリエ村では、画家たちが幸せに暮らしていた。銀行家で篤志家でもあったミラボー兄弟［詳細不詳］は、無政府主義者を庇護することはなかったが、伝統的な技巧を有するこれはと思った画家の面倒はみた。

　ヴィリエの芸術家たちは、今では忘れ去られている。事実、その未亡人が彫刻家のルネ・ド・サン＝マルソー［1845-1915］と再婚した、繊細なジャック・ボーニ［1874-1925］のことをだれが覚えているだろうか。シャルル・グノ［1818-93。作曲家。代表作にオペラ『ファウスト』や『ロミオとジュリエット』などがある］の甥であるギヨーム・デュビュフ［1853-1909。装飾画家・彫刻家。ソルボンヌ図書館やパリ市庁舎の天井などの装飾を手がけた］についてはどうか。彼らのうちのひとりであるギラン・ド・セヴォラ［1871-1925。パステル画家］は、そのヒロイズムや輝くような才能によってではなく、戦場でドイツ軍の航空偵察員の目をごまかすために巨大な装飾画を描いたことによって、第1次大戦中に名を馳せていた。軍用トラック、大砲の砲身、廃墟となった村々が、敵を欺くために彼のパレットから生まれたのだ。ドイツ軍はそれに騙されたという。しかし、セヴォラの名声は一時だけだった。

　今日不当な評価を受けている画家のピュヴィ・ド・シャヴァンヌ[(1)]と同様に、優れた才能の持ち主だったセヴォラもまた、ヴィリエに住んでいた。だが、悲しいことにその才能は報われなかった。たしかに彼は禁欲的で敬虔かつアカデミックだったが、残念ながらきらめきのないフレスコ画で飾って、新ソルボンヌ校（パリ第3大学）をうんざりさせることに成功した。あるかあらぬか、彼にはメトロを装飾する注文がこなかった。もしも注文があったなら、彼はそれを墓地にしてしまっただろう。

1．シャヴァンヌ（1824-98）はフランス象徴主義を代表するひとりで、マルセイユのロンシャン宮殿やパリのパンテオン、ソルボンヌなどの壁画を制作した。

### ロム（Rome）駅

　ロム［ローマのフランス語読み］通りにイタリア人の痕跡はない。それは、思慮深い企業家たちによって1830年ごろに分割された、新しいヨーロッパ地区を走る幹線道路の1本にすぎない。サン＝ラザール駅の引き込み線を出

入りする機関車からの煙で焙られているこの通りに、イタリアやその代表的な花である西洋夾竹桃、さらに詩人の「尊大なポシリッポ」[1]を想い起こさせるものは何もない。むしろここは騒音と煙にまみれたダンテ［1265-1321］の「地獄」を想わせる。

　だが、1859年になされた通りの命名は、たんなる思いつきなどではなかった。この年、ナポレオン親衛隊がポー平原のマジェンタとソルフェリーノでオーストリア帝国軍との戦端をひらくため、歓声をあげてイタリアに進入したのである[2]。辛うじて勝利者となった皇帝ナポレオンは、北イタリアに王国（イタリア王国）を建設することは認めたものの、イタリア半島全体を統一して、ローマを首都とするのは許さなかった。当時、この教皇都市はヨーロッパ史の問題点だったからだ。フランス人は教皇庁をどう扱えばよいのか。ナポレオンはそれに関して政治的な手段を持ち合わせていなかった。こうしたローマとの戦いは今では忘れ去られているが、それは1870年、ピエモンテ国王軍が、普仏戦争のためにフランス軍が引き上げた教皇領に侵入して強制的に解決をみた。だが、それはイタリアのみならず、フランスにとってもきわめて重要な意味を帯びていた。軍隊によって「永遠の都」の「精神的」君主を守ることを余儀なくされていた皇帝は、ピエモンテ人たちの苦しみを方法の如何を問わず和らげられるならよしとし、通りにローマの名を冠したのである。それはパリの地名のなかでイタリアを代表するものとなった。ロンドン通りがイギリスを、アテン（アテネ）通りがギリシアを代表するように、である。

　メトロはこうした地誌によって、その駅名に通りの名を選んだ。リセ・コンドルセの教授［ステファヌ・マラルメ（1842生）］は、ローマ通りでその主要な作品を創作した。ヴィクトル・ユゴー［→ヴィクトル・ユゴー駅］とは反対に、1898年に没した時、パリ市内に彼の名を冠した通りや小路は1本もなかった。だが、1926年、17区のポルト・シャンペール広場に近い曖昧な大通りにようやく彼の名がつけられた。メトロにとって、それはあまりに遅きに失した。

1．ジェラール・ド・ネルヴァル（1808-55）の詩文集『火の娘たち』（1854年）所収の詩「キマイラ」にある表現。ポシリッポとはナポリ湾を望む高級別荘地。
2．1859年6月のソルフェリーノの戦いを目撃したスイスの実業家アンリ・デュナン（1828-1910）は、その惨状に衝撃を受けて、赤十字運動を始めるようになったとされる。

## プラス・ド・クリシー（Place de Clichy）駅

　クリシー駅からバルベス゠ロシュシュアール駅まで、メトロは詩人アポリネール［1880-1918］の言葉を借りれば「クリシーの気取り屋たち」の、そしてパブロ・ピカソ［1881-1973］の友人でもあった、画家や詩人たちを求めてモンマルトル丘の中腹を走る。パリのなかで熱いこの地区は、かつては商業的というよりは「芸術的」、放埓的というよりは知的な空気が漂っていた。

　メトロ駅名の由来となっているクリシーの城柵は、フランスを裏切ったアレクサンドル・ランジュロン将軍［1763-1831］が率いるロシアのコサック騎兵隊が、いわゆる諸国民の戦い（第六次対仏大同盟）でパリを包囲した1814年3月29日から30日にかけての夜、欺瞞の場となった。圧倒的なロシア兵を相手に、理工科学校の学生や国民衛兵隊を率いて英雄的な戦いを繰り広げたとされる、騎馬姿のモンセー元帥［1754-1842］の有名な油彩画がある［オラス・ヴェルネ作『クリシーの城柵』、1820年］。だが、実際のところ、元帥はただ命令を下したにすぎなかった。ロシア皇帝アレクサンドル1世［在位1801-25］は、薬筒を切らずに、つまり戦わずしてパリに入れば、社会的なトラブルが起きやしないかと案じていた。彼はフランスの元帥たちが降伏するつもりであることを知っていたからだ。

　しかし、人々は愛国的な行動を起こした。あちこちの通りで侵略者たちを銃撃したのである。おそらく彼らは降伏論者のブルジョワたちにも銃を向けたかった。モンセーはロシア兵が攻撃する振りをし、それに応えて、自分もまた防衛する振りをするつもりだった。そのかぎりにおいて、戦闘はパリ市民の愛国的な疑念を鎮めるための擬きともいえた。明らかにモンセー元帥は、コサック兵にクリシーの城柵を開けるという約束をしていたのだ（！）。

　元帥は居酒屋のペール・ラテュイル［クリシー大通りで1765年に開店し、パリ市民の人気を集めた。1879年、マネはこの店の様子を描いている］で兵士たちを盛大に慰労した。この勇敢な人物は店の地下倉を開け、竈に火を入れた。

　「飲みたまえ、わがこどもたちよ」。彼は言う。「敵に何も残してはならない」

　フランス人たちがたらふく食べている間、将軍のランジュロン伯は城柵の反対側で武器を足元に置いて待っていた。やがてロシア兵が最初の砲弾を打ち込むと、フランス兵も武器を手にして応戦した。これにより何人か犠牲者が出たが、ロシア皇帝は、モンセー元帥が自分の任務を新しい主君たるルイ18世［在位1814-15／1815-24］に上申する時を待っている間、パリ市内に

易々と入ることができた。

**ブランシュ（Blanche）駅**
　ブランシュ広場にあるミュージック・ホールのムーラン・ルージュ（赤い風車）は、画家のアンリ・ド・トゥールーズ＝ロートレック［1864-1901］の油彩画に登場している。彼が好んで描いた人物たちは、レーヌ＝ブランシュ（白い王妃）舞踏会場のあとを受けたムーラン＝ルージュ舞踏会場の踊り手たちだった。ラ・グリュ［字義は「大食漢」。1866-1929］やレヨン・ドール［「金の光」］、グリュ・デグー［「排水溝の鉄柵」］、さらにニニ・パット・アン・レール［「足を振り上げたニニ」］が、男性ダンサーのヴァランタン・ル・デゾセ［1843-1907］を相手役として踊った４人１組のダンス「カドリーユ」は、「陽気なパリ」の旅行者で賑わう一角にとって最大の文化的出し物だった。
　彼ら旅行者は、はるか遠い合衆国の西海岸にまで伝わって流行した、あのフレンチ・カンカンに引き寄せられたのである。たしかに1903年には、「自然主義的カドリーユ」、すなわちフレンチ・カンカンはすでに過去の想い出にすぎなくなっていた。英雄たちは他界していた。舞踏会場はたんなるミュージック・ホールとなり、そこではたとえば羽とスパンコールを小道具とした「ニューヨークの美女」が演じられた。夜遊びをする者の数はなおも多かったが、ブランシュ（白い）広場と命名したのは、あるいは彼らだったのだろうか。
　広場へと続く上り勾配のブランシュ通りは、かつてはすでにこの名で呼ばれていたなんの変哲もない道路だった。18世紀、同地区を走る現在のクリシー大通りの高台に、フェルミエ＝ジェネロー（徴税総請負人）の市壁が設けられた。当時、商品はブランシュ城柵を通って首都に入ったが、そこでは徴税吏たちが商品にかかる入市税、いわば当時の付加価値税を徴収していた。
　それにしても、この城柵はなぜムーラン＝ルージュのようにルージュではなかったのか。それは、ブランシュ通りがモンマルトルの石膏採掘場へと続いていたからである。今もなおパリの建設に使われる石膏が入った袋を、荷台から溢れるばかりに積んだ荷車がサン＝ラザールへと続く通りを下っていた。とすれば、歩道や車道、さらに建物の正面が石膏の粉末で白くなっていたと考えることもできる。ロム通りが機関車の吐きだす煤で黒くなっていたのと同様に、である。
　ブランシュ広場は夜遊び人やカドリーユの踊り子たち、写実主義的な画家、

あるいはフレンチ・カンカンの愛好者たちの広場ではなかった。そこは石膏職人たちの広場だったのだ。

## ピガル（Pigalle）駅

　高名な彫刻家ジャン=バティスト・ピガル［1714生］は、その名がつけられる以前、まずポルシュロンと、ついでダムと呼ばれていた通りに住んでいた。1785年に没した場所は、近接するラ・ロシュシュアール通りだった。だとすれば、メトロが、『鳥かごを持つこども』［1750年］や『小鳥を持つ少女』［1784年］の作者である彼に敬意を払うのは当然といえる。ルイ15世の寵姫ポンパドゥール夫人［→ラ・モット=ピケ=グルネル通り、サンティエ通り］の庇護を受け、国王の命でザクセン公モリッツ［1696-1750。オーストリア継承戦争でフランス軍を指揮し、軍功をあげた］の霊廟も制作している彼は、みずからも噴水のあるピガル広場に集まる芸術家たちの庇護者となった。

　ピガル駅の建設時期、芸術家たちはモデルを探しにこの広場で開かれる大市にやってきた。そこでは飛びきりの美女たちが大画家たちに雇われていたからだ。帝政時代に成功した画家ディアス・ド・ラ・ペナ［1807-76。バルビゾン派の色彩画家。その光効果を巧みにとり入れた作品は印象派に強い影響を与えた］は、広場に面したアトリエで『愛に苦しむニンフ』を制作した。ウジェーヌ・フロマンタン[1]、ユゴー・ダレジ、ウジェーヌ・イザベ、さらにイジドロ・ピルもまた、ピガルのカフェに足しげく通った。これらカフェのうち、当時もっとも有名だったものとして、トゥールーズ=ロートレックやジャン=ルイ・フォラン［1852-1931。版画や挿絵で知られた画家で、さまざまな雑誌用漫画も描いた。芸術アカデミー会員］、モーパッサン、さらにゾラも常連だったラ・ヌーヴェル・アテン（新アテネ）や、帝政末期にガンベッタ［→ガンベッタ駅］やロシュフォール［1831-1913。ジャーナリスト・政治家。数種の雑誌を創刊・主幹し、第2帝政を痛烈に批判した］、クールベ［1819-77］、マネ［1832-83］らが集まっていたル・ラ・モール（死んだ鼠）などがあった。

　ピガル広場のホテルには、今では知る人ぞない画家ピエール=エマニュエル・ダモワ［1847生。バルビゾン派のジャン=バティスト・コロー（1796-1875）に学び、風景画、とくに河辺の景色を得意とした］が住んでいた。役者をしていた兄弟のウジェーヌ［詳細不明］は、銀粒を散りばめた黒い壁掛けで自室を覆うという奇癖の持ち主だった。幸いなことに、エマニュエルにウジェーヌの憂鬱さはなかった。彼は、たとえばシュザンヌ・ヴァラドン［1865

-1938。画家でユトリロの母。トゥールーズ＝ロートレックやドガらのモデルとしても知られる〕をモデルとしたピュヴィス・ド・シャヴァンヌ〔1824-98。フランス象徴派を代表する画家のひとり〕が、ソルボンヌの大教室用に制作した『聖なる森』に登場するような、生気のないニンフを描いたりはしなかった。たしかに彼はソルボンヌのスターではなかったが、名誉なことにパリではよく知られていた。ただ、身なりを整えることはできなかった。

　ピガル駅でメトロに乗っていた彼は、1916年、セーヌ河岸で死んでいたところを発見された。自殺を考えていたのか。検死を行った医者は断言している。彼は塞栓症を患っていた。前線では多くの兵たちが戦死していたが、彼らと同様、モンマルトルの無名画家の死もまた新聞・雑誌の記事とはならなかった。今日、ピガルでだれがそのことを覚えているだろうか。画家たちが絵画的な噴水のある広場を、惨めな産業に譲り渡してすでに久しいからである〔現在、ピガルはパリ最大の性産業地区となっている〕。

１．フロマンタン（1820-76）は1847年のル・サロン展に初出品して脚光を浴び、以後、しばしば訪れたアルジェリアの風景を好んで描いた。ダレジ（1849-1906）は国鉄の観光用ポスターで評判を得た画家。イザベ（1803-86）はフランス・ロマン派の海洋画家。父ジャン＝バティスト（1767-1855）はナポレオン１世と３世の庇護を受けた肖像画家・細密画家。ピル（1813-75）は歴史画を得意とした画家。1871年のプロイセン軍によるパリ包囲を描いた一連の作品が有名。芸術アカデミー会員。

## アンヴェール（Anvers）駅

　アンヴェール駅から、メトロはボギー台車が唸り声をあげながら地上に出る。なぜ、アンヴェール駅からなのか。９区の広場はこの名を冠しているが、それはフランドルの港町アンヴェール（アントウェルペン／アントワープ）への親しさゆえではなく、友好の証しでもない。1877年当時の幹部市吏たちは、それまでの広場名だったテュルゴー[(1)]を、1832年の戦勝を記念する呼称に変えた。この年、国王ルイ・フィリップ〔フランス最後の国王。在位1830-48〕はベルギー独立派を支援するため、ベルギーの主人だったオランダ軍と戦う兵士たちを派遣し、彼らをアンヴェールへと追いやったのである〔ベルギーは1830年に独立しているが、それを認めない宗主国オランダとの戦いは39年のロンドン条約締結まで続いた〕。

　ルイ・フィリップは、初代ベルギー王レオポルド１世が姻戚であるだけに、

その利益を守るべく積極的に介入した。レオポルドはザクセン＝コーブルクのドイツ公家を出自とするが、1832年、ルイ・フィリップの王女ルイズ＝マリ・ドルレアン［1812-50］と結婚していた。とすれば、アンヴェールへの介入は一種の婚資だったともいえる。ルイズ＝マリ自身はベルギーでかなりの評判をとった。

　当時、パリ北部のこの一角には、ベルギー人やドイツ人が多数住んでいた。ドイツ人、とくにバーデン地方出身者たちはごみ収集人ないし道路清掃人として、ベルギー人は彼らがビールを卸すカフェでそれぞれ働いていた。第2帝政下の顧客たちは尽きることがなかった。食肉卸売商や牧夫たちは過酷な仕事と長歩きを癒すため、カウンターに我先に陣取った。モンマルトルの畜殺場には数百人もの労働者を抱えていたが、1867年、その施設は取り壊され、ラ・ヴィレットの畜殺場がそれに代わった。

　今日、アンヴェール駅には寒い北風が吹きつけている。ダンケルク通りは、モブージュ通りにいたるルベ広場を経て、畜殺場にとって代わった貧弱な地区と北駅を結んでいる。この地区はどこかの地方といった雰囲気である。ブルターニュ人が周辺に移り住んだ、モンパルナス駅の場合はそうではない。アンヴェールでは、ベルギー産ビールがカウンターの上を大量に流れ、これが駅名を十全に正当化しているのだ。

1．テュルゴー（1727-81）はパリ商人頭（市長に相当）を父にパリで生まれ、ソルボンヌで神学を修めて若くして修道院長となるが、やがて聖職を離れ、高等法院訴願官となる。ルイ16世の財務総監として自由主義政策による国家財政のたてなおしをはかった。だが、穀物価格の自由化や賦役・ギルド制の廃止など、そのいささか急進的な改革が地主や貴族などの旧勢力から敵視され、辞任を余儀なくされた。

### バルベス＝ロシュシュアール（Barbès-Rochechouart）駅

　ふたつの名前が結びついているのはまったくの偶然で、両者に共通するものは何もない。1809年にグアダループに生まれたアルマン・バルベスは、国王ルイ・フィリップ［在位1830-48］の新しい監獄に最初に投獄されたルイ・ブランキ[1]の友人で、熱烈な共和主義者だった。ルイ・フィリップの7月王政の打倒をはかった1839年の叛乱で逮捕され、ブランキ同様、死刑を宣せられたが、終身刑に減刑された。1848年の2月革命で釈放された彼は、極左の国会議員となる。しかし、穏健派の共和主義者たちが社会転覆を恐れ

たため、再び監獄に連れもどされた。終焉の地は、自発的亡命者として住んだハーグである。
　一方、マルグリット・ド・ロシュシュアール・ド・モンピポー［1665生］は、1717年から没年の27年までモンマルトル女子大修道院長を務めた修道女で、革命とはまったく無縁だった。モンテスパン侯爵夫人［1640-1707。ルイ14世の寵姫］の妹だった彼女は、上流階級の子女に配られた礼儀作法書で知られる。

1．ブランキ（1805-81）は社会主義者・革命家。1830年の7月革命と48年の2月革命を指導し、30年あまりを監獄で過ごした。彼が用いた暴力も辞さない直接行動はブランキズムと呼ばれる。

### ラ・シャペル（La Chapelle）駅
　ラ・シャペルはパリからサン＝ドゥニ［フランス王家代々の墓所がある大聖堂で知られる。→バジリク・ド・サン＝ドゥニ駅］へ、さらに延長されてカレーへといたる歴史的街道沿いの村ないし小邑だった。それは盛り土をした大きな街道であり、中世のすべての国王や皇帝・君主たちはパリに凱旋する際はラ・シャペルを通った。この村と街道はこうして現世の偉人たちを称えてきたのだ。
　これとは逆方向に、国王たちの亡骸はサン＝ドゥニの大聖堂に埋葬するため、ラ・シャペルを横切った。それはじつに過酷で疲れる（！）行程だった。豪勇王フィリップ3世［在位1270-85］は父の聖王ルイ9世［→シテ駅］の遺骸を肩に担いで運ぶという誓いをたてた。なぜかは不明である。分かるのは、他のだれよりも瘰癧を治し[1]、その敬虔さや慈悲深さ、さらに正義感が万人に知られていた聖王の葬列が通過する際、ラ・シャペルの住人たちが長い列をつくって跪き、十字を切ったということである。
　ブールジュの小王だったが、百年戦争を終結させたシャルル7世［1422-61］は、周知のようにジャンヌ・ダルク［1412-31］のおかげで国王となったが、彼にはこうした機会がなかった。ラ・シャペルの通過はまさに亡き王の人気をはかるものでもあった。国王の亡骸を肩に担いだ王国の官職保有者たちは疲労困憊して苛立ち、咽喉に渇きも覚えたものだった。それゆえ、俸給が上がらなければ、葬列への参加を拒んだりもした。さしずめ今日のストライキ参加者とでもいえようか。そんな彼らの正当な要求を満たしたものの、並はずれた浪費や恋愛沙汰を民衆から非難された不人気な国王の遺骸は、よ

うやく目的地にたどり着くのだった。

　羽飾りをつけた王侯たちのパリへの行進は、より快活なものだったが、何ほどか滑稽でもあった。たとえば賢明王シャルル5世［在位1364-80］が、パリに厳粛に入らなければならなかった神聖ローマ帝国皇帝を同伴して、ラ・シャペルを通った時のことだった。

　「注意してください、王様」。大膳官が国王の耳元で囁く。「皇帝陛下は痛風に罹っておいでです」

　するとシャルル5世は馬に拍車を入れ、客を見捨て、つめかけたラ・シャペルの村人たちを踏みつぶす危険を冒してまで、通りの反対側に移動した。当時、おそらく痛風は伝染病と信じられており、国王たちは暗殺者の短剣同様、疫病の瘴気を恐れていた。それゆえ取り巻きたちは、首都の手前に位置するラ・シャペルの村人たちが拍手喝采する時だけ皇帝の傍に行くよう、国王によく言い聞かせなければならなかった。

1．中世のフランスおよびイングランドの一部の国王たちは、即位儀礼の一環として、瘰癧患者の頭上に手をかざし、「余が手を置き、神がそれを癒す」という呪文を唱えて治すという按手（ロイヤル・タッチ）の奇跡を行った。

## スターリングラッド（Stalingrad）駅

　1945年、解放されたパリで、ロシア人が戦いに勝利したスターリングラッド（スターリングラード）の名が、ラ・ヴィレットのロータリーに正式につけられた。

　戦争の転回点となった1943年1月、ドイツ軍のフリードリヒ・パウルス元帥［1890-1957］は、3か月に及ぶ戦闘のあと、スターリングラードで降伏した。ヴォルガ川沿いのこの都市はソ連の独裁的な主だったスターリンの名を冠していたが、彼は戦略的な予備兵投入によって、イタリアやスペイン、ルーマニアからの徴集兵が多いドイツ軍を撃破したばかりだった。スターリングラードの戦いの結果は、1916年のヴェルダンにおけるフランス軍の勝利と同様、世界中に大きな反響を及ぼした。ドイツ国防軍のロシア進攻は終わり、ヒトラーの敗北は明らかだった。

　勝利をもたらしたのは、数十万におよぶロシア人の犠牲者たちだった。当時、世界中の首都で、この偉大な成果を祝福するのは当然のことと思われていた。ロシアがアメリカやイギリス、さらにフランスの同盟国だったからだ。1945年、ラトル・ド・タシニ元帥[1]はドイツの降伏文書に署名するため、赤

軍の元帥たちとともにベルリンに招かれた。当時、有権者の4分の1を集めていたフランス共産党は、パリの東部に確固たる拠点をもっていた。そこでその東部に位置する19区の区役所は何らの反対意見もなしに、ラ・ヴィレットのロータリーにスターリングラードの名を与えることにした。

　だが、やがて共産党は19区において支配勢力の座を失い、ロシアはソ連の残骸から脱出するようになる。これをもってロシアが脱スターリン化したとするのは言いすぎだろう。とはいえ、ロシアは「愛国的な大戦」の大きな努力や損失を忘れてしまっているのではないか。もっとも長期の攻囲戦が繰り広げられたサンクトペテルブルク、旧レニングラードの共同墓穴には、今もなお犠牲者たちの家族が祈りを捧げにやってくる。この墓穴はまさに忘却とは真反対にある。戦争から50年以上が過ぎた現在［本書執筆当時］、多くの勇敢な人々がナチズムを壊滅させようと死んでいった戦場の名を、あえて変えようとする者などいるだろうか。メトロは今もスターリングラード駅で停車している。

1．タシニ元帥（1889-1952）はサン＝シル士官学校出身。1912年、ロレーヌ地方ポン＝タ＝ムソンに竜騎兵として駐屯し、14年、前線で負傷する。39年から旅団長や歩兵部隊の指揮官として転戦し、軍功をあげるが、43年、軍令違反で投獄される。だが、獄舎を脱出してアルジェリアに向かい、ド・ゴール将軍と出会って、有名なB軍（フランス領土解放軍）を編成・指揮する。1944年に帰国した彼は、東部戦線に派遣されて数多くの勝利を収め、ドイツ軍をドナウ川まで追撃する。第2次大戦後の1950年、極東遠征軍団司令官兼高等弁務官としてフランス軍のインドシナ戦争を指揮し、ベトミンと戦った。

## ジョレス（Jaurès）駅

　1914年以降、ドイツへ向かうかつての街道はジャン＝ジョレス大通りと呼ばれるようになっている。だが、このフランス社会主義の指導者［1859生］がそこに住んだことは一度もない。ドイツの社会主義者と会う際、彼は車ではなく、庶民的にブリュッセルないしバーゼル行きの列車を利用した。そんな彼の名が大通りに、さらにメトロ駅につけられたのは、ドイツに対する宣戦布告が出される直前に暗殺されたからにほかならない。まさに彼こそは、疲れを知らない平和の使徒だった。

　みずからが創刊した「ユマニテ（人類）」紙に毎日のように書き続けた記事と、パリや地方における集会での演説によってかなり知られるようになっ

た彼が暗殺されたのは、ラ・ヴィレットではなく、モンマルトル通り——「ユマニテ」紙の刊行所があった地区——のカフェ・デュ・クロワサンだった。1914年7月31日朝9時半、ラウル・ヴィラン[1]が唱える国粋主義の狂信者が銃弾2発で彼を殺害した。ジョレスはロシアがついに軍隊を動員し、ドイツでは戒厳令が敷かれたことを知ったばかりだった。そこで彼はまもなく起こるであろう殺戮に対して、ライン川を挟む両国で民衆が奮起することを期待して、戦争の扇動者たちを弾劾する記事を急いで書き上げようとしていた。

　そんなジョレスの突然の死は、パリを茫然自失とさせた。まちがいなく戦争は近づいていた。暗殺の数日後、すべての政治勢力が議会に集まり、神聖連合を宣言する。その頃、ベルリンでは社会主義者たちが戦時予算に賛成票を投じていた。

　ジョレスの息子ルイ［1898生］は見習い士官として第10歩兵大隊に入り、1936年6月3日に戦死している。破局を予言し、それを防ぐためにあらゆることをしたジョレスは、こうして惨劇の導入部で没した。だが、1918年以降、彼は平和が大衆の団結によって政府に強いるべきものであり、最大の財産であると考える者の規範となっている。

　1914年、ジョレスの名は、前述したようにラ・ヴィレットからドイツ方面へ向かう大通りにつけられている。フランスとドイツが将来において紡ぐ和解の象徴として、である。

1．1885に北仏ランスに生まれたヴィランは、4年8カ月の予防拘禁のあと釈放され、バレアル諸島のイビサ島に亡命するが、1936年、島を占拠した無政府主義者たちにより、前歴を知られることなく、フランコ軍のスパイだとして処刑された。

### コロネル・ファビアン（Colonel Fabien）駅

　1944年に戦死したファビアン大佐ことピエール・ジョルジュ［1919生］は、1941年6月22日のナチスによるロシア進攻後にフランス共産党が組織した、「青年軍事部隊」の共産党系レジスタント（対独抵抗運動者）だった。

　当時、フランス共産党の中枢は実際に行動を起こし、路上で喧嘩をしたりぶらぶらしたりしている者たちからなる特殊な集団を組織することを決めた。そしてさまざまな攻撃や革命的ストを増幅させ、民衆を軍事的レジスタンスに徐々に引き込もうとした。敵の報復という危険を予測して、共産主義的レジスタンスを戦争に参加させようとしたのである。

　ロシア西部ゴーリキー市にあったモロトフ自動車工場の労働者たちは、パ

リのルノー工場で働く仲間たちにあるメッセージを送った。そのなかで、彼らはこう記している。「ドイツ軍のためにはトラック１台、戦車１両もつくらない。仕事を放棄して、ファシストたちに地獄の日々を与えよう」。軍事的レジスタンスは任務となった。青年部隊に出番を与えよ！

　青年部隊は軍隊の秘密倉庫から武器を手に入れ、鉱山や採石場からダイナマイトを盗み出した。若者たちにサボタージュ射撃のやり方も教えこんだ。そして1941年８月21日、最初の攻撃がメトロ内でなされた。ピエール・ジョルジュ、のちのファビアン大佐はドイツ海軍の将校をひとり倒した。この象徴的な行動によって、フランス共産党は戦争に参加していく。ただし、ピエールが発砲したのは、今日彼の名がついているメトロ駅ではなく、バルベス＝ロシュシュアール駅のプラットフォームだった。だからといって、偉大なフランス人革命家であるアルマン・バルベス［→バルベス＝ロシュシュアール駅］の名を、駅名から外すことなどできただろうか。コンバ（闘争）駅はすぐ近くにあった。

　それにしても、なぜコンバ駅なのか。たしかに地下出版の雑誌やレジスタンス網がその名を冠していた。しかし、コンバの駅名はじつは20世紀初頭、パリのこの一角に多くの見物人を引き寄せていた競馬ならぬ競牛に由来するのだ。改名に何のさしさわりもありえなかった。こうして1945年、コロネル・ファビアン駅が誕生した。

## ベルヴィル（Belleville）駅

　ベルヴィル通りとベルヴィル大通りの四つ角に、19世紀のパリの労働者たちの戦い、とくに1871年のパリ・コミューン［→序文、チュイルリー駅］を想い起こさせるこの駅がある。すでに1830年［７月革命］と48年［２月革命］、労働者たちは武器を手に高台にあるベルヴィルを下り、ブルジョワたちに共和政の受け入れを迫った。1830年には欺かれ［民衆の期待を受けて王位についたルイ・フィリップは、自由主義と立憲王政を標榜しながら、制限選挙を堅持するなどして、その期待に背いた］、1848年６月にはカヴェニャック将軍［→プラス・ディタリ駅］に仲間が虐殺された労働者たちは、1871年にはパリの叛乱コミューンのもっとも過激な擁護者となった。だが、このときもまた、第３共和政の初代大統領アドルフ・ティエール［→序文］の命を受けたヴェルサイユの正規軍によって弾圧された。

　ベルヴィル駅は首都でもっとも高い地点（海抜128メートル）を走る、ベ

ルヴィル通りを下ったところにある。1871年5月、パリに入ったヴェルサイユ軍が民衆に発砲して3万人以上を殺戮したいわゆる「血の1週間」の最後、コミューンの指導部はベルヴィル通りを上ったアクソ通りに逃れた。5月27日土曜日の午後6時、第1連隊の外人兵たちはビュット・ショーモンの「アメリカ採石場」を攻撃する。そこはかつてドイツからの難民が身を隠し、のちに北仏のル・アーヴルから合衆国へ船出した場所だった。この攻撃により、ビュット・ショーモンは制圧された。

翌28日の日曜日にはメニルモンタンも攻撃を受ける。そして午前11時前、ベルヴィル地区全体が包囲・襲撃され、コミューンの兵士たちはベルヴィル通りと交差するランポノー通りに立てこもった。そのバリケードの上には、コミューンの指導者たち、すなわちゼフィラン・カメリナ[1]やジュール・ヴァレ、ウジェーヌ・ヴァルラン、テオフィル・フェレ、シャルル・フェルディナン・ガンボンらの姿があった。だが、このランポノー通りのバリケードも最後に奪取され、28日午後3時、パリにおけるすべての抵抗運動は終わった。あとは、ヴェルサイユ軍が敵対者たちを銃殺ないし流刑に処するだけとなった。

ベルヴィル駅は、首都のなかでもっとも敏感な労働者地区の真っ只中で起きた、こうした内戦の血なまぐさいエピソードを今に伝えている。

1. カメリナ（1840-1932）はブロンズ仕上げ工で、コミューンの「造幣局長」。コミューン解体後、「ユマニテ」紙に活動の拠点を移した。彼はまたフランス共産党でただひとりコミンテルンとフリーメイソンに名を連ねた。ヴァレ（1832-85）はジャーナリスト・作家・極左政治家で、「クリ・デュ・プープル（民衆の声）」の創刊者。コミューン後、死刑の判決を受けるが、ロンドンに亡命する。ヴァルラン（1839-71）は製本職人で、第1インターナショナルのメンバー。コミューン後、モンマルトルで銃殺される。フェレ（1846-71）は代訴人見習い。コミューンの公安委員会創設者のひとりで、パリ大司教を含む人質全員の処刑にかかわったとして、ヴェルサイユ近郊で処刑される。ガンボン（1820-87）は革命的社会主義者。憲法制定議会や立法議会、さらに国民議会の議員を務め、公安委員会のメンバーとなる。「血の1週間」後、ベルギーやスイスに逃れ、1872年に死刑を宣告されるが、80年、大赦によって帰国した。

### クロンヌ（Couronnes）駅

クロンヌの駅名は、かつてベルヴィル村に統合されていた小邑クロンヌ＝

スー＝サヴィの通称に由来する。1721年、大盗賊カルトゥーシュ［→シャトレ駅］が逮捕されたのが、この小邑にあった居酒屋のル・ピストレだった。

クロンヌ駅にはパリのメトロにとってまことに忌まわしい過去がある。2号線が開業してまもなく、そこで大事故が起きた。メトロが走りはじめて（1903年4月2日）数カ月後の8月10日、当時木製だった数輛の車体が火に包まれたのだ。火事の原因は、車体の下にぞんざいに通されていた電線だった。それがショートして火を発し、乗客たちをパニック状態に陥らせたのである。彼らは大混乱のまま、クロンヌ駅のプラットフォームへとなだれ込んだ。

車体の壁や木製の座席が燃え、その強い刺激臭を発する濃煙のため、空気を吸い込むことはできないほどだった。女性客たちは両腕にこどもを抱えて泣き叫んだ。だが、出口はどこにも見あたらなかった。だれかが線路に降りると、狼狽した乗客の群れがただちにそれに続いた。光はささず、照明も役立たなかった。真っ暗やみのなかで、乗客たちはまさに手探り状態で出口に走った。だが、出口はなかった！　線路は出口なしだったのだ。混乱のため、数人が壁に激しくぶつけられて命を落とした。最終的に犠牲者の数は77人にのぼった。

この事故以降、出口を独立した照明で明示し、車体下の配線を撤去し、プラットフォームのベンチも壁にしっかりと固定するようになった。事故後の茫然とした時が過ぎると、乗客たちは事故の原因を理解し、それを新聞にはっきりと打ち明けた。やがて彼らは、開通してしばらくたち、すでに人々の生活のうちに深く根づいていたメトロへの信頼を取り戻し、再びこれを利用するようになった。

## メニルモンタン（Ménilmontant）駅

もしヒュルジャンス・ビヤンヴニュ［→モンパルナス＝ビヤンヴニュ駅］が他人の意見に耳を貸さなかったなら、メニルモンタン駅はサン＝シモン駅と呼ばれることになっただろう。このメトロの父は、名門理工科学校出身の技術者である彼に多くの着想を与えたはずのサン＝シモン派の創唱者に、深い敬意を抱いていたからだ（それは決して驚くことではない）。

サン＝シモン侯爵［1760-1825］は、社会の「地理学を訂正」し、地球上の全人類を親密にさせて、軍事的・政治的ないし宗教的な身分制（カースト）による時代遅れの支配を終わらせるような、新しい科学・技術の奇跡にかんする著書や

論考を公刊している。そんな彼の理論を信奉するサン＝シモン派たちが、メニルモンタンに住んでいた。そこには一風変わった家があった。持ち主の銀行家バルテルミー・アンファンタンは、若い理工科学校生の息子プロスペル［1796-1864］が男女の友人40人ほどをその家に招くのを許した。彼らはみな社会の変革を志し、サン＝シモンのひそみに倣って言えば、国家の頂に真の価値や科学者および知識人を置くことをめざした。

　この小さなコミュニティーは、やがて奇行集団との評判をとるようになった。娘たちは若者が着る白いチョッキとスミレ色のテュニック、そして赤いベレー帽という出で立ちだった。結婚は廃止され、相手を自由かつ都合次第で取り換えた。才能と利益も分け合った。プロスペル、通称ペール・アンファンタンは、ペール・バザール[1]とともに、サン＝シモンの言葉を広めた。これら若者たちは、何事もなければ、遅くとも30年後にはほとんどが大臣や企業の代表者となったことだろう。だが、実際は裁判にかけられて断罪され、追放ないし投獄の憂き目にあった。「だれもがその長所に応じて」という彼らの主張が、彼らを狂わせたのである。裁判によって彼らはそれを悟らされた。

　ヒュルジャンス・ビヤンヴニュはメニルモンタン駅を通った際、この出来事に想いをめぐらしたのだろうか。それについては分からないが、彼がサン＝シモン派の若者たちに敬意を払っていたことは確かだった。ヒュルジャンス自身、彼らの一員となっていたかもしれないからだ。メトロは民衆を団結させることこそできなかったものの、パリの各区を1個の全体にまとめ上げ、中心部を周縁部に近づけ、社会的な混合体(アマルガム)をつくり上げた。まさにそれこそがサン＝シモンの傑作といえるだろう。

1．本名サン＝タマン・バザール（1791-1832）。サン＝シモン派の指導者で、フランス炭焼党（→ル・ペルティエ駅）の開祖。政治運動をめざし、社会的・道徳的改革を唱えたアンファンタンとのちに決別する。


## ペール＝ラシェーズ（Père-Lachaise）駅

　人々はこの駅で降りて死者たちに敬意を捧げ、パリでもっともパリらしい墓地を詣でる。駅名はルイ14世の聴罪司祭だった有名なイエズス会士を追憶する。彼の住まいは、ルイ15世時代にフランスから追放されることになる［1762年］、イエズス会士たちの隠棲ないし静養所として用いられていた家のすぐ近くにあった。ルイ14世自身はその聴罪司祭の墓を訪れている。

プロテスタントを追放した際、彼は教皇の兵士たち、つまり、いかなる場合でも「ペリンデ・アク・カダヴェル（亡骸のように）」教皇庁に従わなければならないと説いた、イグナティウス・デ・ロヨラ［1491-1556］の弟子たちを支えとしたからである。

　イエズス会士たちの追放後、一帯はパリ市に戻された。ナポレオン1世のもとでセーヌ県知事をつとめたフロショ伯ニコラ・ブノワ［1761-1828］は、1804年、そこをペール＝ラシェーズ墓地として開放した。ここに埋葬される者はカトリックにかぎらず、ユダヤ人墓地も2区画用意された。ムスリムたちもまた、オスマン＝トルコの大使を仲立ちとして、自分たちの墓石にイスラームの半月を刻むことをナポレオン3世［在位1852-70］に認めさせた。

　爾来、百万ほどの死者がこの墓地に埋葬されてきた。その大部分の身元は不明だが、著名人たちの墓石にはときに記念碑的なものがある。たとえば、パリ・コミューンの出来事を想い起こさせるシャンソン、「サクランボの実る頃」の作者であるジャン＝バティスト・クレモン［→ブーローニュ＝ジャン・ジョレス駅］は、墓地で死んだ連盟兵たちの傍らに憩っている。現代の歌手たちは、政治や文学の世界で栄光をほしいままにした人物たちの墓からさほど遠くない場所に、列をなすかのようにまとまって眠っている。

　一方、アポリネール［1880-1918］やラフォンテーヌ［1807-64］、モリエール［1622-73。ラフォンテーヌと同じ墓所］、さらに歴史家ミシュレ［→序文］や劇作家ボーマルシェ［1732-99］たちは、そこではしっくりと折り合っている。この墓地で最古の主は、禁断の恋で知られる哲学者・神学者アベラール［1079-1142］と修道女エロイーズ［1101-64］である。19世紀には女優やオペラ座の歌い手たちも埋葬されている。たとえばサラ・ベルナール［1844-1923。ヴィクトル・ユゴーをして「黄金の声」の持ち主と言わしめた不世出の女優］や悲劇女優のラシェル[1]、マドモワゼル・マルス、マドモワゼル・ジョルジュもまた、この墓地に眠っている。役者たちがキリスト教の墓地から排除された時代は、すでに昔語りとなっていた。今日、ペール＝ラシェーズはパリでもっとも埋葬者の多い墓地となっているが、それでも有名人のための場所はある［この墓地の地図と説明については、たとえばミシェル・ダンセル『図説パリ歴史物語下』（拙訳、1991年、原書房）を参照されたい］。

1．ラシェル（1821-58）はユダヤ人行商人を父、旅回りの芸人だった母のもとで芸を学び、大道歌手からテアトル＝フランセの座員となり、コルネイユやラシーヌらの悲劇を演じて評判をとる。サラ・ベルナールが理想にしたという。マルス

（1779-1847）はコメディ＝フランセーズ座員だったモンヴィル（1745-1812）の私生児として生まれ、みずからも同座員となってモリエール劇で頭角を現す。ナポレオン１世の庇護を受け、復古王政後にはルイ18世から３万リーヴルもの年金を下賜されるが、引退後、株に手を出して大損をし、多額の負債を抱えたまま没した。ジョルジュ（1787-1867）はコメディ＝フランセーズ座員として一世を風靡し、ユゴーやテオフィル・ゴーティエらを魅了した。第１執政時代のナポレオン１世やロシア皇帝アレクサンドル１世の庇護を受けた。

### フィリップ・オーギュスト（Philippe Auguste）駅

　カペー王家のフィリップ・オーギュスト［尊厳王フィリップ２世、在位1180-1223］は、メトロの駅名に名を残す唯一のフランス国王である。この君主が称えられるようになったのは1864年、すなわちオスマン男爵［→序文、サン＝マンデ＝トゥーレル、レンヌ駅］によるパリ東部の整備計画の一環として、フィリップ・オーギュスト通りが建設された時だった。

　ブーヴィヌの戦い［1214年、フィリップ・オーギュストが神聖ローマ帝国・フランドル・イングランドの連合軍を、フランドルとの国境に近いフランスのブーヴィヌで打破した戦い］の勝利者の名は、パリの数多くの場所にみられるが、その理由は単純である。彼がパリを市壁で囲んだからだ。この市壁の名残は、カルチェ・ラタンやマレ地区のリセ・シャルルマーニュ近く、エティエンヌ・マルセル地区、サン＝ドゥニ通り、さらにモンマルトルにさえある。ただし、ナシオン地区はこの市壁の外側にあった。

　ルイ・フィリップ王時代の1845年、イングランドの獅子心王リチャード１世［在位1189-99］の仇敵だったフィリップ・オーギュストの彫像が、トローヌ広場、現在のナシオン広場［→ナシオン駅］に建てられた。この彫像は、18世紀に建築家のクロード・ニコラ・ルドゥー[(1)]が18世紀に建てた支柱の１本を土台としていた。

　当時は、歴史家たちによるフランス史の再発見が始まっていた。「バリケードの王」ルイ・フィリップもまた、フランス国家を築いた重要な戦いの絵をヴェルサイユ宮のガラスの間に集めた。ブーヴィヌの絵もそのなかに入っていた。こうした決定的な戦いを描いた戦勝画の収集は、おそらく後代の急進的なパリの参事会員たちにとっても異存はなかった。事実、1903年、彼らはクレマンソー［→シャンゼリゼ＝クレマンソー駅］やガンベッタ［→ガンベッタ駅］の轡に倣って、「ヴォージュ山脈の青い線」［当時の仏独国境］に目

を向けていたからだ。

　共和主義の歴史家エルネスト・ラヴィス[2]は、フランスの「縄張り」を最初に統合した歴代王たちの名誉を復権させている。だが、ブーヴィヌは北仏にあり、東部のヴォージュ地方にあったわけではない。神聖ローマ皇帝のオットー4世［在位1198-1215］は、フランドル伯フェラン［1188-1233］やイングランドの失地（欠地）王ジョン［在位1199-1216］と手を結んで、ブーヴィヌでフランス軍と相対した。たしかにフィリップ・オーギュストはこの戦いに勝利したが、共和主義的歴史家たちがとくに強調しているように、それは北仏から参戦した民兵の歩兵隊のおかげだった。そのかぎりにおいて、ブーヴィヌの戦勝はまさにフランス民衆の勝利だったが、国王フィリップ・オーギュストの名のみがメトロの駅名となっているのだ。

1．ルドゥー（1736-1806）はモンソー公園やラ・ヴィレットのロトンド（ドームをのせた円形建物）、さらに世界遺産に指定されているアル＝ケ＝スナンの製塩工場など、円柱を多用した幾何学的建築を残した。その独特な建築学は「革命建築」と呼ばれている。

2．ラヴィス（1842-1922）は実証主義的歴史学の提唱者。大著『大革命から1919年の和平までの現代フランス史』（1920-22年）などを著し、彼の初等歴史教科書は1880年から半世紀にもわたって用いられた。ただし、その学問的立ち位置は、共和主義というよりむしろ愛国主義的なものだった。パリ高等師範学校校長を務め、アカデミー・フランセーズ会員にも選ばれた。


### アレクサンドル・デュマ（Alexandre Dumas）駅

　メトロの責任者たちのなかで、『三銃士』［1844年］を読んだだれが突然気づいたのだろうか。大デュマ［1802-70］の名が琺瑯びきのメトロの駅名表示板にないことを。なぜバニョレ駅［1903年命名］ではなく、デュマ駅にしなかったのだろうか。1970年、忘却は修復された。たしかに彼はアカデミー・フランセーズの会員でもなければ、国家英雄たちが祀られるパンテオンにも眠っていない。だが、代わりにメトロを得たのである。

　そんな彼の名をバニョレにつけるいわれはどこにもなかった。第2帝政期のもっともパリジャン的な新聞小説家たちは、この遠い村の存在を知らなかったからだ。感じのよい道楽者で大酒のみ、女の尻を追いかけ、珍奇物の収集家でもあった彼は、大通りや劇場やカフェ・レストラン街、さらには口座がいつも借越しになっている銀行地区に足しげく通っていた。むろん、バニ

ョレとは無縁だった。

　1870年、デュマはほとんど破産同然のうちに他界する。バルザック［1595頃-1654］と同様、彼はその人生を債権者からの取り立てで送った。父親のトマ＝アレクサンドル・デュマ［1762-1806］は、イタリアやエジプトでナポレオンの槍騎兵隊を指揮した将軍だった。息子アレクサンドル・デュマ・フィス［1824-95。小デュマ］は、『椿姫』［1848年］の作者ではあるものの、父の才能の一部、つまり文才を受け継いだにすぎない。ともあれ、小デュマにしても、まさに民衆文学の天才的ガルガンチュアとでも言うべき大デュマにしても、パリ市内にその名を冠した通りはなかった。あるとき、だれかが気づいた。シャロンヌ大通りと交差する、名前のない薄暗い通りがあることに。こうしてこの通りに、ポルトスとアトスとアラミス［三銃士の名前］の生みの親の名がつけられたのだ。

　しかし、息子の方はなおも待たなければならなかった。なぜ彼は昔の結核に罹った娼婦たちの陰鬱な話を語ったのか。父の方が国民の自尊心やフランス人の抜け目のない精神、そして勇気をも煽りたてたにもかかわらず、である。彼よりあとに、同様の思いで『シラノ・ド・ベルジュラック』［1897年］を書いた作家がもうひとりいる。メトロ駅こそないが、彼の名はすみやかにパリのある広場につけられた。この作家こそ、エドモン・ロスタン［1868-1918］そのひとである。

## アヴロン（Avron）駅

　アヴロン通りはモントルイユに続く。アヴロン台地は首都の市域外にあり、上流でセーヌ川と合流するマルヌ川の右岸に広がっている。1870年のパリ攻囲時［→グランド・アルシェ・ド・ラ・デファンス駅、ポルト・ド・ヴァンセンヌ駅］、アヴロンは普仏戦争の激戦の場となった。海軍提督ジャン・セセ[(1)]がここを必死に守ったが、プロイセン軍砲兵中隊の攻撃で明け渡しを余儀なくされた。

　この年の12月20日、パリ軍の指揮官だった将軍ルイ・ジュール・トロシュ［1815-96。普仏戦争時の1870年9月から翌71年2月まで国防政府首席を務めた］は、パリ脱出を試みようとした。人々がもはや攻囲に耐えられなかったからである。そこで彼は、部隊を北郊ル・ブールジェと東郊ヴィル＝エヴラールへと同時に脱出させた。将軍オーギュスト＝アレクサンドル・デュクロ［1817-82］は北東郊のドランシーへと向かったが、ル・ブールジェの手前

で阻止された。厳しい冬にもかかわらず、兵士たちは英雄的だった。しかし、敵軍は彼らを上まわる砲兵隊をもっていた。デュクロは損失を出す前にあきらめて部隊を退却させざるをえなかった。この退却によって、数日後、トロシュ軍もまたアヴロン台地での非情なまでの戦いの後、退却しなければならなかった。

　民衆はこの二重の退却劇に怒った。トロシュが勝利への一切の希望を放棄した。そう非難したのである。ヴィクトル・ユゴーはそんなトロシュをこう皮肉っている。「彼トロシュ（Trochu）は動詞トロ・ショワール（trop choir）[字義は「落ちすぎる」]の過去分詞にすぎない」。

　やがてプロイセン軍はアヴロン台地を進み、モントルイユ門から首都へ進攻しようとしていた。だが、フランス海軍砲兵隊の砲手たちが、連続砲撃によって台地への敵の進軍を食い止めるという見事な働きをした。アヴロン通りはこの戦いを想い起こさせる。それは長い攻囲戦で疲れ果て、共和派の政治勢力——トゥールで組織されたその軍隊はパリ解放に失敗していた——に見捨てられたパリ市民たちの絶望であると同時に誇りでもあった。

　アヴロン台地のメトロ駅は、1870年のもうひとつの攻囲戦[普仏戦争]の場となったブザンヴァルに近かった。メトロはそうした歴史を執拗に思い出させる。それは、帝国の長い平和で無力化していたパリ市民たちがまぬがれえなかった、荒々しく外傷を引き起こすような歴史にほかならない。

1．1871年以降、国民議会議員や国民軍将軍などを歴任したセセ（1810-79）は、パリ・コミューン時にはヴェルサイユの亡命政府とコミューンとの間の調停に尽力したが、交渉は失敗に終わった。

# 3号線

**3** **3bis**

カルナヴァル（2011年2月）のガンベッタ駅と20区区役所（左）

# 3号線

ポルト・ド・シャンペレ駅 ～ ポルト・デ・リラ駅

ポン・ド・ルヴァロワ＝ベコン駅 ～ ガリエリ駅
《開業1904年（支線1971年）、営業距離11.7km（1.3km）、駅数25（4）》

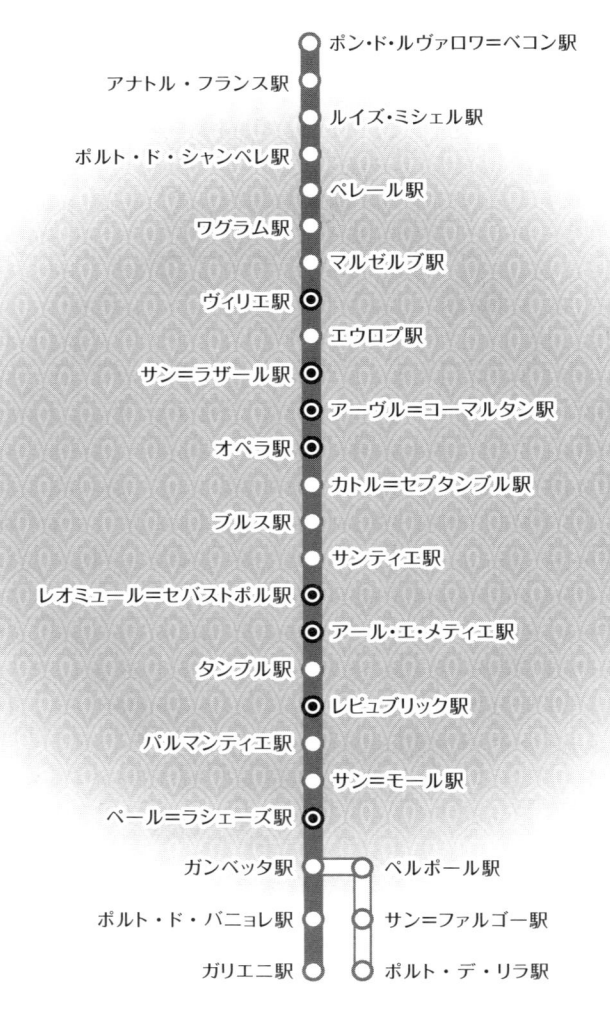

- ポン・ド・ルヴァロワ＝ベコン駅
- アナトル・フランス駅
- ルイズ・ミシェル駅
- ポルト・ド・シャンペレ駅
- ベレール駅
- ワグラム駅
- マルゼルブ駅
- ヴィリエ駅
- エウロブ駅
- サン＝ラザール駅
- アーヴル＝コーマルタン駅
- オペラ駅
- カトル＝セプタンブル駅
- ブルス駅
- サンティエ駅
- レオミュール＝セバストポル駅
- アール・エ・メティエ駅
- タンプル駅
- レピュブリック駅
- パルマンティエ駅
- サン＝モール駅
- ペール＝ラシェーズ駅
- ガンベッタ駅
- ペルポール駅
- ポルト・ド・バニョレ駅
- サン＝ファルゴー駅
- ガリエニ駅
- ポルト・デ・リラ駅

# 3号線

　1904年にヴィリエ〜ペール=ラシェーズ間、翌年にヴィリエ〜ガンベッタ間が開通した3号線は、1号線のヴァンセンヌ〜ヌイイ間と平行する路線だったが、若干北側を走っていた。その中央部は比較的楽な工事で、さしたる障害もなく、セーヌ川を渡ることもなかった。だが、両端部の工事は2つの大きな困難に直面した。東側はメニルモンタンの高さ、西側は工場や企業が立て込んでいた工業都市ルヴァロワの横断である。

　3号線には東側の労働地区と西側の娯楽地区を結びつけるという利点があった。カピュシヌ大通りからオペラ駅まで、サン=ラザール駅からブルス駅まで、エコール・デ・ザール=エ=メティエ（国立高等工芸学校）からレピュブリック広場まで、この路線はパリ市民の生活やビジネス、観劇などの中心部を走っていた。そして1905年、3号線の基本的な路線が建設され、1901年にはヴィリエとペレール、11年にはペレールとポルト・ド・シャンペレ間が開通した。さらに21年、路線は東に拡張されてガンベッタからポルト・ド・リラ間が開通し、71年には支線も建設された。これにより、バニョレまで行く3号線に加えて、3b号線がガンベッタとポルト・ド・リラ間をシャトル便で結ぶことになった。

**ポン・ド・ルヴァロワ=ベコン（Pont de Levallois-Bécon）駅**
　ルヴァロワはパリ市に含まれず、なおも独立した市としてある。その呼称は、ラ・ミュエットやテルヌないしパシーのようにかつての村名を踏襲したものではなく、実業家ルヴァロワの名に由来する。
　ニコラ・ウジェーヌ・ルヴァロワ［1816-79］は、ルイ・フィリップ時代の1845年、集落をつくった。直角に交わる通りにはさまざまな工房（のちに工場）や建物が立ち並んだ。それからまもなくすると、自動車産業がルヴァロワの主となり、交換部品の生産工場や亜鉛の鋳造所、板金工場、鍋釜製造所が騒音とともに幾つもの地区を席巻するようになった。これら新しい工業に引き寄せられたパリの機械工たちは、メトロに乗って職場に向かった。ベルヴィルないし地元ルヴァロワからの労働者もいた。パリ北西郊のシュレーヌに住む労働者たちは、セーヌ川にかかる橋を渡って仕事場に向かったが、セーヌの対岸には工場がひしめいており、トラックが数多く行きかうこの橋は重要な幹線道路となった。ルヴァロワ氏はまさに一大事業を興したことになる。

### アナトル・フランス（Anatole France）駅

　かつての工業町ルヴァロワに出るこの駅に、なぜ作家アナトル（アナトール）・フランス［1844生］の名がつけられているのか、いささか理解に苦しむところである。『鳥料理レエヌ・ペドオク亭』［1892年］や『赤い百合』［1894年］の愛すべき著者である彼の名は、首都の学士院近くを通る河岸道路についている。さらに自動車の配管・車体製造工場の呼称にもみられる。

　今日、アナトル・フランス、本名アナトル・フランソワ・ティボーが闘士だったことは忘れられているが、彼はジョレスが創刊した「ユマニテ紙」［→ジョレス駅、サン゠モール駅］で健筆をふるい、1921年、ノーベル文学賞を受賞する。興味深いことに、ルヴァロワのアナトル・フランス通りは、国際連盟による平和の使徒アリスティド・ブリアン[1]や、世界の平和を保証するため、1919年からジュネーヴに本部が置かれた国際連盟の創設者ウッドロウ・ウィルソン大統領［1856-1924］の名を冠した通りに近い。アナトル・フランスも、当時左翼的だったこうした平和主義的考えを共有していた。

　1924年に彼が他界した時、左派連合は国会議員選挙で圧倒的な勝利を収めたばかりだった。これを受けて、エドゥアール・エリオ[2]とレオン・ブルム［1872-1950。社会主義政治家。フランス人民戦線内閣（→ポン・ド・ヌイイ駅）の首班や首相を務めた］は、共和国大統領アレクサンドル・ミルラン[3]の辞任を求め、成功する。

　アナトル・フランスの埋葬に際しては、左派の運動家たちが　服のボタン穴にナデシコの花を挿して葬列に加わった。彼らはこのアカデミー・フランセーズ会員が、平和のため、対独協調のため、そして革命的会議体からなる新しい共和国との協調のために活動したことに敬意を表したのである。とすれば、多くの活動家たちが働いていた小さな工業町に彼の名があったとしても、決して奇妙なことではない。

1．ブリアン（1862-1932）は首相・外相・ノーベル平和賞受賞者。フランスとベルギーの国境維持とラインラント地方の非武装化を定めた1925年のロカルノ条約や、翌年のパリ不戦条約の締結に貢献した（→シャラントン・エコール゠プラス・アルスティド・ブリアン駅）。

2．エリオ（1872-1957）は37年間リヨン市長を務めるかたわら、左翼連合政権や人民戦線内閣で公共事業大臣、外務大臣、国民議会議長、急進社会党党首などを歴任した。また、ゾラらとともにドレフュス事件を告発し、人権擁護連盟にも加わった。『レカミエとその友人たち』などの著作がある。アカデミー・フランセー

ズ会員。

3. 社会主義者から右翼へと転向したミルラン（1859-1943）は、アリスティド・ブリアンとともに憲法改正に取り組んだが、内政重視の彼は、ドイツとの協調路線をとろうとするブリアンと袂を分かつ。なお、エリオらの辞任要求に対し、ブリアンはこれを拒否して新たな内閣を組織しようとしたが、国会の承認を得ることができなかった。

## ルイズ・ミシェル（Louise Michel）駅

ルヴァロワはまちがいなく左寄りである。1871年のパリ・コミューン時、人々はベルヴィルとメニルモンタンの近くでルイズ・ミシェル［1830-1905］を待っていた。そこにはコミューン参加してすでに名を馳せていた仲間たちがいた。やがて彼女自身もまたパリの内戦に加わることになった。

「ペトロルーズ」［石油をまいて火を放った女闘士］と呼ばれたルイズが、この敏感な地区に住んでいたことはまちがいない。こうしたパリ・コミューンの記憶は、左翼のパリ人のみならず、コミューン時期に18区の区長だったクレマンソー［→シャンゼリゼ＝クレマンソー駅］、さらに1880年代から90年代の急進派町会議員すらも怯ませた。そんな彼らにとって、ニューカレドニアに徒刑囚として追放されたルイズを敬うことなど論外だった［1871年から80年までのこの流刑期間中、彼女は無政府主義を学んだとされる］。

総選挙で人民戦線［→ポン・ド・ヌイイ駅、アナトル・フランス駅］が勝利したあとの1937年、ルヴァロワではすべてが可能だった。当時、ポルト・ド・シャンペレからのメトロは、ポン・ド・ルヴァロワまで延びていた。第1次大戦後、この工業都市［当時の人口約6万5000］は、その通りに革命の英雄たちの名をつけていた。ルイズ・ミシェルの名もまた、1914年から18年にかけての恐怖時代を描いた小説『砲火』でゴンクール賞を受賞した、アンリ・バルビュス［1873-1935。社会運動家でフランス共産党員でもあった。『砲火』は1919年の作品］と同じように選ばれた。今日、ルヴァロワに機械工はほとんどいないが、メトロは、失敗した革命のヒロインであるローザ・ルクセンブルク[1]の化身ともいうべきルイズ・ミシェルを記念して、その名を駅名表示板に刻んでいる。

1. 1871-1919。ポーランド出身の革命家。主にドイツで活動し、「赤旗」を創刊し、革命結社「スパルタクス団」を創設したが、労働者を組織した1月蜂起に失敗し、虐殺された。

### ポルト・ド・シャンペレ（Porte de Champerret）駅

　昔の城砦跡地に築かれたパリの外周大通りは、帝政時代に活躍した元帥たちの名を冠している。たとえばグヴィオン・サン＝シル[1]やルイ＝アレクサンドル・ベルティエ[2]の大通りは、かつて村への入り口だったシャンペレ門を囲んでいた。だが、第２帝政［→序文、サン＝マンデ＝トゥーレル駅、レンヌ駅］は、ルイ・フィリップ時代にアドルフ・ティエール［→序文］によって築かれたこの門や市壁を撤去してしまう。

　パリの輸送手段を近代化するため、どのような技術的選択をするか迷っていた1874年、幹部市吏たちは試運転を条件として、蒸気式路面電車をベルティエ大通りに走らせるというアイデアを採用した。こうして路面電車は、シャンペール門近くのベルティエ大通りに敷設された１本のレールの上を走ることになる。だが、パリ市当局は電気の産業用化にまだ完全に同意してはおらず、都市の照明についても同様だった。ガスによる照明技術が顕著に進歩していただけに、ガスの信奉者はかなり強固な立場を維持していたからだ。

　蒸気式路面電車の試運転は満足のいく結果ではなかった。それからおよそ20年後、メトロの建設はこの過去の試行錯誤が埒もないものとして立証しなければならなかった。

１．サン＝シル（1764-1830）は一連のナポレオン戦争に指揮官として参加し、復古王政期には海軍・軍事大臣の重責を担い、徴兵法による軍隊の強化をはかった。エトワルの凱旋門にその名が刻まれている。

２．ベルティエ（1753-1815）はナポレオン１世のもとでイタリアやエジプト遠征などに参謀長として従軍し、第１帝政期の元帥となるが、ロシア遠征に反対して遠ざけられる。エルバ島からナポレオンが脱出してまもなく、自宅３階の窓から投身自殺する。これを暗殺や事故死とする説もある。

### ペレール（Pereire）駅

　ペレールでは２駅が一緒になっている。３号線とRER（→序文）・Ｃ１線の駅である。これにより、アカデミー・フランセーズ会員だった将軍アルフォンス・ジョワン[1]は、第２帝政期の有名なサン＝シモン派銀行家だったペレール兄弟[2]と駅名のなかで出会うことができるようになった［ペレール大通りにあるペレール駅は、それが17区のマレシャル・ジョワン広場にも面しているところから、駅名表示板には「プレール＝マレシャル・ジョワン」と記されている］。この兄弟はフランス史に欠かすことはできない存在といえる。

サン＝シモン伯の弟子を自任していたペレール兄弟は、ルイ・フィリップの王政時代［1830-48］、フランス北部の鉄道敷設のパイオニアだったジェームズ・ド・ロスチャイルド（ロスシルド）男爵の会社で経験を積んだ。そんな兄弟の時代は第２帝政下に訪れる。皇帝ナポレオン３世［在位1852-70］に後押しされた彼らは、大勢の小口株主を証券取引所に呼び込み、ささやかな貯蓄家たちを投資と結びつけて、「資本の普遍的な支援」を実現して、フランス人の「絹のストッキング」（へそくり）を空にして、産業革命を興そうとした。無用な戦争税による資金調達の代わりに、フランスが喫緊の課題としていた鉄道や港湾、都市、海運網を建設するため、貯蓄に訴えるよう提案もした。そして、オスマン男爵［→序文、サン＝マンデ＝トゥーレル駅、レンヌ駅］による新しいパリの建設を本格的に支えた。

　だが、彼らはそうした成功の広がりのみならず、貨幣市場に信用取引が過度なまでに増大しかねないという危険な影響を懸念した、ジェームズ・ド・ロスチャイルドを初めとする伝統的な銀行資本家たちの拡張歯止め策によって一敗地にまみれた。すでにインフレとの戦いが始まっていたからだ。パリとフランスを変えたペレール住民はその最初の犠牲者だった。メトロはそれを忘れたことがない。

1．ジョワン（1888-1967）はアルジェリア出身のフランス人（ピエ・ノワール）。第２次大戦でイタリア派遣部隊を指揮し、1944年、カリニャーノの戦いで勝利して、連合軍のローマ進撃の足がかりをつくった。生前にフランス元帥（マレシャル）に叙された第２次大戦唯一の将軍。

2．兄エミール（1800-75）、弟イサク（1806-80）。社会に有益な資本主義をめざし、さらに、フランス最初の鉄道敷設に尽力して、クレディ・モビリエ（動産銀行）を興す。フランス・ロスチャイルド家（→モンソー駅）を向こうに回して、1860年代には国内およびイタリア、スペイン、ロシアなどにも進出し、40あまりの銀行を傘下に置き、鉄道・ガス・石炭・保険事業も手掛けた。

## ワグラム（Wagram）駅

　何カ所かのメトロ駅の壁には、帝政時代の戦いの名が見られる。ワグラムもそのひとつで、これは1809年、ナポレオン１世と、参謀長でもあったルイ＝アレクサンドル・ベルティエ［→ポルト・ド・シャンペレ駅］を初めとする彼の勇敢な将軍たちが、オーストリアを相手に勝利した戦いである。将軍のひとりアントワヌ・ド・ラサル[(1)]は、愛用のパイプをくわえながら、いつ

もこう言っていたものだった。「30歳で戦死しない軽騎兵は役立たずだ」

　ワグラム駅はとくにボクシング試合や政治集会が催される同名のホールで知られている。旧ドゥルラン舞踏会場［ナポレオン親衛隊の退役軍人ドゥルランが建てたもので、ダンスホールや庭園、紙提灯を配したトンネルなどからなっていた］では、全体的な改築がなされるまで、カフェ・コンセールのさまざまな演芸が見られた。

　ただ、政治のリングはボクシング以上に残酷だった。ふたりのエドゥアール、すなわち「ヴォークリューズの雄牛」と呼ばれたダラディエ[2]と、パイプ愛好家のリヨン市長エリオ［→アナトル・フランス駅］は、この舞踏会上で開かれた急進党の大会で流血戦を演じている。1902年から39年にかけて、政治的な対立は競合党派とではなく、むしろ急進党を構成するさまざまな内部勢力の間で顕著なものとなっていた。党員たちはホメロス的、つまり英雄的で滑稽な闘いや多数派の交替、緊急動議、さらには和解演説などに参加する意志をもって、ドゥルラン舞踏会場近くのワグラム駅に降り立った。演説では、高等師範学校生時代、いかにも善人そうなイメージとバランスのとれたレトリックによって教員たちを魅了していた、エドゥアール・エリオがひときわ他を圧した。

１．ラサル（1775-1809）は軽騎兵隊の指揮官として、ナポレオンのイタリア、エジプト、スペイン戦争で輝かしい軍功をあげる。ワグラムではオーストリア軍に敗れるが、残余の胸甲騎兵を率いて反撃に転じ、ついに勝利を収めた。彼は妻に宛てた最後の手紙で、次のようにしたためたという。「私はお前を愛している。煙草の煙や戦争の混乱のように」

２．ダラディエ（1884-1970）は、1924-26年の左翼連合政権と1936-37年の人民戦線内閣（→ポン・ド・ヌイイ駅、アナトル・フランス駅）で植民地大臣や国民教育大臣、国防大臣などを歴任し、急進党党首も務めた。後出のエリオは高等師範学校準備学級時代の恩師。

## マルゼルブ（Malsherbes）駅

　ギヨーム・ド・ラモワニョン・ド・マルゼルブは政治家ではあったが、潔癖な人物だった。1750年、出版統制局長となった彼は検閲を行うことになった。しかし、その寛大さはつとに知られており、とりわけ『百科全書』を編んだ思想家や哲学者たちの新しい考え方に対してそうだった。テュルゴー［→アンヴェール駅］やネッケル[1]といった、偉大な改革者の衣鉢を継いだ彼

は、1775年、国務卿となって監獄体制を改善し、だれかれ構わずバスティーユに送りこむことができる封印状の濫用を非難した。さらに、民法上の平等を促すための闘いにも貢献し、1787年、プロテスタントにその恩恵がもたらされる。翌1788年、最高国務会議のメンバーとなった彼は、良識ある者たちが草した理性的な憲法の受け入れを国王に迫ったバスティーユの陥落を神聖な驚きとみなし、人権宣言［1789年］をしっかりと支持した。

だが、恐怖政治［→コンコルド駅、ロベスピエール駅］はこうした展望を変えてしまう。マルゼルブは裁判にかけられた国王を守るためだけに亡命生活を切り上げ、帰国する［1792年］。彼の弁護は感動的かつ正当だった。しかし、だれもルイ16世を救うことはできなかった。

マルゼルブが死んだのは、国王の死から数カ月あとだった。反革命容疑者として逮捕され、ギロチン刑を宣せられたのである。恐怖政治を敷いたロベスピエール［→ロベスピエール駅］ともども、彼はメトロの駅名に名を残す数少ないギロチン処刑者のひとりである。ダントン［1759-94］もサン゠ジュスト［1767-94］もこの栄誉に浴してはいない。

1．ネッケル（1732-1804）はテュルゴーの財政政策を批判して失脚させ、みずから財務長官として緊縮財政を推進するが、旧勢力の反対で辞職を余儀なくされる。のちに民衆の後押しもあって再登板し、1789年7月の解任時、怒った民衆がバスティーユを襲って革命が始まる。だが、3度目となる財務長官時代、財政再建に失敗して民衆の失望を招き、保守勢力によって辞任に追い込まれ、故郷ジュネーヴに逼塞する。娘は小説家・批評家として名高いスタール夫人（1776-1817）。

## ヴィリエ（Villiers）駅 → 2号線

## エウロプ（Europe）駅

エウロプ（ヨーロッパ）駅はラ・ヴィレットの畜殺場から遠いが、一説に白い雄牛に変身したゼウスに誘拐されたのは、［エウロプの語源となったフェニキアの王女エウロペではなく］フェニックスの娘だったという。サン゠ラザール駅の上手にあるエウロプ地区は、パリの不動産という観点からすればかなり堕落していた、ルイ18世［在位1814-15／1815-24］の治世下で分割された土地だという。やがて、抜け目のない3人の男が、プティ・ポローニュ［字義は「小ポーランド」］地区の北側に広がるこの茫漠とした土地を買い、これをある程度の広さで分譲した。こうしていくつもの企業が建物を建て、高い

家賃をとって貸し出した。グランデやラスティニャック［バルザックの小説『ウジェニー・グランデ』（1833年）と『ゴリオ爺さん』（1835年）の登場人物］の時代、人々は家を大きくして虚栄心を満たすためではなく、できるかぎり高い賃料で貸し、より大きく儲けようとして土地を買い漁っていた。エウロプ地区とは、まさにそうした投機的な欲張りたちの所産にほかならない。

　この地区にはヨーロッパ大陸の大都市名がついている。エダンブール（エジンバラ）、ブカレスト、アムステルダム、ロム（ローマ）、モスクー（モスクワ）、テュラン（トリノ）、ベルン、レニングラードとなったサン＝ペテルスブール（サンクト・ペテルブルク）、フローランス（フィレンツェ）、コンスタンティノープル、コペナグ（コペンハーゲン）などである。

　16世紀、選挙の偶然というべきか、ポーランド議会からポーランド王に選ばれたアンジュー公アンリ3世［ポーランド国王在位1573-75、フランス国王在位1574-89］は、彼の領地だったプティット・ポローニュ地区にその名を残している。だが、エウロプの分譲地にヴァルソヴィ（ワルシャワ）通りはない。ワルシャワが自由ではなく、ロシア皇帝の圧政下にあったからだ。たとえそれがあったとしても、だれもそこに住んだりはしなかっただろう。債務不履行者用のクリシー監獄に住みたくないのと同じ（！）である。たしかにヴァルソヴィ通りはあるが、それはパリの他所であり、命名もずっと後のことにすぎない。メトロの駅名にもそれはない。19世紀のパリの左派がポーランドを愛していたにもかかわらず、である。

### サン＝ラザール（Saint-Lazare）駅

　サン＝ラザール駅舎は1889年にできている。以来、幾度か改築や修築がなされてきたが、メトロはここに安心して停車できる。新しい駅舎を考えた人々が、パリ市の公式施策がまだガス論者の手中にあったにもかかわらず、電気による照明を最初に採用したからだ。

　アンバルカデールと命名された最初の駅舎は、エウロプ地区の今より高い場所に、ロンドル（ロンドン）通りに沿って建てられた。鉄道がだれからも恐れられていた当時、それをあえて敷設した国王ルイ・フィリップ［在位1830-48］は、そんな勇気のために悪評を買った。それゆえ、ルイ・フィリップの7月王政で首相を務めたアドルフ・ティエール［→序文］は、1836年のエトワル凱旋門の除幕式を早暁に行わなければならなかった。そこにつめかけた共和主義者たちのデモ隊と対決することを、国王が危惧したからであ

る。

　最初の汽車はパリ発ル・ペック行きだった［ル・ペックはパリの西17キロメートル、ルイ14世の生まれた城（現国立先史考古学博物館）があるサン＝ジェルマン＝アン＝レの東隣に位置する］。国民軍の楽隊がすでにサン＝ラザール駅舎に控え、みなが国王を待っていた。当時鉄道が敷設されていたのは、パリとサン＝ジェルマン＝アン＝レ間の数キロメートルだけで、ル・ペックまでの最初の区間は、「バリケードの王」ルイ・フィリップの臨席を得て開業式を挙行することになっていた。だが、国王は来なかった。ル・ペックがアメリカの町ではなかったにもかかわらず、である。名代で来たのは王妃マリア・アメリア［1782-1866。ナポリ王フェルディナンド４世の娘］だった。彼女は王女ルイズ［1812-50。のちのベルギー王妃］とクレマンティヌ［1817-1907。のちのポルトガル王弟妃］を、両腕に抱きかかえていた。「国王は来られません」。王妃は列席者たちにそう謝った。大臣たちはそんな彼女を引きとどめざるをえなかった。

　だが、王妃とふたりの王女たちはル・ペックまで楽しい旅をし、途中25分もトンネルの中だったにもかかわらず、不調を訴えることもなかったという。鉄道は人を殺すという当時の噂は覆された。つまり、王妃は噂がまったくの偽りであることを勇敢にも立証してみせたのである。

### アーヴル＝コーマルタン（Havre-Caumartin）駅

　サン＝タンジュ侯フランソワ・ル・フェーヴル・ド・コーマルタンは、北仏の港湾都市ル・アーヴルの出ではない。ルイ16世時代にパリの市長に相当する商人頭を務めた［1778-84年］彼は、９区の通りに名を残しているだけである。

　オスマン時代［→序文、サン＝マンデ＝トゥーレル駅、レンヌ駅］、ル・アーヴルの町は栄えていた。アメリカ大陸に向かう定期船航路の中心地であり、ヨーロッパ全土、とくにドイツからの移民が乗船するために集まってきたからである。そこでは大型の蒸気船が、サン＝ラザール駅からやってくる列車の乗客たちを待っていた。これら乗客たちのなかには実業家や旅行者がいたが、まだ観光客はいなかった。こうしてル・アーヴルの波止場には、大西洋汽船会社の客船が横付けされて乗客たちを待っていた。

　1950年、リベルテ（自由）号がなおも５日かかって乗客たちをニューヨークに運んでいた[1]。だが、アメリカ航路でもっとも度外れていた客船は、

1939年当時ノルマンディー号と呼ばれていたものだった。洗練された調度品や内装、繊細な料理、さらに見事なスペクタクルが、ノルマンディー号上で大西洋を渡る乗客たちを魅了していた［1931年に建造されたこの豪華客船は、「洋上の宮殿」とまで謳われた］。フランスのこどもたちはみなル・アーヴルの小路にあった専門店でその模型を買い、これを組み立てて喜んでいた。ところが、この客船はニューヨークのドックに係留中、悲劇的な最期を迎える。火災である。アメリカ軍が当時それを兵員輸送船に改造しているところだった。

　もはやアメリカに渡るため、サン＝ラザール駅で列車に乗ることはなくなった。だが、アーヴル駅にはなおもメトロの車輛が置かれている。それは、海の巨人フランスとイギリスが、ニューヨーク航路で「ブルー・リボン賞」をかけて豪華さと速さを競っていた、栄光の時代の証人といえる。

1．この汽船はもとは1930年にドイツの海運会社ブルーム・ウント・フォス社が建造したオイローパ号（3万5000総トン）で、第2次大戦後、アメリカ軍がこれを接収・改造して兵員輸送船に用いていた。

## オペラ（Opéra）駅

　オベールは有頂天だった。1875年1月5日、オペラ・ガルニエ座のこけら落としに『ポルティチの娘』［→オベール駅］が上演されたからである。シャルル・グノー［1818-93］やジャコモ・マイエルベーア［1791-1864］のオペラも上演された。国家元首用のボックス席には、マク＝マオン元帥［→序文］の冷然とした横顔もあった。他のボックス席には、スペイン国王アルフォンス12世［在位1875-85］とその母后イザベル［女王在位1833-68］、ロンドン市長、さらにアムステルダム市長らの顔も見られた。

　建物を設計・建築したシャルル・ガルニエ[(1)]は2階のボックス席にいたが、席料は払わなければならなかった。皇帝ナポレオン3世［在位1852-70］とオスマン男爵［→序文、サン＝マンデ＝トゥーレル駅、レンヌ駅］のお気に入りだった彼は弱視だった。1862年7月21日、オペラ・ガルニエ座の礎石が据えられたが、人々は工事が遅れ、建設費も高騰したとして彼を非難した。

　セーヌ川の古い分流がこの建物の土台の下を流れていたところからすれば、こうした問題ははたしてガルニエの落ち度といえるだろうか。水はたえず浸み込んできた。それゆえ、地盤を安定させるため、8基の蒸気ポンプを8ヶ月間稼働させ、その水を集めるため、地下8メートルに防水槽の貯水池を設

けなければならなかったのだ。
　この排水渠を小舟でいけばオペラ座に着くことができる。だが、むろんメトロを使う方がはるかに簡単である。
１．ガルニエ（1825-98）はパリ６区の代表的な下町ムフタール街に貧しい職人を両親として生まれるが、国立美術学校で建築を学ぶ。卒業後、ローマ大賞を得て、1849年から53年までローマに留学し、その間、イタリア各地やギリシアを訪れて古代建築を学ぶ。1860年、オペラ座の建築コンペに応募して採用された。アカデミー・フランセーズ会員。

### カトル＝セプタンブル（Quatre-Septembre）駅

　1870年９月４日。それまで1848年12月10日と呼ばれていた通りの表示板に、この日付が書き込まれた。それも当然のことで、オスマン男爵［→序文、サン＝マンデ＝トゥーレル駅］の都市改造で開通した1848年12月10日通りは、第２共和政の大統領にルイ・ナポレオン・ボナパルトが選ばれことを記念するものだったが、皇帝となった彼は、1870年の普仏戦争で、プロイセンと同盟軍に敗れたからである。この皇帝はスダンの戦い［同年９月１日。→オテル・ド・ヴィル駅］で敗北を喫したあと、捕虜となり、軍隊も降伏して国土が侵された。
　そして９月４日、髭面の男たちの行列がブルボン宮からパリの市庁舎へと向かっていた。先導したのは共和主義者の弁護士ジュール・ファヴル［→オテル・ド・ヴィル駅］とレオン・ガンベッタ［→ガンベッタ駅］だった。この日集まったパリ市民の群衆や、ベルヴィルとメニルモンタンから下りてきた労働者たちを前に、1792年［パリ・コミューン］と「祖国の危機」の時代を想い起こさせる口調で、共和国の誕生を宣言したのである。共和主義者たちはプロイセン国王の前に跪こうとは思わなかった。共和国は戦いを続けた。
　こうした英雄的な日々を記念して、パリ市の役人たちは「12月10日通り」の道路表示板を外し、「９月４日通り」の表示板と取り替えたのだ。1904年、この駅からメトロに乗ったすべてのパリ市民は、新しい表示板が何を意味するかを知っていた。だが、おそらく彼らはやがてそれを忘れ去った。そこから２つの共和国が新たに生まれたにもかかわらず、である。

### ブルス（Bourse）駅

　ブルス広場（証券取引所前広場）。1898年11月当時、メトロ駅はまだでき

ていなかった。広場の一角にあったレストラン・シャンポーは大忙しで、証券取引所の職員たちが食事を急いでとるため、ボーイたちはせっせと働いていた。コルベイユ［公認仲買人たちの取引き場］は彼らを待ってはくれなかったからだ。まさに大商いだった。国債の売買は堅調で、総選挙の年であり、ドレフュス事件の真っ最中であるにもかかわらず、ナポレオン金貨の値上がりはあらゆる投機的な動きの上をいっていた。銀行や海運会社の発行する新しい株券の高騰に、海外植民地がはずみをつけてもいた。

　証券取引所は特権的な場所である。一種のギリシア神殿で、金銭のパンテオンともいえる。建築家のアレクサンドル＝テオドル・ブロンニャール[1]は、フィユ＝サン＝トマ女子修道院の空き地に本格的な宮殿を建てようとした。それは壮大な計画だったが、残念なことに壮大すぎた。そして1813年、みずから設計した証券取引所の竣工を待たずに没する［この取引所はブロンニャール宮とも呼ばれる］。その竣工式は13年後の1826年、時のセーヌ県知事ガスパール・ド・シャブロル[2]によって行われた。

　レストラン・シャンポーが最盛期を迎えていた時だった。店内に爆発音が鳴り響いた。無政府主義者たちの攻撃か。当時、彼らはパリにしばしば姿を見せていた。だが、そうではなかった。たんなる事故だった。地下倉庫に漏れ出したガスが、何かの拍子にアルコールが満杯になっていた樽を爆発させたのだ。これにより、死者1名、怪我人6名が出た。

　証券取引所に対する攻撃は、これまで1度もない。1904年のメトロの開業は、その職員たちを喜ばせた。メトロ会社の株券は値上がりが確実視された。ロシアやメキシコに投資して破産した「お人よしたち」にとって、メトロに賭ける資金がどれほどあったか。だが、メトロ会社が資金不足に陥ることはなかった。毎日メトロに殺到する数十万ものパリ市民たちが、証券取引所のすべての株主と同じ価値を有していたからである。

1．ブロンニャール（1739-1813）は調剤師・香料商を父としてパリに生まれる。最初は医師をめざしたが、のちに国立建築学院に入って、近代建築の理論家ジャック＝フランソワ・ブロンデル（1705-74）らの薫陶を受ける。1769年のヴァランス＝タンブリュヌ館を皮切りに、以後、パリ市内を中心に数多くの邸館を手がけた。
2．シャブロル（1773-1843）は土木技師としてナポレオンのエジプト・ロシア遠征に加わり、パリのウルクやサン＝マルタン運河建設を指揮する。1812年、ナポレオンからセーヌ県知事に任命された。

## サンティエ（Sentier）通り

　サンティエとは小道のことである。一説に、1612年の厳しい冬、腹をすかしたある狼が衛兵たちの監視を逃れてパリに入り込んだという。はたして狼はサンティエの小道を通ってきたのだろうか。サンティエ通りの起源は不明だが、おそらくこの小道は資材置き場に通じていた。

　サンティエ通りは人が消えたり、行方をくらましたりする場所だった。若いモーツァルトは、パリに出てきた時、ここで母を失っている［22歳のモーツァルトは母アンナ・マリアとともに1778年3月から9月までサンティエ通りに住んだが、7月に母と死別した］。一方、金融家ル・ノルマン・デティオルは不面目を隠すためにここに逃れた——。彼の恥ずべき妻は、宮廷に出入るため名前を変え、ポンパドゥール夫人と自称した。国王ルイ15世はそんな彼女しか目に入らず、当然のことながら、国王はその夫に会うのを嫌った。ポンパドゥールは夫をトルコ大使としてコンスタンティノープルに送りこみたかった。そうなれば、トルコ人に囲まれていずれ命を落とすだろうと読んだのだ。

　だが、サンティエ通りに住んでいた夫はそれを拒み、立ち直った。そして、オペラ座の美しい踊り手、マドモワゼル・レースに目をつけ、ルイ15世がポンパドゥールと別れないかぎり、自分もその王妃(レース)を棄てようとは思わなかった[1]。

　後年、これらふたりの女性を思い出す時、ル・ノルマン・デティオルは明晰さを失ったりはしなかった。踊り子がたしかに軽薄だったとしながら、彼はこう述懐している。「最初の結婚で得た女性は、最初のうちこそ誠実だったが、のちにふしだらな女となった。だが、2度目の結婚はその反対だった」。こうしてサンティエ通りでは、そんなふたりの愛の姿を見出すことができる。ただし、それが隠れていなければ、である。

1．ル・ノルマン・デティオル（1717-99）は、やがてこの若い踊り子と秘密裏に結婚する。革命時、総徴税官だった彼は人々を破産に追い込んだとして告発されるが、処刑はまぬがれ、サンティエ通りで没した。

## レオミュール゠セバストポル（Réaumur-Sébastopol）駅

　何という奇妙な結婚なのか！　レオミュール氏がセバストポル嬢と結婚したのか。メトロはこうした結びつけを好んで行う。じつはルネ゠アントワヌ・レオミュール［1683-1757。とくに動物行動学の先駆者として知られる］は、

1730年ごろ、初めてアルコール温度計を考案した科学者である。時代的に、後述するクリミア戦争［1853-56年］とは無縁である。軟体動物や甲殻類、さらに昆虫に強い関心を抱きながら、こと軍事についてはまったくの無知だった。彼の死からおよそ1世紀後、皇帝ナポレオン3世［在位1852-70］はパリの通りにその名をつけた。この通りが走る風情に富んだ一角全体は、バルタール市場［中央市場。呼称は、鉄構造建築の先駆者ヴィクトル・バルタール（→レ・アル駅、ポルト・ド・ラ・ヴィレット駅）から］を建設するために大きくえぐられた。鋳鉄を鋼鉄に変える技術を学び、金属の工業利用を研究したレオミュールの名は、バルタールやオスマン［→序文、サン＝マンデ＝トゥーレル駅、レンヌ駅］に気に入られたのである。時代は科学技術を信奉していた。

　一方、セバストポルとはクリミア半島に位置するロシア皇帝の軍港で、長い攻囲戦のあと、英仏軍はここを奪取した。当時、パリの数多くの大通りには第1帝政期［1804-14／15年］の将軍や戦勝地の名がつけられていた。第2帝政期［1852-70］における将軍や戦勝地の場合は、ごくまれにしか祝福を受けていない。なぜか。その疑問は今は措くとして、オーステルリッツ駅が登場するように［ナポレオン軍が1805年にオーストリア・ロシア連合軍を破ったチェコスロヴァキアの戦場名に由来する駅名。命名は1840年］、すでに1904年には、なぜかは定かに分からぬまま、クリミアに命を落としたすべての勇士たちを称えるセバストポル駅ができていた。

## アール・エ・メティエ（Arts et Métiers）駅

　発明者たちにかんする本格的な国立図書館とでもいうべき技芸博物館（ミュゼ・デ・ザール・エ・メティエ）は、司祭グレゴワール[1]の提言によって革命期［1794年］に創設されている。彼は言っている。「発明・完成された道具や機械の原型はそこに展示され、その有益さや用法を説明するための講義ないし講演も組織されなければならない」。

　建物は古いサン＝マルタン＝デ＝シャン小修道院が選ばれ、パスカル［1623-62］の計算機やラヴォアジエ［1743-94］の化学器具、のちには物理学者フーコー［1819-68］や軍事用無線網を整備した将軍フェリエ［1862-1932］、さらに物理学者ブランリ［1844-1940］らの機器も、そこに展示されるようになる。やがてこの博物館には高等教育のための学校［のちの国立工芸技術院］も設けられ、年令に関係なくだれでもその講義を受講できるようになった。

一方、国立中央工芸学校（エコール・サントラル・デ・ザール・エ・マニュファクテュール）[2]は、工業の発展を担う技術者を養成した。1845年から96年にかけては、学者で善意の持ち主だったレオン・ヴォードワイエ[3]とガブリエル＝オーギュスト・アンスレが、機械技術と工業的発明のための殿堂を創設している。

　夕方、アール・エ・メティエ駅で降りる者は、パリのいたるところからやってきた好奇心の強い人や、国立工芸技術院で発明・発見の歴史をあれこれ手ほどきしてもらう、科学技術の独習者である。メトロ、とくにアール・エ・メティエ駅は、まだメトロ駅をもたない司祭グレゴワールを間接的に称えている。聖職者民事基本法を守る宣誓を行ったとして教皇から破門されたこの聖人司教は、まさに科学技術の世界で慈善を行ったといえる。

1．グレゴワール（1750-1831）はフランス革命の立役者のひとり。全国3部会で第3身分に属し、憲法制定国民議会の重要メンバーとして、諸特権や奴隷制度の廃止、普通選挙の実施などを唱えた。技芸博物館や黄経局（天文暦や航海暦などを作成する）の長を務め、フランス学士院の創設メンバーともなった。ダヴィッドの代表作『球戯場（テニスコート）の誓い』（1791年）では、前景中央で白い修道服を着ている（→サン＝ジェルマン＝デ＝プレ駅）。

2．この学校は、ナント出身の実業家で、サン＝シモン派の「ル・グローブ」紙の株主でもあったアルフォンス・ラヴァレ（1791-1873）が、私財を投じて1829年にパリ南郊のシャトゥネ＝マラブリに創設した。

3．歴史主義建築の父のひとりとされるヴォードワイエ（1803-72）は、建築部門のローマ大賞を受賞し、アンスレとともに、国立工芸技術院が入っていたサン＝マルタン＝デ＝シャン小修道院を拡張している。芸術アカデミー会員。アンスレ（1829-95）はバルタール（→ポルト・ド・ラ・ヴィレット駅、レ・アル駅）の弟子。国立美術学校で建築を学び、ヴォードワイエ同様ローマ大賞を得て、1852年から3年間イタリアに留学する。帰国後、アヴィニョン市役所などの建築を手がけ、国立工芸技術院の専属建築家となる。芸術アカデミー会員。

## タンプル（Temple）駅

　今では何ひとつ残っていないが、ここには呪わしい記憶の場としての要塞があった。聖堂騎士団の巨大な建物の跡地に残っていた塔は、1811年にすべて解体された。この塔は現在の3区区庁舎の右翼部分に建っていた。ブレストとマルセイユの義勇兵（連盟兵）たちが、パリの自治区民たちとチュイ

ルリー宮［→チュイルリー駅］を奪取した1792年8月10日のあと、国王ルイ16世とその妻子が投獄されたのがここだった。父王の処刑［1793年1月21日］を受けてルイ17世を名乗った若い王太子も、ここで獄死している。マリー＝アントワネット［1755-93］はここを出て処刑台に向かった。周知のように、ナポレオン1世は呪わしい、そして皇帝にとって危険なこの塔を残そうとは思わなかった。

## レピュブリック（République）駅

　9月4日［→カトル＝セプタンブル駅］のあと、レピュブリック（共和政、共和国）駅はメトロ網に明確に「高貴な血筋」を与えた。第1共和政はパリの通り名にその痕跡を残さず、第2共和政も広場を飾る時間がなかった。1848年2月に樹立された後者は、6月、反動主義者たちによって権力をもぎ取られ、12月にはナポレオン3世によって一掃されているからだ［第2帝政］。

　1870年9月4日にパリ市庁舎で宣言された第3共和政は、下院で長い間多数派を占めていた王党派やボナパルト派にそれを認めさせるまで、10年待たなければならなかった。そして、それが明確な形をとることに成功した時、フランス人を不安にさせまいと、みずからを寛大で働き者の女性像に見立てて、人々を和解させようとした。こうして「ラ・マルセイエーズ（マルセイユの女性）」が不意に国歌となったのだ。共和政体を是とする投票も過半数を獲得した。だが、フランス中東部ジュラ地方出身の大統領ジュール・グレヴィ［→オテル・ド・ヴィル駅］がレピュブリック広場に建てられた記念碑の除幕を行うには、さらに1884年7月14日まで待つことになる。

　以後、この広場は共和主義者たちの集会場となる。第5共和政が組織された際、ド・ゴール大統領とその文化相になった作家アンドレ・マルロー［1901-76］は、新しい体制の誕生を祝うパリ市民を招くため、ここを会場に選んだ。人々はレピュブリック駅を出て、壮大な広場に集まり、文化相が民主主義に対する自分の信念を訴えた演説に耳を傾けた。この広場の選択は象徴的なものだった。それは、ド・ゴールが共和主義者だったことを意味するのだ。

## パルマンティエ（Parmentier）駅

　この駅名は、1818年にフランスにおけるジャガイモの栽培法を開発した、アントワヌ・オーギュスタン・パルマンティエ［1737-1813。→レ・サブロン

駅、シュマン・ヴェール駅］に捧げられた大通りの名に由来する。11・12区を走る通りに、おそらく1度たりと足を踏み入れたことがなかった彼の名がつけられたのは、復古王政期の国王［ルイ18世。在位1814-15／1815-24］と貴族たちから彼が高く評価されていたためである。当時、彼は廃兵院(アンヴァリッド)の調剤師だった。

　従軍調剤師として軍隊に身を置いていたパルマンティエは、ドイツ遠征の際、農民たちが豚にジャガイモを餌として与えているところを目にして、これに大いに触発された。そこで廃兵院に配属されると、密かに墓地にジャガイモの塊茎を植えた。当時はジャガイモが有毒であり、病気を蔓延させると信じられていたからである。やがて彼は、介護修道女たちから告発され、錬金術師、つまり悪魔に吹き込まれた妖術師だとみなされてしまう。

　幸いにも宮廷には開明的な精神の持ち主が数多くおり、もはや焚刑の時代でもなかった。国王はすでに兄王ルイ16世が認めていた新しい植物の重要性を臣下から教えられ、と同時に、ジャガイモのまったく非の打ちどころのない栄養価を科学的に証明した、探究心旺盛な調剤師パルマンティエの不幸についても告げられた。こうして国王はパルマンティエの仕事を認めて称え、1818年、その栄光を確固たるものにするのだった。それはパルマンティエが他界して5年後のことだった。

## サン゠モール（Saint-Maur）駅

　フランス西部アンジューの司教だった聖モール[1]はミステリアスな人物で、フランスにベネディクト会修道院を招来したとされる。

　パリの同修道会は、1618年、グレゴワール・タリス［1575-1648。修道院長・サン゠モール修道会総長］の権威のもとで、マレ地区のブラン゠マントーにあった修道院に本拠を置く。ベネディクト会修道士たちが前面に打ち出した改革は17世紀を通して発展し、ついにフランス国内に、そのすべてがサン゠モール会の本部に属する190もの修道院を創設するまでになる。そして、サン゠モール会士たちはパリ市内だけでもかなりの数にのぼった学校や学寮を経営した。とすれば、メトロのサン゠モール駅は大世紀、すなわちルイ14世時代の宗教的なパリに通じているといえるだろ。

　第2帝政はこうした伝統と新たな関係を結んだ。オスマン時代［→序文、サン゠マンデ゠トゥーレル駅、レンヌ駅］、サン゠モール地区は大小の修道院を失った。それゆえ、そこに住む労働者たちのために、魂の回復の基盤とな

る近代的な教会を設けることが不可欠となった。その建設を請け負ったのが、建築家のテオドル・バリュ[2]だった。彼は鋼鉄と鋳鉄を用いて教会堂を建て、堂宇の上に、メトロ駅から上がればだれの目にも見える高さ60メートルの尖塔をのせた。宗教行列が営まれるキリスト聖体の祝日［聖霊降臨後の第22日曜日］ともなれば、制服をまとった憲兵隊が決まって堂内に侵入したこの教会は、当然のことながら、共和主義者にとって皇帝専制の象徴とみなされ、ドレフュス事件が終結した1899年の市民騒乱時には、激怒した反教権主義者たちに略奪・破壊された。彼らの大多数は聖職者が反ドレフュス勢力に加担したとしたと信じていた。加えて当時は、ジャン・ジョレス［→ジョレス駅］に扇動された急進派と社会主義者からなる監視委員会が、共和国を守るために闘っていた。だが、ジョレスは教会を荒らせとの指令を出してはいなかった。それは無政府主義者たちによるものだった。宗教的なるものを憎んでいた彼らは、サン＝モール教会の鐘が、共和政を瓦解させようとしたマク＝マオン元帥の夫人によって奉献されたと誤解していたのだ。

　こうしてサン＝モールという労働者地区における挑発的な教会の創建は、最終的にもっとも進歩的な社会主義者たちが拒んだ言語道断な愚行を招いた。ジャン・ジョレスは急進派をこう非難している。「諸君は人間の悲惨さを和らげる古い歌を妨げた。その結果、人間の悲惨さは叫び声で勢いづいてしまったのだ」

1．聖モール（512頃-584）は元老院議員を父としてローマに生まれ、ベネディクト会の創始者ヌルシアの聖ベネディクトゥス（480頃-547頃）の最初期の弟子となる。伝承によれば、師からガリアの地に派遣され、アンジューに最初のベネディクト会修道院を建立したという。

2．バリュ（1817-85）は建築部門のローマ大賞を受賞し、やがてパリ市筆頭建築家となる。折衷主義と呼ばれる独特の建築理論で知られる。パリで手がけた仕事としては、9区のトリニテ（聖三位一体）教会の建設や1872年のパリ・コミューンで焼失した市庁舎の修復などがある。息子アルベール（1849-1939）もまた建築家で、国内のみならず、オランの司教座大聖堂建設など、アルジェリアでも多くの仕事をした。

ペール゠ラシェーズ駅 → 2号線

### ガンベッタ（Gambetta）駅

　ガンベッタはメニルモンタンではなく、ベルヴィル選出の議員だった。だが、たしかに20区の区役所は、いずれも労働者が多く住むこれら2村の大部分を管轄していた。この区庁舎は帝政時代に建てられたもので、多少とも冷たい感じのするルネサンス様式を採用していた。建設に際しては、共和主義者たちが資金を提供したという。そして1893年、一帯にある大通りと広場は、共和政の創設者である弁護士ガンベッタの名を冠するようになった。

　1870年の愛国者で、帝政の「鼓手」でもあった彼は、けっして極端主義者ではなく、むしろ穏健派だった。ティエール［→序文］同様、彼もまた共和国が保守的であるべきだと考えていた。教育によって中産階級の地位向上を保証し、財の所有を助長し、労働者たちを教育して、そのこどもたちが商工業の世界で高い地位を得られるようにすることで、社会を根底から変えようとした。ただ、共和政への愛着を除いて、彼は首都の東部にある高台に住む高揚した労働者たちと何ら共通するものを持ち合わせていなかった。それゆえ、1869年の総選挙では、彼らの代表である社会主義の候補者と対決せざるをえなかった。

　そして1893年。20区の区役所前にある広場にガンベッタの名をつけることで、当時の穏健派共和主義者たちは協調と社会平和の実現を願う体制の創唱者を称えたのだった。

### ポルト・ド・バニョレ（Porte de Bagnolet）駅

　パリ東郊のモントルイユと同じように、バニョレは東部の高台にある工房で働く労働者が数多く住んでいたにもかかわらず、野菜の集約栽培を生業とする村だった。この地区の人々は、メニルモンタンやベルヴィルの企業があいついで撤退して職場を失ったが、1971年にようやく開通したメトロのおかげで、パリ全域、さらに西郊の工場まで通うことが便利になった。1930年当時、バニョレはまだ農村だった。モルティエ大通り沿いにHLM（低家賃住宅）やHBM（低価格住宅）が並んでいた「ゾーン（貧民街）」は、謎めいた、おそらくは軍事的な理由によって土地の分割ができなかった。撤去された城砦の跡地に建物を建設することが禁じられていたのである。仮宿泊施設に住む人々が惨めな生活を余儀なくされていたこの一帯の向こうには、

小さな庭を備えた一戸建て住宅が何軒も並んでいた。

　第1次大戦中の1914年9月、パリの人々は市壁の下で戦おうとしていた。「塹壕作戦」の責任者だったジョゼフ・ガリエニ将軍［→ガリエニ駅］は、1870年の普仏戦争でプロイセン軍を迎え撃った時、さらに1814年の時［→ポルト・ド・ヴァンセンヌ駅、シャトー・ド・ヴァンセンヌ駅、プラス・ド・クリシー駅］と同様に、ゾーンに塹壕と避難場所を掘るよう命令を下した。だが、この月、ベルギーを突破したドイツ軍はマルヌ河畔の戦いでフランス軍に敗れ、進攻をあきらめなければならなかった。

## ガリエニ (Gallieni) 駅

　驚くことに、ガリエニ元帥[1]の名は、7区の大通りにあるにもかかわらず、旧バニョレ村を走るメトロの駅名にもなっている。バニョレの住民たちは、1930年の命名時、なおもガリエニを覚えていた。とすれば、この命名はあながち的外れとはいえないだろう。

　事実、1914年9月初旬、パリの防衛司令官だったガリエニは、ドイツ軍の3部隊によるパリ進攻を押しとどめることができないと思われていたにもかかわらず、これを座視せず、反撃を加えようとしたのである。飛行機からの上空偵察によって、彼は、ドイツ軍の将軍たちが南下作戦をとらず、方向を転じて東に向かい、巨大な罠を仕掛けてフランス軍を一網打尽にしようとしていたことを確信した。そこで彼はただちにそれをジョフル［→シャンゼリゼ＝クレマンソー駅］に知らせた。これを受けて、ジョフルはしかるべき対策を講じ、ガリエニもまたドイツ軍縦列隊形部隊の側面を守備隊に攻撃させようとした。そして、この作戦をより迅速に遂行するため、走行料金を支払う条件でパリのタクシーを徴用し、歩兵隊を前線に送りこんだ。タクシーは長蛇の列を作って走りだし、パリ東方の町村を横切ってマルヌの決戦場へと向かった。バニョレはその行程に位置していた。バニョレとメトロがガリエニ元帥のことを覚えている所以である。

1．ガリエリ元帥（1849-1916）はイタリア系移民の子として、フランス南西部ミディ＝ピレネー地方に生まれた。1870年の普仏戦争に海兵隊員として参加し、負傷して捕虜となる。1871年、帰国した彼は海軍大佐に任ぜられ、以後、レウニオン島やスーダン、インドシナ半島、マダガスカルなどに提督として派遣される。1914年4月に引退するが、8月、第1次大戦の勃発で軍務に復帰し、首都防衛司令官となる。死後元帥に叙せられた。

## 3号線支線

**ペルポール (Pelleport) 駅**

　3号線の交差渡り線は、1921年、ガンベッタ駅からポルト・デ・リラ駅までの路線に設けられた。これにより、地域に住む数多くの労働者たちはたやすくメトロを利用できるようになった。それにしても、ピエール・ド・ペルポール将軍［1773-1855］の名がなぜこの駅につけられたのだろうか。いったいだれがこの帝政時代の兵士を覚えているのだろうか。だれが1921年に彼のことを覚えていたのか。彼の名を冠した1本の通り。メトロのなかで彼の記憶を呼び覚ますには、おそらくそれだけで十分だった。

　第2帝政は第1帝政時代の軍人たちを称揚しようとしていた。革命暦2年［1793年］、義勇兵ピエール・ド・ペルポールはピレネー＝オリオンタル地方で共和国のために働き、ついでナポレオンのイタリア・エジプト遠征にも従軍した。やがて第1帝政時代のすべての戦いに加わり、とくに1807年のプロイセン東部エイローの戦いでは、敵ロシア兵の剣で30か所、銃剣で5か所に傷を負った。九死に一生を得た彼は、1809年のエスリンク［ウィーン近郊］の戦いで連隊長に任じられ、ロシアからの退却時には、旅団長としてシャルル・ネ元帥[1]のもとで作戦を遂行した。百日天下の際、ナポレオンから疎んじられたが、これが幸いして国王ルイ18世［在位1814-1815、1815-24］から子爵に叙せられる。

　ペルポールはナポレオン派の純粋主義者から毛嫌いされたものの、復古王政で重用され、ルイ18世のためにスペイン遠征にも参加した。ルイ＝フィリップ［国王在位1830-48］はそんな彼をボルドーの国民軍司令官に任じた。そして1855年、この地で没する。皇帝ナポレオン3世［在位1848-52］は、その伯父ボナパルトのもとで目覚ましい働きをした英雄たちを称えるという善政を行ったが、将軍ペルポールはまさに掛け値なしの英雄だった。パリの通りにその名がつけられた所以である。ただし、大通りに彼の名はない。それは元帥たちだけのものだったからである。

1．ネ元帥（1769-1815）は19歳の時に軽騎兵となって以来、革命時や第1帝政時代のさまざまな戦いに参加して昇進し、ロシア遠征では第3軍団を率いて流血戦を指揮した。帰国後、1815年のナポレオンの百日天下を支持したため、復古王政期に反逆罪で処刑された。

## サン＝ファルゴー（Saint-Fargeau）駅

　有力な貴族だったル・ペルティエ一族は、メニルモンタンの丘にその名を冠した城や庭園、土地を有していた。この土地はまたル・ペルティエ家がブルゴーニュ地方のヨンヌ県に所有していた領地の名をとって、サン＝ファルゴーとも呼ばれていた。

　太陽王ルイ14世［在位1643-1715］の時代から、同家は王室の財政と経営に携わってきた。パリの商人頭［市長に相当］や財務総監、財務監督官、パリ高等法院上席評定官…。これらが法服貴族と呼ばれる彼ら名門一族の肩書だった。1789年当時、ルイ・ミシェル・ル・ペルティエ・ド・サン＝ファルゴー［1760-93］は地代だけで60万リーヴルもあがる分限者で、その城はペール＝ラシェーズ墓地［約44ヘクタール］より広大だった。

　面妖なことに、この老成した分限者は革命極左の偶像となった。1789年の全国三部会に貴族代表として出席した彼は、国民公会議員に選ばれる。だが、国王の近衛兵たちは貴族の議員を嫌っていた。そして国王の処刑前日、つまり1793年1月20日、パリスなる元近衛兵がパレ＝ロワイヤルでル・ペルティエを殺害する[1]。国王の死に先立って、逆臣の議員に復讐したのである。

　マラーやロベスピエール［→ロベスピエール駅］、さらにダントンは、革命の英雄となった貴族出身のパリ高等法院上席評定官を崇敬した。そんなル・ペルティエの名がメトロ3号線につけられたとしも良識には反しない［メトロの駅名となったのは、商人頭を務めたルイ・フィリップ・ド・モルトフォンテーヌ（1730-99。→ル・ペルティエ駅）である。著者の誤記か］。暴君殺しのパリスが、この貴族議員の地代60万リーヴルを忘れさせたからである。

1．暗殺者のフィリップ・ド・パリス（1763-93）は、革命で失職した熱烈な王党派で、国民公会で国王処刑に賛成票を投じた貴族議員を殺そうとしていた。ル・ペルティエ殺害後、イギリスに逃げようとしたが叶わず、拳銃で自殺する。

## ポルト・デ・リラ（Porte des Lilas）駅

　リラ村とプレ＝サン＝ジェルヴェ村がパリ市に組み込まれたのは、1930年のことだった。ティエール［→序文］が築いた市壁内にリラ門があり、これがメトロの駅名となった。

　土地の呼称は、居酒屋やガンゲット［パリ郊外の大衆酒場で、食堂や舞踏会場になることもあった］が立ち並び、日曜日ともなればパリ市民たちがやってきてひとときを愉しむ段丘に、リラの花が咲いていたことに由来する。放

埒な城柵の舞踏会は、第2帝政期にかなり盛んだった。そこにはいわく言い難い役柄を演じるよこしまな若者たちがいたが、犯罪件数は他所ほどでもなかった。とはいえ、性犯罪や所有者のはっきりしない土地のもめごと、殺人、仲たがいした女性同士の同性愛をめぐる愛憎劇を含む情欲沙汰などはあった。ゴンクール兄弟［→序文、ゴンクール駅］は写実的な小説を書くため、城柵にみられる民衆の大いなる興奮を体験すると称して、そんなリラ地区に足しげく通った。たしかにこのエドモンとジュール兄弟は道徳なるものにほとんどこだわらず、曜日に応じて、共通の家政婦の愛を分け合うほどであった。

# 4号線

ヴァヴァン駅とカフェのラ・ロトンド。
右手に寝間着姿のバルザック像（ロダン作）が見える

# 4号線

ポルト・ドルレアン駅 — ポルト・ド・クリニャンクール駅

《開業1908年、営業距離10.6km、駅数26》

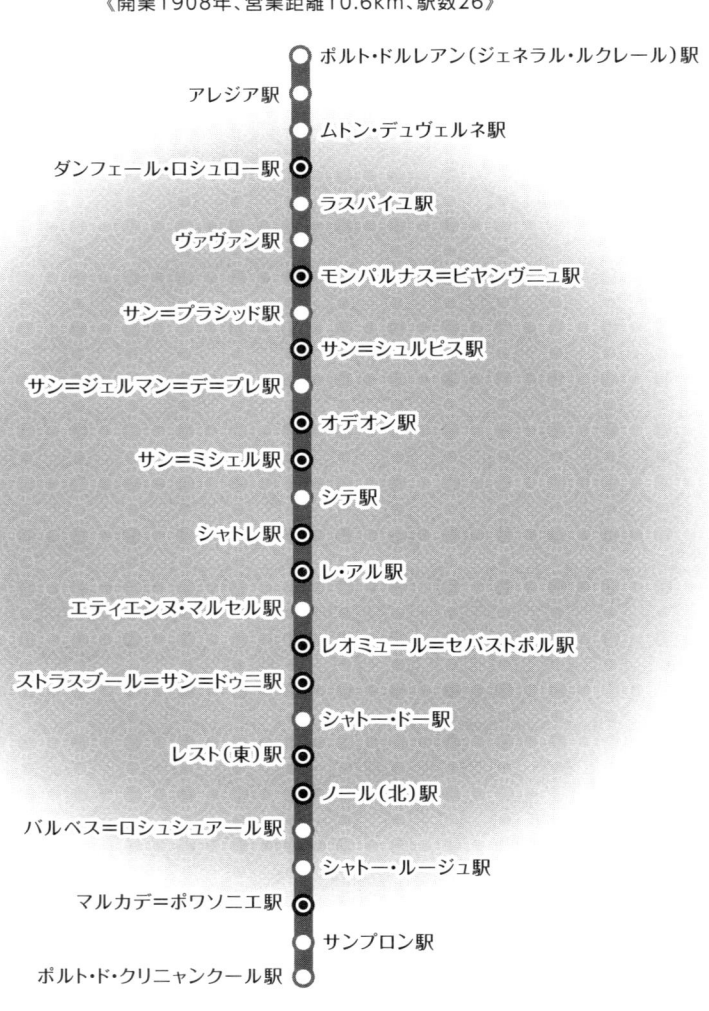

- ポルト・ドルレアン（ジェネラル・ルクレール）駅
- アレジア駅
- ムトン・デュヴェルネ駅
- ダンフェール・ロシュロー駅
- ラスパイユ駅
- ヴァヴァン駅
- モンパルナス＝ビヤンヴニュ駅
- サン＝プラシッド駅
- サン＝シュルピス駅
- サン＝ジェルマン＝デ＝プレ駅
- オデオン駅
- サン＝ミシェル駅
- シテ駅
- シャトレ駅
- レ・アル駅
- エティエンヌ・マルセル駅
- レオミュール＝セバストポル駅
- ストラスブール＝サン＝ドゥニ駅
- シャトー・ドー駅
- レスト（東）駅
- ノール（北）駅
- バルベス＝ロシュシュアール駅
- シャトー・ルージュ駅
- マルカデ＝ポワソニエ駅
- サンプロン駅
- ポルト・ド・クリニャンクール駅

4号線はパリを南北に貫通した最初の路線である。1910年1月9日、この路線は初めてセーヌ川の下を通った。最大の難所だったラスパイユ〜シャトレ間が開通したのである。ラスパイユ〜ポルト・ドルレアン間はすでに前年10月30日に、シャトレ〜クリニャンクール間は1908年4月21日にそれぞれ開通していた。

サン＝ミシェル広場とシテ島の工事は1905年8月に始まった。そこでは、空気ケーソン（潜水函）による「ボーリング」という新しい工法によって、河床の下にトンネルが開削された。ケーソンはいくつも直線状に敷設され、通過地点は、メトロが通ることで、セーヌ河畔にある学士院の平穏さを妨げたりしないような場所が選ばれた。さらに、セーヌ川にかかる橋や最高裁判所、商事裁判所などの土台も避けなければならなかった。トンネル開削を可能にする新しい技術（零下24度にまで凍らせた塩化カルシウム液で満たした管）を用いて、工事現場を冷凍する必要もあった。むろん、川から水が滲出するのではという危惧もあった。それゆえ、トンネル内に水流ができないようにするため、最大限の注意が払われた。こうした巨大工事は、5年もの間パリ市民たちの関心を引き寄せた。

そして最初のメトロが開業して10年後、コンクリート技術の発展によって、4号線はついにセーヌ川を越えることができ、これにより、この路線はパリの南北、つまりポルト・ドルレアンからポルト・ド・クリニャンクールまで、パリの中央軸に位置するすべての地区を貫いて走ることになったのである。

## ポルト・ドルレアン（ジェネラル・ルクレール）（Porte d'Orléan-Général Leclerc）駅

ポルト・ドルレアン（オルレアン門）はパリ盆地南部のボース平原を走る中世のオルレアン街道へといたる道に通じている。この平原はかつてフランス王国最大の小麦生産地だった。街道沿いにはいくつもの風車が立ち並び、粉挽きたちがシャルトル地方からの穀粒を挽いていた。日曜日ともなれば、そこではムーラン＝サン＝スーシ［字義は「気楽な風車」］やムーラン＝ヴェール［「緑の風車」］、ムーラン＝デ＝ペルーゼ［「ペルーゼの風車」］といった安酒場で、爽やかな酒を飲むことができた。

1944年8月、ルクレール将軍[1]麾下の第12機甲師団は、パリを解放すべく、この風車街道を進軍していた。彼らはパリ南部のブール＝ラ＝レーヌや南西

部のシェヴルーズ峡谷から進撃して、首都防衛線を突破した。レイモン・ドロンヌ［1908-91。チャドで第9歩兵中隊指揮官を務めたのち、第2機甲師団分遣隊指揮官。8月24日夜、パリ入城を果たす］とピエール・ビヨット［1906-92。ド・ゴール将軍の参謀長で、在ロンドン国防委員会事務局長］が率いる部隊もまた、パリ市庁舎をめざして戦車を急ぎ走らせた。もとよりメトロを使うことなど問題外だった。だが、新兵たちがチャドの砂漠でモロッコの港やイギリスの村を夢見ていたのに対し、古参兵たちはメトロの臭いを想っていた。フォン・コルティッツが降伏したなら、おそらく彼らは切符にパンチを入れさせて、毎日のようにメトロに乗ることだろう。

　合衆国のシャーマン戦車はポルト・ドルレアンを通って、すでにパリの上院に向かっていた。そこではドイツ軍の恐るべきティガー（虎）戦車とパンター（豹）戦車が待ち受けていた（師団によって捕獲されたそのうちの2台が戦後、アンヴァリッド（旧廃兵院）の入り口に長い間展示されるようになる）。ポルト・ドルレアンで、ルクレールは徹夜で戦況を窺っていた。そしてパリを解放する。さらにのちにはストラスブールも解放して、その大聖堂のうえにフランス国旗を掲げるというクーフラの誓い［チャド方面部隊を指揮していたルクレールが、1941年2月、リビアのクーフラを陥落させた際の誓い］を実現した。そんな彼は今、パリの入り口に杖を手に立っている。これからもしばらくそうしているだろう。その彫像はブロンズ製である。

1．ルクレール、本名フィリップ・フランソワ・マリ（1902-47）は14世紀以来の名門貴族の家に生まれ、若くして第5装甲連隊に入り、第1次大戦では第4歩兵士師団の参謀部付大尉となる。本文にある8月25日、モンパルナス駅頭で敵将デートリヒ・フォン・コルティッツ（1894-1966）と降伏調印を行ってパリを解放し、シャンゼリゼを凱旋行進した。

## アレジア（Alésia）駅

　なぜアレシア（アレジア）要塞がメトロ駅にあるのだろうか。それは戦勝地ではない。ガリア戦役において、フランス人の祖先ともいえるガリア人がカエサル率いるローマに敗北した地名なのである。とすれば、なぜ地下鉄公団の首脳陣は、1910年、最高の戦士であるアルウェルニ族の若い指導者ウェルキンゲトリクス[1]の名をあえておとしめようとしたのだろうか。

　スイス軍の連隊長で、ロンドン風のダンディズムを仕込まれたナポレオン3世［第2共和国大統領在位1848-52、第2帝政皇帝在位1852-70］——父はホ

ラント（オランダ）王ルイ・ナポレオン［1778-1846。ナポレオン１世の弟］、母は西インド諸島マルティニク島生まれのオレタンス・ド・ボアルネ［1783-1837。皇妃ジョゼフィーヌの連れ子］——は、ガリアの考古学に強い情熱を抱いていた。

　ナポレオン３世は、のちに彼の政権で国民教育大臣となるヴィクトル・デュリュイ教授[2]とともに、ユリウス・カエサルにかんする著書を準備していた。この書は公刊されるまでにはいたらなかったが、個人的にジェルゴヴィ［ゲルゴウィア。ウェルキンゲトリクスがカエサル軍を撃破したクレルモン＝フェラン近郊の高地要塞］や、前52年に戦いが行われたアレシアとされるアリズ＝サント＝レーヌを訪れている。

　そんな皇帝の霊魂を喜ばせようと、それまでブフ（雄牛）道と呼ばれていた長く蛇行する通りにアレシアの名をつけたのである。地下に眠る彼ははたしてそうしたオマージュに気づいたかどうか。しかしながら、なぜこの通りを戦勝地であるジェルゴヴィと命名しなかったのか。皇帝の理想がまちがいなくユリウス・カエサルだったからだ。彼自身、もうひとりのカエサルではなかったのか。とすれば、彼にとって、ガリア人が制圧されたかどうかということはさしたる問題ではなかった。都市改造の際、首都のなかにユリウス・カエサル広場を設けることができなった彼は、自分の理想が偉業によって奉られるのを望んでいた。メトロのアレジア駅が、ワテルロ（ワーテルロー）駅と同様に悲惨な敗戦地を称える所以である。ちなみに、ワテルロ（ウォータールー）はまた鉄道駅名にもなっている。ただし、それはロンドンの話である。

1．「戦士たちのいとも偉大なる王」の名をもつウェルキンゲトリクス（前80頃-前46）は、部族ごとにカエサル軍と戦っていたガリアの諸部族を初めて大同団結させ、その指導者となって侵略者と戦うが、前52年、最終的にブルゴーニュ地方の高地要塞アレシアで敗北し、カエサル軍の捕虜となってローマに連行され、４年後に斬首された。フランス史上最古の英雄。

2．デュリュイ（1811-94）は労働者の息子としてパリに生まれた。ゴブラン工場で働いたのち、奨学金を得て国立高等師範学校に学び、1833年、大学教授資格をとる。７月王政下でリセ・アンリⅣや母校の歴史学教授を務めるかたわら、初等学校用の歴史教科書を数多く編纂する。本文にあるナポレオン３世の著作を手伝ったのが機縁となって、1861年に国立理工科学校教授、63年に教育相に任命され、さらに68年、国立高等研究院を創設する。著書に２巻本の『フランス史』（1854

年）や３巻本の『ギリシア人の歴史』（1887-89年）などがある。

## ムトン＝デュヴェルネ（Mouton-Duvernet）駅

　レジ・バルテルミ・ムトン＝デュヴェルネは1769年、フランス中央山地東部のル・ピュイに生まれている。フランス革命時に国民衛兵として加わった彼は、帝政期のさまざまな戦いで武勇を馳せ、昇進した。だが、富裕になり、帝政期には男爵にまで出世したものの、社会的な成功の重さがむしろ足かせとなって苦しむ将軍や元帥たち同様、彼もまたそうした出世に苦しんだひとりだった。ナポレオン皇帝がロシア侵略に挫折して以降、馬を駆って戦場に進んで赴くことも少なくなった。平和を望み、オーギュスト・ド・マルモン[1]のように、1814年、ナポレオン皇帝の降伏を求めもした。

　ブルボン家が復古王政によってパリに舞い戻った時でさえ、ムトン＝デュヴェルネはナポレオン将校の象徴である金モールの肩章を外さなかった。だが、ネ元帥［→ペルポール駅］同様、第１復古王政を支持してローヌ峡谷の古都ヴァランスの都市防衛司令官となり、この地位を1815年の「鷲の飛翔」〈ヴォルド・レグル〉［ナポレオンの百日天下のこと。エルバ島を脱出してパリに向かう際、彼が「鷲はノートル＝ダム大聖堂の尖塔まで岩伝いに飛んでいく」と宣言した故事から］まで保っていた。彼は、エルバ島を脱してアルプス越えの街道をグルノーブルまで北上してきた、ナポレオン一行の隊列に加わるのを拒んだ。なぜか。ネ元帥と同じように、彼はこうして時に皇帝に従いながら、やはりネ元帥と同様、皇帝の最後の遠征から逃げ出してもいたのだ。

　そんなムトン＝デュヴェルネの裏切りをナポレオンは許したが、ルイ18世は許さなかった。ワーテルローの戦い［1815年６月］後にブルボン家が２度目の王位に返り咲くと、白色テロ［ウルトラ王党派によるボナパルト派の粛清］が最高潮に達する。パリの通りや地方で、王党派たちが革命や「コルシカ島の鬼」［ナポレオンのこと］のために働いた者を、だれかれ構わず殺害した。これにより、ネは屈辱を受けて銃殺され、ムトン＝デュヴェルネもまたリヨンの王党派たちによって銃殺刑に処された［1816年］。

　ナポレオン３世の時代、ムトン＝デュヴェルネを追憶して通りにその名が冠せられた。彼はまた、フランス政治の不名誉の証人として、メトロ駅の壁にも記されるようになった。これらの壁には、ギロチンによって処刑されたロベスピエール［→ロベスピエール駅］とマルゼルブ［→マルゼルブ駅］の名もみえる。つまり、彼らと白色テロで銃殺された者とは、メトロではよき伴

連れとなっているのだ。

1．マルモン（1774-1852）は、ディジョンでの学生時代にナポレオン・ボナパルトと出会ったのが機縁となって、のちに一連のナポレオン戦争で彼の腹心として活躍する。イタリア・エジプト遠征では騎兵連隊長や旅団長として戦い、1808年に帝国元帥となる。1814年、第6次対仏同盟軍の進攻に対してパリの防衛を指揮するが、敗れて降伏し、皇帝に退位を迫った。

### ダンフェール＝ロシュロー（Denfert-Rochereau）駅

　ダンフェール＝ロシュローの駅を出ると、広場に鎮座するブロンズ製のライオン像が目に入る。これは原作ではなく、ニューヨーク港口を照らす『自由の女神』の作者フレデリク・バルトルディ[1]が、ベルフォール市のために制作した巨大なライオン像の摸作である。それは、フランス軍将校のダンフェール＝ロシュロー連隊長が、普仏戦争でメスやストラスブールがすでに降伏しているにもかかわらず、ベルフォールの要塞を必死に守った抵抗の象徴である[2]。

　この普仏戦争では、ビュルテンブルクやバーデン、バイエルン、さらにヘッセンの兵たちが、オットー・フォン・ビスマルク［1815-98。普仏戦争後、ドイツを統一してヴィルヘルム1世を初代皇帝（在位1871-88）にたて、みずからはドイツ帝国初代首相となる。異名「鉄血宰相」］や、ヘルムート・フォン・モルトケ［1800-91。プロイセン陸軍参謀総長・元帥。ビスマルクとともにドイツ統一に貢献した。戦争に鉄道や通信技術をとり入れ、近代戦のモデルをつくったことでも知られる］の命令下、フランス国土に侵入した。スダンの戦い［→カトル＝セプタンブル駅、オテル・ド・ヴィル駅］でフランス軍が敗れたのち、東部は長きにわたって対独抵抗運動を繰り広げることになる。それがとくに激しかったのが、ベルフォールだった。フランス中西部ドゥー＝セーヴル県のサン＝メクサンに生まれた1将校が、ビスマルクに平然と立ち向かったのである。

　普仏戦争敗戦の屈辱感は大きかった。1879年に政権を握った共和主義者は、対独抵抗運動の英雄やパルティザンの長、ガンベッタ［→ガンベッタ駅］が組織したロワール軍の指揮官たち、とくにダンフェール＝ロシュローを称えることにこだわった。攻囲戦を勇敢に戦ったパリ市民たちに何らかの贈り物をするのが有益だと判断したのだ。その贈り物が、ダンフェール＝ロシュロー広場の台座の上に何台ものクレーンを使って据えられた、ベルフォール

のライオン像のレプリカだった。

　では、連隊長となったダンフェール＝ロシュローとはいかなる人物だったのか。国立理工科学校出身の彼は、帝政期のさまざまな戦争、すなわちクリミア戦争［1853-56年］からカビリアの叛乱時に加わったアルジェリアでの戦争にいたるまで、輝かしい軍績をあげた。ベルフォールにおける彼の抵抗により、町はメスやストラスブールのようにドイツに併合されることなく、1871年から1914年までフランスにとどまった。ダンフェール＝ロシュローの名は、共和主義者たちの象徴だった。1876年、彼はパリ選出の下院議員に選ばれ、78年に没するまで、ガンベッタの政策を支えた。そんな彼を、メトロはその偶像であるライオン像とともに称えたのである。

1．バルトルディ（1834-1904）はアルザス地方のコルマールに、県会議員を父として生まれ、パリの名門リセ・ルイ＝ル＝グランを出てから、国立美術学校で彫刻を学ぶ。1870年、普仏戦争で国民軍に入り、戦争後、初めて合衆国に渡った際、『自由の女神』（正式名称は『世界を照らす自由の女神』）の設置場所を選定したという。この女神像の除幕式は1886年に営まれた。

2．ダンフェール＝ロシュロー（1823生）は、後述のクリミア戦争などに従軍したのち、ベルフォール市の要塞守備司令官に任命され、1万5000の守備兵と市民たちを指揮して、4万ものプロイセン軍を相手に103日間果敢に戦った。

### ラスパイユ（Raspail）通り

　ラスパイユとはだれか。バルザック［1595頃-1654］はパリの通りに、ラスパイユは大通りに名を残している。その大通りには、バルザックの立像がある［115頁写真参照］。だが、彼の名を冠したメトロ駅はない。フランソワ＝ヴァンサン・ラスパイユ［1794-1878］を思い出す者ももはやいない。こうして時が過ぎていくのだ。不滅なのは文字の栄光だけなのだろうか。バルザックはアカデミー・フランセーズの会員にもなれなかった。なぜか。そういえば、バルザックと並ぶフランス最大の作家であるゾラ［1840-1902］もフロベール［1821-80］も、そしてスタンダール［1783-1842］も同じで、メトロの駅名にさえなっていない。このふたつはたしかに結びついている。

　アヴィニョン北東のカルパントラに生まれたラスパイユ［1794-1878］は化学者だが、化学に革命を起こしたわけではない。偉大な化学者を称えたいなら、メトロの駅名になっているゲ＝リュサックやベルトレがいる。科学的な業績からするかぎり、ラスパイユはほとんど栄光に値しないのだ。だが、

彼の名は19世紀の革命と結びついている。1830年［7月革命］、ルイ＝フィリップに共和政への期待を裏切られ、バリケードの上で文字通り傷ついた彼は、共和主義的な秘密結社「アミ・デュ・プープル（民衆の友）」と「ドロワ・ド・ロム（人権）」を組織した。だが、逮捕され、数年間を獄舎や亡命地で送ることを余儀なくされた。そして1848年［2月革命］、彼は最初に第2共和政を宣言する。ところが、パリの労働者たちがポーランドの解放を求めてデモを行った、1848年5月15日の騒乱が弾圧されたのち、ラスパイユは再び逮捕されてしまう。

やがて釈放された彼は、同年12月、革命的社会主義の候補者として大統領選挙に打って出るが、獲得票は3万6000票にすぎず、ブリュッセルに亡命しなければならなかった。1863年、ナポレオン3世の恩赦によって帰国すると、あらゆる選挙に共和派候補として立ち、1871年以降は、共和国におけるその党の勝利のためにたえず戦い続けた。この疲れを知らない戦士を記念して、1891年、共和国大統領レイモン・ポワンカレ［→シャンゼリゼ＝クレマンソー駅］は、新しく開通した大通りをラスパイユと命名した。ポワンカレは右寄りの政治家だったが、左派の共和派に属するラスパイユを敬っていた。こうして共和国は中道を歩むことになる。メトロと同様、それはさまざまな障害の間をどうにかこうにかすり抜けて、終わりのないトンネル内を走るのである。

## ヴァヴァン（Vavin）駅

歴史から忘れ去られた模糊としたこの人物は、はたしてメトロ駅にその名を冠せられるという栄光に相応しいのだろうか。彼をそこまで押し上げた唯一の功績は、リュクサンブール公園の近くに、薄暗くて静かなシナノキの並木道を敷設したということだけである。アレクシス・ヴァヴァン［1792-1863。パリ生まれの公証人で、リュクサンブール一帯を含むカルチェ・ラタンや最高裁判所地区に広大な土地を私有していた］はこの区の区長で、1831年に下院議員に選ばれているが、公益のみを考えていた物静かな名士だった。

第2帝政期末、ヴァヴァン通りは芸術家たちの溜まり場ないし集会場となっていた。たとえば、カフェ・レストラン「ラ・メール・マイエル（マイエル母さん）」では、画家や彫刻家、はやらない弁護士、さらに本を出すあてのない物書きたちが、ビールのジョッキを飲み干しながら、権力を揶揄するさまざまな歌を歌っていた。やがてメトロが開通する共和政になると、「モ

ンパルノ（モンパルナス派）」の画家たちが、この地区に住みつくようになる。黒人芸術やジャズが流行した1920年代には、マルティニク出身者たちが「ラ・ブル・ブランシュ（白球）」に来て踊った。物静かな行政官ヴァヴァンの通りには、こうしてサキソフォンや打楽器やタンバリンの大音響が爆ぜていた。第1次大戦はそこを通った。もはやだれもパリやフランス、そして世界が静かに生きるなど考えなかった。ヴァヴァン通りですら、である。

## モンパルナス＝ビヤンヴニュ（Montparnasse-Bienvenüe）駅

　この駅名は、「モンパルナスにようこそ」を意味するものではない。uの上についた分音符号は、モンパルナス駅に「メトロの父」と称される技師ヒュルジャンス・ビヤンヴニュ［1852-1936。→序文］が控えめに存在していること示しているのだ。

　ブルターニュ地方のウゼルに生まれたこの若い技師は、さまざまな不運の持ち主だった。国鉄で働いていた時分、仕事上の大事故で右腕を失くしている。当時、彼はパリ市の職員で、飲料水を首都に供給する導水工事の専門家となっていた。そして1896年、その任務に対する責任感や熱意に着目した市議会から、メトロ敷設の大役を与えられた。

　こうして彼はみずからの人生をメトロに捧げることになる。そんな彼の意志をくじくものは何ひとつなかった。薪で暖をとり、石油ランプで明かりをとる生活を送りながら、いちはやく電気に信頼を寄せてもいた。早朝5時に仕事を始め、4本の路線を交差させるため、モンパルナスの丘にトンネルを何本も掘った。電車が上下の路線に確実に停車できるよう、いくつもの地下層に楕円形のトンネルを増やしていったのだ。そしてついに、ピガルとモンパルナスという当時パリでもっとも活気のあったふたつの地区を12号線によって結び、詩人アポリネールの表現に倣っていえば、「クリシーの気取り屋たち」が、夜、これらふたつの丘を往き来して、「ヴィシーの水（美酒）」を飲ませる酒場を捜すことができるようにするという奇跡を実現したのである。

## サン＝プラシド（Saint-Placide）駅

　教会がプラシドなる名で祀っている殉教者の身元はよく分からない。おそらくこの聖人[1]はサラセン人たちによってシチリアで殺害されたと思われる。だが、メトロの駅にその名を提供したサン＝プラシド一帯は、パリにかかわ

った聖職者たちの想い出に取り囲まれている。たとえば、ルイ13世がヤマウズラ狩りを行っていた旧いルガール通りにあるクロイ館[2]は、プラシド・ルーセルがサン＝ジェルマン＝デ＝プレの修道院長だった18世紀以降、幾度となく持ち主を変えていた。当時はシュルピシアン（聖スルピス会の司祭たち）が一帯の主だった。彼らはフランス革命を生き延び、サン・キュロットたち［→コンコルド駅］によって荒らされた、あるいは戦費調達のために国有財産として売却された邸館や城を手に入れさえした。そして、かつて城の礼拝堂を飾っていた銀の燭台も受け継いだ。

　ナポレオンはローマ教皇ピウス7世と宗教協約（コンコルダート）を結んだ［1801年］。当時第1執政だった彼は、パリでかつての君主たちが有していた豪華な品々に囲まれて戴冠式を行おうとしていた。そこで戴冠式の担当者たちに対し、シュルピシアンたちから銀製の燭台を好意的に借り受けるよう命じた。こうして彼は、1804年、これら司祭たちのおかげでルイ16世の燭台の前で即位したのだった。

　やがてシュルピシアンたちは、1905年に政教分離をなしとげた共和政権から激しい攻撃を受けるようになり、神学院を撤退して、クロイ公妃のかつての厩舎に難を避けなければならなくなった。その神学院の建物は今はなく、辛うじてサン＝シュルピス教会の司祭が聖務日課書を読める遊歩道が残っているだけである。だが、サン＝プラシド駅は、パリ最大の修道会がセーヌ左岸の心臓部に本拠を置いていた時代の記憶をなお保っている。

1．聖プラシド（518頃-542）は聖ベネディクトゥス（→サン＝モール駅）の弟子。師からシチリアでの修道院建設を託され、メッシーナに住みながら活動するが、海賊たちの略奪にあい、他の修道士たちとともに拷問にかけられた。
2．この邸館に名を残すルイズ＝エリザベト・ド・クロイ公妃（1749-1832）は、ルイ16世のこどもたちの家庭教師。国王一家のヴァランヌ逃走に従ったが、一家ともども逮捕されてタンプル塔に幽閉させる。のち、釈放。プラシド＝セールについては不詳。

## サン＝シュルピス（Saint-Sulpice）駅

　宗教的なパリを結ぶメトロの路線は、聖スルピス［576-674。ガリア＝ローマ時代からの名門貴族家に生まれ、こどもの頃から貧者の救済にあたったという。祝日は1月17日］に捧げられた教会近くに停まる。フランス中部の古都ブールジュの大司教スルピス・ル・ピウーは、前任者の聖アウストレギシルス[1]

によって司祭に叙され、メロヴィング朝の国王クロタール２世［在位613-29］から宮廷司祭に抜擢された。サン＝シュルピス教会はそんな彼の名をいただいている。

　イエズス会的な嗜好によって建てられたいささか風変わりなこの教会堂は、ノートル＝ダム司教座聖堂より広大ではあるが、今も統一性を欠いている。6人の建築家があいついで建築を請け負ったため、その２基の塔は形が異なっているのだ。別の様式で再建するため、他方の塔をそのままにして、もう一方を解体したのである。そこでは１世紀にわたって、石工や左官、彫刻家たちが働いた。竣工したのは1788年だった。

　革命期にも信者に門戸を開いていたこの教会は、教皇から破門される危険を冒して、聖職者民事基本法の遵守を誓った宣誓司祭をひとり擁していた。カミユ・デムラン[2]とリュシル・デュプレシスとの挙式を司ったのが彼である。

　サン＝シュルピス教会はやがて革命ゆえのさまざまな悲劇をこうむることになる。司祭が姿を消し、恐怖政治期には理性の神殿に、さらに「神の賛美者たち」のセクト、すなわちいささか突飛な「神人愛主義(テオフィラントロピ)」の大司祭、ラ・レヴェリエール＝レポー[3]が祭式をあげる勝利の神殿に転用されたのである。だが、その祭式に参加するものはほとんどおらず、教会は閉鎖された。やがて教会堂は騎兵の馬糧倉庫に相応しいと考えられるようにもなった。

　この教会はそこで祝祭を催すため、総裁時代に再び扉が開けられる。1799年11月のブリュメール（霜月）のクーデタ［ナポレオンが総裁政府を倒して執政政府を樹立した］より３日前、700人からなる大祝宴がドイツ・イタリア戦線から凱旋したふたりの将軍、すなわちジャン・モロー[4]とナポレオン・ボナパルトを称えるために催された。

　それから３日後、ナポレオンが実権を握ることになる。彼は命令を各県知事に送るため、サン＝シュルピス教会の２基の塔の上に、クロード・シャプ［→テレグラフ駅］が考案した通信機を急遽設置した。これにより、リヨンやボルドーとすみやかに交信することができるようになった。だが、執政ナポレオンはサン＝シュルピス教会の扉を信仰のために再び開けさせるという善意の持ち主でもあった。シュルピシアンたちはそんな彼に感謝の念を抱いたものだった。

１．聖アウストレギシルス（ウートリルとも。624没）はブルゴーニュ王グントラム［在位561-92］の宮廷に伺候するが、無実の罪でそこを去り、のちに生地

ブールジュの司教となる。大著『フランク史』で知られるトゥールのグレゴリウス（538頃-94頃）は同窓。

2．カミユ（1760-94）はジャーナリスト・弁護士で、1789年の財務長官ネッケル罷免の際（→マルゼルブ駅）、これに反対した民衆に武器を取れと演説して蜂起を促し、これが革命につながったとされる。リュシル（1770-94）との結婚は1790年。式にはリセ・ルイ＝ル＝グランで同級だったロベスピエール（→ロベスピエール駅）が立ち会った。だが、ジャコバン派に属していたカミユは、恐怖政治（→コンコルド駅、ロベスピエール駅）を敷く旧友で、こどもの名づけ親でもあったロベスピエールと対立し、ジャコバン派内の内部抗争もあって反革命分子としてギロチン刑に処され、リュシルもその1週間後に同じギロチン台にかけられた。

3．レヴェリエール＝レポー（1753-1824）は1795-99年の総裁時代を代表する5人総裁のひとり。1797年9月、革命暦フリュクティドール（実月）のクーデターで、みずからが属する五百人会議で多数派を占める王党派を排除した。1790年の聖職者民事基本法の起草や95年のフランス学士院の創設にも加わった。

4．モロー（1763-1813）は、親の意向もあってレンヌ大学で法学を学ぶが、フランス革命を機に軍人をめざし、1794年には北仏トゥールコワンでイギリス・オーストリア連合軍を撃破し、翌年にはライン・モーゼル軍を率いてプロイセンに進出する。そして、1800年のホーヘンリンデンの戦いでオーストリア軍相手に劇的勝利を収めて、一躍国民的英雄となる。だが、1802年、ナポレオンと対立して王党派に転身し、クーデタも失敗に終わって流刑となる。のちにロシア皇帝アレクサンドル1世（在位1801-25）の招きに応じてロシアに移り、元帥に叙される。死後、フランス元帥に追号。

## サン＝ジェルマン＝デ＝プレ（Saint-Germain-des-Prés）駅

　10世紀に封建領主の城砦として築かれ、12世紀にユダ王国の歴代国王たちを称える肖像画で飾られたゴシック様式の身廊が加わった、端麗なサン＝ジェルマン＝デ＝プレ教会は、同名の大修道院に属していた。だが、小教区民はこの大修道院に入れず、それゆえ聖務に与るにはサン＝シュルピスまで出向かなければならなかった。そこからさほど遠くない場所にあるボナパルト通りには、1789年にロレーヌ地方選出の下院議員となった革命派司祭のグレゴワール［→アール・エ・メティエ駅］が住み、没している。

　サン＝シュルピス教会の主任司祭だった彼は、聖職者民事基本法の遵守を宣誓し、憲法制定国民議会ではギロチンにかけられた被抑圧者や学者たち、

さらにアンティル諸島でなおも奴隷の身分に置かれていた黒人たちを擁護し、ユダヤ人についても完全な権利を有する市民にしようと尽力した。恐怖政治時代［→コンコルド駅、ロベスピエール駅］の激動で力を失ったこの理想主義者は、辛うじて害を逃れた。しかし、もはや不寛容によって死刑を宣せられた者たちを救うことはできなかった。やがて右派に敵をつくった彼は、1815年、ルイ18世［1814-15／1815-24］の下院議員に選ばれるが、過激王党派はこれを無効とした。こうしてこの宣誓聖職者は教皇から破門され、議会に足を入れることもできなくなった。

グレゴワールが他界したとき、関係者は彼の教区教会、つまりサン＝ジェルマン＝デ＝プレ教会に埋葬しようとした。だが、パリの大司教は主任司祭が死者ミサをあげるのを妨げるべく、あらゆる手立てを講じたのだ！　司祭がそれを無視すると、葬儀に圧力をかけて、葬送儀礼を営むことができないようにした。これに怒った若者たちは、サン＝ジェルマン＝デ＝プレ教会前の広場に集まり、自分たちで棺車を曳いてモンパルナス墓地まで運んだ。

復古王政の呪われた司祭は、1989年、パンテオンに移葬された。モンジュ［→モンジュ駅］やニコラ・ド・コンドルセ[(1)]とともにである。こうしてグレゴワールの遺灰は、1801年の宗教協約（コンコルダート）以後、宗教の場という本来の姿を失ったパリ唯一の教会［パンテオン］に安置されている。

1．男爵・数学者・哲学者でもあったコンドルセ（1743-94）は、1765年に『積分論』を著し、弱冠23歳でフランス王立科学アカデミーの会員に選ばれる。1784年には政治算術理論を立ち上げ、確率論の政治科学への応用、いわゆる社会数学を提唱し、「実証主義的社会学の父」とされるオーギュスト・コント（1798-1857）に大きな影響を与えた。また、Ｊ＝Ｊ・ルソー（1712-78）の直接制民主主義に反対し、理性に基盤を置く間接制民主主義を唱えた。1781年に立法議会、92年に国民公会の議員となり、共和派の論客としても鳴らした。なお、彼の遺骸は見つかっておらず、本文にある移葬は棺だけだった。

## オデオン（Odéon）駅

古代アテネには少なくとも4つのオーディオン、つまり音楽劇が上演される劇場（音楽堂）があった。ルイ16世の時代、コメディ＝フランセーズの役者たちのための劇場［テアトル＝フランセ・デュ・フォブール・サン＝ジェルマン］がパリで初めてコンデ館に設けられた。火災を恐れて、そこでは松明やロウソクの代わりにオイルランプのケンケ灯が用いられた［カンケ灯とも

呼ばれるこのランプは、1780年頃に調剤師のアントワヌ・カンケ（1745-1803）が考案したもので、空気孔を2本備え、油皿が灯心より上にあった]。こうして1784年4月26日、役者たちはここで『フィガロの結婚』を上演することになった。だが、この作品は顰蹙を買い、「産みの苦しみ」を味わった役者たちは嘲笑された。作者ボーマルシェ［1732-99］も愚弄された。

それから数年後、「テアトル・ド・ラ・ナシオン」［1789-93］の役者たちは、国王や君主制を惜しむようになる。今度は自分たちが追いつめられ、迫害・投獄される番となったからだ。男優たちはマドロネット監獄に、女優たちはサント＝ペラジ監獄に送られた。だが、革命はさながら運命の車輪のように向きを変え、芝居は続けられた。その陽光で薄布のヴェールをまとった「メルヴェイユーズたち」［奇抜な恰好で人々を驚かせた娘たち。字義は「超自然・驚異」］を再び勢いづかせた、テルミドール（熱月）のクーデタ［1794年7月。山岳派の独裁に対するクーデタで、これによりロベスピエール（→ロベスピエール駅）の勢力が一掃された］以後、フランスでオペレッタと命名された音楽劇が演じられる時代が来る。この音楽劇では、取るに足らない劇作家たちがギリシアの神々と半裸のニンフたちを舞台に上げた。

以後、オデオン座［1796年に改称］はパリの演劇世界にしかるべき位置を占めるようになる。歌と音楽の場として（！）、である。ただ、ヴェールを脱いだ美女たちを存分に称えることができるよう、オーケストラ陣は全員男だけだった。ところが、1799年、この情熱的な建物は火災に見舞われる。その火でパリ中が明るく照らし出されたという。やがてオデオン座は再建されるが［1808年］、もはやそれは歌や造形術のためのものではなく、せいぜいいってコメディー＝フランセーズ座の分館といった程度だった。そしてそこを、復古王政が通っていった。

## サン＝ミシェル（Saint-Michel）駅

サン＝ミシェル橋はその名を広場や大通り、噴水、河岸道路、さらにメトロ駅に提供している。橋の名自体は、ルイ7世［在位1137-80］によって築かれ、1165年にフィリップ＝オーギュストが洗礼式をあげたサン＝ミシェル礼拝堂に由来する。

当初木造りだったこの橋は、1378年、ユーグ・オーブリオ[1]によって石橋に変えられた。当時はプティ＝ポン（小橋）ないしポン＝ヌフ（新橋）と呼ばれていた。だが、橋脚は凍結したセーヌ水面の氷に運び去られ、ようやく

1424年に呼称をサン゠ミシェル橋とあらためて再建された。こうして破壊と再建を数度繰り返しながら、1857年、最終的にナポレオン3世によって竣工式が行われ、その橋床には彼の銘が刻まれた。le N impérial（皇帝N）。

サン゠ミシェルの命名は百年戦争時［1337／39-1453年］までさかのぼる。当時、フランスの国王たちは聖ドゥニ［→ストラスブール・サン゠ドゥニ駅］を尊崇していたが、その聖堂をイングランド軍が侵した。ブールジュを居城としていた国王は、したがって国家的英雄をほかに求めなければならなかった。そこで思いついたのが、イングランド艦隊を退けたモン・サン゠ミシェルの大天使ミカエル（ミシェル）だった。この名を冠した村が数多くあったからだ。パリは、そのもっとも立派な橋に大天使ミカエルの名をつけて称えた。サン゠ミシェル大通りの角にある噴水には、ドラゴンを飽くことなく踏みつけるミカエルの彫像がそびえている。噴水はガブリエル・ダヴィウー[2]、彫像はフランシスク・デュレの作である。この聖ミカエル像を、底意地の悪い何者かが4行詩でこう揶揄している。

　この忌まわしいモニュメントには
　才能も審美感も見られない。
　悪魔はまるで無害であり
　聖ミカエルは悪魔の値打ちもない。

1．オーブリオはディジョンで生まれ（生年不明）、財務監督官を務めたのち、1367年から1382年までパリ奉行の要職を担った。この奉行時代にバスティーユ城塞を建設しているが、強制的に連れ去られたユダヤ人のこどもたちを、その親元に帰したことが不敬罪にあたるとして告発された彼は、「悲しみというパンと苦しみという水」をあてがわれて、自らがつくった城塞の地下牢に幽閉された。そんな彼を解放したのが、新たな間接税に反対して、槌（マイヨ）を武器に立ち上がったマイヨタンと呼ばれるパリ市民たちだった。彼らはオーブリオをその指導者にかつごうとしたのが、彼はそれをこばみ、1389年、南仏ガール県のソムミエールで生涯を終えた。

2．ダヴィウー（1824-81）はパリ出身の建築家で、パリ市建築工事総監督官を務めた。オスマン（→序文、サン゠マンデ゠トゥーレル駅、レンヌ駅）の都市改造に加わり、シャトレ劇場などの歴史的建造物の建設を手がけ、1878年のパリ万博では、旧トロカデロ宮殿を復元している。デュレ（1804-65）は彫刻家で、パリ

美術学校教授。父ジョゼフ・デュレ（1729-1816）は王立アカデミー会員で、共和政・帝政時代に国家的行事を飾る彫像をほぼ独占的に制作した。

## シテ（Cité）駅

　シテ駅はパリのメトロなかでもっとも高い収益を誇る駅のひとつである。市立総合病院[旧慈善院]（オテル＝デュ）や警視庁、最高裁判所、さらに商事裁判所の最寄り駅で、この地区の目玉は、最高裁判所内にある、聖王ルイ９世[在位1226-70]ゆかりのサント＝シャペル礼拝堂といえるだろう。メトロの敷設に際しては、歴史建造物監督官だったヴィオレ・ル・デュク[1]が、石壁の薄さとステンドグラスの重要さから、「ナイチンゲールの籠」と呼んだもっとも貴重な建造物を損ねたりしないよう、その礎石に近づいたりしないよう注意がはらわれた。

　このサント＝シャペルは礼拝堂というより、むしろ聖遺物箱だった。伝承によれば、ルイ９世はコンスタンティノープルで、木・金・銀製の３個の小箱に入ったイエスの「茨の聖冠（棘冠）」を大枚をはたいて買い求めた。本物の十字架片も買ったという。このリストにはさらにイエスの体を突いた槍の一部や、受難時にイエスに酢を与えるのに用いられた海綿、イエスがまとっていたマントや下着、はてはエルサレムにある聖墓の石の一部などが加えられた。これらすべての聖遺物はサント＝シャペルに安置され、聖冠と聖十字架は上層階にあったというのだ。そして祭日ともなれば、国王は宮廷に集まった臣下たちに茨の冠を見せたものだった。礼拝堂奥の上層階の窓を開いて、中庭で跪く民衆にこの貴重な聖遺物を拝ませたともいう。

　メトロのセーヌ越え工事で、技師ヒュルジャンス・ビアンヴニュ[→モンパルナス＝ビヤンヴニュ駅]を大いに困らせたシテ駅は、こうしたパリ最古の巡礼地の最寄り駅となっている。問題の聖冠は、1804年からノートル＝ダム司教座聖堂の聖遺物箱の中に安置されるようになり、サント＝シャペル礼拝堂は、今では大量の彩色ガラスからなる賛嘆すべきステンドグラスを見せてくれるだけとなっている。むろんこのステンドグラス自体、宝物であることにまちがいはない。

1．ル・デュク（1824-79）はパリ出身の建築家。パリ美術学校の旧弊さを嫌い、イタリアで中世建築を学んだあと、『カルメン』の原作者で、歴史建造物総監督官でもあったプロスペル・メリメ（1803-70）の慫慂で帰国し、ノートル＝ダム司教座聖堂など中世建造物の修復にあたった。主著に浩瀚な『11-16世紀フランス

建築百科事典』(1854-68年) がある。

## シャトレ (Châtelet) 駅 → 1号線

### レ・アル (Les Halles) 駅

　レ・アル (中央市場) が1969年にパリ南方のランジスに移されて以来、レ・アル駅の客層は変わった。建築家ヴィクトル・バルタール[1]が建てた鉄骨製のパビリオン群は、今ではすべて撤去され、最後のそれは郊外にある。

　かつてのレ・アル地区は夜の街で、数多くのレストランやホテル、ビストロに囲まれていた。1857年にナポレオン3世が落成式を行った10棟のパビリオンは、革命的な都市改造の象徴だった。旧い市場の施設を取り壊して、適度に照明のある屋根つきの通りを配し、機能的かつ一体性をもたせたパビリオンに代えたのである。衛生状態はパリ市の監督官たちによって厳重に監視され、商品の運搬は、駅が遠かったため、馬車でなされた。その騒々しい往来は、一帯の家々を一晩中揺さぶったという。

　エミール・ゾラ [1840-1902] は『パリの胃袋』[1879年] を書くため、レ・アルの貧しい物売りたち、すなわち落ちた花をかき集めて、1本単位で売りつける花売りや、近くの聖イノサン墓地に巣をつくった鳩を捕えて殺し、それを12羽単位で商う殺し屋にいたるまで、じつに仔細に観察した。とりわけ印象的だったのが、ウサギ小屋と鶏小屋だった。野菜売りや果物売りたちは、パリ北西郊のアルジェントゥーユや東郊のモントルイユから、重い手押し車で作物を運んだ。さらに、いわゆる露天の八百屋たちは、一帯に住む顧客を相手に商売をしていた。毎年5月1日がくると、レ・アルの荷役人たちは国王にスズランの花束を国王に贈り、国王はこれを恭しく受け取ることになっていた。1910年に開業したレ・アル駅は、こうした場所柄ゆえ、客足の心配をしないですんだ。

1．バルタール (1805-74) は、国立理工学校や美術学校の教授だった建築家・版画家・画家のルイ＝ピエール (1764-1846) を父にパリで生まれ、第2帝政期に活躍した建築家。ローマ大賞を得て、1834年から4年間イタリアに留学し、48年からパリ市専属建築家となる。芸術アカデミー会員。レ・アルの建設は1852年から72年にかけてで、12のパビリオンをつくった。文中にある最後のパヴィリオン (パビリオン・バルタール) は1973年に解体され、パリ東郊ジャン＝シュル＝マルヌに移された。

## エティエンヌ・マルセル（Étienne Marcel）駅

　エティエンヌ・マルセル［1316頃生。→サン＝ポール駅］はパリの商人頭［市長に相当］で、1358年に没している。なぜメトロは中世史の靄の中に失われた、これほど遠い昔の人物を追慕してきたのだろうか。それは、1880年、ヴィクトワール広場とセバストポル大通りの間にエティエンヌ・マルセル通りが敷設されたからである。当時は第3共和政が生まれて間もない時期で、クレマンソー［→シャンゼリゼ＝クレマンソー駅］を初めとする、左派の急進的共和派が多数を占めていたパリ市議会は、絶対王権に反対して民衆の力を継続的に発展させた人々を、歴史のなかから探し出して称揚しようとしていたのだ。エティエンヌ・マルセルは、百年戦争の混乱期に全ての力をもって王権に立ち向かったブルジョワ、パリ市民の利益の擁護者、さらにイングランド人に対する戦争を導いた愛国者とみなされてもいた。

　事実、この商人頭は王太子シャルル、のちのシャルル5世［1338-80］に対する市民の蜂起を導き、全国三部会を扇動した。そのためには国務評定官の殺害さえいとわず、王太子相手の戦争を起こすため、イングランド人やナバラ王に支援を求めることすらためらわなかった。そしてそれは、最終的に王太子のパリ退去という形で実を結んだ。だが、この偉大な商人頭は市壁の下で暗殺されてしまう。パリ市民たちは彼が敵に門戸を開いたことを許さなかったのだ。

　1880年の急進派たちはこうした事実をまるでみていなかった。彼らはエティエンヌ・マルセルを「大勅令」［租税の徴収や徴兵、休戦の調印などを三部会の承認事項とするといった国政改革を定めた］の起草者として、全国三部会によって王権を規制しようとした羅紗商として称えたのである。結局のところ、彼もまた共和主義者だったといえる。メトロ駅の壁に、パリをイングランド人やガスコーニュ人に開いた市長の名が記されている所以である。

## レオミュール＝セバストポル（Réaumur-Sébastopol）駅 → 3号線

## ストラスブール＝サン＝ドゥニ（Strasbourg-Saint-Denis）駅

　この駅名は、赤い町サン＝ドゥニとアルザス地方の白い町ストラスブールが姉妹都市となっていることを意味するものではない［白い町とはアルザス地方が白ワインの一大生産地であることからの表現］。ただ、メトロの駅名表示板はふたつのフランス神話を一緒にしている。ストラスブールを象徴する彫

像はコンコルド広場［→コンコルド駅］にある。それは長い間黒いベールに覆われていた。パリ在住のアルザス人たちが、1871年のドイツによるアルザス併合に対する服喪のしるしとしてかけたのである。ドイツ人はまず1871年から1918年にかけて、ついで1940年から44年にかけてアルザスとその州都を奪っていた。いわばストラスブールは体の一部を切断されたフランス、さらにそれを取り戻したフランスの象徴だったのだ。

　もうひとつの神話はサン＝ドゥニにかかわる。1930年代、そこは第2次大戦中親ナチスとなった共産主義者ジャック・ドリオ[1]の赤い町だった。だが、サン＝ドゥニの赤はフランス歴代王たちの幟の色で、出陣に先立って、王たちはこのサン＝ドゥニ修道院にある旗印を高く掲げて、「モンジョワ・サン＝ドゥニ！」［モンジョワの字義は「喜びの山」］と鬨の声をあげるのが習わしだった。彼らは聖ドゥニを敬い、死後、その亡骸はサン＝ドゥニ大聖堂の納骨堂に収められた。3世紀［272年頃］にモンマルトル丘の中腹で殉教した聖ドゥニ［→アベス駅］は、フランス王たちの守護聖人となった。

　駅名にあるストラスブールとサン＝ドゥニの結びつきは、こうしたふたつの奥深い神話を呼び覚ます。とすれば、駅名は決して的外れなものとはいえない。

1．ドリオ（1898-1945）は若くして共産主義に入り、1930年にサン＝ドゥニ市長となるが、社会主義労働者インターナショナル・フランス支部（フランス社会党の前身）や急進社会党の党員たちと反ファシズム防衛会議を組織し、コミンテルンの政策に反対したことで、34年にフランス共産党から除名され、36年、対独協力政党のフランス人民党を結成する。1945年、ドイツに亡命する途中、フランス国境近くのメンゲン付近で、乗っていた車が戦闘機の爆撃を受けて落命した。

### シャトー・ドー（Château d'Eau）駅

　シャトー・ドー駅はレピュブリック広場［→レピュブリック駅］から指呼の間にあり、駅名はそこに由来する。かつてこの場所に広場はなく、タンプル大通りとサン＝マルタン大通りが交差するありふれた四つ辻があるだけだった。その四つ辻の下には、首都の巨大な排水渠が走っていた。衛生面からすれば、そこに流水を通す方がよい。人々はそう考えた。水はかなり近くにあるラ・ヴィレットの貯水池から呼び込んだ。こうして1811年、ピエール＝シモン・ジラール[1]が四つ辻の中央に、直径13メートル、高さ5メートルの池が3層に重なる大噴水を設けた。さらに、噴水の周りにブロンズ製のライ

オン像を8体配し、その口から水が噴射されるようにした。こうしてそれはシャトー＝ドー（水の城）と呼ばれるようになったのである。

　だが、オスマン男爵［→序文、サン＝マンデ＝トゥーレル駅、レンヌ駅］とその取り壊し作業員たちが、噴水の周囲一帯を穴だらけにすると、巨大だったはずの噴水がきわめて広大な更地の中央に小さく見えるようになった。そこでジラールの噴水をラ・ヴィレットに移し、ダヴィウー［→サン＝ミシェル駅］が代わりにより巨大な別の噴水を据えた。広場は以後もシャトー＝ドーの名で呼ばれるようになるが、その片側に建てられた大規模な兵舎にもまた同じ名が冠せられた。そして1884年、この広場は、中央に共和国を象徴する巨大な群像碑が建てられた際に改称される。しかし、広場とフォブール・サン＝ドゥニとを結ぶシャトー＝ドー通りは、改称されることがなかった。メトロの駅名はこうした歴史を背景にしている。そこではなお、ブロンズ製のライオン像が、ラ・ヴィレットからの水をメランコリックに吐き出していた時代の記憶を今に伝えているのだ。

1．土木技師のジラール（1765-1835）はパリの国立土木学校に学んで土木工学の理論研究を行い、1790年、若い水力技師で、のちにフランス全土の土地台帳作成を行うガスパール・ド・プロニー（1755-1839）とともに『土木事典』を刊行する。総裁政府時代に土木局長となった彼は、ナポレオンにも重用されてそのエジプト遠征に加わったのち、1805年、ウルク運河の建設を手がけ、1815年、科学アカデミー会員に選ばれた（30年に総裁）。

## エスト（東、Est）駅

　いささか地味な正面玄関をもつ東駅（ガール・ド・レスト）は、悲劇的な過去を想い起こさせる。1914年8月初旬、メトロを降りた予備役軍人たちがここから東部の駐屯地に向かう列車に乗り込んだ。ドイツ皇帝ヴィルヘルム2世［在位1888-1918。拙劣な外交政策の失敗により、ドイツを第1次大戦へと追い込んだとされる］がフランスに宣戦布告をしたためである。

　この駅とパリ〜ストラスブール路線は、1852年、皇帝ナポレオン3世によって開通式が営まれた。彼は、ルイ14世以来フランスの領土となっているストラスブールに到着するまで、機関車に乗っていた。1914年に予備兵たちが汽車に乗った時は、メスやストラスブールに向かったわけではない。これらの都市はすでにドイツの占領下にあり、ドイツの予備役軍人たちが列車から降りてくる風景が日常化していたからだ。フランスの召集兵たちは、ナ

ンシーに駐屯している「鋼鉄師団」に編入される者を除いて、騎兵部隊に入る場合はリュネヴィルに、要塞守備の歩兵隊に入る場合はベルフォール［→ダンフェール＝ロシュロー駅］に向かった。このナンシーの政庁から師団の指揮をとっていたのが、あのフェルナン・フォシュ[1]である。彼もまた東駅から列車に乗り、軍団のもとに向かった。8月4日、休暇で領地のあるブルターニュにいた彼に、他の何百万もの兵士と同様、非常呼集がかかったからである。戦争の4年間、パリを発った召集兵たちは、おそらく遠のいていく首都の面影として、東駅のプラットフォームで涙にくれるパリ市民たちの顔を目に刻みつけたことだろう。

1. フォシュ（1851-1929）はピレネー地方のタルブに生まれ、1870年の普仏戦争には志願兵として加わった。パリの士官学校もしくはフォンテヌブローの砲兵学校で軍事史や戦略・戦術論の教授を務めたのち、第1次大戦末期の1918年に連合国軍総司令官・元帥に叙された。本文にある1914年には、第20軍団総指揮官としてナンシーに配属された（→アヴニュー・フォシュ駅）。

### ノール（北、Nord）駅

　ムッシー男爵は鉄道好きだった——。国王ルイ＝フィリップ時代にフランス最初の国鉄網を立ち上げたジェームズ・ド・ロスチャイルド（ロトシルド）［→ペレール駅、モンソー駅］が、1846年6月25日に開業したその鉄道網の停車駅から汽車に乗った時、北駅（ガール・デュ・ノール）はまだ存在していなかった。

　北駅からの鉄道路線はフランスでもっとも収益率が高い。首都と北仏のノール県やパ＝ド＝カレ県の盛んな工業地帯を結びつけ、カレを経て、かつて全ヨーロッパの、さらに全世界の経済的な推進力だったイギリスへと向かう路線だからである。北駅からはまた、中世以降産業が活気を帯びているベルギーやオランダへも行ける。1863年、石造りの駅舎が旧い停車駅にとって代わられ、これにより北駅は、ノール県のいくつもの都市を象徴する女像柱に飾られたギリシア風神殿を想わせる正面を、パリ市民に見せるようになった。

　ロスチャイルド男爵は城をもっていた。ナポレオン1世時代の警察長官ジョゼフ・フーシェ［1759-1820］がパリ東部のフェリエール＝アン＝ボワ村に有していた城、革命期に教会から国有財産として没収された城を買ったのだ。男爵はこの長官の城を取り壊してイギリス風の城に作り替え、庭園を飾

るため、世界の端から木々を取り寄せた。だが、すみやかに城に行くための鉄道がなかった。そこで彼はオゾワール゠ラ゠フェリエールまでの支線を通した。こうして毎週末ともなれば、駅前で御者が彼を待ち受け、イチイやプラタナス、クロベなどの街路樹が立ち並ぶ長い小道を通って城まで運んだ。ムッシュー男爵は範を示した。そう、汽車に乗ったのだ！

## バルベス゠ロシュシュアール駅 → 2号線

## シャトー・ルージュ（Château Rouge）駅

　メトロ駅は嘘をつかない。シャトー・ルージュ［字義は「赤い城」］は、パリの北部、クリニャンクールの土手道脇に、呼称の由来となったレンガや石で築かれた本格的な城である。施工主＝所有者は大変な資産家だった。名前はクリストフ。地方長官で、庭園の静けさを好む人物でもあった。彼が語ったところによると、ガブリエル・デストレはここでアンリ4世に出会ったという[1]。

　たしかにクリストフのシャトー・ルージュは幾度となく歴史のなかに登場している。たとえば1814年、ナポレオンは迂闊にもパリの防衛を元ナポリ・スペイン国王の兄ジョゼフ［1768-1844］に託した。ジョゼフは元帥たちにロシア皇帝やプロイセン王と和平条約を結ぶよう命じたが、その場所がここだった［第6次対仏大同盟の連合軍を迎え撃つはずだったオーギュスト・ド・マルモン（→ムトン゠デュヴェルネ駅）は降伏し、これによりナポレオンは皇帝を退位し、エルバ島に追放されることになる］。1847年には、以後舞踏会が催されるようになるここシャトー・ルージュ広場に、ブルジョワジーのフロックコートを着た富裕なパリ人1200人が集まり、国王ルイ・フィリップ［在位1830-48］に選挙改革を迫っている。この「改革宴会」は1848年の2月革命へといたる長い運動の嚆矢となった[2]。さらに1871年のパリ・コミューン時、シャトー・ルージュには、クロード・ルコント[3]とクレモン・トマの両将軍を処刑して血なまぐさい内戦の口火を切った、18区委員会の本拠が置かれた。

　こうした3通りの理由によって、シャトー・ルージュ駅はフランス史の転回点を想い起こさせる。

1. カトリックのデストレ（1570／73-99）とプロテスタントだったアンリ4世（在位1589-1610。→ルーヴル゠リヴォリ駅）の交際は、国王の主馬頭で、のちにブルゴーニュ地方総督となる寵臣ロジェ・ド・ベルガルド（1562／63-

1646）が、当時デストレが住んでいた北仏ピカルディ地方のクーヴル城に国王を案内したことに始まる。アンリ4世は寵姫デストレの慫慂でのちにカトリックに再改宗したという。

2．7月9日のこの改革宴会を立ち上げたのは弁護士のオディロン・バロ（1791－1873）。一連の宴には、合計1万7000人を越える人々が参加した。1847年9月に首相となったフランソワ・ギゾーが、1848年2月22日に12区の学生たちが組織した宴会を禁止すると、バロは不承不承ながら革命に着手し、第2共和政を誕生させる。改革宴会は、選挙法の改革と議会改革を求めてフランス各地で70回以上開かれ、延べ2万2000人もの参加者を集めたという。

3．ルコント（1817生）は普仏戦争のパリ攻囲戦で旅団長を務め、降伏後の1871年、ティエール政府（→序文）よりモンマルトルの国民軍から大砲を奪取するよう命じられたが失敗し、捕虜となった。トマ（1809生）は7月王政期に政府転覆の陰謀を企てた廉でパリのサント＝ペラジ監獄に投獄されたが、脱獄してイギリスに亡命する。帰国後、生地ジロンド県の国民軍司令官となり、共和主義者を弾圧する。1851年にはナポレオン3世のクーデタに反対し、ジロンド県で反乱軍を組織しようとして失敗し、再び国外に亡命した。前記パリ攻囲戦ではセーヌ県国民軍指揮官として戦い、1871年3月、モンマルトルにコミューンが築いたバリケードの配置などを調べるが、正体を見破られて逮捕された（→プラス・ディタリ駅）。

## マルカデ＝ポワソニエ（Marcadet-Poissoniers）駅

　ムッシュー・マルカデは魚商ではなかった。マルカデは人名ではなく、中世のランディ大市[(1)]へと向かう街道に設けられていた市場を指す。当時、その場所はメルカデ［字義は「市場」］と呼ばれていた。第2帝政期にマルカデ通りが開通したが、ポワソニエール（魚用鍋）はすでに中世から通りの呼称となっていた。このポワソニエール通りには、北海の漁港から海路魚をパリに運ぶ卸し業者たちが頻繁に出入りしていた。ロスチャイルド男爵［→ノール（北）駅］がルイ＝フィリップの時代にパリとフランス北部を結ぶ鉄道を敷設すると、パリ人の食卓にできるかぎり迅速かつ新鮮に届けるため、海産物は鉄道を利用するようになった。だが、ポワソニエ通り［18区］の呼称は変わらず、ポワソニエール通り［2区］の呼称もそのままだった。

　ブローニュへの魚の輸送は、なおも大部分が馬の背に乗せて行われていた。魚商はまたその車曳きでもあり、彼らの咽喉の渇きを癒すため、街道には数多くの居酒屋や一杯飲み屋が立ち並んでいた。マルカデ通りも同様だった。

北海産鰊のおかげで、冷えたビールを売る商人たちもまた、首都のこの一角で商売をすることができた。
1．ランディ大市はフランク国王ダゴベルト1世［在位629-39］が設けたもので、毎年6月11日から24日まで開かれたそれは、9世紀から16世紀までフランスを代表する大市のひとつだった。そこにはヨーロッパ各地や遠くビザンティンからも商人がやってきたが、とくに羊皮紙の取引で知られ、パリ大学の学長を先頭に学生たちが行列を組んで買いに来た。ちなみにソルボンヌの中庭に面した通廊には、その様子を描いた壁画がある。

## サンプロン（Simplon）駅

　サンプロン通りはモン・スニ通りにいたる。歴史はパリにアルプスの地形を運んできたのである。
　1877年、この地区の区議会議員たちによってサンプロン通りの開通式が営まれたが、その一部はモンマルトルに属している。それゆえ山岳地の名称がつけられたのだろうか。
　モンマルトルはたしかにモン・ブランではない。1877年、当時の幹部市吏たちは労働者地区の危険な通りを中性的な色で染めようと腐心していた。おそらくシンプロン通りで革命的な集会を密かに行おうとは、だれひとり考えていなかった。事実、この革命的な18区では、かなり重要な革命家たちが名を連ねていた。それゆえ、高くそびえる頂の空気をイメージさせる名を通りにつけることで、社会主義的な労働者たちの革命熱を少しでも和らげようとしたのだろう。
　それにしても、当時、ここにはイタリアからの移民が住んでいたのだろうか。シンプロン（サンプロン）峠やモン・スニ（スニ山）はたしかにアルプス越えの街道を想い起こさせるが、砕石をローラーで敷き固めて舗装したこのサンプロン通りの下に掘られたトンネルを、メトロは何の前触れもなく走り抜けてきた。

## ポルト・ド・クリニャンクール（Porte de Clignancourt）駅

　クリニャンクールは村だった。だが、第2帝政下のパリ北部には工場や工房が数多く立ち並んで多くの労働者たちを引き寄せ、その結果、村は人口が急増し、活気に満ち溢れた。これら新住民たちはとくに地方出身者だったが、なかには外国から、たとえばベルギーやドイツなどからの移民もいた。こう

してクリニャンクール村はたえず拡大し、やがてメトロが開通すると、少なからぬ乗降客が、毎週土曜日の夜、ストラスブール＝サン＝ドゥニからオペラやマドレーヌまでの大通りを散策するようになった。

一方、クリニャンクールの女性たちは、わざわざメトロに乗ってボン・マルシェ［→序文、ブシコー駅］やバザール・ド・ロテル・ド・ヴィル［パリ市庁舎前の大規模店］まで買い出しに行く必要はなかった。才気煥発なジョルジュ・デュファイエルなる人物が、巨大な店舗を広場に創設したからである［営業期間は1856-1930年］。それは石炭ボイラーのセントラル・ヒーティング装置を備えており、主婦たちは家より暖かい店で、ベッドやテーブル、さらにさまざまな道具や食器などを買い求めた。この「斬新さの宮殿」は競合相手を打ち砕くような値段と月賦販売を実践した。

デュファイエルはやがて巨万の富を得て、メトロのなかに広告を出し、良い買い物をしようとしていた金持ち地区の淑女たちを呼び込むまでになる。さらに彼は彫刻家のアレクサンドル・ファルギエール[1]に対し、その宮殿用にブロンズ製の扉や巨大な女人像を制作するよう依頼した。実現すれば、みずからのバザールが国立博物館に匹敵するのではないか。彼はそう期待したのだ。このクリニャンクールの王にとって、立派すぎるというものは何ひとつなかった。

1．ファルギエール（1838-1900）はパリ美術学校教授で、弟子にアントワヌ・ブールデル（1861-1921）がいる。芸術アカデミー会員でもあった彼は、ロダン（1840-1917）が制作して出資者から顰蹙を買ったバルザック像（→ラスパイユ駅）を、あらためて制作している。なお、この制作にはリュクサンブール公園内の「シレーヌの勝利」（1885年）や、レピュブリック広場の「共和国の勝利像」（1899年。→レピュブリック駅）の作品で知られる、ジャン・ダルー（1831-1900）もかかわっている。ダルーは美術学校時代からロダンの親友で、ファルギエール同様、ロダンの胸像をつくっている。

## RER（首都圏高速交通網）-B線

### リュクサンブール（Luxembourg）駅

1939年当時、リュクサンブール駅はソー線の始発・終着駅だった。隣のポール＝ロワヤル駅がヴァル＝ド＝グラス陸軍病院を除く3病院、すなわちサン＝ヴァンサン＝ド＝ポール、ボードロック、コシャン病院の最寄り駅であるのに対し、大学地区（カルチェ・ラタン）の最寄り駅となっている。

フランス国鉄ソー線の最初の駅舎は、現在メトロとの乗り継ぎができるダンフェール＝ロシュローに建てられた。設計者は技師クロード・アルヌー[1]で、1846年に開業している。当時、汽車はソーまで走っていたが、やがて路線はブール＝ラ＝レーヌからシェヴルーズ峡谷まで延長された。このソー線は1937年、メトロに譲渡され、全面的な電化が実現した。

そして1977年、路線はリュクサンブール駅（1892年以降の始発・終着駅）からRERのシャトレ＝レ・アル駅まで延び、83年には、路線の相互乗り入れによって、RERがパリの南北を直接結ぶことができるようになった。すなわち、南下するB2線（ソー、ロバンソン方向）とB4（サン＝レミ＝レ＝シュヴルーズ方向）は、シテ・ウニヴェルシテール（大学都市）を経て、ダンフェール＝ロシュロー駅でメトロ4号線と交差し、サン＝ミシェル＝ノートル＝ダム、シャトレ＝レ・アル、さらにガール・デュ・ノールの3駅だけしか停車せずにパリを北に縦断し、やがて3方向に枝分かれするようになった。それがオーベルヴィリエ＝ラ・クルヌーヴ、ル・ブールジェ、ドランシーを経てロワシー＝シャルル・ド・ゴール［国際空港］駅へと向かうB3線と、ミトリ＝クレイの国鉄駅へといたるB5号線、さらにサン＝ドゥニに停車してから真北のオリ＝ラ・ヴィル＝コワイ駅に着くD1号線である。

メトロ4号線とRERのこうした複線ないし複々線化によって、パリの南北軸はすみやかに縦断できるようになった。そして、パリ郊外を走る数本の鉄道路線とメトロ路線とが結びつくと、シャトレは南＝北線と東＝西線が直角に交わる駅となった。

1．アルヌー（1792-1866）は国立理工科に学び、国立中央土木学校で教鞭をとったのち、車輛が湾曲部でもスピードを落とさずに走れるアルノー＝システムを考案して、国内の鉄道事業に大きく貢献した。

## ポール＝ロワヤル（Port-Royal）駅

　13世紀［1204年］にパリ南西部、シェヴルーズ峡谷の荒地に創設されたポール＝ロワヤル大修道院は、女性が、いや女性だけが入ることができた。だが、修道院があったポール＝ロワヤル・デ・シャンはかなり不潔で、陰鬱な地でもあった。パリの高名で富裕な家柄の出である若いジャクリヌ・アルノーは、7歳（！）にして女子修道院長の補佐に任じられた[1]。のちにメール・アンジェリクの名で修道院長となる彼女は、長い間パリでの生活を懐かしんでいたが、やがて修道院を世俗から隔離し、きわめて厳格な徳行を徹底させることを決意した。だが、修道女たちはさほど長くポール＝ロワヤル・デ・シャンに残ってはいなかった。1625年、クラニー館にポール＝ロワヤル・ド・パリが創設されたからである。女子修道院が所有していたこの邸館は、のちに授乳センターに、さらに産院となった。むろん、あらためて指摘するまでもなく、修道女たちの姿はもはやそこになかった。

1．前任者の死によって、わずか11歳（！）で修道院長に選ばれたジャクリヌ（1591-1661）は、長じて修道院内の規律の弛みや風紀の乱れを一掃する改革を行った。やがてこの修道院は、経済的な後ろ盾でもあったアルノー家と親しかったサン＝シラン（1581-1643）がフランスに紹介した、いわゆるジャンセニスムの拠点となるが、1710年、この思想を異端として弾圧したルイ14世によって閉鎖を余儀なくされた。

# 5号線

ブレゲ＝サバン駅の表示板

# 5号線

プラス・ディタリ駅 ～ ポルト・ド・パンタン駅

## プラス・ディタリ駅 ～ ボビニ＝パブロ・ピカソ駅
《開業1906年、営業距離14.6km、駅数22》

- プラス・ディタリ駅
- カンポ・フォルミオ駅
- サン＝マルセル駅
- オーステルリッツ駅
- ケ・ド・ラ・ラペ駅
- バスティーユ駅
- ブレゲ＝サバン駅
- リシャール＝ルノワール駅
- オベルカンプ駅
- レピュブリック駅
- ジャック・ボンセルジャン駅
- エスト（東）駅
- ノール（北）駅
- スタリングラッド駅
- ジョレス駅
- ロミエール駅
- ウルク駅
- ポルト・ド・パンタン駅
- オシュ駅
- エグリーズ・ド・パンタン駅
- ボビニ＝パンタン＝レイモン・クノー駅
- ボビニ＝パブロ・ピカソ駅

# 5号線

　5号線は4号線とほぼ並行して南北を走っているが、途中からパリの東側にそれる。この路線は［1・4号線に続いて］1906年12月に一部開通しているところからして、メトロの経営陣からは優先的な路線とみなされていたと思われる。工期を短くするため、セーヌ川の地下にトンネルを掘る代わりに、セーヌの上に高架線を渡した。当初これはプラス・ディタリ（イタリア広場）駅と今日ジャック・ボンセルジャンと呼ばれているランクリ駅を結んでいた。1907年11月15日、路線はノール駅（北駅）まで延長されて、ふたつの重要な駅を結ぶことになった。さらに市民の利便をはかるため、第2次大戦のさなかだったにもかかわらず、1942年、エグリーズ・ド・パンタン（パンタン教会）駅へといたり、これによりプラス・ディタリ駅とノール駅がつながった。そして1985年、路線は新しいボビニの町まで延びた。

## プラス・ディタリ（Place d'Italie）駅

　かつてイタリア広場には、リヨンからローマへと向かう旧街道がパリに入る城柵が設けられていた。イタリア統一の仕掛け人で、イタリアに駐屯するオーストリア兵を激しく攻撃していた皇帝ナポレオン3世［在位1852-70］は、この広場と大通りにイタリアの名をつけた。プラス・ディタリという駅名は、イタリアが統一国家となるために多くのフランス人が犠牲となった、つまりイタリア志向がそれほど強かった当時の記憶を今も保っている。

　ナポレオン3世が皇帝となる以前、ひとりの将軍が他界する。1848年6月25日日曜日のことだった。共和政府の首相ルイ・ウジェーヌ・カヴェニャックは、労働者地区からパリ左派の蜂起者たちを排除することを決意し、イタリア城柵に将軍ブレア・ド・リュドルとその副官たち、すなわちクレモン・トマ［→シャトー・ルージュ駅］や指揮官マンジャンを送り込んだ。だが、武装労働者たちは彼らを拒絶し、ブレアをののしり、流血沙汰を回避しようとした彼を平手打ちにした。そして人質となったブレアはデクスなる狂信者に殺害されてしまう。マンジャンも斧で殺された。ひとり生き残ったクレモン・トマもまた、1871年、コミューン内戦の初めにモンマルトルで銃殺された[1]。

　パリにはそんなクレモン・トマやマンジャンの名をつけた通りはない。ひとりブレアだけはモンパルナス［ヴァヴァン地区］に通りがある。それはイタリア広場の城柵での彼の死を追慕するためだろうか。

1．アルジェリア制圧に功績をあげ、元帥代理にまでなったカヴェニャック（1802

−57）は、この年の2月に陸軍大臣となり、国立作業所閉鎖に憤った労働者たちの蜂起を鎮圧するため、国民議会から全権を委任されていた。だが、その弾圧で民衆の支持を失い、12月の大統領選挙でルイ・ナポレオンに敗れている。ブレア（1790生）は陸軍士官学校を卒業後、一連のナポレオン戦争に従軍して軍功をあげた。彼は本文にあるようにカヴェニャックの命を受けて蜂起労働者たちと談判し、彼らを市壁外に移動させることに成功したが、イタリア広場の城柵（フォンテーヌブロー城柵）で捕われ、殺害された。デクスの生年は不明だが、この犯行翌年の1849年、他の若いコミューン兵数人とともに処刑された。マンジャンについては詳細不詳。

### カンポ・フォルミオ（Campo-Formio）駅

　第1帝政期の著名人に捧げられた大部分の通りは、第2帝政期に命名されている。そんななかにあって、カンポ・フォルミオ駅はイタリア方面軍の一連の輝かしい勝利を受けて、1797年10月17日、ボナパルトがオーストリアに強要した条約を想い起こさせる［カンポ・フォルミオ和約とも呼ばれるこの条約によって、ヴェネツィア共和国とジェノヴァ共和国が消滅し、フランスはライン川までの国土拡張などをオーストリア側に認めさせた］。

　カンポ・フォルミオは条約を駅名に冠した唯一のメトロ駅である。たしかにウェストファリアやトレテ・ド・ヴェルサイユ（ヴェルサイユ条約）といった駅名はない。だが、カンポ・フェルミオ条約のあと、ボナパルトの栄光は眩しいほど輝いた。戦争を終焉させたこの将軍はいわばパリの偶像だった。どこか生彩に欠ける甥［ルイ・ナポレオン］はその栄光の輝きを受け継ごうとした。こうして1851年に敷設された新しい通りは、パリの市域外にある村へと続くそれまでのエトロワト＝リュエル［字義は「狭い小道」］通りにとって代わり、1805年12月2日、モラビアのプラツェン高地でナポレオン1世がもたらした勝利［アウステルリッツの戦い］を記念して、オーステルリッツと命名された。エトロワト＝リュエル通りでは、アウステルリッツの太陽を想い起こさせることはできなかった。

　では、なぜ駅名はカンポ・フォルミオであって、オーステルリッツではないのか。戦勝地ではないが、和平条約の地の名を駅名につける方が相応しい。おそらくそうした判断が働いたのだろう。

## サン゠マルセル（Saint-Marcel）駅

　パリ最古の墓地のひとつは、セーヌ川に注ぐビエーヴル川を見下ろす高台に位置していたサン゠マルセルの村域内にあった。マルセルはパリの第9代司教で、伝承によれば、パリを脅かしていたドラゴンを退けたという[1]。やがて聖マルセルの名を冠した礼拝堂が建てられ、のちにそれは教会堂、さらに参事会教会になった。彼の聖遺物は、パリのノートル゠ダム司教座聖堂に安置されていた。

　サン゠マルセル墓地の墓のひとつ、すなわちピエール・ロンバールのそれは、かつてソルボンヌの学生たちに広まっていたある話を想い起こさせる。ロンバールはルイ6世に選ばれて、王太子フィリップ・ド・フランスの家庭教師になった。帝王学としての神学を教えるためだった。「陛下」、ロンバールは国王に言う。「王太子のあご髭は長すぎます。臣下の手本となるべきお方です。ついでに髪ももっと短くした方がよろしいでしょう」。王は答えた。「それをあなた自身で王太子に諭してください」

　やがて王太子は結婚する。妃となったエレオノル・ド・ギュイエンヌは夫を激しく責め立てた。「もしあなたが体も魂も金言の大先生にゆだねるなら、私は宮廷を去ることにします」

　そして妃はそうした。そのことで、ロンバール[2]の権威はさらに増した。彼が没してかなりたってから、ソルボンヌの学生たちは命日のミサに出席することを義務づけられた。髭を蓄えず、髪も短くして、である。ミサに参加しない者は、サン゠マルセル教会参事会に半エキュを払わなければならなかった。12世紀は、こと神学にかんするかぎり、一歩たりと妥協することがなかった。

1．マルセル（436没）はパリのシテ島に生まれ、360-61年のパリ公会議を主宰した。のちにパリの守護聖女となるジュヌヴィエーヴ（422頃-502頃）の庇護者。伝承はドラゴンを洞窟内で見つけだし、司教杖で一撃すると、ドラゴンは頭を垂れ、その尾で恭しく司教を称えたとしている。

2．ロンバールことピエトロ・ロンバルド（1079-1142）は、イタリア北部ロンバルディア地方出身のスコラ神学者で、ピエール・アベラール（1079-1142）の親友。パリのノートル゠ダム司教座聖堂付属神学校で教鞭をとった。本文中にある「金言の大先生」とは、彼が神や創世、受肉・贖罪、秘跡などにかんする金言をまとめ、中世神学のマニュエルとなった『神学大全』を編んだところから。この書はトマス゠アクィナス（1224／25-74）が編んだ『神学大全』の先駆となった。

なお、エレオノルないしアリエノル・ファキテーヌ（1122／24-1204）はアキテーヌ公女で、アキテーヌ・ガスコーニュ公領など、当時のフランス国土の３分の１を相続したとされる大領主で、最初ルイ７世（在位1137-52）と結婚し、第２回十字軍にアキテーヌ軍を率いて夫王とともに参加する。だが、近親婚により、結婚が無効とされて離婚し、のちのイングランド王ヘンリー２世（在位1152-89）と結婚する。この結婚はフランス国土の多くをイングランドにもたらすことになった。獅子心王リチャード１世（在位1189-99）は２人の息子。やがて、ヘンリーに愛妾がいることが発覚してアキテーヌに戻り、祖父と同じオック語の南仏吟遊詩人を庇護するなどして80歳という長寿を全うする。

**オーステルリッツ（Austerlitz）駅**

　オーステルリッツはトゥールーズやボルドーからパリにやってくる人々の駅で、パリ＝オルレアン＝南仏を結ぶ旧路線の出入り口でもあった。リヨン駅とノール（北）駅、さらにエスト（東）駅をメトロによって結ぶ。それは遅滞なく実現すべき喫緊の課題とされた。駅舎の広大なガラス屋根の下、南仏からの列車が毎日数多くのオック人たちを運んできた。彼らは到着早々、どこにメトロ駅があるか尋ねたものだった。

　セーヌ川の上にメトロ用の橋を架けることを決断したビヤンヴニュ［→モンパルナス＝ビヤンヴニュ駅］は、高架線が抱えるさまざまな問題にあらためて気づいた。それらを解決するには、従来とは異なる装飾技術に頼らなければならなかった。そこで彼は、建築家ジャン・カミユ・フォルミジェ[(1)]に橋脚や鋳鉄装飾のデザインを頼んだ。フォルミジェはギリシア神殿の円柱に似た列柱をイメージしながら、高架橋に独自の様式をとり入れた。

　こうした一貫性のある様式は驚くべきものだった。剝型の利用は決して即興的に思いついたものでは決してなく、設計全体が丹念に練り上げられ、それぞれの状況にうまく合致した。オーステルリッツ駅の高架橋を架ける際は、鉄筋建築の専門家ルイ・ビエット［生没年不詳］が呼ばれた。当時はまだ小梁とリベットの時代だった。にもかかわらず、なぜ鉄橋ではなかったのか。

　パリに橋のなかでもっとも長かったこの高架橋は、全長140メートルもあった。メトロが橋床の上を走る直線部分は、連結した２本のアーチで支えられた。これほどの技術的壮挙は、まさに1805年12月２日［アウステルリッツの戦い］の勝利にも匹敵した。しかし、パリ市民にとってそれはより有益なものだった。４号線が開通する４年も前に、それによってパリの南北が初め

て結びつくことができたからだ。

1. フォルミジェ（1845-1926）はパリ美術学校を卒業後、歴史建造物委員会に属し、パリおよびフランス国内の建造物（コンク大修道院ほか）の修復を手がけ、さらに1889年のパリ万博ではパビリオン2棟などを設計した。美術アカデミー会員。

### ケ・ド・ラ・ラペ（Quai de la Rapée）駅

　この高架駅はかつて渡し船でセーヌ川を越えていた場所にあり、駅名はラペ河岸にあった邸館の名に由来する。かつては川沿いに石膏倉庫が軒を連ねていた。堤の上にも、モルヴァン［ブルゴーニュ地方の広大な森林山地］から筏で運ばれた木材が積み重ねられていた。これらの木材は鋸で切断され、家屋や教会の骨組みに使われた。そこには家具用の柏材を調達するため、指物師がやってきた。残りの木材は暖房用にとっておかれた。当時、パリのすべての建物は木を暖房用の燃料としていたからである。

　石膏の荷揚げ場のかたわらには、プロテスタントたちを埋葬するために必要な空き地があった。18世紀になっても、彼らはなおキリスト教徒の墓地に埋葬される権利をもっておらず、ラペ河岸に住む異邦のプロテスタントが埋葬できるのは、柵で囲った場所だけだった。

　だが、疑り深いプロテスタントたちは、遺体が川に投げ捨てられるのではと危惧していた。そこで彼らは、同じプロテスタントの倉庫頭と気脈を通じて、その私有地に埋葬してくれるよう頼み込んだ。こうしてパリ・ユグノー世界の名門であるドゥレセール、マレ、デ・ウィット家は、ラペ河岸に置かれた薪や梁や石膏袋の間に墓地を有することになった。

### バスティーユ駅 → 1号線

### ブルゲ＝サバン（Bourguet-Sabin）駅

　この駅名もまたメトロに強要された一時しのぎの組み合わせだった。ブルゲとはスイスのプロテスタント一族の名称である。祖父はアブラハム・ルイという名だった。1747年生まれである［1823没］。海軍（むろんスイスの）用に考案した「経線儀の王」である彼は、どれほど短い時間すらも正確に刻む未曾有の時計を作った。狂うことのない時計だった。孫のルイ［1803-83］はパリで生まれた。だが、一家は、宗教的な寛容さこそあったものの、

首都の空気になじめなかった。ルイは祖父と同様、精密機械を作っていたが、彼が栄光の時を迎えたのは、電信機を考案してからだった。当時の政治権力は彼の発明に強い関心を寄せた。戦争のためだけでなく、革命を予知し弾圧するために、電信より有効なものなどあるだろうか。

　このルイの孫もまたルイだった。ブルゲ家は代々祖父の名を継承する一族で、各世代が直前の世代を飛び越して名をあげた一族でもあった。1880年にパリで生まれたルイ2世もまた精密機械の天才的な技師で、航空機を設計・生産した。有名なブルゲ・ドゥー=ポン機を世に出し、さらにデュードネ・コストとモーリス・ベロンテが大西洋を東から西に横断できたブルゲXIX号も生産したのだ[1]。

　では、もう一方のサバンとはだれか。経口ポリオ・ワクチンの生みの親であるアメリカ国籍の医師アルバート・サビン［1906-1993］ではなく、シャルル・アンジェレンヌ・ド・サン=サバン［生没年不詳］である。その名が通りにつけられた1777年当時、彼はパリの参事会員［と高等法院の弁護士］を務めていた。だが、ブルゲ家とは無縁である。

1．ルイ2世（1955没）はエール・フランス（フランス航空）社の創業者のひとりで、1912年には最初の水上飛行機、第1次大戦にはほぼ機体がアルミニウムでできたブルゲXIV号を開発している。なお、ブルゲXIX号は1930年にパリ=ニューヨーク間を37時間14分で無着陸横断した。操縦士のコスト（1892-1973）は1927年、北大西洋で墜落死したふたりの操縦士の名を冠したヌンゲセル・エ・コリ号を駆って、セネガルのサン=ルイからブラジルのナタルまでの横断飛行に成功している。また、ベロンテ（1896-1983）は1923年からコストと共にパリ=ロンドン間の定期便を操縦し、1977年にはコンコルドの第1便操縦士として、パリ=ニューヨーク間を飛んでいる。その時の所要時間は3時間半だった。

## リシャール=ルノワール（Richard-Lenoir）駅

　このメトロの駅名の結びつきだけは正当である。ルノワールは他界した時、リシャール=ルノワールと自称しようとしたからである。

　ノルマンディー地方で1765年に生まれたフランソワ・リシャール［1839没］は、最初ルーアンの店で雑役係、次いでパリのカフェでボーイを務めたのち、バザン（亜麻糸と綿糸の綾織物）への時をえた投機によって蓄財した。そして1797年、彼はルノワール・デュフレヌ［1768-1808］と共同でバザンを生産し、イギリスまで輸出するようになった。そんなふたりにとっての僥

倖は、ナポレオン1世による対イギリス戦争だった。彼らは甜菜砂糖工場の創設者としても欠かせぬ存在となったのである。

しかし、ナポレオン1世の大陸封鎖令［とくにイギリスの封じ込めを狙って1806年に出された］は彼らには痛手だった。バザン生産には綿花の輸入が不可欠だったにもかかわらず、イギリスが海路を封鎖してしまったのである。これによりリシャール゠ルノワールは破産してしまう。

パリの都市改造をゆだねられたオスマン男爵［→序文、サン゠マンデ゠トゥーレル駅、レンヌ駅］は、帝国を繁栄に導いた勇敢なこの工場経営者たちを覚えていた。そこでサン゠マルタン運河を暗渠化し、その上に大通りを敷設して彼らの名前をつけた。経営者や職人の多い地区であってみれば、ふたりの名前は不調和ではなかった。彼らはきわめて厳しい危機の時代に、フランス企業の長として創意や企画力を発揮したからだ。

## オベルカンプ（Oberkampf）駅

ギヨーム・オベルカンプ［1738-1815］はこの一角に工場をもっていた。アルザス地方ミュルーズの版画家で、のちにアルスナルの工場で彩色家となったこのバイエルン出身の企業家は、ナポレオンによって栄光に包まれた。1759年、彼はパリ南西郊のジュイ゠アン゠ジョザースに、銅製凹版を用いた最初のプリント工場を建てた。1806年、彼の工場を訪れたナポレオンは、その作業に感銘を受け、自分が胸につけていたレジオン・ドヌール勲章をすぐに外し、オベルカンプに与えたという。

オベルカンプはパリ南方のエソンヌに、禁輸によって途絶えたイギリス産綿布の穴を埋めるべく、フランス最初の綿布工場を設けている。しかし、1815年の和平によって倒産してしまう。イギリス人たちが自国産の綿布をヨーロッパ大陸の都市や港に安価で売りだすようになったからである。

ワーテルローの戦いがあった1815年、企業家オベルカンプは他界する。ナポレオンには相応しい形で彼を称える時間がなかった。だが、甥のルイ・ナポレオン［皇帝ナポレオン3世（在位1852-70）］は、メニルモンタン通りを改称してオベルカンプに捧げた［現在オベルカンプ通りは11区、メニルモンタン通りは20区にある］。この通りは坂道で危険である。かつてジャン゠ジャック・ルソーは、領主ル・ペルティエ・ド・サン゠ファルゴー［1760-93。→サン゠ファルゴー駅］の飼い犬のため、ここで転倒している。その点、メトロはより安全である。どれほど金持ちの犬でも、メトロに乗ることは認めら

れていないからである。

## レピュブリック駅 → 3 号線

### ジャック・ボンセルジャン（Jacques Bonsergent）駅
　当初この駅は、ランクリ通りが通っていた地主の名前にちなんでランクリ駅と呼ばれていた。1946年、それはジャック＝ボンセルジャン駅に改称された。
　ボンセルジャンは、1912年、父親が製粉業を営んでいたブルターニュ地方のマレトロイトで生まれている。同じブルターニュの港町ロリアンで学んだあと、彼はアンジェの工芸学校に入る。そして1940年の敗戦後、パリ北郊のプレーヌ＝サン＝ドゥニにあった機械工具工場に勤めた。ドイツ人のひとりに暴行したとして告発された彼は、死刑を宣せられた。恩赦の訴えは撥ねられた。こうして同年12月23日、パリで銃殺されたが、仲間の名を自白しないままの勇敢な最期だった。ドイツ軍によって命を落としたパリの殉教者は夥しい数にのぼるが、ジャック・ボンセルジャンはその最初となった。

## エスト（東）駅 → 4 号線

## ノール（北）駅 → 4 号線

## スターリングラッド駅 → 2 号線

## ジョレス駅 → 2 号線

### ロミエール（Laumiére）駅
　19区の栄光に包まれた大通りは、勇敢な将軍ヴェルネ・ド・ロミエール［1812-63］の名で呼ばれている。彼は砲兵隊を指揮し、その大砲は、メキシコのフランス人たちとの話し合いを望まなかった、先住民出身の大統領ベニート・フアレス率いるメキシコ兵たちに向けられていた[1]。
　ロミエール将軍は「ヴォミト」に苦しんでいたのではないか。これはマラリア性の熱病で、ベラ・クルスに上陸したフランス兵たちの命を奪っていた。この恐ろしい疫病に罹らなかったのは、アンティル諸島出身の新兵だけだっ

た。フランス兵たちはメキシコ高原でならより安心して呼吸ができた。やがて彼らは、第2帝政期に、まさにこの高原で、オーストリア・ハプスブルク大公マクシミリアンをメキシコ皇帝として即位させることになる［大公は1864年に皇帝となったが、67年にフランス兵撤退後、逮捕・銃殺された］。

将軍はメキシコ街道にあるプエブラ要塞を、砲撃で突破しなければならなかった。だが、要塞は長く、攻撃しにくかった。みずからも数度負傷しながら、それでも彼は最終的に窮地を脱した。とはいえ、この期待を裏切った遠征からさほど長くは生きられなかった。傷がもとで、1863年のメキシコ制圧後に没したからである。

ナポレオン3世の将軍たちは、パリの通りから丁重に扱われた。事実、ニエル［→序文］やマク＝マオン［→序文］の名は大通りの呼称となっている。ロミエール大通りもある。しかも彼は、メトロ駅に名を残す唯一の将軍なのである。誠実なこの砲兵の名が駅名に選ばれたのは、そこに彼の大通りがあるという地理的条件による。

1．サポテク族出身のフアレスは弁護士・裁判官を務めたのち、生地オアハカの州知事となる。だが、大統領アントニオ・デ・サンタ・アナ（1794-1876）の腐敗政治に反対して投獄され、釈放後、合衆国に亡命する。帰国後、人権派・自由主義政治家として1858年から72年まで4度大統領に選ばれた。皇帝ナポレオン3世は1862年、メキシコに傀儡政権樹立をはかって出兵し、翌年メキシコ・シティを占拠するが、この侵略に対し、フアレスは合衆国の援助を受けて抵抗した。

**ウルク（Ourcq）駅**
ウルクの駅名は、ラ・ヴィレット貯水池を経て、ウルク川とセーヌ川を結ぶ運河の呼称に由来する。ウルクは魅力的な小川で、北仏のエーヌ地方からセーヌの支流であるマルヌ川に注ぐ。そんなウルクの流れに沿って活魚運搬船をセーヌまで運べば利益になる。人々はそのことに早くから気づいていた。こうして全長180キロメートルもの運河が掘られ、これによって平底船がウルク川からパリまで行けるようになった。

侵略を受けた際、運河は戦略的な役割を果たす。1914年9月5日から9日にかけて、ジョフル元帥［→シャンゼリゼ＝クレマンソー駅］の命を受けた将軍ジョゼフ・モーヌリー[1]麾下の援軍が、ドイツ軍の右翼を攻撃した際、ウルク運河は戦場と化した。そこで激しい戦いが繰り広げられたのである。

だが、ウルクがパリの通りにその名を与えたのはこうした理由からではな

い。1868年の命名時、想像力に欠けたパリ市当局は、一帯を活気づけていた運河以外に何も思いつかなかったのだ。

1．モーヌリー（1847-1923）は国立理工科学校卒業後、砲兵隊将校として軍隊に入って軍歴を重ね、1910年、パリ要塞司令官となる。そして本文にある14年、パリ防衛指揮官ガリエニ将軍（→ガリエニ駅）から塹壕部隊の指揮を一任された。

### ポルト・ド・パンタン（Porte de Pantin）駅

現在、門(ポルト)はなくなっているが、パンタン村は市になっている。かつてはそこに要塞が置かれていたため、いかなる拡張も禁じられており、その壁跡にはバーデンやベルギー、イタリア、そして戦後はスペインからの移民が住む木造小屋が折り重なるように並んでいた。高度産業化以降、新しい町が発展していった。今では忘れ去られているが、1814年のパリ攻囲戦時、村ではプロイセンやロシア軍に対してフランス人が抵抗戦を繰り広げた。見事な部隊であるプロイセンの国王軍は、パンタンをめざして進軍していた。ライン川を越えて以来、この4000の兵たちはほとんど戦いらしきものをしておらず、むやみやたらに発砲するだけのフランス歩兵隊を銃剣を手に追い立てながら、意気揚々と村に迫っていた。そして指揮官のアルベルシュターン将軍［詳細不明］は、冒険心に駆られてあえて谷に進むことを決めたのだった。

だが、そこには思わぬ不運が待ち受けていた。再編されたジョゼフ・セクレタン[1]とボワイエ・ド・レブヴァル麾下のフランス兵が、パンタンの前でプロイセン兵たちに一斉射撃を浴びせたのだ。プレ＝サン＝ジェルヴェから砲撃した砲兵中隊は、谷を殺戮の場と変えた。この戦闘はマルモン元帥［→ムトン＝デュヴェルネ駅］の部隊を救出できず、パリの降伏も防げなかったが、プロイセン軍に占領されたパンタン住民たちの心を癒した。

1．18区の大通りに名を残すセクレタン（1773-1837）についての詳細は不明だが、1815年にナポレオン親衛隊の選抜軽歩兵連隊長になっている。レブヴァル（1768-1822）はほとんどの革命戦争に参加して、幾度となく負傷しながら軍功をあげた。1809年、ウィーン近郊のエスリンクの戦い（→ペルポール駅）で旅団長となり、13年のドレスデンの戦いで師団長に昇進するとともに、帝国男爵に叙される。そして1814年、シャンパーニュ地方のセリ＝シュル＝セーヌで敵師団を撃破・潰走させた。

## オシュ（Hoche）駅

　ラザール・オシュ将軍［1768-97］はエトワル広場を起点とする大通りにも名を残している。このメトロ駅があるパンタン市は、共和国のもっとも勇敢な将軍のひとりであるオシュを称えていたが、今ではフランス西部ヴァンデ地方の叛乱[1]にかかわったとして非難している。

　オシュはプロイセンの戦地ヴェツラーで病没している。国民衛兵隊の熱気あふれる擲弾兵だった彼は、革命暦2年［1793年］には大尉［中佐？］の位にまでのぼっている。ラザール・カルノー[2]はそんな彼を24歳の若さだったにもかかわらず北部方面軍の大隊長、次いでモーゼル軍の首席指揮官に任命した。やがて彼はいくつかの戦場で輝かしい勝利を収めるが、公安委員会で「嫉妬深い将軍」（シャルル・ピシュグリュ将軍）によって告発される。1794年のテルミドール反動後、サンブル＝エ＝ムーズ軍の筆頭指揮官となったオシュは、しかし、前述したように戦地で肺結核症のため没する。享年29の若さだった。クレベール［→クレベール駅］やマルソー［→アルマ＝マルソー駅］、ジャン＝バティスト・ジュルダン[3]、モロー［→サン＝シュルピス駅］らと並んで、彼は革命期のもっともまばゆい将軍だった。なおも王党派だった彼の家族は、その遺骸をパンテオンに移すのを拒んだ。共和派だったパンタンの市当局は、反対に、革命暦2年の英雄にその通りの1本を与えて称えた。

1. この叛乱は、1793年、王党派の農民を主体とする民衆が、教会や聖職者への迫害、国民公会による国王処刑、増税、30万人の強制徴兵などに対して蜂起したもの。だが、民衆軍は政府軍に弾圧され、一説に30万もの犠牲者を出したとされる。オシュはこの叛乱を鎮圧するために、政府軍の司令官として派遣された。
2. カルノー（1753-1823）は近代軍の軍事理論家で「勝利の組織者」と呼ばれ、微積分や幾何学の研究でも知られる。18歳で陸軍工兵として軍隊に入り、のちに立法議会や国民公会の議員を務める。1793年、公安委員会の委員となり、かつて北仏アラスのシャンソン・グループ「ロザティ」で一緒だったロベスピエール（→ロベスピエール駅）らの軍事顧問として活躍し、徴兵制度や軍需工場の整備、軍制改革を指揮する。1794年、国民公会の議長となり、ロベスピエール派全体と対立して、その一掃をはかったテルミドール反動を支持し、翌95年、総裁政府の5総裁のひとりとなった。一方、ピシュグリュ（1761-1804）は一連のフランス革命戦争で顕著な軍功をあげ昇進するが、のちに王党派と結んで、ナポレオン1世の暗殺計画に連座した廉で捕えられ、獄死した。
3. ジュルダン（1762-1833）はアンシャン・レジーム時代から軍歴を積み、

1788年には合衆国にわたって、ラ・ファイエットとともに独立戦争に参加した。1794年、イギリス、オーストリア、ハノーヴァー連合軍をベルギー南部ワロン地方のフルリュスで撃破し、国民的な名声を浴びる。1804年、帝国元帥となる。フランスにおける徴兵制度の確立（ジュルダン法）につとめた。

### エグリーズ・ド・パンタン（Église de Pantin）駅

　かつてここはパリの周域で野宿をする難民や亡命者や外国人たちの救いの地（エグリーズ）だった。少なくとも1930-50年代にボビニが発展して以来、パンタンはきわめて現代風の建物が立ち並ぶ住宅都市となった。18世紀に建てられた小さなサン＝ジェルマン＝ローセロワ教会は今も昔のままである。だが、駅にはおぞましい記憶が残っている。1944年8月15日、死の強制収容所に向かう最後の列車がここから出発したのである。パリ南郊のフレーヌ監獄［→ルイイ＝ディドロ駅］になおも拘留されていたレジスタンス（対独抵抗運動）の愛国者たちは、パリ解放の戦いが始まる1週間前、この列車で連行された。戻ってきたものはごく僅かだった。1955年以降、駅舎にはそのことを伝える表示板が置かれている。

### ボビニ＝パンタン＝レイモン・クノー（Bobigny-Pantin-Raymond Queneau）駅

　メトロの駅名となっている文学者は稀である。1985年に5号線がエグリーズ・ド・パンタンからボビニまで延長されると、おそらく地下鉄当局の責任者たちはそれまで以上に文学的嗜好を抱いており、ゴンクール・アカデミー（ゴンクール賞選考委員会）のレーモン・クノー［1903-76］を称えようとした。たしかに彼は不朽の名作『地下鉄のザジ』［1956年］を著していた。一風変わった言葉づかいで、操り人形のような世界を倦むことなく描き出す、諧謔的で奇抜な想像力の持ち主だったこのシュールレアリストは、かなり単純な理由でル・アーヴルに生まれているにもかかわらず、パンタン市のメトロに所を得たのだった。同世代の作家としてはかなり珍しく、強烈な文学的霊感や創造的な言葉、詩的感性、さらに民衆的な平易な言語への気配りゆえに、だれでもメトロのなかでもその著作を読むことができた。

### ボビニ＝パブロ・ピカソ（Bobigny-Pablo Picasso）駅

　セーヌ＝サン＝ドゥニ県の県庁所在地となった新しい町ボビニは、

5号線

1985年4月26日に開業したメトロの終着駅に、フランス・スペインの偉大な画家パブロ・ピカソ［1888-1973］の名を選んだ。絵画1万8776点、版画2万7388点、陶器2880点、デッサン1万1748点、そして彫刻1355点。全体でじつに6万点にものぼる作品を制作した彼は、まちがいなく現代のもっとも多作な芸術家といえる。彼はまた、アカデミズムや一切の芸術的足枷とはまったく無縁な現代画家のシンボルでもあった。芸術による革命と芸術家の神聖化。まさにそれこそが現代神話にピカソの偉大さを刻みつける主題にほかならない。メトロの乗客たちにとって、たしかに彼ほど有名な画家はいない。

# 6号線

エドガー・キネ駅。
右手の高層ビルはモンパルナス・タワー

# 6号線

プラス・ディタリ駅 ― ポルト・ド・パンタン駅

《開業1909年、営業距離13.6km、駅数28》

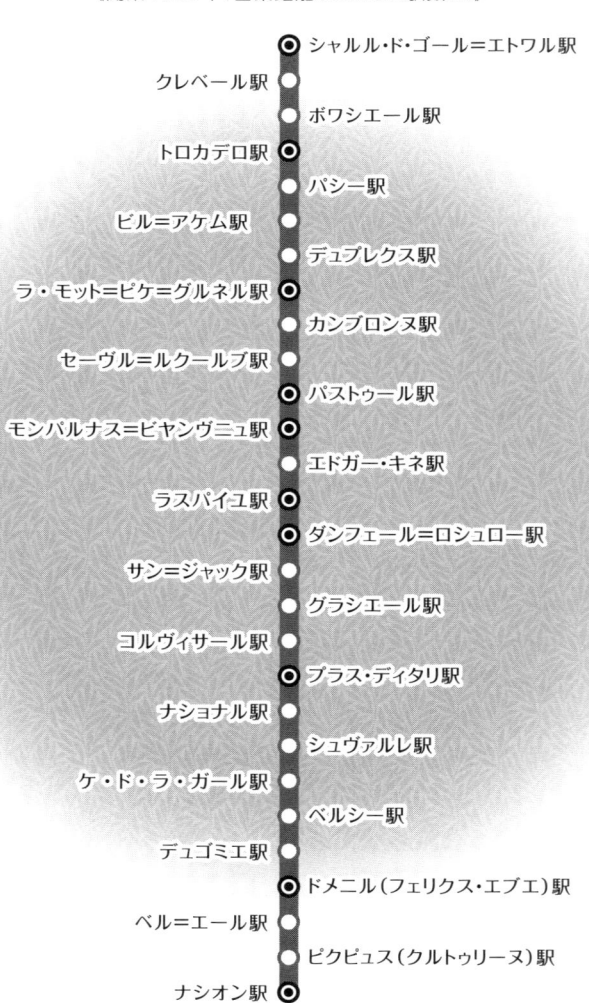

- シャルル・ド・ゴール=エトワル駅
- クレベール駅
- ボワシエール駅
- トロカデロ駅
- パシー駅
- ビル=アケム駅
- デュプレクス駅
- ラ・モット=ピケ=グルネル駅
- カンブロンヌ駅
- セーヴル=ルクールブ駅
- パストゥール駅
- モンパルナス=ビヤンヴニュ駅
- エドガー・キネ駅
- ラスパイユ駅
- ダンフェール=ロシュロー駅
- サン=ジャック駅
- グラシエール駅
- コルヴィサール駅
- プラス・ディタリ駅
- ナショナル駅
- シュヴァルレ駅
- ケ・ド・ラ・ガール駅
- ベルシー駅
- デュゴミエ駅
- ドメニル(フェリクス・エブエ)駅
- ベル=エール駅
- ピクピュス(クルトゥリーヌ)駅
- ナシオン駅

6号線は、首都の北側を外周大通りに沿って走る2号線の円弧を南側で補完する。この路線はナシオン駅からドメニル、プラス・ディタリ駅を経てダンフェール＝ロシュロー、モンパルナス、そしてラ・モット＝ピケ＝グルネル駅へと続き、トロカデロ駅で2号線と結びつく。

　この路線はまたセーヌ川を2度越える。西のビル＝アケム橋、東のベルシー高架橋である。すでに1900年のパリ万博で利用されていたエトワル～トロカデロ区間に続いて、1903年、トロカデロ～パシー区間で敷設工事が始められたが、当時は5号線と呼ばれていた。そして1906年、路線はパシーからプラス・ディタリにまで延長された。そして1909年3月1日、最後の区間であるプラス・ディタリからナシオンまでが開通し、ここにメトロの円環が完成することになった。

**シャルル・ド・ゴール＝エトワル駅 → 1号線**

**クレベール（Kléber）駅**
　奇妙なことに、ロワ・ド・ロム（ローマ王）大通りがジャン＝バティスト・クレベール将軍の名に改称されたのは、1879年のことにすぎない。1753年にストラスブールで生まれたこのフランス革命戦争の英雄は、生地に彫像が建てられるのにふさわしい存在だったが、その彫像は1940年から44年までアルザス地方を占領していたドイツ軍によって撤去されていた。

　熱情的なアルザス人だったクレベールは、ドイツでの革命戦争に勝利し、マインツの攻囲戦で一躍名をあげた。町を明け渡すのを拒み、かなり長期にわたった抵抗のあと、軍事的な名誉を勝ち得て撤退したからである。この「マインツ兵たち」とともに、彼はヴァンデの叛乱［→オシュ駅］の鎮定作戦に参加し、さらにフルリュスの戦い［→オシュ駅］やナポレオンのイタリア・エジプト遠征にも加わった。

　だが、エジプトは彼の墓場となった。ナポレオンがクレベールの軍を見捨てて帰国してしまったからである。支援もなく、軍資金も弾薬も底をついた。フランス艦隊はイギリス艦隊に破壊されてもいた。クレベールの将校たちは正気を失った。そんな将校のひとりだったジャック・ド・ムヌはイスラーム教に改宗し、女性たちに囲まれて生活した。クレベールはカイロで暗殺されたが[1]、おそらく彼は絶望のきわみにあった。

　共和国暦2年を彩ったオシュやロベスピエールもまた、メトロの駅にその

名を残している。クレベールの駅は瀟洒な地区にあるが、共和国はたしかに彼に多くを負っている。

1．この暗殺後にフランス軍の指揮官となったムヌ（1750-1810）は、若くして軍隊に入り、29歳で元帥代理となる。ヴァンデの叛乱では鎮圧軍として戦い、さらに師団長としてエジプト遠征に参加した。そして本文にあるように、彼は現地で裕福なエジプト人女性と結婚して改宗し、名をアブダラーないしアブドラーとあらためた。だが、1801年、アブキールでの最終決戦に臨んで、イギリス軍の上陸を阻止しようとしたが失敗し、アレクサンドリアで捕虜となる。脱出後、帰国して敗戦の責を問われたものの、ピエモンテやトスカーナ、ヴェネツィアの総督を歴任し、最終任務地で没した。

### ボワシエール（Boissière）駅

かつてボワシエール通りは、グルネル村同様、パリ市民が牛乳や羊のチーズを買いに来たパシー村に属していた。そこはまた、首都の市域内にあるクロワ＝ボワシエールと呼ばれていた通りへと延びる街道の、ありふれた休息地でもあった。それにしても、パシー平原の中心部に木製の十字架（ボワシエール）があったのか。あったとすれば、その十字架は何のためか。

じつはそこは奇跡的な力を帯びた瞑想地だった。カトリックでは、聖別された柘植の枝を用いる教会の行事があるが、西方世界ではこの枝がオリーヴの枝の役割をつとめているのである。それは司祭が祝別した聖水がふりかけられたのち、家を浄めるのに用いられる。周知のように柘植は常緑樹で、永遠の生を象徴する。その枝からよりありがたい力を引き出そうと、パリ市民たちはボワシエール通りにある十字架の腕にそれをかけたものだった。そうすれば、柘植が数多いこどもたちを含む家族の健康を守り、罪からまぬがれさせてくれると信じていたのだ。枝の主日［復活祭直前の日曜日で、イエスが受難の前にエルサレムに入城した際、人々が棕櫚の枝を手に出迎えたことを記念する］には、ボワシエール駅で今も柘植の枝が売られているのだろうか。

### トロカデロ（Trocadéro）駅

トロカデロ駅の階段を上ると、1937年からシャイヨ宮と呼ばれるようになったかつてのトロカデロ宮の裏手に出る。30年時代と1937年のパリ万博の様式をとどめるそこには、巨大なモニュメントを擁するドイツやロシアのパビリオンがあるが、建物の白い石壁の上に金文字で刻まれた、厳格で冷徹

な詩人ポール・ヴァレリー［1871-1945］からの気取った引用文も忘れてはならない[1]。

　この場所がトロカデロと呼ばれるようになったのは1877年以降のことである。それは、1823年に終結したスペイン内乱［スペイン立憲革命］にルイ18世［在位1814-15／1815-24］の政権が介入し、アングレーム公[2]麾下のフランス兵たちがなしとげた戦勝［トロカデロの戦い］を想い起こさせる。これはナポレオンの栄光に嫉妬していた国王軍の将軍たちが、1815年以降かかわった唯一の戦いだった。そこではブロイ［イタリアのピエモンテを出自とする公爵家］やパスキエといった、名門貴族の名が一躍知られるようになった。これらの貴族は1877年に権力を握り、恋焦がれていた復古王政を実現した［この運動の中心となったのがマク=マオン（→序文）だった］。1823年に手柄をあげた彼らは、ルイ18世の廷臣たちの子孫だった。彼らはまた、皇帝ナポレオン3世［在位1852-70］が広場につけたローマ王ナポレオン2世［1811-32、ボナパルトの長男］の名を廃して、トロカデロと呼んだ。今日、そこはパシー墓地の壁に刻まれた戦死者や、1918年11月11日（オーンズ・ノヴァンブル）の休戦条約調印者だったフォシュ元帥［→レスト（東）駅、アヴニュー・フォシュ駅］の騎馬像——彼の石のケピ帽（目庇つき帽子）はいつも鳩の糞で汚されている——があるところから、トロカデロ=エ=デュ=オーンズ=ノヴァンブル広場となっている。

1．たとえば、現在移転中の人類博物館のトロカデロ広場に面した壁には、次のような文言が刻まれている。「めずしいものであれ美しいものであれ／ここに巧みに集められたものは目に見つめることを教えている／かつても今も見たことがないような／世界にあるすべてのものを」。
2．シャルル10世（在位1824-30）の王太子アングレーム公（1775-1844）、のちのルイ・ド・フランスは、自由革命派が拠点としてしていたスペイン最南西部カディス近郊のトロカデロ要塞を陥落させ、これによりフェルディナン7世が復位した。

## パシー（Passy）駅

　パシー村の主要道だったパシー通りはブローニュの森まで続くが、そこはさまざまなアヴァンチュールの舞台となった。それは今日でも数多くみられるはずだが、そのもっとも有名な事例が、貴族の出自を示すド（de）を名前に挟んでアンヌ・ド・ロマンと自称していた、ブルジョワの美しい娘アン

ヌ・クピエ［1737生］のアヴァンチュールである。ある日、たまたま彼女の近くを四輪馬車で通った国王ルイ15世［在位1715-74］は、その美貌に目を留め、ルベルなる忠実な近習に、彼女をヴェルサイユのパルク＝オー＝セール［字義は「鹿のいる庭園」］に連れてくるよう命じた。誘いを受けた彼女は狼狽し、自分はそんな身分ではないと辞退したが、王は彼女をパシー通りのフォリー館に住まわせた［1760年］。

　翌年、アンヌは王とうり二つの息子をもうけ、ルイと名づけて洗礼を受けさせた。たしかに洗礼簿にもルイ・ド・フランスの息子として記録されている。だが、アンヌに飽きがきた王は、彼女を修道院に入れてしまう［1765年］。善良な次王ルイ16世［在位1774-92］は、そんな彼女を修道院から出し、若いルイを修道会に入れる。ルイは枢機卿に叙せられることになっていたが、1787年、若くして他界する。一方、修道院を出た母親はパシー通りに戻る。しかし、ルイ16世の死後、アンヌは貧しい生活を余儀なくされ、1808年、ヴェルサイユで惨めな最期を迎えた［じつはアンヌは、1772年、カヴァナク侯爵ガブリエル・ド・シランと結婚している］。

　メトロのアヴァンチュール好きたちがより恵まれた死に方をするなら、それはまことに幸運といえるだろう。

## ビル＝アケム（Bir-Hakeim）駅

　メトロは旧パシー村を出ると高架になる。このパシーには、中2階に銃眼状の窓を配した開放的な個人用の部屋をもつ、1900年様式の建物が並んでいるが、まさにメトロはその丸天井つきの塔の間に隠れた要塞から飛び出してくるようにも思える。

　かつてパシー一帯にはセーヌ川を渡る橋がなく、あるのはただ1878年のパリ万博時にかけられた歩行者用の粗雑な狭い吊り橋だけだった。近くにはイエナ橋があったが、利用者で溢れかえるのを防ぐため閉鎖されていた。

　1904年、このパシーの渡り橋は取り壊され、ようやく新しい橋が架けられるようになる。6号線にセーヌを渡らせるには、メトロの橋床の上に橋梁を架けるだけでよかった。ジャン＝カミユ・フォルミジェ［→オーステルリッツ駅］は型入れした鋳鉄で、とくに念入りにそれを飾った。そこでは野菜や植物のモチーフが溝彫りを施した鉄柱の上で絡み合っていた。照明具はリヴォリ通りと同じものを用いた。この繊細な小梁装飾のなかでは、当然のことながらエッフェル塔がセーヌ川を見下ろすように表現されていた。製鉄術

の時代がまさに風景のうちに反映されていたのだ。

　ビル゠アケム駅は当初ケ・ド・グルネル駅と呼ばれていた。橋がこの昔からある村の最寄り駅だったからである。ド・ゴールがコロンベ゠レ゠ドゥー゠ゼグリーズ村[(1)]に戻って久しかった1949年6月18日、パリ市の幹部たちはメトロ駅と橋に戦勝地ビル゠アケムの名をつけた。リビアのトブルーク近郊のこの戦場で、ピエール・ケーニグ[(2)]率いるフランス旅団は、1942年5月26日から6月11日まで、ロンメル軍と戦った。「貴君はわれわれの誇りである」。ド・ゴールは彼にそう書き送っている。そうしたビル゠アケムであってみれば、その名はメトロ駅と橋に冠せられる価値がある。

1．ド・ゴールはシャンパーニュ地方のこの村に、1934年から住居「ラ・ボワシエール」を有していた。村がパリと東・北方面軍の駐屯地の中間地点に位置していたためである。そして70年、彼はその居宅で息を引き取っている。

2．北仏カーン出身のピエール・ケーニグ（1898-1970）は、16歳で軍隊に入り、1931年、外人部隊を率いてモロッコ鎮圧作戦に参加する。さらにカメルーンやシリアにも従軍し、1942年には自由フランス軍の少将として、リビア各地を転戦した。のちにイギリスにおけるフランス軍司令官となり、戦後は国防大臣も務めた。

### デュプレクス（Dupleix）駅

　仏領インドの征服者であるジョゼフ・デュプレクスのことは忘れ去られていた。にもかかわらず、1815年、彼を称えて、それまでのグルネル広場はデュプレクス広場と改称された。時の国王ルイ18世［在位1814-15年／1815-24年］が個人的にそれに固執したためである。彼は1763年、貧しい暮らしのうちに没したデュプレクス侯ジョゼフ・フランソワ[(1)]に対する不当な扱いを、なんとか是正したかったのだ。共和国は、ジュール・フェリー派やウジェーヌ・エテエンヌ派が深くかかわった植民地帝国建設のパイオニアのひとりである侯爵を、なんら非難することはなかった[(2)]。

　だが、忌まわしい記憶がある。1794年8月31日午前7時、第1共和政の革命家たちがグルネルに設けた火薬庫が爆発したのだ。今日メトロが高架を走るグルネル平原は、無人で不毛の地であり、狩りや士官学校生たちの乗馬散歩の場所でもあった。グルネル城の農場では羊や牝牛が飼育されてもいた。その建物の中に、革命家たちは巨大な火薬庫を設け、化学者のジャン・アントワヌ・シャプタル[(3)]に管理を託していた。そこに備蓄されていた火薬の量はおよそ500トン。爆発の衝撃は大きく、遠く離れたサン゠ジェルマン゠ロ

ーセロワ教会［ルーヴル宮前］のパイプオルガンが調子を狂わせたほどだった。この爆発で100人が犠牲者となり、負傷者も1000人以上出たという。陰謀か。あるいは王党派の攻撃か。真実はついに分からずじまいだった。しかし、共和国は「気立てのよい娘」（上品の謂い）だった。この場所で二度と火薬を製造しない。それだけ決めて満足した。こうしてグルネルにグロ＝カイユ地区（7区）を安全に建設することができるようになった。

1．デュプレクス（1697-1763）は1720年、フランス領インドの首都が置かれたポンディシェリの東インド会社に入り、42年、フランス領インド総督に任じられた。インド人歩兵をヨーロッパ式軍事教練で鍛え、伝統的な騎馬戦を踏襲するインド諸侯を制圧して傘下に収めた。

2．フェリーは普仏戦争後の首相として、フランスの経済発展を植民地拡張に求めた。1885年の下院において、高等民族は下等民族を文明化する義務を負っていると主張した演説はよく知られている（→オテル・ド・ヴィル駅）。エティエンヌ（1844-1921）はアルジェリアのオラン生まれ。「植民地党」の指導者のひとりで、1892年、下院のなかに植民地拡張論者のグループを組織した。1887年から1913年にかけて植民地省次官や内務大臣、軍事大臣などを歴任した。

3．シャプタル（1756-1832）は化学者・政治家。1777年まで南仏モンペリエ大学で薬学を学んだのち、パリ大学で化学を専攻するようになる。1780年、モンペリエに戻って大学で化学を講じ、醸造過程おける糖分の役割を研究した。シャプタリザシオン（加糖）は彼の名にちなむ。彼はまたフランス最初の化学工場を設立し、ナポレオン1世のもとで内相も務めた。

### ラ・モット＝ピケ＝グルネル（La Motte-Picquet-Grenelle）駅

駅名は、18世紀にイギリス海軍艦隊を相手とする海戦で嚇々たる栄光に包まれた、海軍総督のピケ・ド・ラ・モット伯トゥーサン[1]に由来する。レンヌに生まれた目先の利くこのブルターニュ人は、国王ルイ16世［在位1774-92］がフランス最初の海軍を編成した1778年、艦隊の総督に任じられた。幸運も手伝って、彼はマルティニック島沖合で、イギリス提督パーカー率いる艦隊に攻撃されていたフランスの輸送船団を救出することができた。のちに総督ロドニー麾下の戦艦26隻を一気に拿捕し、イギリス海軍がアンティユ海を遊弋するという望みをすべて断ち切ってもいる。

6号線はエコール・ミリテール（陸軍士官学校）とシャン＝ド＝マルス（旧練兵場）にも駅がある。金融家のジョゼフ・パリス＝デュヴェルネ[2]は、ル

イ15世に対し、貧しい貴族の子弟500人を教育する学寮をグルネル平原に建てるよう提案した。ポンパドゥール侯爵夫人［1721-64］がその提案を積極的に支持し、やがて若い建築家のアンジュ・ガブリエルがそれを実現することになる[3]。「計画、承認！ 貴女がどうしてもというなら！」。

だが、計画実現には侯爵夫人も個人資産から何ほどかの出資をしなければならなかった。そこで王は広大な施設の資金を手あてするため、カード遊戯税を創設した。と同時に、士官学校生が馬を駆って走ったり、軍事教練ができたりするよう、シャン・ド・マルスを平地にした。この学校には地方の学校から選ばれた最優秀者のみが入学を許された。こうして15歳のナポレオン・ボナパルトが、1784年の1年間だけ講義を受け、卒業後、ラ・フェール砲兵連隊の下士官として、ヴァランスの駐屯地に配属された。

結果的に、ポンパドゥール夫人はルイ15世が捻出した資金でナポレオンのために士官学校を創設したことになる。とすれば、国王の愛妾たちが何の役にも立たなかったとは断言できないだろう。

1．ラ・モット（1720-91）は15歳で海軍士官候補生となり、合衆国の独立戦争に参加して戦功をあげる。1779年、わずか3隻の軍艦で13隻からなるハイド・パーカー（1739-1807）艦隊を破り、81年には9隻で大成果をあげた。

2．パリス＝デュヴェルネ（1684-1770）は、ルイ15世時代の初期、摂政フィリップ・ドルレアンの寵を得て、極度の危機に陥っていた国家財政を救うべく、王立銀行を創設して紙幣を乱造し、インド会社の株を操作するいわゆるロー＝システムでバブル経済を演出して失脚した、スコットランド出身のジョン・ロー（1671-1729）の政敵だったパリス兄弟の3番目。

3．ガブリエル（1698-1782）は1742年、父同様に王室筆頭建築家および王立建築アカデミー会長となり、ヴェルサイユにポンパドゥール夫人のためにプティ・トリアノンを建てて、夫人から重用された。

### カンブロンヌ（Cambronne）駅

　将軍ピエール・カンブロンヌ［1770-1842］はフランス西部ナントの出身だが、妻はイギリス人だった。彼は「カンブロンヌの言葉」で知られる［フランス語で「5文字言葉」ともよばれるmerde（メルド。字義は「畜生・くそ」）］。第2帝政の役人たちはエコール・ミリテール近くの通りと広場に彼の名をつけて、この勇猛な将軍が、ナポレオン軍のエリートとしてワーテルローの戦いを指揮したことを想い起した。

1815年6月18日の夜、すべてが絶望的と思われていた。プロイセン軍の老元帥ゲプハルト・フォン・ブリュッヘル［1742-1819］は、フランス軍元帥エマヌエル・ド・グルーシー［1766-1847］の攻撃を逃れて、同盟国のイギリス軍と合流した。「死の軽騎兵」［フリードリヒ大王が創設したどくろを旗印とする部隊］と恐れられた、全身黒づくめのプロイセン軽騎兵たちは、方陣を敷いたフランス古参親衛部隊の擲弾兵や歩兵隊に猛然と襲いかかった。フランス軍を指揮していたのは、ダチョウの毛を風になびかせていたカンブロンヌだった。その軽騎兵部隊を、フランス軍がひと固まりとなって突破した。方陣内に逃げ込んだナポレオンを救出するためである。「降参せよ！」。敵がそう叫んだ。後日、カンブロンヌはイギリス人の妻にショックを与えないよう、こう答えたとしている。「近衛兵隊は死んでも降伏するものか！」。だが、近衛兵たちの報告によれば、彼の返答ははるかに短いものだったという。彼の返答が5文字言葉だったからである。
　まさにこの言葉によって、退却作戦を見事に成功させながら、国民の晒しものにされた不幸なエマニュエル・グルーシーとは裏腹に、カンブロンヌは後々まで名声を博すことになった。歴史はまちがっている。いったいどこにグルーシーのメトロ駅があるというのか。

## セーヴル＝ルクールブ（Sèvres-Lecourbe）駅

　これもまた将軍と村名とを結びつけた駅名なのだろうか。セーヴルとはパリ南西部、セーヌ川沿いの小邑だった。かつてそこにはかなり長いセーヴル通りと、それがセーヌを渡るセーヴル橋があった。この通りはパリ南西郊のムードンやヴェルサイユからの荷馬車道だった。1907年まで、セーヴル＝ルクールブの駅は、インド洋やアンティル海でイギリス艦隊相手に際立った戦績をあげたマルタ騎士修道会の大十字勲章佩用者ピエール・アンドレ・ド・シュフラン[1]の名で呼ばれていた。

　フランスにおける政教分離がなされて直後の1907年には、この大十字勲章佩用者は、おそらく革命軍の将軍ほどさまざまな連想をかきたてる存在とみなされていなかった。というのも、1799年のスイスでロシア軍を破った、フランス中東部ジュラ出身の英雄クロード＝ジャック・ルクールブ[2]が、メトロの駅名に選ばれたからである。彼にはすべての徳性が備わっていたが、不運なことに、当時ドイツでフランス軍の指揮をとっていたボナパルトと対立していた、将軍ジャン・モロー［→サン＝シュルピス駅］の親友だった。

1799年11月9日のクーデタ［→サン゠シュルピス駅］後、モローは失脚を余儀なくされる。ルクールブも同じであった。フルリュス［→オシュ駅］やマインツで英雄的な戦いを展開したルクールブは、普通の生活に戻り、生地ジュラ地方のリュッフィに、さらにブールジュに逃れる。頑迷な共和主義者だった彼は、やがて転向してブルボン王家に仕え、1814年、活動を再開する。だが、エルバ島からの「鷲」［ナポレオンのこと。→ムトン゠デュヴェルネ駅］の帰還に抵抗することはできなかった。そのため、1815年に再び逼塞せざるをえなかった。政治的嗅覚が長所たりえなかった勇気のある将軍を、メトロの駅名によって称える。それは彼がたしかに共和主義者だったからだ。

1．南仏サントロペの伯爵家に生まれたシュフランは、フランス海軍不世出の提督とされるが、歴史上名高い1782年のインド洋海戦で、イギリス海軍提督エドワード・ヒューズ卿（1720頃-82）率いる艦隊を4度撃破した。この一連の海戦で味方の艦船を1隻も失わなかったという。

2．ルクールブ（1759-1815）はアキテーヌ連隊の狙撃兵として8年務めたのち、革命時の1789年に国民軍指揮官となり、94年には旅団長としてスイスのサン゠ゴタール山塊で、ロシアの元帥アレクサンドル・スボーロヴ（1729／30-1880）麾下のロシア軍を破った。

## パストゥール（Pasteur）駅

今日、第3共和政におけるルイ・パストゥール［1822-95］の栄光をどれほど想像できるだろうか。ヴィクトル・ユゴー［→ヴォクトル・ユゴー駅］と較べれば、それははるかに困難である。化学者であり、生物学者でもあった彼は、第2帝政下での研究資金不足をたえずかこっていた。だれもが彼に融資するのをためらっていたからだ。ビールの発酵過程を調べている際、顕微鏡に現れた微生物をすでに分析していたにもかかわらず、である。彼は自分に激しい敵愾心を抱いている旧いアカデミー会員たちに、微生物が「自然発生」するものではないということを認めさせなければならなかった。だが、食品・消費産業を革新するはずの方法を、彼はすでに発見していた。低温殺菌法である。

1870年から86年にかけて、パストゥールはより大きな研究資金を手にすることができた。彼の発見は勝利のニュースとして大きな反響を呼んだ。ブドウ球菌やレンサ球菌すべての有害微生物を同定し、炭疽症に対するワクチン、さらには狂犬病に対するワクチンも開発したからだ。狂犬に咬まれたこ

どもたちの救い主として、1881年、彼は学校教科書に紹介され、同年にはアカデミー・フランセーズ会員にも選ばれた。時代の傾向として、パストゥール駅は学問好きな学生たちが数多く乗り降りする駅となった。ただし、彼らはパストゥールではなく、メトロ駅にその名のないビュフォン[1]の名を冠したリセの講義に出る学生だった。

1．なぜか日本の高校歴史教科書には紹介がないが、数学者で、博物学や植物学者でもあったビュフォン伯ジョルジュ・ルイ・ルクレール（1707-88）は、1737年に王立庭園、のちのパリ植物園園長となり、49年から78年にかけて36巻からなる『一般と個別の博物誌』を著し、さらに78年の『自然の諸時期』によって、地球の年齢を7万5000年とし、17世紀のアイルランド司教ジェームズ・アッシャーが聖書の系譜をたどって導きだした天地創造を前4004年とする説を否定した。こうしたビュフォンの仕事はラマルク（1744-1829）やダーウィン（1809-82）に大きな影響を与えた。

## モンパルナス＝ビヤンヴニュ駅 → 4号線

### エドガー・キネ（Edgar Quinet）駅

　パストゥールが彼の名を冠した大通りに住んだことなかったのと同様に、エドガー・キネ［1803-75］もまた、その死から4年後の1879年にエドガー・キネと改称された、旧モンルージュ大通りとは無縁だった。

　だが、彼は棺の中でモンパルナス墓地に接するこの美しい街路樹の道を通ることになる。エドガー・キネ駅を最寄り駅とするそこに埋葬されたからである。彼には歴史を語り合える気心の通じた友人たちがいた。たとえば、当時名声を得た19巻からなる『フランス史』の著者で、やはりRERの駅に名を残すアンリ・マルタン[1]や、知識人や詮索好きたちにメロヴィング朝の歴代王を詳しく紹介したオーギュスタン・ティエリ[2]である。

　非宗教的で反教権的な精神の持ち主だったエドガー・キネは、誕生間もない第3共和政になってあらゆる名誉を享受する。このフランス革命賛美者は第2共和政で下院議員となっているが、ルイ＝ナポレオン・ボナパルトによる1851年12月2日のクーデタ後に失脚し、71年の第3共和政下で下院に戻った。そして、コレージュ・ド・フランスに設けられた講座で自由思想という毒を広め、道徳の体現者を任じる紳士たちの顰蹙を買うことになる。彼の親友だったシャルル・ボードレール［1821-67。彼もまた巷間顰蹙を買った詩

集『悪の華』を1857年に上梓している］は、はたしてそれに衝撃を受けただろうか。受けたとしても、ピエール・ラルースほどではなかったろう。同じモンパルナス墓地に埋葬され、やはり反教権主義者だったラルースの傍らでは、ボン・マルシェの創業者で、自分の名声と等身大の墓碑を建てた偉大なアリスティド・ブシコー［→序文、ブシコー駅］が永遠の眠りについている。この墓地はまことに示唆に富んでいる。

1．マルタン（1810-83）は歴史家・作家・政治家。「シエクル（世紀）」紙（→リュ・モンマルトル駅）の編集主幹。1870年から政治の世界に入り、パリ16区区長や下院議員（1831年）、さらに「愛国者同盟」を創設して初代会長を務めた（→アヴニュ・アンリ・マルタン駅）。

2．ティエリ（1795-1856）は実証主義的歴史学者で、1814年にサン＝シモン協会に入って歴史学を志向し、現実政治に対する反証に不可欠な議論を歴史に求めようとした。主著に『歴史書簡』（1827年）や『メロヴィング時代の物語』（刊行年不明）などがある。

**ラスパイユ駅 → 4号線**

**ダンフェール＝ロシュロー駅 → 4号線**

**サン＝ジャック（Saint-Jacques）駅**

　サン＝ジャック（聖ヤコブ）の駅名は驚くに値しない。駅名は、大通りの呼称であり、すぐ近くを走り、中世都市パリを南北に結ぶ幹線道路のなかでももっとも重要なサン＝ジャック通りへと延びる、フォブール・サン＝ジャック通りから借りた聖人の名だからである。

　サン＝ジャック駅はサンテ（健康）監獄の最寄り駅である。囚人たちにオレンジを差し入れするには、この駅でメトロを降りた。マドロネット監獄［→オデオン駅］の跡地に建てられたサンテ監獄［1867年創設］は、現在パリに残っている唯一の監獄である。女囚用のプティット＝ロケット［→シャトレ駅］を含む他のすべての監獄は、取り壊されるか郊外に移転されている。

　サンテ監獄はどちらかといえば新しい。その高い塀はかつて頻繁にみられた脱獄をはねのけるように思える。1861年、建築家のジョゼフ・ヴォードルメル[(1)]が500室の独房からなる最初の施設を建て、1900年には2人用独房1000室、つまり囚人2000人を収容するまでに拡張された。これは中央刑務

所や一般刑務所ではなく、主に裁判中の留置人のみを収容する拘置所である。

　1917年、ジョルジュ・クレマンソー［→シャンゼリゼ＝クレマンソー駅］の政府から裏切りの廉［対独通牒］で告発された、元下院議長のジョゼフ・カイヨー［→序文］が投獄されたのがここだった。だが、それは短期間だった。議員の罪は最高裁判所でしか裁くことができなかったからである。こうして彼は第1次大戦が終わるのを待って1919年に出廷したが、無罪の判決を勝ち取って公務に復帰した。まさにサンテ監獄（拘置所）はすべてに、たとえば上院の財務委員会委員長の座にすら通じている。ただし、それを辞して花道を飾るという条件で［カイヨーはこの要職を1940年まで務めた］。

1．ヴォードルメル（1829-1914）は国立美術学校で建築学を学び、ローマ大賞を得て、1855-58年、ローマに留学する。帰国後、パリや国内各地で数多くの公共建造物の建築を手がけ、64年から母校で教鞭をとった。弟子のひとりにアメリカ建築における機能主義の提唱者ルイス・サリヴァン（1856-1924）がいる。

## グラシエール（Glacière）駅

　かつてグラシエール駅は氷室とでもいうべき地区の最寄り駅だった。そこではセーヌに注ぐ小さなビエーヴル川が、人気のない柔らかな平原を幾度となく蛇行しながら横切っていた。これによっていくつもの沼ができ、とくに雨の多い秋には本格的な湖沼がつくられた。そして12月の厳寒期ともなれば、その表面に分厚い氷が張り、パリ市民たちは大喜びでアイススケートに興じたものだった。毎週日曜日、ここグラシエールに家族でやってきてスケートをしたのである。

　あらためて指摘するまでもなく、19世紀には冷蔵庫などは存在していなかった。それゆえ氷を入手したり飲み物を冷やしたりするには、製氷商の馬車で運ばれた氷塊をその場で砕くほかなかった。氷はグラシエール平原で作られていた。冬は石ないしレンガ造りの竪穴に氷塊を入れ、上から土をかぶせて保存した。こうしてパリ市民たちはシャンティイ街道を通って、娯楽と実益双方の待つ平原へと向かった。この平原は以後もグラシエールという呼称で呼ばれ、それがメトロの駅名になったのだ。冬の凍てつくような寒さは今もある。

## コルヴィザール（Corvisart）駅

　この駅を出れば、コルヴィザール通りに出る。ただし、そこはコニャック

を利き酒する場ではない。第2帝政は、ナポレオン1世の侍医で、皇妃マリ＝ルイズ［1791-1847。オーストリア皇帝フランツ2世の皇女］の産科医でもあった高名なジャン・コルヴィザール［1755-1821］を、道路表示板によって称えた。アルデンヌ地方出身のコルヴィザールはシャリテ（慈善）病院内にきわめてパリ風の診療所を設けた［1788年］。そんな彼に最初に注目し、友人たちに教えたのはジョゼフィーヌ［1763-1814］だった。

　皇帝から富と名声を与えられた内科医コルヴィザールは、パリの名士たちのみならず、軍隊の幹部将校たちも治療した。ドミニク＝ジャン・ラレ[1]のような外科医ではなかったため、ナポレオンの遠征に同道することはなかったこの「臨床診療所」の教授は、名声ゆえにコレージュ・ド・フランスに講座をもつことになる。そして、胸部疾患の診断法として打診法を改良し、心臓疾患治療の権威者として学士院の会員にも選ばれた。ナポレオンから男爵に叙された彼は、かつてブロイ一族［→トロカデロ駅］が住んでいた邸館でしばしば祝宴を催した。それほどまでに医術は彼を裕福にし、パリの名士に仕立て上げたのである。

1．ラレ（1766-1842）はナポレオン軍の筆頭外科医で、すべてのナポレオン戦争に従軍し、1794年のシエラ・ネグラ（カタルーニャ地方）の戦いでは、1日で700人以上の負傷兵に切断手術を行ったという。移動野戦病院による負傷兵の応急手当の先駆者。のちにシャリテ病院の病理・生理学教授となった彼は数多くの弟子を育てたが、そのひとりに聴診器の考案者として知られるルネ・ラエネク（1781-1826）がいる。

## プラス・ディタリ（Place d'Italie）駅 → 5号線

## ナショナル（National）駅

　ナショナルとはかつて文字通り無名だった通りの呼称である。郵便配達人にとってはきわめて絶望的な話だが、パリの中心部から遠い新開地の通りは、時に呼称が忘れられることもあった。1847年、この通りはナショナルと命名された。ほかにより適切な名称が見つからなかったためか、あるいは国民軍がそこで集会を開いていたためだろう。当時、パリは税金を払うという条件で武器の携行を認められた義勇兵たちによって守られていた。つまり、支払い能力があり、住所が定まっていて、しかるべき職業に就いていると認められた者だけに、秩序の維持がゆだねられていたのだ。

国民軍の兵士たちはパリのブルジョワ出身とされた。彼らは小隊に分けられ、市当局から武器を授かっていたが、制服は自前だった。夜は自宅で眠り、国王ルイ＝フィリップ［在位1830-48］の閲兵が行われる時や紛争が危機的になった時は、交替ないし全員で任務についた。しかしながら、1847年の社会状況は、市当局が国民軍の呼称を１本の通りにつけて誇りとするには、かなり不安定なものだった。

　パリの国民軍は1870年、第２帝政とともに姿を消した。だが、メトロはその記憶を保ってきた。

### シュヴァルレ（Chevaleret）駅

　シュヴァルレとは人名なのか道具名なのか、それとも地名か。それについて、メトロは何も語っていない。地主の名前か。川の近くで仕事をする皮なめし工たちが使う道具か。正確なところは不明である。いずれにせよ、シュヴァルレとはおそらく何かの通称だろう。通り自体はすでに18世紀には今と同じ呼称で知られており、イヴリ村まで通じていた。駅名をつける際、メトロはパリ中心部から離れたこの地区に、何かしら所縁のある有名人や戦場を見つけることができなかった。そこでごく単純に、地区の住民たちに知られていたかつての通りの名をつけたのである。

### ケ・ド・ラ・ガール（Quai de la Gare）駅

　「駅のプラットフォーム」を意味するこの駅名も、ほとんど由来が分からない。ここでの駅とは、ルイ＝フィリップ時代に開業したパリ盆地南部ボース路線の発着駅であるオルレアン駅ではない。当時、駅はアンバルカデール［語源はスペイン語のエンバルカル「乗船させる」］と呼ばれていた。

　じつはこの駅とは、18世紀の技術者たちがハシケを係留するため、セーヌ川沿いに掘り始めた船着き場（ガール・ドー）を指す。それはついに完成しなかったが、その記憶は地名に残った。19世紀に大通りと広場にガールという呼称がつけられたからである。それ以来、近くのオーステルリッツ駅と混同されるようになった。一方、船着き場はそこからさほど離れていない場所につくられた。ベルシーである。ただし、それはセーヌの対岸にある。

### ベルシー（Bercy）駅

　ここでは、メトロが船着き場の上を通ってセーヌ川を横切っている。この

場所には、ベルシー橋と呼ばれる82本の半円アーチを擁する高架橋が完全な組積法で築かれている。ベルシー港ではきわめてすみやかにワインに特化した取引が行われるようになり、大きなワイン樽が水路を使ってブルゴーニュ地方からやってきた。平底船は通関税を支払うために待避所に入った。こうして第2帝政下のベルシーはヨーロッパ最大のワイン集散地となり、ワイン商たちはセーヌに沿った小屋に住みついた。もうひとつの市場は、より川上のシャラントンにあり、そこにはワインの営業倉庫が立ち並んでいた。むろんセーヌに沿って、数多くの居酒屋やガンゲット［パリ郊外の大衆酒場で、食堂や舞踏会場になることもあった］、のちにはビストロも店を構えるようになった。ベルシー駅の開業時、ワインの仲買人たちはセーヌ河岸でワイン愛好者たちと隣り合ってグラスを傾けていた。その頃には、ワイン樽はブルゴーニュやボジョレー地方からだけでなく、鉄道によってラングドックやプロヴァンス、さらにアルジェリアからさえ運ばれてきた。

## デュゴミエ（Dugommier）駅

　1867年、駅名の由来となった通りは、第2帝政期の役人たちによって、フランス革命時の将軍フランソワ・コキユ・デュゴミエ［1738生］の名がつけられたが、それは十分予想されたことだった。ナポレオン・ボナパルトが有名になったのは、じつはデュゴミエのおかげだったからである。彼はトゥーロン攻囲戦で「怖れを知らぬ男たちの砲台」を守った際、ナポレオンの上司だった。グアダループのバス＝テールに生まれたこのクレオル（植民地生まれの白人）は、わずか13歳で国王軍に入隊している。そして順調に昇進を重ね、1790年にはアンティル諸島の国民軍指揮官になった。92年、下院議員に選ばれた彼はイタリア遠征軍の旅団長（将軍）となり、翌93年のトゥーロン攻囲戦で指揮をとったが、砲兵ボナパルトはこの攻囲戦で目覚ましい働きをして、やがてコミセール（従軍行政・司法官）のクリストフ・サリチェッティ[1]から着目される。ボナパルトにとって、これは以後の激しい有為転変の始まりとなった。

　デュゴミエにそうした好機は訪れなかった。ピレネー＝オリアンタル軍の転属させられた彼は、1794年、スペイン軍から勝利をもぎとるが、その攻撃最中に戦死してしまうのだ。のちに彼の名は、ボナパルトの経歴の第1頁に書きこまれるようになる。彼がメトロ駅に名を残すようになったのは、そうした肩書か、もしくはより単純に革命期の数少ない戦死将軍だったことに

よる。

1．サリチェッティ（1757-1809）はナポレオンと同じコルシカ島出身。弁護士として1789年の全国三部会に第3身分代表と参加したのち、コルシカのフランス併合を支持する。1795年、イタリア遠征軍のコミセールとなり、1806年、ナポレオンの兄でナポリ王のジョゼフ・ボナパルト（1768-1844）のもとで警察大臣や軍事大臣を務めた。

### ドメニル（フェリクス・エブエ）（Daumésnil—Félix Eboué）駅

　ふたりの人物が結びつけられた駅名だが、彼らの間に関係はない。ドメニル男爵［1776-1832］については、すでにシャトー・ド・ヴァンセンヌ駅［→1号線］で紹介しておいたが、片足を失ったこの将軍は、大通りに名を冠せられるという名誉を享受している。おそらく彼は、第2次大戦後、駅名にある自分の横に、黒人行政官で、パリの広場にその名がつけられたばかりのフェリクス・エブエ［1884生］がくるのを我慢しなければならなかった。

　フランス領ギアナの貿易港カイエンヌに生まれたエブエは、1940年、ド・ゴール将軍を支えた自由フランス政権［ナチス・ドイツによるフランス占領に抗して樹立された亡命政権］の最初期の行政官である。詳細は不明だが、他の行政官たち、たとえばダカールやフランス領コンゴのブラザヴィルの行政官たちは、ヴィシー親独政権に忠実だった。ド・ゴールはそんなエブエに感謝して、赤道アフリカのフランス領土を治める植民地提督に任じた。

　エブエは1944年に没するが、気骨にあふれた彼は、第2次大戦期におけるド・ゴール時代のもっとも突出した人物のひとりだった。彼が赤道アフリカを押さえたおかげで、ド・ゴールはロンドンに一時亡命するまで、たしかにフランス領土の失地回復を開始するための地盤を得ることができた。やがてド・ゴールはブラザヴィルで、フェリクス・エブエを前に、戦後のフランス領海外植民地の発展に向けて布石を打つことになる演説をするのだった［1940年10月に行ったこの演説のなかで、ド・ゴールは海外防衛協議会の創設をうたい、同時にヴィシー政権の不当性を力説した］。

### ベル＝エール（Bel-Air）駅

　ベル＝エール［字義は「澄んだ空気」］という呼称は、1844年、トローヌ（玉座）広場、現在のナシオン広場［→ナシオン駅］に隣接する地区を走る大通りにつけられている。空気の特性が、はたしてメトロ駅の表示板にその評判

をいつまでも残すのに相応しいものだったかどうかは定かでない。だが、たしかにドイツから陸路やってきて、トローヌ広場に着いた旅行者たちは、悪気なしに元気回復の夜を安請け合いする、ホテル「ベル＝エール」の看板に引き寄せられたものだった。当時、この種のホテルはパリの市門付近に数多くあった。

## ピクピュス（クルトゥリーヌ）（Picpus—Courteline）駅

　メトロの駅名ともなっているピクピュス墓地は、パリでもっとも陰鬱な場所のひとつである。盛式女子修道会の修道院跡地は悪徳商人たちに貸し出されたが、彼らはそこに私立診療所を建て、革命裁判所から追われていた貴族たちの隠れ家にして、その命と引き換えに法外な家賃を巻き上げていた。のちにパリ・コミューン兵たち［→序文、チュイルリー駅］は、1794年、この土地を1度、2度、そして3度掘り返して、共同墓穴をつくり、トローヌ＝ランヴェルセ（ひっくり返された玉座）広場で、死刑執行人のサンソンによってギロチン刑に処された1306人の遺体を埋めた[1]。

　頭部が死体の間に転がりまわるといったように、乱雑に埋められた彼らのなかには、フランソワ・ドルナノ元帥代理やクレルモン＝トネール公、ヴィクトル・ド・ブロイ公［1785生。ルイ＝フィリップ下での首相］、ナポレオン1世の皇妃ジョゼフィーヌの最初の夫アレクサンドル・ド・ボーアルネ将軍［1760生］、詩人アンドレ・シェニエ［1762年生。ギリシア古典に範をとり、パルナシアン（高踏派）の先駆とされる。反ジャコバン派］、さらにトリュデーヌ兄弟［生年不詳。シェニエの友人］や他の貴族たちがいた。のちにここはフランスでもっとも貴族の埋葬者が多い墓地となった。

　それにしても、1930年代になぜこれほどおぞましいピクピュスの記憶と愛すべきジョルジュ・クルトゥリーヌ[2]とを結びつけたのか。『8時45分の列車』［1888年］や『ブブロシュ』［1893年］の作者であるクルトゥリーヌは、赤い荷馬車が毎日のように遺体を満載して放り出していった場所とは無縁である。それゆえ、この二重になった駅名は、パリの地誌が有する奇抜な想像力に帰すべきだろう。

1．サンソン家は、初代のシャルル＝ルイ（1635-1707）から6代目のアンリ＝クレモン・サンソン（1799-1889）まで、すなわち1688年から1847年まで、代々医業を営む一方で、フランス、とくにパリでの死刑執行を担い、2900人以上（！）の首を刎ねたとされる一族である。本文中にあるシャルル＝アンリ・サンソ

ン（1739-1806）は1778年から晩年まで死刑執行人をつとめ、その間、じつに1918人（ルイ16世を含む）の処刑を行ったという。

2．クルトゥリーヌ（1858-1929）は、父ジュール・モニノ（1815-95）と同じ作家・劇作家。フランス中部のトゥールに生まれたが、こどもの頃にパリに出てモンマルトルで遊ぶ。パリ東郊の寄宿学校を卒業したあと、徴兵によってロレーヌ地方バール＝ル＝デュクの騎兵連隊に配属される。兵役後、パリで宗教省の役人となり、9区のトリュデーヌ大通り（前記兄弟とは無縁？）のオーベルジュに通って、アニス酒を飲みながら民衆の日々の暮らしを観察した。これもまた軍隊経験同様、小市民や官吏の生活を諧謔的に描いた彼の文学的着想の源泉となったという。

**ナシオン駅 → 1号線**

## RER（首都圏高速交通網）－C線（一部）

### サン＝トゥアン（Saint-Ouen）駅

　6号線は部分的にRERのC線と一部交錯しているが、後者はセーヌ川の流れに沿ってオルジュ川へといたる。そのC1号線は、モンティニー＝ボーシャン駅［現在はポントワーズ駅］からシャン・ド・マルス＝トゥール・エッフェル駅まで走り、そこからまずヴェルサイユ方面（C5号線）とサン＝カンタン＝アン＝イヴリヌ方面（C7号線）に、ついでオルリーを含むショワジー＝ル＝ロワ方面（C2・C12号線）、さらにブレティニーからドゥールダン（C4号線）とサン＝マルタン＝デタンプ（C6号線）へと分岐している。

　これらC線全体は、パリ郊外を走る鉄道の駅を用いており、今昔の町や村の名が歴史家たちの関心をひいている。だが、サン＝トゥアン駅からはパリの市域に入り、RERの2駅［シャン・ド・マルス＝トゥール・エッフェル駅、オーステルリッツ駅］が6号線［ビル＝アケム駅、オーステルリッツ駅］と連絡している。

　かつてサン＝トゥアン村の市門はティエールの市壁［→序文］の一部だった。この村はルーアン司教の聖ウアンに捧げられたが、ウアン[1]は友人の聖エロワとともに、メロヴィング朝の第4代王ダゴベルト1世［在位629-39］に仕えた。19世紀から村の門一帯で蚤の市が開かれ、首都圏から数多くの客を引き寄せている。

1．ウアン（609-86）はダドンやロトマゲンシスとも呼ばれた。ダゴベルト王の大法官を務め、王の死後はルーアン司教になって聖職売買を禁じ、宗教的規律の欠如を是正しながら各地に修道院を創設した。また、アイルランドの修道士で、ガリアやヘルヴェティア（スイス）、イタリアなどに修道院文化をもたらした聖コロンバン（540頃-615）の戒律とベネディクト会則との融合をはかる一方、フランス王国の分国であるネウストリアとアウストラシアの和平実現につくした。パリ東方のジュアールに大修道院を創設した聖アドンないしアド（600頃-70）は兄。エロワ（588頃-660）は王家の財務と金銀細工を担い、のちにパリ北東のノワヨン司教として、教区のゲルアン人をキリスト教化した。金銀細工師や鍛冶師の守護聖人。

### ポルト・ド・クリシー駅 →13号線

ペレール駅 → 3 号線

ポルト・マイヨ駅 → 1 号線

**アヴニュ・フォシュ（Avenue Foch）駅**
　第1次大戦の元帥たちは、メトロの駅に名を残す機会に恵まれなかった。命名されるには、その登場があまりにも遅すぎたからである。ガリエニの名は郊外の駅名となっているが［→ガリエニ駅］、マルヌの戦いに勝利したジョフル［→シャンゼリゼ＝クレマンソー駅］の名は見あたらず、むろんフィリップ・ペタン[1]の名もない。
　フェルディナン・フォシュ元帥［1856-1951。→エスト（東）駅］の栄光は偉大で、1918年、連合軍最高司令官が首都でもっとも美しい大通りにその名を冠したほどだった。彼はこの栄誉に浴することができたただひとりの元帥である。たしかに、フォシュは外国でもっともよく知られたフランス軍の長だった。ブロワ大通りがそんな彼の名に改称された際、首都の住民たちはそれに従うだけだった。だが、近くには彼の名をつけることができそうなメトロ駅がなかった。ポルト・ドーフィヌの駅名を棄てるべきか。それは甘受できなかった。こうして命名の話は沙汰やみとなったが、RERができて復活し、長い間待っていた元帥についに名誉が与えられた。ただし、その駅名はマレシャル・フォシュ（フォシュ元帥）ではなく、戦争の指導者よりはるかに有名な大通り（アヴニュ）の名をとって、アヴニュ・フォシュと呼ばれるようになったのである。

1．ペタン（1856-1951）は1916年のヴェルダンの戦いでドイツ軍を破り、「ヴェルダンの英雄」と称えられ、1918年の連合軍勝利で元帥に昇進した。29年にはフォシュの後任としてアカデミー・フランセーズ会員に選ばれたが、第2次大戦で、ヴィシーの親独政権を率いた。戦後、死刑を宣告され、アカデミー・フランセーズ会員からも追放されたが、死刑の方は、第33歩兵連隊長時代の部下だったド・ゴールによって高齢を理由に無期禁固刑に減刑措置となり、流刑先であるブルターニュ地方の小島で波乱の人生を閉じた。

**アヴニュ・アンリ・マルタン（Avenue Henri Martin）駅**
　フォシュと同様のことは、アンリ・マルタン［→エドガー・キネ駅］についてもいえる。『フランス史』の幸運な著者である彼は、パリでもっとも裕

福な区のひとつ、すなわち16区の区長を長い間務めていなかったなら、おそらく駅名に名をとどめることはなかっただろう。このメトロ駅は、マルタン本人以上に有名な大通りの名を冠している。もしも大通りがなかったなら、彼の名はただちに忘れさられたことだろう。いったいに重要な幹線道路は、ルイ・アラゴン［→ヴィルジュイフ＝ルイ・アラゴン駅］が『お屋敷町』［1936年］で描いているような、支配階層の象徴のひとつとなりうるほど、不動産による資産づくりや飛びぬけた地主たちの集中を招くものである。そうした大通りに名を残すマルタンはまた、RERの駅にも名を残している。だが、アラゴンはちがう。詩人であり小説家でもあった彼の場合は、郊外にその名を刻んだ琺瑯びきの駅名表示板があるにすぎない［1区にルイ・アラゴン小路がある］。

## ブーランヴィリエ（Boulainvilliers）駅

　アンリ・ド・ブーランヴィリエ伯爵[1]は歴史家・哲学者で、1722年、パリで没している。隠秘学や統計学、さらに歴史学を習得した彼は碩学とみなされていたが、並はずれて裕福だった。にもかかわらず、パリの通りの名祖となってはいない。もうひとりのブーランヴィリエは、パシーの領主だった父ガブリエル・ベルナール・ド・リュー[2]の城を相続した、ガブリエル・アンリ・ベルナール・ド・ブーランヴィリエ侯爵である。彼は1766年から大革命までパリ奉行を務めていた。18世紀に金融家のサミュエル・ベルナールが有していたこの城や通りに名を残しているのは、いうまでもなく彼であり、歴史家の方ではない。

　1747年、侯爵はその城を総徴税請負人のル・リシュ・ド・ラ・ポプリニエール［1693-1762］に売り、後者は作家のルソー［1671-1741］や百科事典編纂者で（劇）作家、詩人、歴史家でもあったジャン＝フランソワ・マルモンテル［1723-99。同じくこの城に招かれていたヴォルテール（→ヴォルテール駅）とは親しかったが、ルソーとは敵対していた］、さらに踊り子や役者たちをそこに招いて豪勢な社交生活を送った。こうしてブーランヴィリエ城はパリの社交界でもっとも有名な場となった。RER駅はそんな楽しい時代の記憶を今に伝えている。

1．1658年生まれのアンリは、フランス制度史研究の嚆矢となった歴史家で、封建制度を唯一正当かつ歴史的現実に見合ったものとして擁護した。階級理論についても初めて本格的に論じた彼は、『世界占星術』（1711年）や『フラン貴族論』

（1732年）などを著したが、これらの著作はオランダで刊行されたものの、フランスでは禁書となった。

2．ガブリエル・ド・リュー（1687-1745）はパリ高等法院評定官や会計法院院長などを歴任した。サミュエル・ベルナール（1651-1739）はその父で、彼は羅紗商から身を起してフランス・ギニア会社を設立し、大貿易商たちからなる商工業国務会議のメンバーとなる。ジェノバやアムステルダムを初めとするヨーロッパ各地に連絡網を張りめぐらし、1701年には、その信用取引で得た莫大な利益の一部（130万リーヴル！）を毎月（！）国王に融資するほどだった。だが、国王の求めで多額の戦費を用立てていたスペイン継承戦争さなかの1709年、商取引の中心地だったリヨンに本拠を置いていた彼は、こうした積極策が災いして巨額の損失を出し、やがて王国最大の金融資本家としての地位を失った。なお、ガブリエル・ド・ブーランヴィリエ（1724-98）は結婚によって妻の伯爵家を継いだ。

### ケネディ＝ラディオ・フランス（Kennedy-Radio France）駅

1963年、テキサス州のダラスでケネディ大統領が暗殺された事件は、世界中に衝撃を与えたが、それはフランスでも同様で、パリ市は大通りの表示板にその名を刻んで彼を称えることを決めたほどだった。RERもそれに倣い、こうしてメトロとRERの著名人リストにふたりの合衆国大統領、すなわちフランクリン・D・ルーズヴェルト［→フランクラン・D・ローズヴェルト駅］とケネディの名が加わることになった。

一方、ヴェルサイユ条約の調印者であるトマス・D・ウィルソン大統領［1856-1924］はそうした栄誉に浴していない。パリの大通りには彼の名がついているが、彼を称えるために駅名を改称することが適切とは考えられなかった。たしかに彼は、ヴェルサイユ条約が締結された1919年当時、ジョルジュ・クレマンソー［→シャンゼリゼ＝クレマンソー駅］と闘っていた社会主義の市町村では、とくに高い評価を受けていた。ただ、政府筋では人気がなく、加えてパリ市は右寄りだった。

1964年に国立ラジオ・テレビ放送局のセンターとなったメゾン・ド・ラ・ラディオは、プレジダン・ケネディ（ケネディ大統領）大通りにある。とすれば、このメゾンがRERの駅名表示板のうえで合衆国大統領の名と結びつくのは、けだし当然のことといえるだろう。

## シャン・ド・マルス＝トゥール・エッフェル（Champs de Mars-Tour Eiffel）駅

　シャン・ド・マルス（旧練兵場）［→シャトー・ド・ヴァンセンヌ駅、ラ・モット＝ピケ＝グルネル駅］は、過去のさまざまな大展覧会の場となっただけでなく、フランス革命期には政治の舞台ともなった。たとえば1790年、ここでは前年7月14日の1周年を記念して、フランス全土の市町村代表を集めて連盟祭が繰り広げられている。その際、宣誓司教のタレーラン＝ペリゴール［1754-1838］によるミサのあと、国王が共和国憲法典を遵守すると誓った。ここはまたラ・ファイエット［→ショセ・ダンタン＝ラ・ファイエット駅］が群衆に向けて発砲させた場であり、1793年、パリ市長のバイイが斬首刑に処され、94年6月8日、マキシミリアン・ド・ロベスピエール［→ロベスピエール駅］が最高存在の神格化を祝い、さらに1804年、ナポレオン1世がその連隊に鷲の紋章が入った連隊旗を配布させた場でもある。

　シャン・ド・マルスはさらに、1867年、78年、89年、1900年および37年のパリ万博会場ともなった。そして1889年の万博のために建てられたのが、エッフェル塔（トゥール・エッフェル）だった。竣工式は同年3月31日、時の内務相ティラール[1]によって営まれた。

　尊敬に値する巨大なエッフェル塔は、共和派の祝宴のあと、最上階まで登ることが禁じられた。むろんエレヴェーターもなかった。そんなエッフェル塔にはもうひとつ瑕疵があった。パリでもっとも見物人が多いこのモニュメントには、その名を冠したメトロ駅がなかったのである。それを埋めたのが、ほかならぬRERだった。

1．ティラール（1827-93）はパリ2区の区長からセーヌ県選出下院議員となり、1883年、終身上院議員となる。パリ・コミューン時に、コミューン兵とヴェルサイユ臨時政府との仲介役を務めたが、不首尾に終わった。

## ポン・デュ・ガリリャノ（Pont du Galigliano）［旧ブルヴァール・ヴィクトル（Boulevard Victor）］駅

　フランス元帥のベリュヌ公［1764-1841］は、革命軍の義勇兵だった1792年、クロード・ペラン、通称ヴィクトルを名乗っていた。彼は1793年に将軍となり、第1統領ボナパルトのもとでのマレンゴの戦い［1800年］や、皇帝ナポレオンのもとでのフリートラントの戦い［1807年］で際立った軍功をあげ、さらに1814年のクラオンヌの戦いでは、ロシア軍の砲弾によって負

傷している。栄光と富に包まれた彼は、百日天下の間［1815年］、ルイ18世［在位1814-15年／1815-24年］に従ってベルギーのヘントに向かった。この裏切り行為のおかげで、彼はその富を膨大なものにすることができた。そして、国王軍の首席参謀となり、ネ元帥［→ペルポール駅］の裁判で、大胆にも死刑賛成の票を投じた。こうした素早い変身のあと、国務大臣や高等軍事裁判所の評定官となった彼は、今度はブルボン王家を棄てて、ルイ＝フィリップ［国王在位1830-48］と結びつくのだった。まさに風見鶏の化身とでもいうべきヴィクトルではあったが、パリにその名を冠した駅がもてた。彼の犠牲となった「勇者のなかの勇者」エルシンゲン公のネ元帥に駅がないにもかかわらず、である。

### ポン・ド・ラルマ（Pont de L'Alma）駅

RER駅のポン・ド・ラルマ（アルマ橋）駅は、セーヌ対岸（右岸）に位置する9号線のアルマ＝マルソー駅とは異なる。アルマ橋は近年になって改修されている［1970年から74年にかけて鋼鉄橋に付け替えられたこの橋の近くで、1997年、ダイアナ王妃が事故死した］。幸いなことに、その際、パリ市民がセーヌ川の水位を測り、増水の進み具合を調べるために置かれたズワーヴ兵［アルジェリア歩兵］の全身像は破壊をまぬがれた。1910年、パリの大半を水浸しにした大増水のことはなお記憶として受け継がれているが、このズワーヴの石像は、クリミア戦争時の1854年9月20日、ズワーヴのエリート部隊が勇敢にも勝利をもぎとったアルマの戦いを想い起こさせる。彼らはアルジェリアで編成された植民地部隊の兵たちで、ほとんどパリに駐屯していた。だぶだぶのキュロットにシェシア（円筒帽）という出で立ちが、アルマ橋の彫像を有名にしていた。このズワーヴ兵はパリでもっとも人口に膾炙した人物といえる。したがって、それを他所に移すことなく橋を取り替えることはできない相談だった。

### アンヴァリッド（Invalides）駅

旧廃兵院のアンヴァリッドは、その当初の役割をなお変えていない。創設者であるルイ14世［国王在位1643-1715］の遺志にしたがって、そこでは今もわずかながら障害者（アンヴァリッド）を受け入れているからである。だが、ジュール＝アルドゥアン・マンサール[(1)]によるそのドーム教会［の地下墓所］に、フランス軍事史上最大の栄光を勝ち得た人物が眠るようになるとは、いくら偉大な

太陽王であっても予測することはできなかった。外国人観光客が集団でアンヴァリッドに押し寄せるとすれば、それは明らかにナポレオン1世［1769-1821］の墓を見るためである。

　セント＝ヘレナ島で没した皇帝の遺灰は、1840年12月15日にパリに戻り、ヴィクトル・ユゴー［→ヴィクトル・ユゴー駅］を初めとする当時の人々に強い印象を与えた。それと同様に印象的だったのが、建築家ルイ（ルキノ）・ヴィスコンティ[(2)]によってドーム教会の中央部につくられた墓所である。

　1961年4月2日、この偉人は6重の棺に納められた。内側からブリキ、マホガニー、鉛（二重）、黒檀、そして一番外側が樫の棺である。その全体を収めた石棺はカレリア産の赤色斑岩で、基台はヴォージュ産の緑色花崗岩からできている。さらに、2個の銀製骨壺には、心臓と内臓が入っている。地下墓所の奥には、彫刻家ジャン＝ジャック（ジェームズ）・プラディエ[(3)]の作になる12体の巨大な勝利像が配され、皇帝の背後では、ふたりの将軍、すなわちデュロック［→デュロック駅］とアンリ・ベルトラン[(3)]の墓がある。彼らは彼岸で皇帝を守っているのだろう。

　墓所の後ろには、アウステルリッツの戦いで奪った数門の大砲を溶かしてつくった青銅製の扉があり、そこにはナポレオンが臨終の床で発したという次のような言葉が刻まれている。「わが遺灰はセーヌ河岸で、わたしが愛してやまないフランス人民の近くに眠らせてほしい」。彼の記憶にまつわるロマンティシズムは、以後アンヴァリッドから出立することになる。

1．マンサール（1646-1708）は王室筆頭建築家で、王室建造物監察官。ルイ14世が生まれたサン＝ジェルマン＝アン＝レ城やヴェルサイユ宮の増築などを手がけた。

2．ヴィスコンティ（1795-1853）はヴァチカン美術館創設者の孫としてローマに生まれ、パリの国立美術学校で建築学を学ぶ。のちに皇帝ナポレオン3世［在位1852-70］のお抱え建築家となる。

3．1790-1852。国立美術学校で教鞭をとり、オペラ・ガルニエ座の正面を飾る楽器の寓意像などを残したウジェーヌ・ギヨーム（1822-1905）など、数多くの弟子を育てた。

4．ベルトラン（1773-1844）はパリ国民軍への入隊から軍歴を積み、1797年のイタリア遠征でナポレオンの知己を得て以降、彼の麾下に入ってその主な戦争にすべて参加する。1801年に将軍に昇進し、11年、オーギュスト・ド・マルモン（→ムトン＝デュヴェルネ駅）の後を受けてイリリア地方（バルカン半島）総督となる。

やがてナポレオンのエルバ島およびセント＝ヘレナ島流刑に従い、1816年、死刑判決をうけるが、のちに減刑され、国立理工科学校校長や下院議員を歴任する。

## ミュゼ・ドルセー（Musée d'Orsay）駅

　旧オルセー駅に、最初はさまざまな科学技術を、そしてすぐに19世紀末画家たちの傑作を含む数多くの彫刻や絵画を展示するようになったミュゼ〔オルセー美術館。1986年開館〕が開設されたことによって、RERは文化の歩みが何たるかを一般に教えている。

　かつてオルセー駅は、オーステルリッツ駅〔→オーステルリッツ駅〕を経てスペインへと向かう国際特急列車の発着駅だった。そのプラットフォームには、国際寝台車会社の豪華な車輛が並んでいたものだった。パリ最後の巨大駅であるそれは、1900年7月14日に開業しているところからして、メトロと同時代の施設といえる。

　建築家のヴィクトル・ラルーはこの駅舎の正面に、それぞれジャン＝バティスト・ユーグ〔1849-1930〕、ローラン・オル・マルケスト〔1848-1920〕、ジャン＝アントーワヌ・アンジャルベール〔1845-1933〕の作になるボルドー、トゥールーズ、ナントの3都市を象徴する重厚な彫像を載せた。オーステルリッツ駅を結ぶ全長4キロメートルの線路は、それだけで4000万フラン、土地代は1000万フラン以上かかった。だが、共和国は豊かだった。その豊かさを、共和国はさまざまなモニュメントで証明しようとしたのだ。そんなオルセー駅にスペインからやってきた列車の停車地点が、今ではRER駅となっている。

## サン＝ミシェル＝ノートル＝ダム（Saint-Michel-Notre-Dame）駅

　ノートル＝ダム司教座大聖堂は、オスマン男爵〔→序文、サン＝マンデ＝トゥーレル駅、レンヌ駅〕によって、それを取り囲む中世からの家屋の残滓が取り除かれ、さらにヴィオレ＝ル＝デュク〔→シテ駅〕が自分の好みに合わせて聖堂を改築・完成させなかったなら、世界でもっとも観光客の多いスポットとはならなかっただろう。

　長い年月の間、大聖堂は幾度となく破壊という憂き目にあい、それゆえナポレオン1世が皇帝の戴冠式をここであげた当時〔1804年〕、昔の面影はほとんど残っていなかった。大革命期には、その祭壇は陸軍病院用のワイン樽倉庫にすらなっていた。まさに堂宇は取り壊される寸前だった。だが、第2

帝政下で、ヴィオレ゠ル゠デュクが尖塔を修復し、正面を飾るため、新しい彫像もつくらせた。彼はこの大聖堂［1225年に基本的な部分が完成したが、全体の最終的な竣工は1345年］を、自分のイメージで1330年当時の姿に改築しようとした。パリ市民たちはそれに驚きの声をあげた。だが、聖ナポレオン１世の誕生日である1863年8月15日に、大聖堂が再び信仰の場となるまでには、何年もの工事が必要となった。カトリックたちの投票行動をつねに監視していた皇帝ナポレオン3世［在位1852-70］にとって、まさにそれは格好の宣伝作戦となった。

## オーステルリッツ駅 → 6 号線

### ブルヴァール・マセナ（Boulevard Masséna）駅

　元帥の名に大通り（ブルヴァール）の名を加えることで、RERはそれなりの距離を置いている。つまり、この駅名は軍人に格別の敬意を払うつもりはないということを示している。彼の名を冠した大通りが地上にあるということを、利用者たちにたんに告げているだけなのだ。

　たしかにアンドレ・マセナ［1758生。元帥昇格は1808年］は帝政を代表するような元帥ではない。軍事的な偉業を成したわけでもない。1793年に将軍となったこのリヴォリ公は、イタリア遠征の間、ボナパルトから「勝利のいとし子（アンファン・シェリ）」と渾名されていた。1799年、チューリッヒの決戦を制した彼は、1796年から97年にかけての一連のイタリア遠征の際、とくにジェノヴァやナポリで荒稼ぎをした［170キロメートルをわずか2日で走破して「勝利のいとし子」と呼ばれた彼はまた、体系的な略奪によって「勝利の悪ガキ（アンファン・プーリ）」とも渾名された］。さらにエスリンク［→ペルポール駅］やワグラム［→序文、ワグラム駅］、あるいはイギリス軍相手に戦ったポルトガル［1810年］で、多少とも際立った働きをした。1814年、退位したナポレオンを去ってブルボン王家を支持したのは彼だけではないが、ナポレオンから託されたマルセイユ部隊を引き連れて、エルバ島から船出した元皇帝を執拗に追いかけた。そして1817年4月4日、マセナは裕福なまま没する。

# 7号線 ⑦ ⑦bis

ポン＝ヌフ駅。向こうに見える建物は老舗デパートのサマリテーヌ（2011年秋現在閉店中）

# 7号線

**7** **7bis**

プラス・ディタリ駅 ～ ポルト・ド・ラ・ヴィレット駅

メリー・ディヴリ駅 ～ ヴィルジュイフ駅 ～ ラ・クルヌーヴ駅
《開業1910年（支線1967年）、営業距離22.4 km（3.1 km）、駅数38（8）》

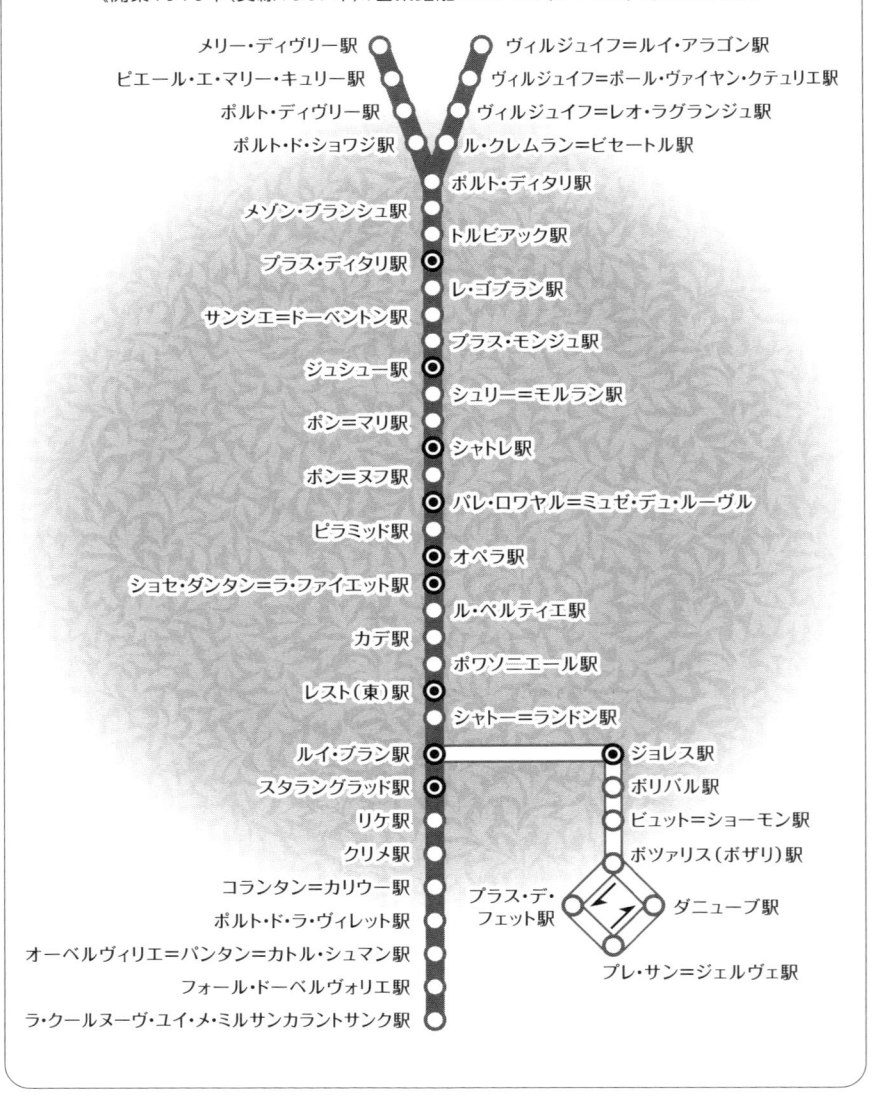

- メリー・ディヴリー駅
- ピエール・エ・マリー・キュリー駅
- ポルト・ディヴリー駅
- ポルト・ド・ショワジ駅
- ヴィルジュイフ＝ルイ・アラゴン駅
- ヴィルジュイフ＝ポール・ヴァイヤン・クテュリエ駅
- ヴィルジュイフ＝レオ・ラグランジュ駅
- ル・クレムラン＝ビセートル駅
- ポルト・ディタリ駅
- メゾン・ブランシュ駅
- トルビアック駅
- プラス・ディタリ駅
- レ・ゴブラン駅
- サンシエ＝ドーベントン駅
- プラス・モンジュ駅
- ジュシュー駅
- シュリー＝モルラン駅
- ポン＝マリ駅
- シャトレ駅
- ポン＝ヌフ駅
- パレ・ロワヤル＝ミュゼ・デュ・ルーヴル駅
- ピラミッド駅
- オペラ駅
- ショセ・ダンタン＝ラ・ファイエット駅
- ル・ペルティエ駅
- カデ駅
- ポワソニエール駅
- レスト（東）駅
- シャトー＝ランドン駅
- ルイ・ブラン駅
- ジョレス駅
- スタラングラッド駅
- ボリバル駅
- リケ駅
- ビュット＝ショーモン駅
- クリメ駅
- ボツァリス（ボザリ）駅
- コランタン＝カリウー駅
- プラス・デ・フェット駅
- ダニューブ駅
- ポルト・ド・ラ・ヴィレット駅
- オーベルヴィリエ＝パンタン＝カトル・シュマン駅
- プレ・サン＝ジェルヴェ駅
- フォール・ドーベルヴォリエ駅
- ラ・クールヌーヴ・ユイ・メ・ミルサンカラントサンク駅

7号線は南北を結ぶ新しい軸である。1号線（ポルト・ドルレアン駅〜ポルト・ド・クリニャンクール駅）の東側を通って首都を縦断するこの路線は、ジュシュー駅とシュリー＝モルラン駅の間でセーヌ川を越える。

敷設工事の問題はいかにセーヌを横断するかにあった。1910年、まず、ポルト・ド・ラ・ヴィレット〜オペラ区間が完成し、翌年には支線（bis）のプレ・サン＝ジェルヴェ〜ルイ・ブラン区間が開通した。そして第1次大戦中の1916年には、オペラ〜パレ＝ロワヤル区間がつながった。だが、パレ＝ロワヤルとポン＝マリ区間が開通するには、それから10年待たなければならなかった。セーヌ河岸まで達しながら、それを越えることができなかったからだ。1930年6月3日、路線はシュリー＝モルラン駅まで延びた。そこから左岸へ渡れるのだろうか。

しかし、1931年、ついに渡河は実現した。同年4月26日、シュリ＝モラン〜プラス・モンジュ間が開通したのである。これにより、7号線はすでに開業していたポルト・ド・ショワジ〜ポルト・ディヴリー間と結ぶことができた。1946年には、メトロはメリー・ディヴリーまで走るようになった。そして79年には北のフォール・ドーベルヴィリエまで、87年にはラ・クルヌーヴまで延長された。南へはル・クレムラン＝ビセートル、次いでヴィルジュイフにまで延びた。首都でもっとも長い路線のひとつが、こうして全線開通したのである。

**ヴィルジュイフ＝ルイ・アラゴン（Villejuif-Louis Aragon）駅**
メトロは極左の周縁的想像力である。第2次大戦後におけるフランス共産党の偶像たちは、路線の端、すなわちパブロ・ピカソ駅［→5号線］からルイ・アラゴン駅にかけての周縁部にしかるべき場所を見つけたからである。むろんそこでは、レジスタンス（対独抵抗運動）に身を投じて「銃殺された7万5000人の党」［フランス共産党のこと］の英雄たちのことも忘れてはならない。メトロはそれとは無縁だが、戦後、共産党系市当局によって選ばれた地上の地名に、なおも地下で花をもたせている。ルイ・アラゴン[1]にとって、それはひとつのチャンスとなった。軍隊経験はさておくとして、『様式論』［1928年］の著者であり、レジスタンスの詩人で、『バーゼルの鐘』［1934年］や『オーレリアン』［1944年。『バーゼルの鐘』や『お屋敷町』（1936年）とともに、4部作『現実世界』に含まれる］の作家でもあった彼は、親友の繊細な詩人ポール・エリュアール［1895-1952］と同様、メトロのパンテオンにその

名が刻まれることはなかった。しかし、7号線がヴィルジュイフまで延長されて、彼の名が駅名につけられるという僥倖に浴したのだ。「お屋敷町」からは離れているが、何もないよりはいいだろう。
1．1897-1982。ダダイストやシュールレアリストとして知られるが、1927年にフランス共産党に入り、終生党員として活動した。

## ヴィルジュイフ＝ポール・ヴァイヤン・クテュリエ（Villejuif-Paul Vaillant Couturier）駅

　ポール・ヴァイヤン・クテュリエ［1892生］はパリ・レジスタンスの殉教者ではない。1937年に没した彼は、最初「ジュルナル・デュ・プープル（民衆紙）」の編集者となり、フランス社会党の左派として長い間闘い、1920年のトゥール会議[1]のあと、レーニン［1870-1924］の演説に耳を傾ける共産主義者インターナショナル・フランス支部に入った。翌年、29歳で中央委員会入りした彼は、1919年から28年まで下院議員を務めた。やがてポワンカレ［→シャンゼリゼ＝クレマンソー駅］率いる右派の台頭で落選するが、共産党の機関紙「ユマニテ」紙の主幹となり、同時に革命派作家たちの機関週刊誌「コミューン」［共産党系雑誌で、1933年から39年まで刊行された］の編集も担うようになる［その間、クテュリエは1929年から37年までヴィルジュイフ市長を務めた］。共産党内におけるこうした立場により、彼は人民戦線政府［→ポン・ド・ヌイイ駅、アナトル・フランス駅］において重要な役割を演ずることになり、1936年、下院議員に返り咲いた。モーリス・トレーズ[2]やジャック・デュクロ［→クロワ・ド・シャヴォー駅］の共産党にあって、クテュリエはまさに1920年代の理想主義的で、こういってよければ、サン＝ジュスト的な志操堅固の知性派・革命主義者だった。
1．社会主義労働者インターナショナル・フランス支部の会議で、共産主義者インターナショナル・フランス支部（のちのフランス共産党）が創設された。
2．トレーズ（1900-64）は1930年から没年までフランス共産党書記長を務めた。スターリンの信頼厚く、1956年のハンガリー動乱ではいち早くソ連を支持した（→メリー・ディヴリー駅）。

## ヴィルジュイフ＝レオ・ラグランジュ（Villejuif-Léo Lagrange）駅

　共産党に続いて、フランス社会党もまた、ヴィルジュイフのメトロ駅に独自の表示板をもつという栄誉にあずかっている。ただし、ここに登場するレ

オ・ラグランジュ[1]とはいささか桁はずれな人物である。1900年にフランス南西部ドルドーニュ地方のブール=シュル=ジロンドに生まれたこの弁護士は、32歳で北仏ノール県選出議員となり、鉱工業地区の地元に青少年向けのスポーツ設備がないことに衝撃を受ける。こうして彼は青少年運動の使徒となり、1936年の人民戦線勝利後、レオン・ブルム内閣［→ポン・ド・ヌイイ駅、アナトル・フランス駅］に入って重きをなした。

　この政権はあえて第3共和政の型にはまった政治的枠組みを打ち破ろうとして女性を国務大臣に登用し、セネガル人にも海外領土の代表として大臣ポストを与えた。スポーツ・余暇担当国務次官となったレオ・ラグランジュは、スキー学校を創設して、身体教育を助長するため、国民スポーツ検定証（BSP）を考案した。多くの労働者が夏、自由に有給休暇がとれるようにもした。さらに、それぞれ好みのスポーツに興じることができる滞在地にヴァカンス客を受け入れるため、国民ツーリズムの大枠を考え出しもした。若者たちに「生きる喜びと誇り」をもたせようと、彼はヴァイヤン=クテュリエ［→前駅］と同様にレジスタンスの禁欲精神を認めていなかったが、1940年、前線［北仏エーヌ県エヴェルニクール］で戦死してしまう。

1．ラグランジュはSFIO（社会主義労働者インターナショナル・フランス支部）の機関紙「ポピュレール（民衆）」を主幹し、レオン・ブルムの人民戦線内閣に加わり、ナチスの政治道具と化したベルリン・オリンピックに抗する、バルセロナ民衆オリンピックの開催（フランコ勢力により頓挫）に尽力した。

## ル・クレムラン=ビセートル（Le Krémlin-Bicêtre）駅

　興味深いことに、ル・クレムラン=ビセートルは奇妙な二重の名をもつ町である。ここがまだ村だった頃、パリの野次馬たちは居酒屋「オ・セルジャン・デュ・クレムラン（クレムリンの下士官）」の看板を目あてにやってきた。ガレー船の徒刑囚たちがロシュフォールやブレストへと出発するさまを見るためにである。たしかにこの村は東へと向かう街道沿いにあり、ナポレオン軍もここを通ってモスクワをめざした。それはまた惨みな帰還の街道ともなったのだが…。

　一方、ビセートルという呼称は、百年戦争時［1337-1453年］、イングランドによって国土が占領されたことを想い起こさせる。呼称自体はイングランド王の個人的名代だったウィンチェスターの司教［ジャン・ド・ポントワズ（生没年不詳）。廃墟と化していた村を買い取り、ここに城を建てたとされる］

に由来する［ビセートルはウィンチェスターの転訛］。ガレー船徒刑囚やコサック人、さらにイングランドの占領兵士たちがクレムラン＝ビセートル村を築き、それがいささか風変わりな駅名となったのである。そして現在、メトロはかつての小邑の名をなおも保っている衛星都市を走る。

## メリー・ディヴリー（Mairie d'Ivry）駅

　この小さなイヴリー＝シュル＝セーヌの町は、住民数６万以上を数え、モンリュソン［フランス中央部クレルモン＝フェラン近郊の郡庁所在地。人口３万9500（2008年）］のような市よりも多い。エヴリーとイヴリーはいずれもローマないしガリア＝ローマ時代の呼称で、かつてここが、エブリウスないしイヴレオと呼ばれていた教養と力のある領主の土地だったことを物語っている。そんなイヴリー＝シュル＝セーヌで繰り広げられた政治劇で最後の主役となったのは、フランス共産党の指導者だったモーリス・トレーズ［→ヴィルジュイフ＝ポール・ヴァイヤン・クテュリエ駅］である。32歳でイヴリー選出下院議員となり、繰り返し市長（ないし町長）に選ばれたこの「人民の息子」は、北仏ノール県の出身で、地元の炭鉱で組合活動家としての経験を積んだ。そして共産党がその左翼的な自主権を暴力に訴えてでも勝ち取ることを主張していた1920年代に、本格的な革命戦士としての召命を受けた。反ファシストの名のもとで連帯という神秘学に戻ったトレーズは、大同団結した人民戦線の共産党指導者となり、イヴリー市庁舎をパリ郊外における共産主義活動のメッカにした。

## ピエール・エ・マリー・キュリー（Pierre et Marie Curie）［旧ピエール・キュリー］駅

　イヴリーにはピエール＝エ＝マリ＝キュリーと呼ばれる通りがある。ピエール・キュリー［1859-1906］はパリ大学科学部の助手時代に放射能を発見している。さらにポーランド出身のマリア・スクウォドフスカ［1867-1934］と結婚［1895年］する以前に、すでに「キュリー点」［強磁性体が常磁性体に変化する転移温度のこと。キュリー温度ともいう］を見つけてもいた。1904年、彼はソルボンヌの物理学教授となり、51歳になった95年、科学アカデミーの会員に選ばれる。

　一方、妻のマリー（マリア）もまた、1898年に新元素ポロニウムとラジウムをあいついで分離することに成功して名を馳せた。こうして1903年、

夫妻にノーベル物理学賞が授けられることになる。それからまもなくピエールは他界するが、死因は放射能の汚染によるものではなく、荷馬車に轢かれての事故死だった。夫の死後、マリーはその講座を担当するようになるが、女性が教授として教壇に立つのはソルボンヌ史上初めてのことだった。そして1911年、彼女はただひとり、ノーベル化学賞を受賞する。

### ポルト・ディヴリー（Porte d'Ivry）駅

　イヴリーとショワジー、それにイタリの3か所にある市門（ポルト）は、かつて市壁の一部だった。市壁の撤去後、イヴリーの土地の大部分はパリ市に組み込まれた。あとに残った土地は無人だった。イヴリー門に立つ境界標は、首都の外側に位置していたここに大集落があったことを示してるが、やがて「元帥大通り（ブルヴァール・デ・マレショー）」［→ポルト・ディタリ駅］と呼ばれた環状道路が境界となる。

　駅を出ると、巨大なスタジアムが見える。ジョルジュ・カルパンティエ・スタジアムである。このボクサーは1920年、合衆国のバトリング・レヴィンスキー［1891-1949］と対決してこれを倒し、ライト・ヘビー級の世界チャンピオンとなった。だが、1921年、ジャージー・シティでジャック・デンプシー［1895-1983］にKOで敗れ、その偉業の更新はならなかった[1]。

　だが、カルパンティエの世界的な栄光は大きなものだった。テレビはまだ試合の模様を放映していなかったが、新聞が十二分にそれを報道したからだ。にもかかわらず、このボクサーのためにポルト・ディヴリーの駅名を変えようとはしなかった。残念なことだが、おそらく彼は、メトロ駅の壁にそのポスターが貼り出された最初のスポーツマンだった。

1．この試合はヘビー級であり、ライト・ヘビー級のチャンピオン・ベルトは翌21年、バッファローで、フランス国籍だが、セネガル出身のバトラン・シーキー（1897-1925）に敗れるまで保持した。シーキーはこの勝利により、史上初の黒人世界チャンピオンとなる。

### ポルト・ド・ショワジ（Porte de Choisy）駅

　ショワジー＝ル＝ロワはガリア＝ローマ時代の領主カウシウス［詳細不明］の領地だった。ヴィトリーと同様、古い耕作村だったここは郊外都市へと変貌した。現在のショワジー大通りは、ルテティア［パリ（シテ島）の旧称］からルグドゥヌム［現リヨン］へと向かうローマ時代の街道を、近代になって命名したものである。すべての道はローマに通じるというが、たしかにこ

の大通りもそうだった。とすれば、7号線のこの駅はローマ街道の出口で誕生したことになる。称えてよいかもしれない。土木作業員たちはトンネルを掘った際、あるいは有名な舗石の欠片を見つけたのではないか。ともあれ、乗客たちをポルト・ド・ショワジーからパリのサン＝ルイ島まで運びながら、メトロはパリに入る最古の門を示しているのだ。

## ポルト・ディタリ（Porte d'Italie）駅

　ここは1840年に完成したティエールの市壁［→序文］の一部をなす、要塞化された市門のひとつである。この市壁は本格的な防壁で、全長39キロメートル。敵を寄せつけないために幅115メートルもの堀をめぐらし、95もの稜堡を備えていた。これらの稜堡を含む市壁の内側には戦略的な道がめぐらされ、砲兵部隊の移動を可能にしていた。やがて市壁が取り壊されたのち、軍用通りと呼ばれていたそれは、パリの市域を取り囲んで走る環状道路である元帥大通りとなる。この大通りは、市壁の近く、砲弾や銃弾を発射することができた奥行き200メートルの斜堤に沿って築かれた。これにより、パリに入るにはポルト・ディタリ（イタリア門）を越える必要がなくなった。市壁はすでに1871年のパリ・コミューン時に撤去されており、残っているのは砦だけだった。そしてポルト・ディタリという呼称は、大通り［とメトロ駅］の呼称に残るだけとなっている。

## メゾン・ブランシュ（Maison Blanche）駅

　7号線はメゾン・ブランシュ（白い家）駅で枝分かれしている。一方はメリー・ディヴリー方面行き、もう一方はヴィルジュイフ方面行きである。

　メゾン・ブランシュという命名は、ワシントンにあるホワイトハウスのコピーなどではない。それはかつてイタリアへと続くローマ街道沿いのあった小邑の名なのである。19世紀末、新たに移住してきた人々で溢れた小教区のため、数多くの新しい教会堂が旧市壁地区に建てられた。使命感に燃えた司祭ミラモンは、資金をかき集めて教会堂の建設を始める。これがサン＝タンヌ・ド・ラ・メゾン・ブランシュ教会である。たしかに隣駅トルビアックのすぐ近くには、メゾン・ブランシュ通りが走っている。にもかかわらずのメゾン・ブランシュ駅はより近くの通り、たとえば元首相で、所得税の不滅の導入者でもあるジョゼフ・カイヨー［→序文、サン＝ジャック駅］の名を冠した通りの呼称を選ばなかったのだろうか。疑問は残る。

## トルビアック（Tolbiac）駅

　トルビアック駅は興味深い。496年、フランク王国の戦士王クロヴィス１世［465頃-511］が、ケルン近くでゲルマン系のアラマン族を破った有名なトルビアックの戦いを、パリ市当局が祝おうとしたのは驚きに値する。この変則的な事例の説明としては、以下の２つの理由が考えられる。

　フランク王国の運命はトルビアックにおけるクロヴィス王の勝利ではなく、戦いに先立って、王が勝利の暁にはキリスト教に改宗すると誓ったことで決まった。それ以来、聖職者たちは、ガリア＝ローマの地にキリスト教君主国を建設した、この新たなコンスタンティヌス［ミラノの勅令によってキリスト教を公認したローマ皇帝コンスタンティヌス帝（在位306-37）］を称えるようになった。

　トルビアック通りは1863年に開通しているが、ローマ教皇との関係が険悪だった第２帝政は、カトリック的な世論に満足感を与えようと腐心していた。さらに、歴史家オーギュスタン・ティエリ［→エドガー・キネ駅］の登場によって、メロヴィング朝の歴代王の再評価が正史のうちに組み込まれるようになってもいた。クロヴィスの事績が取り上げられた所以である。

　だが、面妖なことに、首都の通りの命名ではメロヴィング朝が他を圧している。事実、パリにはクロヴィス通りやクロティルデ［475頃-545。夫クロヴィスをアリウス派から改宗させたとされる］通り、クロタール［497-561。クロヴィス１世の息子］通りがある。ただし、ダゴベルト１世［600頃-639頃。サン＝ドゥニ修道院の創建者］の通りはない。彼が不安定な生涯を送り、加えて、パリよりもパリ北西のクリシーを好んでいたからである［クリシーには彼の居城があった］。

## プラス・ディタリ駅 →５号線

## レ・ゴブラン（Les Gobelins）駅

　レ・ゴブラン駅は、セーヌに流れ込む小さなビエーヴル川の河岸に15世紀に建てられた、有名な工場の名を冠している。この小川は現在では暗渠化されているが、ビエーヴル通りは残っている。

　では、ゴブランなる呼称は何に由来しているのか。工場の創建者であるジャン・ゴブラン［生没年不詳］の名からである。フランドル地方出身の職人だった彼は、カネイエ家と共同で布地を紅く染める技術を用いた。当時、こ

の色は「緋色」と呼ばれていた。ゴブラン工場はもっとも有名な画家たち、たとえばル・シュエ[1]やミシェル・コルネイユ、フィリップ・ド・シャンペーニュらのデッサンを、驚くほど繊細な配色によって再生産した。

　ルイ14世時代、財務総監のジャン＝バティスト・コルベール［1619-83］は、この工場全体を購入して国立作業場とし、シャルル・ルブラン[2]に経営をゆだねた。これにより、あらゆる工芸分野にまたがる最上の職人たちを呼び込み、数多くの傑作が生産できるようになった。そして以後、ゴブランで作られた製品［とくにゴブラン織り］がすべての時代を彩るようになる。

1．ル・シュエないしウスタシュ・ルシュエ（1616-55）はパリ生まれの画家で、フランス古典派の創始者のひとり。バロック様式の作品を遺し、「フランスのラファエロ」と称された。コルネイユ（父、1601頃-64）はオルレアン出身で、王立絵画・彫刻アカデミーの創立会員。歴史画を数多く手がけた。ル・シュエの親友。シャンペーニュ（1602-74）はブリュッセル生まれ。ルーベンスの工房に入るのを断ってパリに出て、ラオン学寮でフランス近代絵画の祖とされるニコラ・プーサン（1594-1665）の知己を得る。マリー・ド・メディシス（1575-1642）とリシュリュー枢機卿（1585-1642）の寵を得た。

2．ルブラン（1619-90）はパリ出身。国璽尚書ピエール・セギエ（1586-1672）の庇護を受け、プーサンとともにイタリアに遊学して画業を積み、1648年、シャンペーニュとともに王立絵画・彫刻アカデミーを創設する。1662年、貴族に叙され、国王筆頭画家となる。アカデミー・フランセーズ創立会員で、ヴェルサイユ城の装飾を手がけた。

### サンシエ＝ドーバントン（Censier-Daubenton）駅

　1965年まで、この駅はサンシエ＝ドーバントン＝アル＝オー＝キュイールと呼ばれていた。アル＝オー＝キュイール（皮革市場）とは、ビエーヴル河岸に数多くいて、その仕事ゆえにひどい悪臭を一帯に放っていた皮なめし業者の市を意味する。13世紀に創設された市場は、呼称だけが地名として残っていたが、やがてそれは正体不明の人物と曖昧な地名を結びつけた二重呼称にとって代わられた。いったい今日、だれがルイ・ジャン・マリ・ドーバントン［1716-99］のことを覚えているだろうか。

　じつはドーバントンは、正体不明どころか、生前にはきわめて高い評価を受けていた。ブルゴーニュ地方出身のこの博物学者［医師でもあった］は、ビュフォン［→パストゥール駅］の大著『一般と個別の博物誌』の協力者で

あると同時に、ありがたいことに、フランスの農村部に上質な羊毛を提供してくれるメリノ種の羊を招来してもいるのだ。コレージュ・ド・フランスやアルフォール獣医学校、自然史博物館、さらに高等師範学校の教授という名誉を手に入れた彼は、1799年には元老院議員にもなった。

一方、サンシエとは人名ではなく、地名である。当初、その通りはサン゠シエ（Sana-Chief「無頭」）と呼ばれていたが、やがて表記が変わってサンセ（Sancée）、ついでサンセ（Cencée）、そして今日のサンシエ（Censier）となった。

## プラス・モンジュ（Place Monge）駅

メトロはこの駅に人物だけでなく、広場（プラス）の名をつけることで、ガブリエル・モンジュ［1746-1818］と多少なりと距離を置いている。ル・ボーノワ・ガスパール・モンジュは画法幾何学の考案者だが、その大枠は、彼が北仏アルデンヌ地方のメジエール工兵士官学校で下役を務めていた時期に発見している。フランス革命初期に熱心に活動した彼は、公安委員会［→ロベスピエール駅］の海軍大臣となり、国家防衛を確実なものとするために科学的手段を導入する役目を担った。また、ボナパルトとともにエジプト遠征に参加してもいる。1794年、モンジュ駅からさほど遠くない場所に設けられた、国立中央土木学校（のちの国立理工科学校）の創設者のひとりで、やがてフランスに科学的な人材を幾世代にもわたって供給することになるこの最高学府の出発を、きわめて間近から見守った。

## ジュシュー（Jussieu）駅

かつてこの駅はジュシュー゠アル・オー・ヴァン（ワイン市場）と呼ばれていたが、ナポレオン1世が設けた市場の場所に大学が建てられたのち、現在のように改称され、ジュシューだけとなった。ただし、クリュニー゠ラ・ソルボンヌ駅［10号線］はあるが、ジュシュー゠ウニヴェルシテ駅はない。

さて、ジュシューであるが、これはある一族の名で、代々植物学や博物誌に携わっていた。ベルナール・ド・ジュシュー[1]（1699-1777）やその甥のアントワヌ・ローラン（1748-1836）の成功以来、まさにそれはリヨン出身のこの一族の天職とでもいうべきものだった。自然科学におけるこれらジュシュー一族の研究は基本的なもので、彼らはリンネ［1707-78］の古い植物分類に代わる新しい分類法を確立した。アントワヌ・ローランの息子アド

リアン［1797-1853］は、父の後任として自然史博物館の館長となった［1853年、科学アカデミー院長］。

　この驚くべき一族は、1世紀もの間、植物学研究の先端を走り続けたが、自然史博物館に付属するパリ植物園はそんな彼らジュシュー一族に多くを負っている。

1．ベルナールは有名なジュシュー3兄弟の2番目で、兄のアントワヌ（1686-1758）は植物学者で医師。有名な植物園を擁するモンペリエ大学で医学を修めたのち、ノルマンディーやブルターニュ地方で薬用植物の採集を行い、同園の植物学教授となる。1711年に科学アカデミー会員に推された彼は、ファゴンの命でスペインやポルトガルでも薬草採集を行い、1720年にはアンティル諸島からコーヒーノキを招来してもいる。ベルナールはイベリア半島での兄の薬草採集に加わったあと、1720年にモンペリエ大学で医師の学位をとるが、医業を棄てて植物学に転じ、22年から没年まで王立薬草園の教授をつとめる。リンネの植物分類を修正し、単子葉植物と双子葉植物を分けるなど、植物の形状にもとづく新たな分類法を提唱した。末弟のジョゼフ（1704-79）は、医学と博物学を学び、1735年、自然科学者で探検家のシャルル・ド・ラ・コンダミヌ（1701-74）を団長とする経線弧測定調査隊に、植物学者として加わってペルーに赴き、1740年まで南米で博物学の研究を続ける。その功績のうち、キニーネを抽出するキナノキにかんする研究は有名。1758年、科学アカデミー会員となる。兄弟たちの甥のアントワヌ＝ローランはベルナールの植物分類法を発展させ、1794年、パリ植物園内に新設された国立自然史博物館の館長となり、さらに1808年から26年までパリ大学医学部の植物学教授も務めた。この植物園に近接するパリ第7大学ジュシュー校は、彼の名に由来する。

### シュリー＝モルラン（Sully-Morland）駅

　7号線のセーヌ渡河工事は長い時間を要した。そこでは川水の浸水を防ぐため、全長678メートルものチューブ状のシールドが用いられた。右岸では曲線状の地下道を掘り、左岸では国鉄のオルレアン線が走るトンネルのすぐ下を掘らなければならなかった。この工事は工期だけでなく、費用も膨大なものとなった。そしてようやくメトロはシュリー＝モルランに到達するようになる。

　二重駅名にあるシュリー公マクシミリアン・ド・ベテュヌ[1]はこの一角に邸館を構え、「パリは1回分のミサに相当する」［「なくてはならないものなら

ば、大きな犠牲を払う価値がある」の意〕がゆえに、しぶしぶカトリックに改宗して即位したユグノー教徒のアンリ4世〔在位1589-1610〕の財務卿を務めた。

一方、フランソワ・ド・モルラン〔1711-1805〕は、警視総監〔このメトロ駅近くにパリ警視庁がある〕ではなくナポレオン親衛隊の連隊長である。1805年、彼はモラビアのプラッェン高地で、ロシア皇帝アレクサンドル1世〔在位1801-25〕麾下の近衛騎兵隊に対する有名な任務を指揮し、アウステルリッツでの勝利を確実なものとした。第2帝政期〔1852-70年〕には、パリの大通りにそんな彼の名がつけられている。

モルランはまたパリ大学医学部の医学生の間で有名である。アウステルリッツの戦い末期に戦死したその遺骸がよく保存されるよう、ラム酒の樽に安置されたからだ。そして遺骸は樽ごとパリに送られ、長い間ミイラ状態で保存されて、医学生たちの標本となった。

1．シュリー公（1559-1641）は財務卿として、新貴族の免税特権を廃止する一方、手工業の促進や疲弊した農村の立て直しなどによって危機的な国家財政の再建に尽力した。彼はまたアンリ4世に改宗を勧めながら、みずからはユグノーにとどまった。なお、「パリは・・・」の言葉は、国王アンリ4世（在位1589-1610）が改宗時に言ったとされる。

## ポン゠マリ（Pont-Marie）駅

ポン゠マリ（マリ橋）駅は聖母マリアではなく、クリストフ・マリという橋脚工事請負人を称えている。彼を採用した国王ルイ13世〔在位1610-43〕はこの橋を石造りにするよう命じたが、1614年の起工式に臨席したのは母后マリ・ド・メディシス〔1575-1642〕で、国王は礎石を据えただけだった。工事は予定よりわずか16年遅れただけで〔1635年竣工〕、5本の橋弧に支えられた橋の上には何棟もの家屋が乗った。だが、危うく橋が流されそうになった1658年の洪水で、これら橋上家屋の1軒に住んでいた2人の公証人は、記録文書ともども水にのまれた。そして1788年、橋上家屋は最終的にすべて姿を消した〔正確にいえば、1658年の洪水では橋弧2本と20棟が流され、60年に木造橋で再び開通するが、69年、橋上に家屋を建てることが全面的に禁止された〕。この頃には、ポン・マリ橋は補強されていた。

今日、セーヌを走るバトー゠ムーシュ（遊覧船）はポン゠マリの5本の橋弧を苦心しながらすり抜けている。ポン゠ヌフ橋とならんで、首都で最古の

この橋は、全長が92メートルしかないからだ。メトロもまた、セーヌ河床の下を通る際には、橋杭を徒に揺さぶったりしないよう、最大限の注意が払われている。

## シャトレ駅 → 1号線

### ポン＝ヌフ（Pont-Neuf）橋

　このメトロ駅を上がると、セーヌ右岸、旧ラ・サマリテーヌ百貨店真向かいにあるポン＝ヌフ（新橋）のたもとに出る。国王アンリ4世［在位1589–1610］によって築かれた［1607年竣工］ポン＝ヌフは、橋弧のうえに商店や家屋のない最初の橋である。だが、右岸のたもとには、つねに物売りたちが数多く集まっていた。

　ラ・サマリテーヌは、モネ（造幣局・貨幣法院）通りとポン＝ヌフ通りの角にあったまた貸しのカフェ内に、エミール・コニャック[1]が店開きしたのが最初である。もともとこの呼称は、1813年までポン＝ヌフ橋にとりつけられていた水揚げポンプの呼び名だった。やがてコニャックは、ボン・マルシェ［→序文、ブシコー駅］の売り子をしていたマドモワゼル・ジェと結婚する。1905年、2人の店は巨大なものとなった。当時、メトロはまだ開業していなかったが、すでに鉄製の建物がひときわ高く空に突き出ていた。1927年には、これに新たな店が加わった。この新製品の店は、国王ルイ＝フィリップ［在位1830–48］の時代に繁盛していた、オ・ディアブル・ボワトゥー（跛者の悪魔屋）やラ・フィユ・マル＝ガルデ（不用心な娘）といった同業店は、やがて閉店を余儀なくされた。こうしてポン＝ヌフはラ・サマリテーヌに幸運をもたらし、1926年にはさらにメトロ駅を有するまでになる。

1．コニャック（1839–1905）はフランス中西部レー島出身。父と死別して3年後の1854年、パリに出た彼は、1867年、テュルビゴ通りに初めて自分の店「オ・プティ・ベネフィス（薄利屋）」を開く。だが、売り上げ不振で倒産し、ポン＝ヌフ橋の河岸、かつてサマリテーヌの水揚げポンプがあった場所で路上生活に入る。そして、日傘の下で、赤いトルコ綿布をかぶせたケースに布地を並べて売り、「露天商いのナポレオン」の異名をとるほど成功する。本文にあるラ・サマリテーヌは、開業5年後の1875年に年間売り上げが80万フランだったが、82年には600万フラン、さらに98年には5000万フラン、コニャックが没して20年後の1925年にはついに10億フランを突破するまでになる。その間、この百貨店はセ

ーヌ河岸のリヴォリ通りに、アール・ヌーヴォー様式の広大な4店舗を次々と開業させている。一方、1900年頃から、彼は、フランス東部オート＝サヴォワ県出身の妻マリ＝ルイズ・ジェ（1838-1925）とともに、百貨店に展示するための美術品を収集し始めてもいる。1928年、この膨大なコレクションはパリ市に寄贈され、これが現在、夫婦の姓を結びつけたコニャック＝ジェ美術館（カピュシヌ大通り25番地）となっている。こどもに恵まれなかった彼らはまた、1916年、産院や老人ホーム、職業訓練学校、孤児院などに資金援助を行う慈善団体も創設している。

**パレ・ロワヤル＝ミュゼ・デュ・ルーヴル駅 → 1号線**

### ピラミッド（Pyramides）駅

　1802年にピラミッド通りがリヴォリ通りから分かれて開通した時点では、ルーヴル宮のガラス張りのピラミッドを建設することなど、とてもできる相談ではなかった。この通りは、1798年にボナパルトがエジプトでオスマン軍を破った勝利を記念して命名された。当時、一帯はエジプト様式一色で、家々の装飾はエジプトを想い起こさせていた。女性たちは古代エジプト風にヴェールや絹モスリンの服をまとい、皇妃ジョゼフィーヌもクレオパトラを気取っていた。ここを歩けば、スフィンクスの彫像や角錐のピラミッド、さらにエジプト人の女性踊り子たちが目に入った。オベリスクはまだ近くのコンコルド広場に建てられていなかったが（それが建立されたのはルイ＝フィリップ時代［1836年］）、リヴォリ界隈はさながらナイルの影響下にある風でもあった。

**オペラ駅 → 3号線**

### ショセ・ダンタン＝ラ・ファイエット（Chaussée d'Antin-La Fayette）駅

　復古王政時代の19世紀前葉、この一角には裕福なブルジョワや金融資本家たちが数多く住んでいた。彼らは自由な思想の持ち主で、より民主的な王政を望み、愛国的な君主制をフランスで維持し、周囲の貴族だけを対象とするサロンを催していた、セーヌ左岸のフォブール・サン＝ジェルマン地区と対立していた。当時、ここを通っていた道は、そのつやつやした舗石で、周囲の湿地に君臨しており、18世紀初頭にこの界隈に邸館を構えたアンタン

公[1]の名で呼ばれていた。

　ラ・ショセ通りに住んでいたもっとも有名な金融資本家として、プロテスタントの銀行家イサク・マレ[2]がいる。彼が兄弟たちと立ち上げた銀行はすみやかに発展し、影響力を帯びるようになった。以後、マレ一族はつねにフランス銀行に理事を送り込んだ。

　この一角にあったネッケル館は、1798年、銀行家のジュール・レカミエに譲渡されている。画家ダヴィッド［1748-1825］の絵のモデル［『レカミエ夫人の肖像』、1800年］としても知られる有名なレカミエ夫人は、そこでしばしばめくらめくような舞踏会を開いた。ただ、かなり年上だった彼女の夫ジャックは、事業に失敗して、その邸館を別の銀行家モセルマンに売却せざるを得なかった[3]。

　高名な投機家で、ナポレオン軍の納入業者でもあった銀行家のジャン＝フランソワ・ペレゴー［1744-1808。スイス出身の銀行家で、1781年、パリに自分の銀行を創設している］もまた、帝政期と復古王政期にオート・ノス大通りと呼ばれていたショセ・ダンタン通りに邸館を構えていた。

　一方、ラ・ファイエット［→シャン・ド・マルス＝トゥール・エッフェル駅］は、合衆国の独立戦争でイングランド軍の一掃に尽力したのち、フランス国王と革命のために戦ったが、その危険な二心のため、すんでのところでオーストリアに逃げて、断頭台送りをまぬがれた。そして1830年7月、ルイ＝フィリップを国王に即位させるため、再びパリ市庁舎の窓に姿を現すのだった。

1．アンタン公ルイ・アントワヌ・ド・パルデイヤン・ド・ゴンドラン（1665-1736）はモンテスパン侯爵夫妻の嫡子で、王室建造物・公園・庭園の管理長官を務める一方、ロー＝システムによるバブル経済で巨万の富を得た。なお、このシステムについては、拙著『英雄の表徴』、新評論、2011年を参照されたい。

2．マレ（1684-1774）は、北仏ルーアンで羅紗商を営んでいたユグノー教徒の父に連れられてジュネーヴに難を逃れ、1711年にパリに出たのち、「マレ兄弟銀行」を創設する。この銀行は以後、250年間活動を続けるようになる。

3．ネッケル館の所有者はジャック・ネッケル［→マルゼルブ駅］。レカミエ夫人（1777-1849）は美貌をもって知られ、ネッケルの娘でナポレオンと対立していた親友のスタール夫人（1776-1817）とともにスイスに亡命し、ナポレオン退位後の1814年にパリに戻るが、夫ジャック（1751-1830）の死後、貧困に打ちひしがれてアベイ＝オー＝ボワ修道院に隠棲し、盲目のままコレラに罹って他界した。フランソワ＝ドミニク・モセルマン（1754-1840）はブリュッセル出身で、

レカミエ館には1830-38年まで住んだ。

## ル・ペルティエ（Le Peletier）駅

　ル・ペルティエ通りの旧オペラ座は無数のガス灯で照らし出されていた。それは、火災を防ぐためにパリのホールで初めて用いられたガスだった。1859年1月14日、皇帝ナポレオン3世が、革命前のパリで商人頭（市長）を務めていた、ルイ・ル・ペルティエ・ド・モルトフォンテーヌ侯[1730-99。]を記念してル・ペルティエと呼ばれるようになったこの通りのオペラ座で、『メアリー・ステュアート』を皇妃とともに観劇するために出かけた時のことである。護衛の槍騎兵たちが通りを警戒していると、突然3発の爆弾が爆発し、そのうちの2発は皇帝の馬車の下に仕掛けられていた。これにより8人が死亡し、負傷者も156人出た。犯人たちはイタリアの秘密結社カルボナリ（炭焼き）党[1]の元メンバーで、首謀者のオルシーニとピエトリが逮捕され、極刑を宣告されて斬首刑に処された。

　軽傷を負っただけの皇帝は、動転こそすれ、気丈な皇后ともども、歩いてしっかりとオペラ座に向かい、観客たちの喝采に迎えられながら皇帝用のボックス席について、予定通り『メアリー・ステュアート』を観たのだった。それから15年後の1873年、このホールは大火によって完全に破壊されてしまう。ル・ペルティエ駅は見かけこそ何の変哲もないが、じつはこうしたドラマを想い起こさせるのだ。

1．19世紀初頭にナポリ王国で結成されたカルボナリ（フランス語呼称シャルボヌリ）は、リソルジメント（イタリア統一運動）の中核を担った結社で、立憲自由主義を標榜したその協調者たちは、1830年の7月革命でルイ＝フィリップの国王即位にあずかって力があった。だが、革命後、イタリア本土で弾圧され、ルイ＝フィリップの援助も受けられずに解体を余儀なくされた。1831年、その指導者の一人ジュゼッペ・マッツィーニ（1805-72）が亡命先のマルセイユで新たに共和主義的な結社「青年イタリア」を組織する。フェリーチェ・オルシーニ（1819生）はそのメンバーで、亡命先のロンドンでナポレオン3世暗殺を計画をしたという。ピエトリについては詳細不詳。

## カデ（Cadet）駅

　カデ駅の近くには、フリーメイソン・フランス東方社のロッジ（支部）がある。名称の由来となったカデ家は17世紀の庭師一族で、路上に溜まった

大量の汚物を肥料に用いて野菜を作り、高級レストランに売っていた。

　フリーメイソンのタブリエ（羊皮製の前掛け）は、第2帝政期に庭師のそれに取って代わった。グラン・ロッジ［国内ロッジの統括本部］は1857年にカデ通り16番地に置かれ、第3共和政の間［1870-1940年］、当時全国に数多くいたメンバーで体制を支え、寛容な政教分離国家を確立するための戦いを喧伝する活動家たちを援助した。フランス議会の最重要人物たちはこのロッジとかかわっていた。みずからフリーメイソンの秘儀を授からず、つまり正式会員になることなく、たんに「白衣儀式」（加入式）に参列しただけでも、である。実際、フリーメイソン的思想を有する結社は、フリーメイソン会員たちがしかじかの国で促進しようとしていた社会改革をリードし、歴代大統領や閣僚の多くもその会員だった。かつて集会がある日ともなれば、政界や大学、あるいはジャーナリズムのリーダーたちがその考えを披歴する講演を聴きに各地からやって来た会員たちが、カデ通りのメトロ駅を降り立ったものだった。

## ポワソニエール（Poissonniére）駅

　かつてポワソニエール界隈は、鉄道に乗せられる前にロバの背で北海から運ばれてきた、さまざまな魚（ポワソン）の臭いがしていた。第2帝政期以来、そこでは文学者たちの夕食に好意的なレストランの伝統が守られてきた。たとえばレストラン・ブレバンでは、以下のような集まりがあいついで開かれた。ゴンクール兄弟［→序文、ゴンクール駅］が始めた「スパルタ人の午餐（禁欲的夕食）」や、エミール・ゾラ［→レ・アル駅］やフロベール［1821-80］が加わった「生牛肉の午餐」、エドゥアール・ドゥテイユ[(1)]らの画家たちが足しげく通った「リゴベールたちの午餐」、金融資本家や実業家たちが、サント＝ブーヴ［1804-69］やメリメ［→シテ駅］、ヴィクトリャン・サルドゥー［1831-1908。皮肉を利かした風俗劇や歴史劇で一時代を築いた劇作家］といった権力好きな物書きたちと出会った「ビシオ午餐」などである。

　ポワソニエール大通りの一角はまた、新聞社の拠点ともなった。「ル・フィガロ」紙［創刊1826年］はイポリット・ド・ヴィルメサン[(2)]に買収されるまで［1866年］、ここで発行された。モーリス・ビュノー＝ヴァリアの「ル・マタン（朝）」紙もこの大通りに基盤を置き、「ラ・ヌーヴェル・ルヴュ（新雑誌）」やガンベッタ［→ガンベッタ駅］の新聞「ラ・レピュブリック・フランセーズ（フランス共和国）」、アンリ・ロシュフォール［→ピガル駅］の「ラ・

ランテルヌ（ランタン）」も同様だった。ジャーナリストたちはこの地区のレストランにしばしば出かけ、口角泡を飛ばして議論に明け暮れたものだった。

　ポワソニエール駅を最寄り駅とする一帯は、20世紀初頭のパリでもっとも活気があり、そこでは、ジャーナリストたちが時代を代表する知識人たちと隣り合わせ、日刊紙に掲載された記事をめぐって、一種の思想戦争を繰り広げていた。

1．ドゥタイユ（1848-1912）は1870年の普仏戦争に従軍し、その体験などをもとに写実主義的な戦争画を数多く遺した。パリの戦争博物館（1905年開館）の創設にも尽力した。

2．ヴィルメサン（1810-79）はリボン商からジャーナリストに転じ、1839年に、モード・文学・演劇・音楽を取り上げた週刊紙「ラ・シルフィド（大気の小妖精）」を創刊したのを手はじめに、以後いくつかの新聞を手がけた。ビュノー＝ヴァリア（1856-1944）は、国立理工科学校出身の技術者で、パナマ運河建設の責任者だった弟のフィリップ（1859-1940）とともに、1889年、「ル・マタン」（1883年創刊）の経営権を買収し、その主幹となって、1913年には発行部数を100万部にのせた。だが、1940年には対独協力者となり、新聞も44年に消滅した。

## エスト（東）駅 → 4号線

### シャトー＝ランドン（Château Landon）駅

　ランドン氏はルイ14世紀時代に自分の名で呼ばれていた通りに立つ城の持ち主だった。彼についてはほとんど何も知られていないが、その通りがなおもパリの都市化に組み込まれていなかったところから、裕福な田園愛好家だったことはまちがいないだろう。舗石も外灯もなかった通りは、自然や静けさを好む者たちに憩いの場を提供していた。指呼の間にあるモンフォーコンの処刑台は、裁判所の命ですでにかなり以前から使われなくなっており、シャトー＝ランドン通りの住民たちは、刑場近くにあることによる不快さを覚えずにすんでいた。やがてこの平穏な通りには、田園で馬車や荷車の雑音に妨げられることなく日々の祈りができるところから、ラザリスト修道会[捨て子院などの慈善活動で知られるヴィンセンシオ・ア・パウロ（1576／81-1660）が、1625年にパリに創設した宣教会]の修道士たちが住むようになった。

　パリの都市改造を行った第2帝政期入ると、通りには怪しげな者たちが行

きかうようになる。そして、そこには豚の畜殺場が設けられ、耐えがたい悪臭を撒き散らすようになった。だが、幸いなことに、この畜殺場はラ・ヴィレットのそれが全面的に操業を開始した時、撤去された。こうして今日では、シャトー゠ランドン駅を出て、修道士や豚飼い、あるいは死刑執行人に会うことはなく、なおも静かさを保っている一帯に住むパリの小市民たちの姿を見るだけとなっている。

## ルイ・ブラン（Louis Blanc）駅

フランス社会主義の祖のひとりルイ・ブランの名を冠したメトロ駅は、ベルヴィルとメニルモンタンの麓、ポルト・デ・ビュット゠ショーモンの旧労働者地区にあるジョレス駅の近くに位置する。

1811年に生まれ、82年に没したジャーナリストで歴史家でもあった彼は、19世紀のパリを揺さぶった３度の革命を体験し、とくに1848年の２月革命に加わった。著書『作業組織』［1839年］で考察したように、彼は憲法のなかに、すべての人々が働く権利を有していることが明記させるべきだと提唱した。1848年の臨時政府に、ラマルティヌ［→オテル・ド・ヴィル駅］とともに入閣した彼は、失業中の労働者たちを支援するための組織である国立作業所を実現させた。だが、その経営に失敗したために失脚し、同年12月２日の政変［ナポレオン３世の皇帝即位のこと］により、亡命を余儀なくされた。

皇帝ナポレオン３世が失脚した1870年、ルイ・ブランは第３共和政の誕生を祝福すべく、ようやく帰国する。そして、幸いなことに、共和主義者たちが権力中枢に入るのをまのあたりにしたが、労働組織にかんする彼の考えが適用されるにはあまりにも時期尚早だった。とはいえ、その著作と記憶はフランスの社会主義的・組合主義的運動の形成にあずかって力があった。

## スターリングラッド（Stalingrad）駅 → ２号線

## リケ（Riquet）駅

駅名になっているピエール・リケ（1604-80）は、メトロとは無縁の技師である。ルイ14世の財務総監だったコルベール［→レ・ゴブラン駅］のもとで働いていた彼は、ボルドーとトゥールーズおよび南仏のラングドックとを結ぶミディ（南仏）運河の建設計画を作成した。往時のフランスにとって、地峡を貫くそれは産業と農業を再活性化し、地域交易を活気づけるうえで決

定的に重要な動脈となる。そんなリケの崇高な野望は輝かしい成功を収めた。

だが、第2帝政は運河よりむしろ鉄道の敷設を望んだ。たしかにイギリスやドイツは海運のおかげで産業革命をなしとげたが、それは投資が需要に見合うレベルにまで達していないフランスにはあてはまらなかった。とすれば、当時ピエール・リケを称えることなど論外であった。

### クリメ（Crimée）駅

クリメ（クリミア）は戦勝を記念して帝政期に通りの呼称となったもので、共和主義者たちはそれを改称する必要を覚えなかった。ロシア・クリミア半島のセバストポリで激戦があったのは、1854年から55年にかけての1年間だらずだったが、フランス軍はイギリス軍ともども何千もの死者を出した。クリミアの過酷な冬の間、風雨に加えて、泥濘や雪のために兵士たちは病気となり、夏にはコレラが彼らを襲った。さらにロシア軍の英雄的な防戦やよく訓練された砲兵隊によって戦闘は殺戮戦となった。

1880年の共和主義者たちは兵士たちの勇気を評価する愛国者で、クリメ通りに手をつけなかった。あるかあらぬか、メトロが駅名にこの通りの名をつけた際、いかなる批判もなかった。

### コランタン・カリウー（Corentin Cariou）駅

19区にあるこの駅は、当初、サン＝ドゥニ運河に架けられた橋の名をとって、ポン・ド・フランドル（フランドル橋）と呼ばれていた。1945年、ナチスの占領期間に犠牲となった人々に敬意を払って、メトロではかなりの数にのぼる駅名が改称された。コランタン・カリウー［1898生］の場合もそうだった。19区の区会議員だった彼は、1942年にドイツ軍の人質となり、仲間たちとともに銃殺された。敵の攻撃によって国防軍の兵士1人が犠牲となったら、復讐として敵兵100人を殺害する。それがドイツ軍の軍律だったからだ。コランタン・カリウーは占領軍に対する勇気のあるレジスタンス活動を、みずからの命と引き換えに行ったのである。

この駅の開業は1946年10月2日。パリ市民や勇気のある市吏たちを打ちのめした数多くの暴虐は、なおも如実な記憶としてあった。

### ポルト・ド・ラ・ヴィレット（Porte de la Villette）駅

ここは肉の楽園である。ラ・ヴィレットで畜殺が行われなくなってすでに

久しく、毎週水曜日ともなれば、首都の学童たちがつめかける科学公園の周囲には、なおも夥しい数のレストランがひしめいている。

かつては牛や羊が大量に畜殺場に送り込まれた。ブルターニュやモルヴァン（ブルゴーニュ）、シャロレー（中央山地）といった地方から首都に鉄道で送り込まれたこれらの畜群は、駅を降り、大通りを越えて、ラ・ヴィレットに連れてこられた。そこには首都の1200もの精肉店に新鮮かつ清潔な肉を供給するため、ヴィクトル・バルタール［→レ・アル駅］によって計画・整備され、獣医たちが厳重に監視する19ヘクタールもの畜殺場があった。この畜殺場では夜、家畜を屠り、昼間にそれを解体していた。周辺の安食堂では牛飼いや羊飼い、店員、市場の運搬人、荷馬車曳き、さらに畜殺場の作業員が、ノール地方産のビールやボジョレー・ワインを飲んでいた。

### オーベルヴィリエ＝パンタン＝カトル・シュマン（Aubervilliers-Pantin-Quatre Chemins）駅

このメトロ駅は、かつて工業の中心地であったオーベルヴィリエ市への最寄り駅として、1979年に開業している。今もカトル・ルート（4本道）と呼ばれているカトル・シュマン（4本道、回り道）は、サン＝ドゥニ［パリ北郊］からノジャン＝シュル＝マルヌ［パリ東郊］へと向かう街道が、ル・ブールジェ［パリ北東郊］からの街道と交わる四つ辻を指す。オーベルヴィリエはパリ北駅［→ノール駅］とクレピ＝アン＝ヴァロワ［パリ北東方］を結ぶ鉄道路線の駅だった。サン＝ドゥニ運河が横断しているこの小さな町は、工場誘致に積極的で、19世紀前葉には多くの工場が操業するまでになった。加えて、町当局も左寄りで、パリの「赤いベルト」の一翼を担っていた。

第2次大戦前、社会主義の下院議員・市長だったピエール・ラヴァル[1]は、まもなく共産党を離党して中道右派、ついで極右に走った。サン＝ドゥニ市長だった共産党の仲間ジャック・ドリオ［→ストラスブール＝サン＝ドゥニ駅］と同様に、である。

1．ラヴァル（1883-1945）は大戦前に3度首相を務め、戦争中、ヴィシー親独政権の副首相となったが、国家主席のペタン元帥（1856-1951）と不仲となって失脚した。だが、1942年、首相となって対独協力路線を推し進め、45年、戦犯として銃殺刑に処された。

## フォール・ドーベルヴィリエ（Fort d'Aubervilliers）駅

　すぐ近くのロマンヴィルの城塞同様、この城塞（フォール）は首都を囲む外壁の一部をなしていた。したがって、それは1814年の対仏同盟軍の進攻［→ポルト・ド・ヴァンセンヌ駅］に対してパリが防衛戦を敷いた際、重要な役割を担った。

　ル・ブールジェから進軍してきたロシアの縦列隊形部隊は、フランスからロシアに移住したランジュロン将軍［→プラス・ド・クリシー駅］が指揮していた。擲弾兵や歩兵隊に先駆けて、このコサック兵たちはパリ北東部のル・ブラン＝メニルやオネー＝レ＝ボンディから進軍し、十分な防御態勢に入っていないオーベルヴィリエ城塞の砲門の下に姿を現した。マルモン［→ムトン＝デュヴェルネ駅］とモルティエ[1]の両元帥は、連続した防塁線を利して、よりパリに近い地点で最終決戦に臨もうとした。だが、ロベール旅団はオーベルヴィリエまで部隊を進め、ランジュロン部隊と正面対決した。ロシア軍がオーベルヴィリエを武力で制圧するのに、わずか3時間しかかからなかった。それは、なおも軍事的な呼称を残すオーベルヴィリエの唯一の歴史的記憶である。

1．アドルフ・モルティエ（1768-1835）は北仏ノール県の義勇兵隊長から軍歴を積み、一連の革命戦争に従軍する。1812年のロシア遠征では、ナポレオンの親衛隊指揮官として参加し、クレムリン総督に任じられるが、ナポレオン軍の退却作戦では後衛として作戦を支援した。1814年のパリ攻囲戦では、ロシア皇帝からの降伏勧告を拒んだとされる。やがてナポレオンの100日天下に加わり、そのために第2王政で失脚を余儀なくされるが、1830年代には復活してサンクト＝ペテルブルクの駐在大使や軍事大臣、さらに首相を務め、1835年、国民兵の行進を閲兵中、爆弾テロで落命した。

## ラ・クールヌーヴ・ユイ・メ・ミルヌフサンカラントサンク（La Courneuve 8 Mai 1945）駅

　ラ・クールヌーヴ市を流れるクールの小川沿いは、1950年代に入ってもなお機械・化学工業の中心地だった。1918年3月15日、そんな町全体が突如目覚めた。戦争用に建てられていた巨大な火薬工場が爆発したのだ。

　7号線をこのラ・クールヌーヴまで延長する。メトロ当局はこれによって、鉄筋製の大規模なアパートであるHLM（低家賃住宅）に住む多くの人々をパリと結びつけることが有益だと判断した。

　駅名となっている1945年5月8日は、第2次大戦末期にナチス・ドイツ

に対して勝利を収めた日である。ラ・クールヌーヴは、この大戦中、ユダヤ人とレジスタントたちが強制収容されたドランシーの強制収容所からさほど離れていない。彼らは家畜輸送用列車に折り重なるように詰め込まれ、死地に連行された［フランスで拘束されたユダヤ人の９割が、パリ北東部のこの収容所からアウシュビッツに送られたという］。

## 7号線支線

### ジョレス駅 → 2号線

### ボリバル（Bolivar）駅

　シモン・ボリバルはメトロ駅で称えられている、歴史に名を刻んだ数少ない外国人のひとりである。第２帝政期、ビュット＝ショーモンの高台が整備されてパリ市営公園となったが、この時期に同じ19区に敷設された大通りは、メキシコ遠征でフランス軍が辛うじて収めた攻囲戦の勝利［1863年］を記念して、プエブラ大通りと呼ばれていた。だが、この遠征の苦い記憶があまりにも強烈だったため、第３共和政時代に大通りは南米の解放者の名シモン・ボリバルに改称された。

　たしかにボリバルは、フランスの革命精神にきわめて近い感性の持ち主だった。1783年にカラカスでバスク系移民の子として生まれたこのベネズエラ人は、シモン・ロドリゲス[1]を家庭教師とし、ジャン＝ジャック・ルソー［1712-78］の啓蒙思想を教えられ、やがてフリーメイソンとなった

　ボリバルは、イギリスからの支援を受けてスペインに対する独立戦争を開始する。これにより、彼はベネズエラで「リベルタドール（解放者）」と呼ばれるようになる。そして、イギリスやフランスの義勇兵の援助で、彼はベネズエラ祖国の独立を実現し、1819年、ヌエバ・グラナダ（新グラナダ）［現在のコロンビアとパナマ、ブラジルおよび他の中米諸国の一部］の共和国大統領となる。

　一連の軍事遠征ののち、彼はコロンビア共和国（大コロンビア）の名のもとに、ベネズエラとエクアドル、ヌエバ・グラナダを連合させ、スペイン支配下にあったペルーとボリビアを独立させる。そんなボリバルを、パリの共和主義者たちは一種の英雄として見逃すことはできなかった。

1．**ロドリゲス（1769-1854）はカラカス出身の哲学者・教育家。スペイン王**

室の転覆を画策したとして国外追放となり、サミュエル・ロビンソンの名で合衆国、ついでフランスに移る。1804年、フランスでボリバルと出会い、ともにヨーロッパ各地を旅する。1806-23年にかけてイタリアやプロイセン、ロシアに居を移したのち、24年、ボリバルの求めでペルーに赴き、国民教育局や鉱山・農業・公共道路局の責任者を務めた。

## ビュット＝ショーモン（Buttes-Chaumont）駅

　ナポレオン3世時代のパリ警視総監は、なおもカリエール・ダメリック（アメリカ砕石場）と呼ばれていたショーモン丘をたえず警戒しなければならなかった。大量の石膏を首都に供給していたビュットの下には、幾本もの曲がりくねった地下道が走り、高さ15メートルもある洞穴も数か所あったが、じつはこれらの洞穴が盗賊団や浮浪者、さらにル・アーヴルから海路アメリカに向かう難民たち——とくにドイツからの——の隠れ家となっていたからである。評判の悪いこの地区では犯罪も横行していた。

　オスマン男爵［→序文、サン＝マンデ＝トゥーレル駅、レンヌ駅］はそこにイギリス式庭園を設け、サン＝マルタン運河の水をポンプでくみ上げて流す小川も掘った。さらに滝をつくって、人工湖の水位を一定に保った。この湖の中には小島があり、そこに、ローマ近郊のヴィラ・アドリアーナ［ローマ皇帝ハドリアヌス（在位117-38）がティヴォリの麓に設けた別荘］にある、火の女神ウェスタの神殿を真似た小さなトロス（周柱円形堂）を建てた。1867年からビュット＝ショーモン公園は一般公開され、恋人たちや物好き、あるいは孤独な散歩者たちが訪れるようになった。ところが、あろうことか、ここもまた監視しなければならなくなった。新しい疫病、すなわち自殺のためである。大滝が絶望した者たちの集まる場所となったのだ。

## ボツァリス（ボザリ、Botzaris）駅

　1862年に開通したボツァリス通りは、当初は別の名前で呼ばれていた。ナポレオン3世が決断したメキシコ遠征の当初、パリの高官たちは皇帝におもねって、この通りを、フランス派遣部隊が下船したメキシコの港の名にちなんでベラ＝クルス通りと命名したのだ。

　1880年、パリ市議会の共和主義者たちは、パリのこの地区に溢れたメキシコでの戦勝記念地名を正常に戻すことにした。そこで彼らが選んだのが、ギリシア独立戦争の英雄マルコス・ボツァリス［1790-1823。パルチザンの指

導者］の名前だった。彼は1823年、ミメソロンギ［メソロンギとも。ギリシア中西部の港町で革命軍の要地。詩人バイロン（1788-1824）の終焉の地］をオスマン軍から守るため、勇敢に戦った。同年、ボツァリスの父親を殺害したオスマン軍は、苦心惨憺して彼の勇気に打ち勝った。そして、ギリシア独立の英雄たちを讃える者たちが「セレイデスの鷲」と名づけたボツァリスを殺害した。これら彼の賛美者たちのなかには、ギリシアのパルチザンに加わっていたヴィクトル・ユゴー［1802-85］やイギリスの詩人バイロン［1788-1824］もいた。

### プラス・デ・フェット（Place des Fêtes）駅

　パリのメトロ駅のなかで、この駅は標高がもっとも高く（22.45メートル）、エスカレータが最も長い（20メートル以上）。牡蠣混じりの不安定な泥炭層ゆえ、敷設工事が難しく、補強をしなければならなかった。
　フェット広場はベルヴィル村に属していた。かつてパリっ子たちは、このオート＝クルティーユの安酒場に大挙して押しかけた。カルナヴァル最終日のマルディ・グラ（肉食の火曜日）には、「クルティーユ下り」が行われていた[1]。1830年頃には、フェット広場で、ピエロに仮装した上流階級の男たちやコロンビア女性に扮した貴婦人たちが住民たちと踊る姿が見られた。灰の水曜日［マルディ・グラの翌日、復活祭前の潔斎期間である四旬節の初日］には、すべての車を——座席を取り付けた荷車すら——動員して、延々と仮装行列を仕立てながら大通りへと繰り出したものだった。群衆の歓喜はそんな大がかりなカルナヴァルの興を高めずにはおかなかった。

1．19世紀中葉から後葉にかけてみられたカルナヴァルの行事で、仮装者たちがブフ・グラ（飾り牛）や花山車などを押し立てて、パリ市庁舎前広場まで下りて行った。1993年に復活した現在のカルナヴァルは、ガンベッタにある20区の区庁舎前広場からの仮装パレードが、楽隊とともにやはり市庁舎まで下っている。

### プレ・サン＝ジェルヴェ（Pré Saint-Gervais）駅

　このかつての小邑は、ミラノで殉教した聖ゲルウァシウス［フランス語名ジェルヴェ。皇帝ネロ（在位54-68）の時代に殉教］の名をいただいている。パリには彼に捧げられた教会が複数あるが、19世紀のベルヴィル村では、労働者たちが集会を開き、首都の政策決定をめぐって騒々しい議論を展開していた。こうしてプレ・サン＝ジェルヴェ地区は、労働者たちの騒擾を知る

上で、ひとつのバロメーターとなっていた。そのため、皇帝の治安当局は、活動家たちのなかに密偵をしのばせて、彼らの集会を監視したものだった。人々もまた、革命闘争の先端だったベルヴィルの住民たちが市庁舎に下りてくるのを恐れた。

**ダニューブ（Danube）駅**
　ウィーンを流れる川の名がベルヴィルの坂にある。それを知れば、だれもが驚きを覚えるだろう。なぜベルヴィルの地理的なイメージが、ヨーロッパ最長の大河の魔力と結びつけられたのか。ダニューブ（ドナウ）広場は1877年に命名されたが、それまでの10年間、そこは無名のままだった。じつは当時のパリ市当局は、19区の通りの呼称をとって、サンプロン［→サンプロン駅］ないしピレネー［→ピレネー駅］と命名しようとしたこともあった。ともあれ、こうしてメトロの技術者たちが整備に苦労していたカリエール・ダメリック（アメリカ砕石場）の丘近くに、ドナウ川が存在するようになったのである。
　第2次大戦後、市当局はこのダニューブ広場をラン・エ・ダニューブ（ライン・ドナウ）広場と改称するべきだと考えた。ラトル・ド・タシニ将軍［→スターリングラッド駅］麾下のフランス第1軍団による見事なドイツ遠征を記念するために、である。だが、メトロはこれに倣おうとせず、それゆえ元帥となったタシニには、ルクレール将軍［→ポルト・ドルレアン駅］とは異なり、路線にその名を冠した駅がない。

# 8号線

シュマン・ヴェール駅と公衆電話ボックス

# 8号線

バラール駅 ～ ポルト・ド・シャラントン駅

バラール駅 ～ クレテイユ駅 ～ プレフェクチュール駅
《開業1913年、営業距離22.1 km、駅数37》

- バラール駅
- ルルメル駅
- ブシコー駅
- フェリクス・フォール駅
- コメルス駅
- ラ・モット＝ピケ＝グルネル駅
- エコール・ミリテール駅
- ラ・トゥール＝モブール駅
- アンヴァリッド駅
- コンコルド駅
- マドレーヌ駅
- オペラ駅
- リシュリュー＝ドルオ駅
- グラン・ブルヴァール駅
- ボンヌ・ヌーヴェル駅
- ストラスブール＝サン＝ドゥニ駅
- レピュブリック駅
- フィユ・ド・カルヴェール駅
- サン＝セバスティアン＝フロワサール駅
- シュマン・ヴェール駅
- バスティーユ駅
- ルドリュ＝ロラン駅
- フェデルブ＝シャリニー駅
- ルイイ＝ディドロ駅
- モンガレ駅
- ドーメニル駅
- ミシェル・ビゾ駅
- ポルト・ドレ駅
- ポルト・ド・シャラントン駅
- リベルテ駅
- シャラントン・エコール駅
- エコール・ヴェテルネール・ド・メゾン＝アルフォール駅
- メゾン＝アルフォール・スタッド駅
- メゾン＝アルフォール＝レ・ジュイオット駅
- クレテイユ＝レシャ駅
- クレテイユ・ウニヴェルシテ駅
- クレテイユ・プレフェクチュール駅

8号線は首都の南西部から南東部にかけて大きな弧を描きながら走っている。それはアンヴァリッド駅とコンコルド駅の間でセーヌ川を、さらにシャラントン＝エコール駅とメゾン＝アルフォール・エコール・ヴェテルネール[現エコール・ヴェテルネール・ド・メゾン＝アルフォール]駅の間でマルヌ川を渡る。シャラントン路線がクレテイユまで延長されたからである。

渡河技術が改良されたおかげで、セーヌ河床下のトンネルは、コンスタンティヌ通りからクール・ド・ラ・レーヌ河岸近くのコンコルド広場まで、800メートル以上の長さとなった。渡河は水力ジャッキで1本のシールドを前進させることで可能となり、2本の線路が同じ直径7メートルのチューブでつながった。この開削工事には1908年4月から11年1月まで、およそ3年間かかった。そして1913年、ボーグルネル～オペラ間が、ついでボーグルネル～ポルト・ドゥイユ間が開通した。だが、リシュリュー・ドルオ駅～ポルト・ド・シャラントン駅間の路線が開通するのは、さらに1931年まで待たなければならなかった。バラール駅が開業したのは1937年になってからである。第2次大戦中の1942年、8号線はポルト・ド・シャラントン駅からシャラントン・エコール駅まで延び、そこからクレテイユ方面への路線拡張は、まず1972年にメゾン＝アルフォール区間、ついで74年にクレテイユ区間で行われた。

### バラール（Balard）駅

バラール広場には1907年に琺瑯びきの地名表示板がつけられた。名祖となったアントワヌ＝ジェローム・バラールは、すでに1876年に没していたが、彼に対する称賛は、共和主義者たちが崇めていた科学とかかわるもので、バラール自身、いかなる政治的ないし行政的活動をした形跡はない。彼は化学者であって、それ以上でも以下でもなかった。

1802年に南仏モンペリエに生まれたバラールは、26年に臭素を単離した。彼はまた海水からナトリウムを抽出するための方法を発見してもいる。それは工業にとって大きな僥倖だった。こうした業績により、ルイ＝フィリップ時代の1844年、彼は科学アカデミーに迎えられた。当時のフランスはなおも工業発達の黎明期にあった。バラールのような科学者たちが、その発見によってきたるべき化学工業の発展に向けての素地を準備したのである。それゆえにこそ、時代はかなりあとになるが、彼の名がメトロ駅の表示板に刻まれるようになった［バラールは、薬剤師から化学者に転じ、1841年から67年ま

でパリ大学で教壇に立ち、コレージュ・ド・フランス教授や全仏写真協会会長なども務めた。次亜塩素酸や一酸化塩素などの発見者でもある］。

### ルルメル（Lourmel）駅

　第3共和政はルルメル通りを改称することで、勇敢なフレデリク・アンリ・ルノルマン・ド・ルルメル［1775生］のことを何とか忘れまいとした。彼はブルターニュ地方の旧ナポレオンヴィル、現在のポンティヴィに生まれ、早くからナポレオン信奉者となった。そのため、復古王政にはさしたる思いも抱かなかった。だが、7月王政期［1830-48年］のアルジェリア作戦で際立った活躍をし、ナポレオン3世は彼を副官に取り立てた。やがて1852年、彼はすみやかに将軍の位についた。体制の申し子とでもいえるだろうか。

　しかしながら、ルルメルはたんなる知略家ではなく、ブルターニュ人の常として勇敢でもあった。1854年、クリミア半島におけるセバストポリ攻囲戦のさなか、彼はインケルマンの過酷な戦場で疲れを知らず攻撃を続けて、その勇気を遺憾なく発揮したのだ。そんな英雄が姿を消した。この戦いで戦死したためである。はたして最期がどうだったかはともかく、抜刀姿の彼はこうしてメトロ駅のプラットフォームに辿りついたのだ。

### ブシコー（Boucicaut）駅

　ブシコーは医師ではなかったが、妻のマルグリットは彼の名を冠した病院を15区に創設している。

　ノルマンディー生まれのアリスティド・ブシコーは誠実な商人だったが、パリの中心部に巨大な百貨店「ボン・マルシェ」を建てて、競合相手を破滅させようとする考えの持ち主だった。そこには無数の馬車が、倉庫からの商品を運んできた。エミール・ゾラ［1840-1902］は『ボヌール・デ・ダム百貨店』［1883年］のなかで、ブシコーのこうした商法によって、地域の商業構造がどれほど大きな損害を被ったかを描いている。たしかにブシコーは征服者だった。だが、かけ売りを発達させて、庶民に安価な商品を提供することで、彼は「大衆文化」の時代に足を踏み入れたのだ。それによる利益は膨大で、妻が前述した病院を建てるための資金となるほどだった。

　1877年、栄光の絶頂期に没したブシコーは、まさに近代のパイオニアといえる。

## フェリクス・フォール（Félix Faure）駅

　フェリクス・フォールは、シャルル・ド・ゴール［→シャルル＝ド＝ゴール・エトワル駅］とともに、メトロ駅に名を残す唯一の共和国大統領である（ただし、彼の場合は第３共和政）。かつて皮革商を営み、北仏ル・アーヴルのフリーメイソン支部に属していた彼は、中道右派として輝かしい経歴を重ね、1895年１月11日、ヴェルサイユで開かれた上下両院合同会議で大統領に選ばれた。彼は1899年に急逝しているが、それから少したった1907年、通りにその名がつけられている。露仏同盟［1894年締結］の責任者となった彼は、「反対同盟」によってプロイセンの帝国主義からフランスを守ろうとしていた、愛国的な共和主義者たちから支持された。

　フォールはドレフュス事件［→ナシオン駅］に対して勇気のある態度をとらず、デリケートな状況で他界している（大統領府のエリゼ宮で愛人の腕に抱かれたまま急逝）。にもかかわらず、それが彼の権威を失墜させることはなかった。エリゼ宮の検察官によれば、彼は「意識を失って」、「内密裏に運び出された」という。その言葉を受け入れて、メトロは彼の死にこだわりを抱いていなかったのだ。

## コメルス（Commerce）駅

　なぜコメルス（商売）なのか。コメルス広場、コメルス通り、コメルス・カフェ…。これらは19世紀末の共和派が強かった小都市にひろくみられた呼称である。18世紀のグルネル村には、なおも牛群が闊歩していた。その野原が区分けされ、最初は火薬製造所、ついでさまざまな工場が設けられるようになるのは、かなりのちのことである。商店が連なる通りはほとんどなく、いくつかの店が役場正面の小路にひとかたまりになっているだけだった。これらの店が今も残っているコメルス通りは、工場群が他所に移転したあとで大幅に改造され、かつてないほどのアパートや事務所が立ち並ぶ一角にあって、ガラスとコンクリートの砂漠のなかの、さながら人間のオアシスといった趣を漂わせている。そこには同じ名のメトロ駅がある。

## ラ・モット＝ピケ＝グルネル（La Motte-Picquet-Grenelle）駅 →６号線

## エコール・ミリテール（École Militaire）駅

　エコール・ミリテール（陸軍士官学校）は、ルイ15世時代の1752年から

60年にかけて建てられた。若い士官を養成するためだったが、きわめて興味深ことに、フランス革命と帝政がヨーロッパ全土に戦争を仕掛けた時、軍事学校が無用だったということに気づくゆとりはなかった。革命時には敵に対して銃剣で立ち向かう「大隊」を有していたものの、この大隊は「頭脳」戦争、すなわち「散開隊形」と敵を出し抜く欺瞞的な後退行動を実践するだけだったからだ。

　建築家のガブリエル[1]が建設したこの士官学校は、まず小麦と小麦粉倉庫に、ついで革命暦2年に騎兵隊の兵舎に変えられた。そこには執政護衛隊が、のちには国王親衛隊が入った。こうして士官学校は巨大な兵舎となったのである。ここを兵舎としたナポレオン親衛隊は貴族に叙任され、それにより兵舎はエリート軍人のものとなった。たとえ士官学校のままだとしても、親衛隊の歴戦古参歩兵や擲弾兵に戦闘術を教えたいと思う者などいただろうか。

　第2帝政もまた、ここに騎兵や砲兵たちを住まわせた。総勢6000人。地元の商人たちにとって、それは大きな僥倖だった。だが、第3共和政はここを軍事教育のための学校に戻した。今日、それは国立高等軍事学校としてある。

1．アンジュ＝ジャック・ガブリエル（1698-1782）は王室専属建築家一族の出で、1742年から国王の筆頭建築家をつとめ、士官学校の建設のほか、ルーヴル宮の修復やコンコルド広場の設計を手がけ、さらにオペラ座やヴェルサイユ宮のプティ・トリアノンも建てている。

## ラ・トゥール＝モーブール（La Tour-Maubourg）駅

　このメトロ駅があるラ・トゥール＝モーブール大通りもまた、アンヴァリッド（旧廃兵院）に近いため、軍事的な大通りといえる。ラ・トゥール＝モーブール侯爵はアンヴァリッドの総督だった。軍人一族出身の彼は、同じ姓をもつ1674年生まれのフランス元帥ジャン・エクトル・ド・フェではなく、1757年生まれの政治家・軍人のマリ・セザール・シャルル・フロリモン・ド・フェでもない。もうひとりの将軍で、後者の弟でもあるラ・トゥール・モーブール子爵、のちに侯爵となったヴィクトル・ニコラ・ド・フェ［1768-1850］である。

　近衛隊の将校だった彼は、パリの群衆がヴェルサイユ城に侵入した1789年10月5・6日の2日間、王妃マリー＝アントワネット［1755-93］を守った。1792年に亡命し、恐怖政治［→コンコルド駅、ロベスピエール駅］が解体

したあとに帰国し、国民軍に入った。騎兵連隊長だった彼は、エジプト遠征でクレベール［→クレベール駅］の副官となり、一連のナポレオン戦争で嚇々たる栄光に包まれるが、ナポレオン最後の遠征、すなわちワーテルローの戦い［1815年6月］には従軍しなかった。こうして慎重な態度をとったおかげで、1815年、彼はルイ18世［在位1814-15年／1815-24年］の寵を得ることができた。すなわち、国王からフランス同輩衆に叙され、さらに在ロンドン大使や軍事大臣に任じられ、1821年にはアンヴァリッドの総督に指名されたのである。1830年の7月革命後、彼はルイ10世［1824年国王即位］のイギリス亡命に従った。マインツの戦いに勝利し、王党派農民主体のヴァンデの叛乱［→オシュ駅］を鎮圧した英雄クレベールの命令下で、みずからがあげたさまざまな武勲を許してもらおうとしたのだろうか。

アンヴァリッド駅 → 6号線／RER

コンコルド駅 → 1号線

マドレーヌ（Madeleine）駅

　ラ・マドレーヌは十字架のない教会である。しかし、礼拝に与ることはできる。ラ・マドレーヌの司祭がミサをあげているからだ。ギリシア風神殿で、である。それは施設の転用といえる。ラ・マドレーヌの出資者たちはそれを教会にしようとは考えていなかった。皇帝ナポレオンも建築家のヴィニョン[(1)]にギリシア神殿の建設を命じた。皇帝は書いている。「かつてアテネにあって、今パリにない記念建造物を期待している」。彼はその建造物を「勝利の神殿」と命名し、ナポレオン軍に捧げようとした。しかし、神殿が完成したのは、ナポレオン軍が悲惨なロシア遠征［1812年］に続いて次々と敗北を喫していったあとだった。では、この神殿をどうするのか。1815年、復古王政をキリスト教への熱狂的な回帰によって彩ろうとしていた、イエズス会士や司祭たちに支えられて、ルイ18世が玉座に返り咲く。こうして国王たちはラ・マドレーヌを教会にし、ギリシア風の外観はそのままに、内部をローマ風大聖堂に整備することにした。だが、工事が終わったのは1842年。ルイ18世とヴィニョンはすでに他界していた。

　教会から英雄たちの神殿に変えられたパンテオンが、その正面に十字架を掲げているのに対し、ラ・マドレーヌは司祭たちの非難にもかかわらず、一

度として十字架を飾ったことがない。メトロ駅のマドレーヌもまたしかりである。たしかにメトロのなかでミサをあげた話は聞いたことがない。
1．ピエール=アレクサンドル・ヴィニョン（1763-1828）は新古典派の建築家で、1805年、皇妃ジョゼフィーヌにため、パリ西郊のマルメゾンに巨大温室をつくっている。本文のマドレーヌ寺院（神殿）には、フランス銀行や商事裁判所、証券取引所などが入ることになっていた。

### オペラ駅 → 3号線

### リシュリュー＝ドルオ（Richelieu-Drouot）駅

　リシュリューとドルオの間に共通項は何ひとつない。ドルオ伯のアントワヌ将軍は1774年にナンシーで生まれ、戦場で数々の軍功をあげて昇進した。この製パン商の息子は、フルリュス［→オシュ駅］やホーエンリンデンの戦い［1800年］に従軍し、ワグラムの戦い［→序文、ワグラム駅］では、ナポレオン親衛隊の砲兵連隊長として戦いを勝利に導いた。師団つき将軍や皇帝副官を務めたこの「ナポレオン軍の知将」は、なおも皇帝のよき相談相手として、エルバ島に流される皇帝の伴をしたり、さらにワーテルローの敗残兵たちを中央山地のロワール地方南部まで連れ帰ったりもした。軍事評議会に召喚された忠実な彼は、無罪判決を受けた。
　1815年当時は、リシュリュー公[1]がルイ18世に仕えていた。だが、メトロが記憶にとどめていたのは、このルイ18世の閣僚の遠い祖先にあたるリシュリュー枢機卿、すなわちルイ13世の最初の宰相で、アカデミー・フランセーズの創設者でもあったアルマン・デュ・プレシス［1585-1642］のことだった。彼の名を冠したリシュリュー通りは国立図書館の前を通っている。これは彼ではなく、後任の宰相マザラン枢機卿［1602-62］が敷設したものだが、メトロにマザラン駅はない。王政下の宰相のうち、もっとも不人気だった彼を称えるわけにはいかなかったのだろうか。
1．アルマン・エマニュエル・デュ・プレシス・ド・リシュリュー（1766-1822）は、外交官としてロシアに派遣され、皇帝アレクサンドル1世［在位1801-25］の寵を得てオデッサ都市防衛司令官となり、オスマン・トルコ軍との戦争に参加する。1814年に帰国した彼は、翌年、ナポレオンの百日天下前にルイ18世のパリ脱出に従い、皇帝追放後、政治の舞台に帰り咲く。同年、タレーラン＝ペリゴール（1754-1838）の失脚を受けて首相・外務大臣となり、1820年にも首相

となるが、その自由主義的な施策が過激王党派の反発を招いて、辞任を余儀なくされた。

## グラン・ブルヴァール（Grands Boulevards）[旧リュ・モンマルトル（Rue Montmartre）]駅

　ジョレス[→ジョレス駅、サン＝モール駅]は1914年7月31日、モンマルトル通りのカフェ・デュ・クロワッサンで暗殺された。ジャーナリストたちの姿が頻繁に見られたこの通りには、数多くの新聞社があった。かつてここには王立逓送取扱所があったため、ニュースや万用暦、中傷文書などを地方に送る新聞社の経営者たちは、好んでここに拠点を求めたからだ。19世紀初頭には、「ル・コンスティテューショネル（立憲主義者）」紙が取扱所に隣接する建物に、「ル・シエクル（世紀）」紙も近くのクロワッサン通りにそれぞれ本拠を置いた[1]。印刷所や新聞頒布所もモンマルトル通り周辺に数多くあった。現在は「ル・フィガロ」紙[→ポワソニエール駅]の社屋がある。

1. 前者はナポレオン1世時代の警察長官ジョゼフ・フーシェ（1759-1820）が、1815年に創刊した「ランデパンダン（独立）」を前身とし、1818年から1914年まで商業・政治・文学を主題として刊行された。後者は政治・文学・社会経済を副題として1836年に創刊され、終刊は1932年。

## ボンヌ・ヌーヴェル（Bonne Nouvelle）駅

　ボンヌ・ヌーヴェル（福音）という呼称は、この駅が教会、すなわちノートル＝ダム＝ド＝ボンヌ＝ヌーヴェル教会の最寄り駅であることを示している。アンヌ・ドートリシュ[→シャトー・ド・ヴァンセンヌ駅]は、悪臭を放つゴミで埋まった丘の上に新たに教会堂を建てた。それまであった教会堂が宗教戦争で破壊されてしまったからである。彼女はそこにしばしば詣で、聖母に不妊症の治癒を願った。だが、3つの小教区民たちが、フランス革命期に破壊されたこの教会堂の撤去を防ぐために買い戻さなかったなら、今日ボンヌ・ヌーヴェル地区に教会はなかっただろう。やがて1823年の復古王政期、教会堂は再建される。当時は小教区に教会（の鐘）がなくてもよいという考えが毛嫌いされていたからである。

ストラスブール゠サン゠ドゥニ駅 → 4号線

レピュブリック駅 → 3号線

**フィユ・デュ・カルヴェール（Filles du Calvaire）駅**

　かつてパリの中心部には、カルワリオ（カルヴェール）女子修道会の修道院があった。反宗教改革の真っ只中、リシュリュー枢機卿は、宗教戦争から抜け出した王国の宗教再建を確実なものとすべく、修道会を活性化しようとはかった。聖母信仰は、とくにそれが十字架の上で死んだわが子のために涙を流すマリアの悲しみを儀礼的に称えるかぎり、信者たちの心を揺さぶると考えられていた。こうして1637年、新しいカルワリオ女子修道会がジョゼフ神父（1）によって創設される。それはアンジェやポワティエ、さらにパリの他の2か所に修道院を有する修道会の母体となった。

　3区のフィユ・デュ・カルヴェール通りにあった修道院は、フランス革命期に閉鎖・売却され、その礼拝堂には小劇場のテアトル・デュ・ブドワール゠デ゠ミューズ［字義は「ムーサの閨房劇場」］が入った。

1．ジョゼフ神父こと、フランソワ・ルクレール・デュ・トランブレ（1577–1638）は、パリ高等法院に属する破毀院の1日審理部長の息子として生まれ、軍人として1597年のアミアン攻囲戦に参加した。1599年、オルレアンのカピュサン修道会に入り、フランス教会の教皇からの独立を主張するガリカニスムを論破するなどして頭角を現す。1612年、リシュリュー枢機卿の寵をえてその助言者・相談役となり、つねにカピュサン会士の灰色の修道服をまとっていたところから、「陰の枢機卿（エミナンス・グリーズ）」と呼ばれた。なお、本文は彼がカルワリオ女子修道会を創設したとあるが、通説では、このベネディクト会系修道会は、カペー王家の血筋を引き、ベル゠イル侯爵夫人となったが、若くして夫を失い、修道女となったアントワネット・ドルレアン（1572–1616）が1617年にポワティエで創設したもので、ジョゼフ神父はその協力者とされる。著者の誤記か。

**サン゠セバスチャン゠フロワサール（Saint-Sébastien-Froissart）駅**

　サン゠セバスチャン通りの名は、体を矢で射ぬかれた聖セバスティアヌス（サン）［3世紀の殉教者］を描いた居酒屋の看板に由来する。この居酒屋には、彼を守護聖人とするパリの火縄銃射手たちが飲みに来ていた。

　一方、ヌーヴ゠ド゠ブルターニュ通りは、1864年、フロワサール通りと

改称され、ナポレオン3世の国民教育相だったヴィクトル・デュリュイ［→アレジア駅］は、『フランス史』［2巻、1854年］を著している。こうしたことすべては、当時、フランスの起源論が流行していたことを示している。13世紀の輝かしい年代記者だったフロワサール[(1)]は、コミューヌ同様、通りにその名がつけられた。

　フロワサールは聖セバスティアヌスとなんのつながりもないが、地名の偶然によって、二重呼称の駅名が生み出されたわけである。

1．ジャン・フロワサール（1337頃-1405頃）は、イングランド王エドワード3世（在位1327-77）の王妃フィリッパ・ド・エノー（1311?-69）の寵を得て、1361-69年まで歴史編纂係を務め、王妃の死後、西ヨーロッパ各地を旅して主に騎士道関連の歴史素材を集め、1322年から1400年までの『年代記』4巻を著した。フィリップ・ド・コミューヌ（1444頃-1511）はフランドルの領主家に生まれるが、父の死後、家は没落してしまう。1464年、外交官となり、ルイ11世、シャルル8世、ルイ12世に仕え、『回想録』（死後刊行）を編んでいる。

## シュマン・ヴェール（Chemin Vert）駅

　1675年、9区のヌフ＝アルパン小路はシュマン・ヴェール［字義は「緑の道」］通りに改称された。長い間緑に包まれていたこのメニルモンタンへと続く曲がりくねった通りに、学問や自然に耽る者たちは好んで居を構えた。18世紀には、庭園を備えた邸館が数多くみられるようにもなった。さらにいくつかのフォリー（遊楽用別荘）や陶器工房も進出した。パルマンティエ［→レ・サブロン駅、パルマンティエ駅］は1813年、この通りの家で没している。

　廃兵院［→アンヴァリッド駅］の優れた調剤師だった彼は、ジャガイモだけでなく、トウモロコシやブドウジュース、栗、乾パンなどにも強い関心を抱いていた。そんなパルマンティエのこだわりは、自然のあらゆる賜物を食料に用いて飢餓を失くすことだった。シュマン・ヴェール通りで彼は心休まる日々を送り、その研究を妨げるものはツグミとスズメの囀り(さえず)だけだった。

## バスティーユ駅 → 1号線

## ルドリュ＝ロラン（Ledru-Rollin）駅

　駅名に姓と名がつけられた唯一の人物であるルドリュ＝ロランは、1807年にパリで生まれた弁護士で、共和政の偶像のひとりだった。1841年

に野党の下院議員に選ばれた彼は、まず7月王政［1830-48年］に反対し、1848年の2月革命では立役者のひとりとなった。だが、同年12月の共和国大統領選挙に立候補し、ルイ・ナポレオンに敗れて亡命を余儀なくされた。1871年に帰国し、下院議員に再選されたが、その席を占めることはなかった。1874年に没した時、彼は尊敬すべき古い偶像とみなされたものの、かなり前から表立った政治的役割を演じてはいなかった。しかし、共和主義者たちは、1879年に彼らの敵である王党主義の反対派に対して最終的に勝利を収めると、ルドリュ゠ロランの名を大通りにつけた。今日、彼は偉大な祖先たちとともにパンテオンに眠っている。

### フェデルブ・シャリニー（Feidherbe Charigny）駅

　16世紀のロレーヌ地方で活動した有名な精錬所の経営者一族であるシャリニー家と、フェデルブ将軍とはまったく無関係である。シャリニー家には特殊な技術があった。教会の鐘の鋳造技術である。彼らはまたブロンズ製彫像の専門家でもあり、ナンシー［ロレーヌ地方の中心都市］にあるロレーヌ公シャルル3世［1543-1608］の彫像を手がけている。

　一方、ルイ・フェデルブは1818年に北仏リールに生まれ［1889没］、帝政時代に頭角を現した。国立理工科学校出身のこの将軍は雨に弱かった。彼はまずアルジェリアで、ついでセネガルで功績をあげたが、とくにセネガルで、彼はその主人たるナポレオン3世のために、苦心してよく組織化された植民地を建設したのだ。だが、彼が共和主義者たちの偶像となったのは、普仏戦争時の1870年に、のちに数々の栄光で飾られるようになる北部軍を編成したためだった。サン゠カンタンで、プロイセン軍相手に一敗地にまみれたにもかかわらず、である。

### ルイイ゠ディドロ駅　→　1号線

### モンガレ（Montgallet）駅

　モンガレとは明らかに地名である。パリにはつねに修道士たちがおり、かつてこの一角［12区］にあった修道会の財産はかなりのものだった。聖三位一体修道会[1]の修道女たちは、カルワリオ女子修道院［→フィユ・デュ・カルヴェール駅］の隣に住み、両修道院の敷地はモン゠ガレ（ガレ山）地区まで広がっていた。

この通りの近く［セルジャン・ボーシャ通り］には、プロテスタントの愛徳姉妹会に属していたディアコネス修道院［現病院］と、カトリック系の愛徳女子修道会があり、近接するアンジャン施療院では、ディアコネス［字義は「奉仕女」］たちが収容者たちの介護に明け暮れていた。さらに忘れてならないのが、パリでもっとも活動的な修道院だった旧サン＝タントワヌ大修道院［フェデルブ・シャリニー駅前、フォブール・サン＝タントワヌ通りとシトー大通りの間。現病院］である。これら修道会や修道院は、パリの東部で密会でもしていたのだろうか。

1．正式名称は「捕虜たちの贖いのための聖三位一体修道会」。創設者は聖ジャン・ド・マタ（1150以前-1213）。パリの聖マテュラン教会を本部とし、異教徒たちに捕らえられているキリスト教徒たちを買い戻すため、1198年に創設された。

ドメニル駅 →6号線

## ミシェル・ビゾ（Michel Bizot）駅

　国立理工科学校出身の将軍ミシェル・ビゾ［1795-1855］は、才能を遺憾なく発揮して、第2帝政期におけるセバストポリ攻囲戦［→クリメ駅、ルルメル駅］の土木工事を指揮した。彼はなぜみずからが学長を務めていた母校を去り、クリミア半島の地獄へと向かったのか。おそらく退屈していたからである。しかもセバストポリでは、守るロシア側には天才的な工兵中佐トトレベン[1]がいるのに対し、攻めるフランス軍には技術者がいなかった。恐るべき敵のトトレベンは、セバストポリの丘を強力な陣地や埋設したトーチカ、さらに敵の砲撃を避けながら堡塁間のコミュニケーションを可能にする地下道で埋めつくした。にもかかわらず、フランス・イギリス連合軍は攻撃を仕掛けて「緑の乳房」ないし「白い堡塁」を奪取しなければならなかった。その攻撃のたびに多くの犠牲者が出た。今度は連合軍が、地下に潜らなければならなくなった。1914年、ロシア軍の大砲から放たれる恐ろしい砲弾から逃れるためにしたように、である。

　そして1884年冬。ビゾ将軍は遠征先のセバストポリで戦死してしまう。この戦場は、フランス軍将軍たちの墓地と化しつつあった。

1．E・イワノヴィッチ・トトレベン（1818-84）はラトヴィア出身の軍事技師。父同様、最初は商人をめざしたが、やがてサンクト・ペテルブルクの技術家養成学

校に学んで皇帝軍に入り、対壕・要塞化の専門家として名声を博した。

## ポルト・ドレ（Porte Dorée）駅

　ポルト・ドレ（金の門）のメトロでは、人口に膾炙した犯罪があった。1917年5月17日、パリの新聞各紙の見出しを飾った三面記事によれば、この日の17時半頃、382型電車のなかで、ひとりの女性がナイフで刺殺されたという。非常ベルが鳴り、警官が現場に駆けつけた。だが、犯人はすでに逃走したあとだった。被害者の女性は20区に住むアオスタ［イタリア北西部］出身のヨランド・レティティア・トゥーロー、30歳。だれも事件の真相を解明することはできなかった。情痴犯罪か。モンパルナスのいかがわしい居酒屋かパブのクローク係にまつわる推理小説物か。真相は闇に葬り去られたが、この寡婦は品行方正で、警察の風俗営業取締班の注意を引いたことなど一度もなかったともいう。

　1931年、ヴァンセンヌの森で大規模な植民地博覧会が開かれたが、ポルト・ドレはその最寄り駅だった。フランス帝国に属するあらゆる民族によって建てられたパビリオンを訪れようとする、パリ中の人々の関心を引き寄せたのがここだった。

## ポルト・ド・シャラントン（Porte de Charenton）駅

　シャラントン門はティエール［→序文］が築いた城塞の内側を走る、現在のポニャトウスキー大通りの高台にあった。今日、そこは国際バスターミナルとレオ＝ラグランジュ・スタジアムとなっている。この一帯は田園風のたたずまいに戻っており、ヴァンセンヌの森に近い緑地が守られてもいる。かつてフェルミエ＝ジェネローの市壁建設時代［→ブランシュ駅］、夜警の射手たちがほとんど足を踏み入れることがなかったシャラントン街道の居酒屋にいれば、身の安全がはかれると信じられていた。だからこそ大盗賊のカルトゥーシュ［→シャトレ駅］は、居酒屋のラ・グランド・パントに足しげく通った。その中庭には深さ1メートルほどの井戸があり、近くの森に通じていた。警吏たちからつねに追われていたカルトゥーシュは、しばしばこの逃走路を利用したものだった［伝承ではそうなっているが、史実とは異なる］。こうしてポルト・ド・シャラントンは悪評を買い、真面目な男たちがこの居酒屋に飲みに来ることはなくなったという。

## リベルテ（Liberté）駅

　リベルテ通り［19区］が1889年に開通したのは、たんなる偶然ではない。たしかにこの年、フランス革命の百周年が祝われている。クレマンソー［→シャンゼリゼ＝クレマンソー駅］と共和主義者たちはこの楽しい祭典を祝うことに同意したが、それに不満をもらすパリの裕福な地区は多かった。なぜ暗殺者たちの記念祭を執り行うのか。王党主義者たちはそう抗議した。右派の新聞もまた恐怖政治［→コンコルド駅、ロベスピエール駅］や国民公会の行き過ぎ、戦争政策がもたらしたさまざまな不幸を告発してもいた。このように、当時はだれもがフランス革命を認めていたわけでは決してなかったのだ。ただ、こどもたちの行進や盛装した地元民の祝典、自由の木の植樹などを企画した友好的な一般人たちは、とくに首都の労働者地区で活発に動いた。だからこそパリ東部のこの小さな通りに、「リベルテ（自由）」という名がつけられたのである。市当局の敬虔な誓い。メトロはそうした誓いの護符とでもいうべき駅名を守ってきたのだ。

## シャラントン・エコール（プラス・アリスティド・ブリアン）（Charenton Écoles-Place Aristide Briand）駅

　8号線が延長されるまで、国立獣医学校と建築学校の最寄り駅だったシャラントン・エコール駅に、アリスティド・ブリアンの名が加えられたのは1990年代になってからである。シャラントンという駅名に含まれる意味は、政治家にとってあまり好ましいものではなかった。それがパリ市の精神疾患者たちを受け入れる施設［サド侯爵（1740-1814）が13年間入院していた精神病院］の名称だったからだ。「シャラントンからの脱走者」とは怒り狂った狂人のことでもあった。

　温厚なブリアン［→アナトル・フランス駅］の場合は話がちがう。漁師のような容姿は急進的民主主義者のイメージそのものだったが、おそらく彼は釣り竿を担いでポン・ド・シャラントンに移り住んだ。釣りが趣味だったからである。見かけがひどく平凡だったため、オーベルジュの主人は昼間の釣りから帰った彼に決まってベーコン・オムレツを出したものだった。やがて新聞で彼が首相になったことを知った主人は、こう言ってブリアンを難じた。「首相になったなら、そう教えてくれればいいものを」。1926年にノーベル平和賞を受賞したアリスティド・ブリアンの広場〈プラス〉は、マルヌ川の河岸にある。タイリクシグリコイやギンヒラウオ［いずれもコイ科の淡水魚］のフライを素

早く揚げることにかけては、彼の右に出る者はなかったという。

## エコール・ヴェテルネール・ド・メゾン＝アルフォール（École Vétérnaire de Maisons-Alfort）［旧メゾン＝アルフォール・エコール・ヴェテルネール］駅

　シャラントン橋を渡ってマルヌ川を越えると、メゾン・アルフォールではなく、アルフォール・ヴュー（古アルフォール）にいたる。語源の不確かなガリア＝ローマ時代の遺跡だが、そこはゲルマン人のハリなる領主が城塞を建てるために所有していた土地だった。クレテイユに行くためにはかならず通らなければならなかった街道は、橋を越えてエコール・ヴェテルネール（獣医学校）に出る。驚くことに、この学校は牧畜が盛んなシャロレー地方［中央山地北東部］ないしノルマンディではなく、パリの市門に設けられていた。なぜか。じつはこの学校の技術者たちは大学の研究活動に参加しており、都市改造と軌を一にして、獣医という職業も大きく発展していった。そこでは都市の家畜、すなわち犬や猫が都市化の波に乗って治療の中心となり、そうした治療を行う医院がすべての地区に開業するようになったのである。

## メゾン＝アルフォール・スタッド（Maisons-Alfort Stade）駅

　メゾン（maison）の語源とされる中世フランス語のマンシオネス（mansiones）は、領主の領地で働く自由農民や保有農に分割・付与された土地を意味していた。煙の立つ藁ぶき家で、森外れに木材と荒壁土とで建てられたこれらマンシオネスが、メゾン＝アルフォールの一戸建て住宅のもととなった。ここには12–13世紀に創建された開墾者たちのための教会があり、マルヌ川の両岸にすでにかなりの人口を擁するようになっていた村では、キリスト教の祭儀が執り行われていた。この聖レミ教会は、一帯のなかで最古の歴史を誇っている。

## メゾン＝アルフォール＝レ・ジュイオット（Maisons-Alfort-Les Juilliottes）駅

　新しいメゾン＝アルフォールは、セーヌ川とマルヌ川の合流点を見下ろす丘の上に建設されている。第2次大戦後の近代的な都市改造によって、ここでは大胆かつ革新的と思えるような事業が展開した。たとえば、建築家のアンドレ・デュブルイユ［1895-1948］やロジェ・ユンメル［1900-83］によって実現した、コンドルセとジュール＝フェリー学校群がそれである。

この郊外の重要な都市化によって、1972年のポルト・ド・シャラントン駅からジュイオット駅までの、さらに翌年のクレテイユ駅までの路線拡張が不可欠となった。

**クレテイユ＝レシャ（Créteil-L'Échat）駅**

**クレテイユ・ウニヴェルシテ（Créteil Université）駅**

**クレテイユ・プレフェクテュール（Créteil Préfecture）駅**
　1973年に開業したこれら3駅は、大学や県庁〔プレフェクチュール〕［ヴァル＝ド＝マルヌ県］、数多くのマンション、スポーツ複合施設、文化センターなどを擁する新しいクレテイユの町にある。こうした近代化の激しい攻撃を受けながら、しかし古い聖クリストフ教会は守られている。その12世紀の正面や尖頭アーチの穹窿、13世紀の3重身廊などからなる堂内には、クレテイユが小邑だったメロヴィング時代に思いを走らせる聖人や殉教者、たとえば聖アグヴァールや聖アジルベール［いずれも詳細不詳］の像が今もある。さらにガリア＝ローマ時代にまでさかのぼることができる。事実、文献学者たちはクレテイユの呼称が、ガリア人の地主クリストス（Cristos）、もしくはこの地主がおそらくキリスト教に改宗したことを示唆するクリストゥス（Christus）に由来するとしているからだ。

# ⑨ 9号線

フランクリン・D・ローズヴェルト駅と
シャンゼリゼ通り

# 9号線

ポン・デュ・セーヴル駅 ～ メリー・ド・モントルイユ駅

《開業1922年、営業距離19.6km、駅数37》

- ポン・ド・セーヴル駅
- ビヤンクール駅
- マルセル・サンバ駅
- ポルト・ド・サン＝クルー駅
- エグゼルマン駅
- ミケランジュ＝モリトール駅
- ミケランジュ＝オートゥイユ駅
- ジャスマン駅
- ラヌラグ駅
- ラ・ミュエット駅
- リュ・ド・ラ・ポンプ（アヴニュ・ジョルジュ・マンデル）駅
- トロカデロ駅
- イエナ駅
- アルマ＝マルソー駅
- フランクラン・D・ローズヴェルト駅
- サン＝フィリップ・デュ・ルール駅
- ミロメニル駅
- サン＝トーギュスタン駅
- アーヴル・コーマルタン駅
- ショセ・ダンタン＝ラ・ファイエット駅
- リシュリュー＝ドルオ駅
- リュ・モンマルトル駅
- ボンヌ・ヌーヴェル駅
- ストラスブール＝サン＝ドゥニ駅
- レピュブリック駅
- オベルカンフ駅
- サン＝タンブロワーズ駅
- ヴォルテール（レオン・ブルム）駅
- シャロンヌ駅
- リュ・デ・ブーレ駅
- ナシオン駅
- ビュザンヴァル駅
- マルシェ駅
- ポルト・ド・モントルイユ駅
- ロベスピエール駅
- クロワ・ド・シャヴォー（プラス・ジャック・デュクロ）駅
- メリー・ド・モントルイユ駅

9号線はセーヌ川を渡らず、その右岸下を、パリ最西端のエレガントな地区と東部の労働者地区を結んで走る。走行距離（19.6キロメートル）がもっとも長い路線のひとつであるこの線は、他の路線より遅れて第1次大戦後に開通した。最初の区間はエグゼルマンス駅～トロカデロ駅間で、1922年11月8日に開業している。翌年6月3日にはサン＝トーギュスタン駅まで、さらに6月3日にはショセ・ダンタン駅まで延長された。そして9月29日には、反対方向にエグゼルマン駅とポルト・ド・サン＝クルー駅がつながった。

 敷設工事は5年後の1928年、つまりレイモン・ポワンカレ［→シャンゼリゼ＝クレマンソー駅］によるフランの安定化がなされ、証券取引所が楽観的になったのちに再開された。こうしてシャセ・ダンタンからリシュリュー＝ドルオ駅までのトンネルが掘られた。そして1928年から33年にかけての世界恐慌で再び工事は中断されたが、建設用の債権を発行することで、ポルト・ド・モントルイユ駅までの路線延長が可能となった。これにより、1934年、ポルト・ド・サン＝クルー～ポン・ド・セーヴル間が開業した。それから3年後の1937年には、ポルト・ド・モントルイユ～メリー・ド・モントルイユ区間も開通した。

## ポン・ド・セーヴル（Pont de Sèvres）駅

 馬車がパリからヴェルサイユに行けるよう18世紀にペロネ[1]によって建設された、9本のアーチをもつ古いセーヴル橋の解体後、労働者たちは、新たに架けられた橋を通ってセーヴル村に建てられていた国立工場、すなわちカオリン（白色粘土）による磁気の生産工場に通えるようになった。

 中央山地北西部リムザン地方のカオリン開発会社が初めてヴァンセンヌに設立されると、ポンパドゥール夫人［→バスティーユ駅］はこれをよりヴェルサイユに近いセーヴルに移させた。こうして王室は、デュプレシスやファルコネの素晴らしい製品を真っ先に手にすることができるようになった。セーヴルの壺や磁器、さらに装飾容器は、ザクセン地方のマイセン磁器と同様、全ヨーロッパに名を馳せることになる。そして今日、ポン・ド・セーヴル駅はメトロの乗客たちが磁器博物館を訪れ、かつては上流階級のみが愛でていた独創的な製品を称賛するのを可能にしている。

1．ジャン＝ロドルフ・ペロネ（1708-94）はパリ出身の建築家で、国立土木学校創設者・初代校長。初代パリ市専属建築家のジャン・ボージル（1651-1743）

のもとで研鑽を積み、パリの大暗渠建設計画に携わる。1747年から91年にかけて、土木工事の総監督官を務めた彼のもとで、国内に総延長2500キロメートルもの道路が敷設・改修されたという。1763年に国王筆頭建築家、65年に王立科学アカデミー会員となった。

### ビヤンクール（Billancourt）駅

　ビヤンクールの工場群はもうひとつの歴史的場所である。現在は閉鎖されているが、60年以上前、セーヌ川のガン島にあったこれらの自動車工場では5万人もが働いていた。そのひとつの巨大工場はさながら大西洋定期船といった形をしており、セーヌの右岸に陣取っていた。

　旧ビヤンクール村では、発明の才に恵まれたルイ・ルノー［1877-1944］が、1898年、実家に最初の修理工場を設け、3輪車から外したディオン[1]＝ブトン社製のエンジンを備えた最初の自家製自動車をつくった。さらに彼は、兄のマルセル［1872-1903］と変速機を考案してもいる。

　やがてルノー兄弟はビヤンクールに小さな工場を設立する。ここでつくられた自動車は、パリ～トゥルヴィル［セーヌ河口、イギリス海峡を望む港町］間やパリ～ランブイエ［パリ南西方］間、パリ～ベルリン間で速さを競うあらゆるレースで勝利を収めた。こうしてビヤンクールの名はヨーロッパ全域に鳴り響くようになった。事業に加わっていた長兄のフェルナン［1865-1909］はそれを大きく発展させ、第1次大戦には戦車すらも生産するほどだった。だが、ドイツ軍向けにも戦車をつくったため、ルノー一族はパリ解放時に工場を収用され、それを受け継いだルノー公団はビヤンクールの工場を放棄した。

1．ディオンことジャン＝アルベール・ド・ディオン侯爵（1856-1946）は、フランス北西部ロワール＝アトランティク県のカルクフーに生まれた、フランス自動車産業の草分け。1902年から23年まではロワール＝アンフェリウール選出の下院議員、23年から40年までは上院議員もつとめた。1883年、ジョルジュ・ブトン（詳細不詳）らと、パリ西郊のピュトーに自動車会社「ディオン＝ブトン」を創立し、第一次大戦後、短期間ではあったが、世界最大の生産を誇った。彼はまた1898年にサロン・ド・オートを開催し、フランス自動車クラブの共同創始者ともなり、1900年には雑誌「ロート（自動車）」を創刊してもいる。

## マルセル・サンバ（Marcel Sembat）駅

　1862年に生まれたマルセル・サンバ［1922没］は、SFIO（社会主義労働者インターナショナル・フランス支部）を前身とするフランス社会党の創設者のひとりである。活動家の労働者だった彼は、党のあらゆる闘争に加わり、さまざまな大会で精力的に発言してその存在を知らしめた。第1次大戦の間、ドイツの社会主義者たちが皇帝によるフランスへの宣戦布告を可能にする軍事予算に賛成票を投じたことに憤慨し、フランスの戦争努力を支持する党内多数派のいわゆる「神聖同盟」に身を置くようになる。そしてアルベール・トマ[1]とともに、その愛国的情熱で異彩を放った。だが、社会党の少数派から怒りを買った彼は、次第に「諸国民の平和」の思想に傾き、大戦中、全世界の平和主義者たちをまとめた国際会議に参加する。そんな彼は、1920年に社会党と共産党が分裂した少しあとに没している［→サン＝ドゥニ＝ポルト・ド・パリ駅］。

1．アルベール・トマ（1878-1932）は若くして労働組合活動に参加し、1910年にセーヌ県選出の社会党下院議員となって政治の前面に登場する。第1次大戦中の1916年、ロシアに派遣されて参戦を勧め、帰国後、アリスティド・ブリアン（→シャラントン・エコール＝プラス・アリスティド・ブリアン駅）のもとで軍事大臣を務めて戦時経済学を提唱した。国際労働機関の初代事務局長。

## ポルト・ド・サン＝クルー（Porte de Saint-Cloud）駅

　聖クルー[1]はフランク王国メロヴィング朝のクロヴィスとクロティルデの孫息子である［→トルビアック駅］。父コロデマール［495-524。オルレアン分国王］が戦死したため、彼はフランク王国の血筋を引く者すべてを排除しようとしていた、叔父クロタール1世［498頃-561］の刃を逃れ、やがてパリ西郊の村ノヴィゲントゥムに逼塞して、のちに聖人に叙される。

　メロヴィング朝のいわば殉教者でもあった聖クルーの記憶は、ポルト・サン＝クルー一帯ではすでに薄れているが、かつての城塞跡にはスタジアムのパルク・ド・プランス（字義は「王子公園」）が建設されている。サッカーの試合がある日、このメトロ駅は何万ものサポーターを吐き出す。彼らはメロヴィングの歴代王に仕えていた臣下たちの獰猛さを再現するかのように、我先にスタンド席めがけて走るのだ。たしかにサッカーは選手以上にサポーターが獰猛になるスポーツといえる。

1．聖クルーことクロドアルド（522頃-60頃）は、父がブルグント族との戦い

で戦死したのち、兄弟たちとともに祖母クロティルデのもとに身を寄せたが、寡婦となった実母を妻にして遺産の独占を狙った叔父クロタールから逃れ、パリ郊外で隠遁生活を送る聖セヴラン（540没）のもとで信仰生活を送る。やがて貧者生活を送りながらプロヴァンスを巡り、551年、パリで司祭に叙せられるが、ノヴィゲントゥムに隠遁し、独住の隠修士として祈りに明け暮れた。死後、ノヴィゲントゥムは聖人に追号された彼の名をとってサン＝クルーに改称し、村は巡礼地となった。

### エグゼルマン（Exelmans）駅

ナポレオンの将軍たちはセーヌの両岸に駅をもっている。メトロ9号線のエグゼルマン駅と、対岸のRER-C線のヴィクトル駅［→ブルヴァール・ヴィクトル駅］である

ロレーヌ地方バール＝ル＝デュク出身のレミ・エグゼルマン［1775-1852］は、1805年のアウステルリッツの戦い［→オーステルリッツ駅］で連隊長、1807年のペルポールの戦いで将軍として戦った。3年の間イギリス軍の捕虜となっていた彼は、その営倉用廃船から脱出し、ナポレオン最後の遠征に参加する。1815年の100日天下でナポレオンに忠誠を誓ったままだったため、ナポレオン失脚後ドイツへ逃げるが、1851年、ルイ・ナポレオンによってフランス元帥に叙される。

前述したように、エグゼルマンとヴィクトルの両元帥はいずれもセーヌ河岸にその名がつけられた駅をもっている。このことは、歴史が裏切りをあまりにも安易に忘れ去り、誠実な者［エグゼルマン］同様、風見鶏を決め込む者［ヴィクトル］もまた、それなりに報いることをいとわないという事実を示している。

### ミケランジュ＝モリトール（Michel-Ange-Molitor）駅

メトロのミケランジュ（ミケランジェロ）駅には奇異な点がふたつある。まず、それが外国人画家の名を冠した唯一の駅だという点、もうひとつは、その画家と帝国元帥とが結びつけられた駅名になっているという点である。ここで留意しておくべきは、ミケランジュ通りが1864年に命名されたということである。当時はイタリア風がはやっていたが、オートゥイユの町当局は芸術家や作家たちの名を好んで通りにつけていた。たとえばラ・フォンテーヌ通りは1865年に命名され、現在のミケランジュ＝モリトール駅近くに

あった小邑ボワロー［古典主義理論の書『詩法』（1674年）で知られる詩人・批評家のボロワー（1636-1711）に由来する村名］には、モリエール大通りやヴォルテール袋小路、ラ・フォンテーヌ・ロータリーなどの地名がみられた。一方、地名となった画家、すなわちプーサン［1594-1665］、古典主義のジロデ＝トリオゾン［1767-1824］、ロマン主義のジェリコー［1791-1824］、細密画家のイザベー［1767-1855］はすべてフランス人ではある。とすれば、ミケランジェロ［1475-1564］は音楽家のドニツェッティ[1]ともども、この地区では例外的なイタリア人芸術家ということになる。

1．ガエタノ・ドニツェッティ（1797-1848）は作曲家で、宗教音楽やオペラに多くの作品を遺した。ロッシーニの後継者で、ベリーニのライバル、ヴェルディの先駆者とされる彼の代表作としては、ベルカントの傑作と謳われた『ランメルモールのルチア』（1835年）がある。

### ミケランジュ＝オートゥイユ（Michel-Ange-Auteuil）駅

　ミケランジェロの名を冠した2番目の駅は、オートゥイユの村名と結びつけられている。往時の主道にあったもっとも印象的な邸館は、工場主テルノーのそれだった。フランス北東部、ベルギー国境付近の町スダンから来た彼は、第1帝政期、カシミヤ織の生産を発展させるべく、チベットから大量の羊を輸入した。だが、それが仇となって破産し、邸館を売却せざるをえなかった。第2帝政期になると、私立学校のノートル＝ダム＝ドートゥイユがそこを教室とした。さらに1872年、パリ市は村に土地を購入して、教師養成用の初等教育師範学校とリセ・ジャン＝バティスト＝セを建てた。後者の校長室はかつての工場主ニコラ・テルノーの事務所に設けられている。首都でもっともレベルの高いリセのひとつとされるこのジャン＝バティスト＝セの生徒たちは、ミケランジュ＝オートゥイユ駅を利用している。

### ジャスマン（Jasmin）駅

　この駅名は花ではなく、詩人の名前にちなんでいる。1885年の幹部市吏たちは南仏のオック語を好み、ジャコンことジャスマン[1]を称えていたからである。1864年にフランス南西部の生地アジャンで没したこのガスコーニュ人を、ラマルティーヌ［→オテル・ド・ヴィル駅］は「プロレタリアートを解するホメーロス」と評したものだった。

　近代の吟遊詩人とでもいうべき彼は、南仏各地の町をめぐって詩を朗読し

た。国王ルイ＝フィリップ［在位1830-48］から宮廷に招かれたこともあった。オック語復興の文学運動であるフェリブリージュはこうして生まれた。1803年、ファーブル・ドリヴィエは「オック主義的」詩集を刊行しているが、ジャスマンはマルセイユのマリウス・ブルリーやボルドーのメートル・ヴェディエ、ベアルン地方のクザヴィエ・ナヴァロなどと同世代だった［いずれも不詳］。ジョゼフ・ルマニーユ[2]もまた、フレデリック・ミストラルやテオドル・オーバネルとともに、『プロヴァンス人』を1851年に上梓している。ただし、メトロのなかでオック語で歌えるのは、ひとりジャスマンだけである。

1．ジャスマン、本名ジャック・ボエ、オック語ジャクム・ボエル（1798生）は、理髪師を営みながらオック語で詩作をし、シャンソンや朗読詩を数多く遺した。とりわけ1822年のカルナヴァルで発表したロマンス（8行音綴の叙事詩）『アジャンの忠誠』で一躍名をあげた。

2．「フェリブリージュの父」と称されるようになるルマニーユ（1818-91）は、ノストラダムスの生地でもある南仏のサン＝レミ＝ド＝プロヴァンス出身の詩人・作家・ジャーナリスト。公証人の書記やコレージュで教員となったあと、アヴィニョンで出版業を営む一方、1859年にはみずからも詩集『サルビアの花』を発表し、言語によるプロヴァンス復興をめざした。マルセイユに生まれたフレデリック・ミストラル（1830-1914）は、プロヴァンス地方最大の詩人で、フェリブリージュの中心。主著に『ミレイユ』（プロヴァンス語では『ミレイオ』、1859年）やプロヴァンス語辞典の『フェリブリージュ宝典』（1878-86年）などがある。彼はこの辞典によってフランス学士院賞を獲得し、その賞金を基金として、1890年から1900年までの10年間、プロヴァンス語の新聞「アイオリ」紙を発行した。また、プロヴァンス文化を伝えるため、アルルに私財を投じて博物館「ムセオン・アルラタン」（1899年開館）を建てた。これは私設博物館としてはフランス最古のものである。そして1904年、スペインの劇作家ホセ・エチェガライ［1832-1916］とともにノーベル文学賞を受賞している。オーバネル（1829-86）は、上田敏の『海潮音』にも紹介されている抒情詩人・劇作家。アヴィニョンで印刷業を営む家に生まれ、カトリックの教育を受けた後、家業を継ぐが、やがて信者集会でルマニーユと出会い、ミストラルを紹介されて文学を志す。だが、次第に政治結社化していくフェリブリージュの方向をめぐってルマニーユらと対立し、1880年、脱会する。詩集に、修道院に入った恋人を謳った処女作『笑み割るザクロ』（1860年）や『アヴィニョンの娘たち』（1885年）などがある。

## ラヌラグ（Ranelagh）駅

　スノブたちがパリを侵した——。18世紀にはイギリス様式が人々を魅了し、たとえばスービーズ元帥所有のラ・ミュエット城では、芝生の上でコンサートが開けるよう、野外音楽堂(キオスク)が建てられたほどだった。これとよく似た野外音楽堂は、1742年、イギリスの貴族院議員だった伯爵ラネラ［フランス語表記ラヌラグ］卿が、ロンドンの貴族階級が住むチェルシー地区にあった自領内に設けている［現ラネラ・ガーデンズ］。そこでは連日のようにオーケストラによる一般向けコンサートが開かれていた。ラ・ミュエットのラネラ・ガーデンズは、18世紀末、宮廷やパリじゅうに知れ渡った。その魅惑的なキオスクは19世紀に姿を消したが、地区自体はなおもイギリスの伯爵・貴族院議員の名を維持している。

## ラ・ミュエット（La Muette）駅

　1914年8月、大統領ポワンカレ［→シャンゼリゼ＝クレマンソー駅］はラ・ミュエット駅にいた。最高司令官ジョフルの至上命令により、その閣僚たちとボルドーに移らなければならなかったからである。彼らは当時パシー駅と呼ばれていたラ・ミュエット駅で小さな電車に乗り、鉄道の環状線を経由してサン＝ラザール駅に向かった。

　ラ・ミュエットの王城はヴァンセンヌの森の近くにあったかつての狩猟用邸館で、もともとはフィリベール・ドゥロルム[(1)]が王妃マルゴのために建てたものだった。

　国王ルイ15世［在位1715-74］は愛妾たちを住まわせていたこの王城を増築し、禁欲的なルイ16世［1774-92］は王城を解体しようとしたが、フランス革命に妨げられた。そんな王城内の庭園で、1783年11月21日、ピラートル・ド・リジエ［1754-85］とアルランド侯爵［1742-1809］は、ベンジャミン・フランクリンや王族たちの前で最初の熱気球飛行を行った[(2)]。

1．ドゥロルム（1510頃-70）はフランス・ルネサンスの代表的な建築家。リヨンの親方石工を父として生まれ、1533年から36年までローマで古代建築を学ぶ。帰国後、国王専属建築家となり、チュイルリー宮やシュノンソー城のギャラリーなどを建てた。マルゴことマルグリット・ド・ヴァロワ（1553-1615）は、国王アンリ2世（在位1547-59）とカトリーヌ・ド・メディシス（1519-89）の王女。1572年、のちの国王アンリ4世（在位1589-1610）との結婚式後にサン＝バルテルミの虐殺が起きた。

2．ベルナール・ステファヌの『図説パリの歴史街路物語』（拙訳、原書房、2010年）によれば、この熱気球は11区のティトン通りにあったレヴェイヨン壁紙工場のアトリエで、布と紙を貼りあわせてつくられものだという。熱気球の着陸地はビュット＝オー＝カイユ。数分間の飛行だった。

## リュ・ド・ラ・ポンプ（アヴニュー・ジョルジュ・マンデル）（Rue de la Pompe—Avenue Georges Mandel）駅

　駅名にその記憶が残っているポンプ（水揚げ機）は、トロカデロの丘から、麓の窪地にあるラ・ミュエットの噴水池に水を供給していた。パリ解放後、このポンプに、1944年、ヴィシー政府のミリス（親独義勇兵）たちに殺された第3共和国の政治家ジョルジュ・マンデル[1]の名を追加した。ジョルジュ・クレマンソーの協力者だったマンデルは、1940年に内務大臣となったが、逓信大臣の時、フランスにおける国営放送の発展に尽力した。必要な技術的手段を実現した彼のおかげで、1937年の万博において、テレビ初の一般公開が行われた。

　愛国者でレジスタントだったマンデルは、ペタン将軍［→アヴニュ・フォシュ駅］の命で逮捕され、ポルタレ要塞に幽閉されたのち、ドイツ軍に送られ、最終的にナチス占領時代の死刑執行人だったミリスに引き渡された。

1．ジョルジュ・マンデルは1885年、ユダヤ系フラン人として生まれる。21歳で、ドレフュスを擁護するエミール・ゾラの有名な公開状「我弾劾す」を掲載して話題となった、共和派系の日刊紙「オーロル（黎明）」の編集陣にも加わる。この編集主幹がジョルジュ・クレマンソー（→シャンゼリゼ＝クレマンソー駅）だった。1906年、クレマンソーが首相となったのを機に政治の世界に入り、逓信大臣となった34年、ヒトラーが導入した徴兵制に対する国際連盟の非難をとりつけて、ナチス・ドイツの脅威を国際的に訴え、以後、植民地担当大臣や内務大臣を歴任する。だが、1940年、政権を掌握したペタン将軍（1856-1951）と対立して逮捕・投獄され、1942年、ゲシュタポによってヴァイマル近くのブーヒェンヴァルト強制収容所に送られる。この収容所には彼がフランスの生産力低下を招くとして強硬に反対した、人民戦線内閣の首相レオン・ブルム（→ポン・ド・ヌイイ駅、アナトル・フランス駅）もいた。やがて1944年7月4日、親独義勇軍「ミリス」に引き渡され、その3日後、フォンテヌブローの森で射殺される。6月に対独強調派の宣伝相だったフィリップ・アンリオ（→ヴァレンヌ駅）が、レジスタンスによって妻子ともども殺害されたことへの報復だった。

244

トロカデロ駅 → 6号線

## イエナ（Iéna）駅

　1806年のイエナの戦いで、ナポレオン軍は、大王フリードリヒ2世［在位1740-86］の時代に創設され、当時ヨーロッパ最強と謳われいたプロイセン軍を完膚なきまでに打ち破った。この敗北がきっかけとなって、プロイセンでは愛国的で暴力的な反動が起きた。ゲプハルト・フォン・ブリュッヘル元帥［→カンブロンヌ駅］とナイトヘルト伯グナイゼナウ元帥［1760-1831］は、フランス軍に占領・搾取されている祖国の再生を誓った。そして1815年、ブリュッヘルはパリに足を踏み入れる。［ワーテルローの戦いで］ナポレオンを打ち砕いたのだ。そのとき、彼はセーヌに何を見たのか。新しいイエナ橋で（！）である。元帥は命じた。「火薬樽を詰め込め！」。だが、ルイ18世［在位1814-15年／1815-24年］がそれをとりなした。身体不自由なこの国王は、辛うじて歩ける程度だった。彼はイエナ橋を改称して、アンヴァリッド橋にすると提案したのだ。

　やがてプロイセン軍が撤退すると、イエナ橋はもとの呼称に戻り、凶暴な戦士像で飾られた。ガリア人、アラブ人、ギリシア人、ローマ人などの彫像で、である。だが、そこにゲルマン人の彫像はなかった。

## アルマ＝マルソー（Alma-Marceau）駅

　この駅名では、ズワーヴ兵［→ポン・ド・ラルマ駅］たちの戦場であるアルマ［1854年のクリミア戦争で、英仏連合軍がロシア軍を破った］と、同じ8区にその名がつけられている共和国の将軍フランソワ・マルソーとが結びつけられている。パリのパンテオンの栄光に浴しているマルソーは、1889年、フランス革命100周年の際に、共和国の神殿に埋葬された。彼は1769年にシャルトルで生まれ、バスティーユが陥落した時は20歳だった。1793年の攻囲戦時にはヴェルダンにいて、ロレーヌ地方のサヴネとフランス中西部のル・マンでふくろう党[1]を打ち破り、敗者たちに最大限の思いやりを示したという。

　マルソーはまたフリュルス［→オシュ駅］やコブレンツの戦い［1794年。この戦いにより、同市はフランス革命軍に占拠された］に参加している。そして1795年、ドイツ中西部ノイヴィートでオーストリア軍を粉砕したが、ドイツからフランス軍が撤退するのを援護していた際、銃弾を浴びて戦死する。

享年27。のちに敵将カール・フォン・オステライヒ［1771-1847。神聖ローマ帝国皇帝レオポルト２世の息子で、チュートン騎士団グランド・マスター。オーストリア軍の司令官・改革者］は、彼の墓を訪れ、敬意を表したという［マルソーは1796年のドイツ中西部アルテンキルヒェンで、チロルの狙撃兵に銃撃されて落命し、その遺体はコブレンツに埋葬された］。

１．ふくろう党とは、1793年にヴァンデ地方の王党派による叛乱に呼応してブルターニュやロワール地方などで蜂起した、王党派の農民や若者たちの叛徒で、「カトリック王党軍」を名乗った。呼称の由来は、指導者ジャン・コトロー（1757-94）のあだ名シュアン（モリフクロウ）にちなむとする説や、あるいは彼らが塩を密売する際、合言葉として「シャ＝オー」（ガリア語で「フクロウ」の意）と叫んだところからとする説もある（→オシュ駅）。

**フランクラン・D・ローズヴェルト駅 → １号線**

**サン＝フィリップ・デュ・ルール（Saint-Philippe du Roule）駅**
　８区のテルヌ広場付近には、かつてオー＝ルール村とバ＝ルール村があり、ともに城塞に隣接していた。その市門では入市税が徴収されていたが、首都のハンセン病者たちは、レプロズリと呼ばれていたハンセン病者収容所のある郊外のこの村に追放された。収容所に接していた聖ヤコブと聖フィリップの礼拝堂［1217年建立］は、1784年に聖フィリップ＝デュ＝ルール教会となり、王弟で、のちにルイ18世となるプロヴァンス伯によって献堂式が営まれた。ルールの柵が撤去された時、ルール街道は様相を一変した。貴族や億万長者たちの邸館に囲まれたそれは、フォブール・サン＝トノレと名を変えたのである。もはやそこにレプロズリはなく、遊楽用別荘である壮大なフォリー・ボージョン[1]を建てた金融家のボージョンが、良心にかられて、死ぬ前にルールの所有地に孤児院を創設している。彼はまたルール施療院を建設するために年金を遺贈し、この施療院が現在のボージョン病院となっている。
１．ボルドー出身のニコラ・ボージョン（1718-86）は穀物投機で巨利を得て、1770年、宮廷銀行家となり、さらに総括徴税請負人や国務評定官を務めた。フォリー・ボージョンは現在のワグナム大通りやシャンゼリゼ大通り、さらにシャルル・ド・ゴール広場やフォブール・サン＝トノレ通りなどを含む、12ヘクタール（！）もの敷地を有していた。

## ミロメニル（Miromesnil）駅

　信じられないほど傑出したミロメニル侯アルマン・トマ・ヒュ［1723-96］は、あらゆる事態に対処できた。アンシャン・レジーム（旧体制）の裁判は、拷問、すなわち罪人が死ぬ前に共犯者たちの名を供述するよう、尋問に先立って「予備的」拷問、処刑に先立って「先決的」拷問を行っているとして非難されていた。拷問を廃止する（！）。それはさほど困難なことではない。国璽尚書［1774-87年］で裁判官でもあったミロメニル侯はそう唱えた。この提言により、自白を容易に引き出すための「予備的拷問」——当時はなおも「予審的拷問」と呼ばれていた——だけが廃止される。しかし、これは警吏たちの任務を複雑なものにした。自白を引き出すために容疑者を拷問にかけることなく、その職務を果たさなければならなくなったからである。

　ともあれ1774年、拷問という野蛮な手法は半分だけ廃止され、裁判を人間的なものにしようとした、偉大で開明的なミロメニルは名声を博すことになった。

## サン゠トーギュスタン（Saint-Augustin）駅

　［敬虔なキリスト教徒だった］モニカの息子で、タガステ［現スー゠カフラ］出身の教父、そしてヌミディア（アルジェリア）の聖人でもあるアウグスティヌス［354-430］は、幾つかに枝分かれしている修道会［アウグスチノ（アウグスティヌス）修道会］にその名を残している。たとえば、同じアウグスチノ修道会でも、スペインやポルトガルの原始会則派［1588年創設］と、フランスで親しみをこめてプティ・ペールと呼ばれている、跣足アウグスチノ会［1574年創設］とは区別されている。パリにはセーヌ左岸にグラン・オーギュスタン会、右岸にはプティ・オーギュスタン会もある。

　聖アウグスティヌスに捧げられた教会は新しい［1871年建立］。第2帝政期に、オスマン男爵［→序文、サン゠マンデ゠トゥーレル駅、レンヌ駅］は都市改造の一環として、現在サン゠トーギュスタン駅がある一角［8区］に破壊者たちを放った。鶴嘴とスコップで彼らはパリの幹線道路を掘った。オスマン大通りとマルゼルブ大通りである。富裕者たちが数多く住むこの地区には、尖塔や穹窿、丸天井の塔を擁する教会堂が建っているが、建築家のバルタール［→レ・アル駅、ポルト・ド・ラ・ヴィレット駅］は、おそらくそこで、タガステで育った聖人にいかにも相応しいオリエント゠ムーア的な夢を思い描いていたはずである。

この教会から指呼の間にあるペピニエール兵舎(現軍人福祉厚生センター)の兵士たちは、サン゠トーギュスタン教会でミサに与ることができた。教会はその駐屯部隊をまるまる受け入れられるほど広かったからである。

**アーヴル゠コーマルタン駅 → 3号線**

**ショセ・ダンタン駅 → 7号線**

**リシュリュー゠ドルオ駅 → 8号線**

**グラン・ブルヴァール駅 → 8号線**

**ボンヌ・ヌーヴェル駅 → 8号線**

**ストラスブール゠サン゠ドゥニ駅 → 4号線**

**レピュブリック駅 → 3号線**

**オベルカンプ駅 → 5号線**

**サン゠タンブロワーズ(Saint-Ambroise)駅**

尻取りゲームではないが、次はアウグスティヌスの友人で、彼に洗礼を施し、4大教父のひとりに数えられている聖アンブロシウス(フランス語名アンブロワーズ)の駅である。この聖人は11区とどうかかわるのか。

サン゠タンブロワーズ通りは、かつてパリ東部の大部分の土地を所有していたアノンシアド゠ド゠ポパンクール(ポパンクールお告げのマリア女子修道会)の修道院跡地に敷設された[1783年開通。1802年現行名]。修道院には聖アンブロシウスに捧げられた礼拝堂があった。ポパンクールの貧民地区に設けられたこの女子修道会は、高い壁に囲まれた教育施設を創設し、貴族の子女たちを受け入れた。そこでは教父アンブロシウス[340頃-397]が彼女たちを鼓舞したはずだ。小教区ができたのはそれからしばらくたった1791年だった。国王は活動がさほど活発ではなかった修道院を買い受け、フランス衛兵のためにポパンクールの兵舎を建てた。これにより、衛兵たちは教区

教会のミサに行くことができるようになった。

**ヴォルテール（レオン・ブルム）（Voltaire-Léon Blum）駅**
　メトロの経路をたどっていけば、はたして偶然のなせる業か、聖アンブロシウスの次にヴォルテールがくる。帝政期に命名されたプランス・ウジェーヌ（ウジェーヌ公）[1]大通りを改称するため、世俗的な聖人であり、寛容の熱烈な擁護者であり、教会に対する激烈な批判者でもあったヴォルテール［1694-1778］のことを考えたのは、共和国の思いやりだった。そんなヴォルテールの名が通りに刻まれたなら［ヴォルテール大通りへの改称は1879年］、メトロの駅名がそれに倣ったとしても不思議はないだろう。かつてフランス革命の間、バスティーユからコンコルドまで、彼の胸像を掲げた行列がパリじゅうを練り歩いたものだった。彼が共和国憲法典の父とみなされていたからだ。
　モンテスキュー［1689-1755］やルソー［1671-1741］はそれほどの影響力がなかった。『法の精神』の著者として知られるこの高官［モンテスキューはボルドー高等法院副院長だった］は、「低劣なるもの」を激しく非難し、不幸なジャン・カラ[2]を擁護し、18世紀に入ってもなお裁判でプロテスタントたちを焚刑に処していた、抑圧的な教会と王権の共犯関係を飽くことなく難じた論争家［ヴォルテールのこと］ほど世論を揺さぶらなかった。
　メトロでは、レオン・ブルム［→ポン・ド・ヌイイ駅、アナトル・フランス駅］の名とヴォルテールの名が結びつけられていることにも留意する必要がある。ヴォルテール広場［1870年にプランス・ウジェーヌ広場から改称］もまた、レオン・ブルム広場に改称されているからだ。1936年にフランス社会党の党首となったレオン・ブルムは、それまで彼の名を冠した通りがなかった。だが、1981年の総選挙で左翼が勝利すると、広場とメトロ駅にその名が同時につけられた［広場の命名は1957年。誤記か］。彼はヴォルテールと相性がよかったが、聖アンブロシウスと結びつくのはヴォルテールより難しかった。
1．ウジェーヌ・ド・ボーアルネ（1781-1824）はフランス王族に属しながら、皇帝ナポレオン1世の養子となり、イタリア副王やヴェネツィア公、フランクフルト大公、さらに国務大書記長に叙された。
2．カラ（1699-1762）はプロヴァンスの貿易商。カトリックに改宗した息子を殺した廉で、無実であるにもかかわらず、パリのグレーヴ広場（現市庁舎前広場）で車刑に処された。ヴォルテールは1763年に上梓した『寛容論』で、その名誉を

回復した。

## シャロンヌ（Charonne）駅

メトロのシャロンヌ駅はある政治劇の記憶を保っている。アルジェリア戦争末期、秘密軍事組織（OAS）［1961年から63年にかけて、アルジェリアの独立に反対して活動した右翼組織］は、ド・ゴール政権とアルジェリア共和国臨時政府（GPRA）との平和交渉に反対して、パリで攻撃を激化していた。これに対し、左翼組織は公共の秩序を守り、OASを排除し、さらに交渉の迅速な要訣を促すべく、首都で示威運動を繰り広げることを決めた。しかし、ある挑発行動——その状況は新聞によって暴露された——のあと、官憲はシャロンヌ駅に閉じこもった群衆に情け容赦なく襲いかかり、小競り合いの結果、9人の死者を出したのである。

## リュ・デ・ブーレ（Rue des Boulets）［旧ブーレ＝モントルイユ（Boulets-Montreuil）］駅

ブーレ通りとヌーヴ＝デ＝ブーレ通りは、砲弾が家々の屋根に雨あられと落ちてきた、アンリ4世[1]によるパリ攻囲戦を想い起こさせる。良王アンリはこう言ったという。「パリは1回分のミサに相当する」［「なくてはならないものならば、大きな犠牲を払う価値がある」の意。シュリ＝モルラン駅］。戦いは、ユグノー（プロテスタント）の王が教皇のミサを受け入れたことが分かった時に終わり、砲弾も沈黙した。

だが、1789年4月27日、今度はフランス衛兵たちの砲弾が首都で唸り声をあげる。レヴェイヨン国立壁紙工場の労働者たちが、工場主に反旗を翻して通りを占拠し、しかるべき給料の支払を求めて、仕事を放棄したためである。この蜂起で、30人あまりの労働者が命を失った[2]。それから3カ月後、バスティーユが陥落する。そして1814年、砲弾は、ブーレ通りと交差し、ポルト・ド・モントルイユへといたるモントルイユ通りの端に設けられた城柵を襲った［→ポルト・ド・ヴァンセンヌ駅、シャトー・ド・ヴァンセンヌ駅、プラス・ド・クリシー駅］。

1．1590年から92年にかけてのパリ攻撃にもかかわらず、カトリックの強いパリ市民から受け入れられなかったプロテスタントのアンリ4世（在位1589-1610）は、93年、カトリックに改宗した（→ルーヴル＝リヴォリ駅）。

2．この事件の発端は、前年末からの凶作とそれによる物価の高騰にあった。当時、

この壁紙工場を経営していたジャン＝バティスト・レヴェイヨン（1725-1811）は、壁紙の値段を引き下げるため、労働者300人余の給料を削減し、これに憤った労働者たちが立ち上がった。なお、レヴェイヨンは自工場でつくった熱気球による飛行実験者としても知られる。

## ナシオン駅 → 1号線

### ビュザンヴァル（Buzenval）駅

　ビュザンヴァルとは1870年［普仏戦争］の戦場名である。この村はパリの西方、リュエユ＝マルメゾンの近くに位置する。1871年1月19日、パリの国民遊撃兵と、首都を攻囲していたプロイセン軍との間で激しい戦いが起きた。場所はシャトー・ド・ビュザンヴァル。将軍トロシュ［→グランド・アルシュ・ド・ラ・デファンス駅、アヴロン駅］は、麾下の歩兵大隊を絶望的な作戦に駆りたてた。半数が国民軍からなる兵6万の「疾風怒涛的脱出」だった。だが、それには敵の「鉄壁の守り」を打ち破らなければならなかった。そのため、縦列隊形の3部隊が敵の陣取るビュザンヴァルとモントルトゥール公園を攻撃した。プロイセン軍は防御態勢の整った地点から反撃した。ビュザンヴァルの森は激しい砲火に包まれ、4000のフランス兵が戦死したが、プロイセン軍の戦死者は600たらずだった。

　こうしたビュザンヴァルの戦いは、トロシュ軍の「最後の切り札」として戦争のエピソードに刻まれている。やがてこの不幸な作戦のあと、ティエールがアルザス・ロレーヌ地方をプロイセンに割譲して平和をもたらすことになる［→序文］。

### マレシェ（Maraîchers）駅

　旧シャロンヌ村には、マレシェ［字義は「野菜の集約栽培者」］通りとカトル＝ジャルディニエ［「4人の庭園師」］通りがあった。メトロ建設当時のモントルイユでは、パリのレ・アル（中央市場）に卸す野菜畑が連なっていた。

　だが、パリ東部一帯の土地は多湿で非衛生だった。そこでそれを乾燥させるため、国王アンリ4世［在位1589-1610］は思い切った対策を講じた。土地の排水を拒む地主たちからその半分を巻き上げ、専門の土地改良会社に与えたのだ。これにより広大な土地が改良され、石灰を施用することで肥沃な地味になった。マレシュたちはのちにそれを大いに利用した。

## ポルト・ド・モントルイユ（Porte de Montreuil）駅

モントルイユの市門(ポルト)は、旧城塞の第11・12稜堡の間にあった。そこを通れば、モントルイユ゠スー゠ボワ村に行けた。1814年、この村の周辺で激しい戦いが繰り広げられた［→ポルト・ド・ヴァンセンヌ駅、シャトー・ド・ヴァンセンヌ駅、プラス・ド・クリシー駅］。ロシア、プロイセン、オーストリア、ビュルテンベルクの連合軍が、皇帝ナポレオン麾下の２人の将軍が守るパリに迫っていたのだ。折もおり、ナポレオンは第２皇妃マリー゠ルイズ［1791-1847］を同道してパリを離れ、オーブやセーヌの峡谷で戦っている最中だった。国立理工科学校生たちが死守する砲台が砲撃している間、ブールジュスールの胸甲騎兵たちはプロイセンの槍騎兵やロシアの竜騎兵たちに敢然と立ち向かっていた。だが、連合軍はさほどの損失も出さぬままモントルイユ村を奪取した。ただし、ドメニル将軍［→ドメニル駅］が守るヴァンセンヌの城塞からは、しかるべき距離をとっていた。

## ロベスピエール（Robespierre）駅

ロベスピエール駅は無遠慮な駅である。そこに行くにはロベスピエール通りにある建物の１階を通るからだ。この駅は、国民公会［1792-95年］が首都に小路１本つくらなかったため、モントルイユ市の市域にある。国民公会は恐怖政治［→コンコルド駅］の圧力を受けたが、それに加担はしなかった。最初の恐怖政治、すなわち1792年９月の粛清は、パリ・コミューンとダントン［1759-94。ジャコバン派の指導者］が事実上主宰する臨時行政会議（執行評議会）の権威のもとで行われた。ロベスピエール［1758-94］は前面に出てはいなかった。だが、すべてに敵対的政治分子――極左のエベール派からダントンの仲間である寛容派やジロンド派まで――に対する公安委員会[1]の独裁時になされた大粛清では、彼が責任者となった。

1920-30年代のモントルイユでは、ロベスピエールが愛されていた。清廉で、「専制君主」に対する革命戦争の活動家であり、外国からの働きかけの排除者でもあった彼は、この極左が強い町で市民権を得た。クレマンソー［→シャンゼリゼ゠クレマンソー駅］の言葉を借りれば、ロベスピエールによって革命が「一枚岩」となったからである。

1．公安委員会は1793年４月から95年11月まで置かれた機関で、自由の専制を唱えて外交・内政・軍事全般を掌握し、のちに恐怖政治を生み出した。エベール派は共和主義的な政治結社ジャコバン・クラブの指導者で、恐怖政治を支持し、キリ

スト教にかわる合理主義的な理性の崇拝を唱えたジャック・ルネ・エベール（1757-94）の共鳴者たちを指す。エベールは公安委員会に反対したが、外国からの陰謀に加担したとして処刑された。

## クロワ・ド・シャヴォー（プラス・ジャック・デュクロ）（Croix de Chavaux-Place Jacques Duclos）駅

　ジャック・デュクロ［1896-1975］は、レジスタンスで殉教せず、メトロの駅名に名を残すフランス共産主義唯一の政治指導者である。赤色モントルイユは彼の選挙区で、好んで集会を開いた場所でもあった。フランス南西部オート＝ピレネー地方の元菓子職人だった彼の雄弁は、人々を強く引くつけた。1920年、24歳で共産党の革命集団に入った彼は、モーリス・トレーズ［→ヴィルジュイフ＝ポール・ヴァイヤン・クテュリエ駅、メリー・ディヴリ駅］と同様、まず暴力革命、つまり階級闘争を志向して共産党に加わったが、1936年に方向を転換し、これにより人民戦線［→ポン・ド・ヌイイ駅、アナトル・フランス駅］の勝利を可能にした。事実、共産党は反ファシズムの名のもとに盲従的愛国主義へと向かった。そしてレジスタンスの間、赤旗のほかに三色旗を奉じ、解放時はフランス再建の党として立ち現れなければならなかった。ド・ゴール将軍の閣僚だったトレーズは、ストライキの際に労働者たちにこう呼びかけたものだった。「腕まくりをしたまえ！」

　一方、クロワ・ド・シャヴォー［字義は「馬（シュヴォー）の交差点」］は馬の売買が行われ、御者が馬を乗り換え、さらに郵便馬車が休憩をとる場所であり、ベルリンやモスクワへと向かう街道沿いにあった。

## メリー・ド・モントルイユ（Mairie de Montreuil）駅

　野菜を集約栽培する者たちの町モントルイユは、1930年代になぜ「赤い郊外」の中心のひとつとなったのか。たしかに1939年、モントルイユ＝スー＝ボワは住民数9万以上を擁する主要都市のひとつで、そこには家具製造や冶金、金属加工、型打ち鍛造、チューブ・ボルト生産、さらに鋳鉄や鍛冶などの工場も数多くあった。さまざまな農業機械や、戦後にはラジオの受信機もつくられていた。そして今日、冶金工場の周囲にはガラスやボール紙、食料品の生産工場もある。それゆえ、モントルイユの住民は大部分が労働者や組合員で、50年代には、フランス社会主義の指導者たちや労働運動に捧げられた博物館も、市役所のある公園に開館している。

# 10号線

クリュニー＝ラ・ソルボンヌ駅。
右手はサン＝ジェルマン大通り

# 10号線

ブーローニュ＝ポルト・サン＝クルー駅 ～ ガール・ドーステルリッツ駅

《開業1923年、営業距離11.7km、駅数23》

- エグリーズ・ドートゥイユ液
- ミケランジュ＝オートゥイユ駅
- ポルト・ドートゥイユ駅
- ブーローニュ＝ジャン・ジョレス駅
- ブーローニュ＝ポン・ド・サン＝クルー（ラン・エ・ダニューブ）駅
- ミケランジュ＝モリトール駅
- シャルドン＝ラガシュ駅
- ミラボー駅
- ジャヴェル＝アンドレ・シトロエン駅
- シャルル・ミシェル駅
- アヴェニュ・エミール・ゾラ駅
- ラ・モット＝ピケ＝グルネル駅
- セギュール駅
- デュロック駅
- ヴァノー駅
- セーヴル＝バビロヌ駅
- マビヨン駅
- オデオン駅
- クリュニー＝ラ・ソルボンヌ駅
- モベール＝ミュテュアリテ駅
- カルディナル・ルモワヌ駅
- ジュシュー駅
- オーステルリッツ駅

パリの東西を走る10号線は6号線と並走し、ミラボー橋の下をトンネルでセーヌ川越えしている。ここではプレハブ工法でつくられた金属製の全長490メートルのトンネルが用いられているが、このトンネルは5つの部分を河床で順につなぎ合わせたものである。左岸ではアンヴァリッドからヴェルサイユに向かう鉄道の下を通るが、その工事はとくに困難を極めた。

まず、アンヴァリッド駅～クロワ・ルージュ駅［現在閉鎖中］の区間が1923年に開通し、ついでクロワ・ルージュ駅～マビヨン駅間が1925年、マビヨン駅～オデオン駅間が翌1926年に開業している。1931年にはすでに開業していた7号線と結びついて、10号線はモベール＝ミュテュアリテ駅からジュシュー駅まで延長された。さらに1839年にはジュシュー駅～オーステルリッツ駅間が開通し、81年、路線はポルト・ドートゥイユ駅からブーローニュ＝ポルト・サン＝クルー駅まで延びた。

## ブーローニュ＝ポン・ド・サン＝クルー（ラン・エ・ダニューブ）（Boulogne-Pont de Saint-Cloud—Rhin et Danube）駅

かつてパリには、第2次大戦中、フランスが唯一自由に動員できた軍隊［ライン・ドナウ方面軍］を称えるための、ラン（ライン）・エ・ダニューブ（ドナウ）駅はなかった。ルクレール師団［→ポルト・ドルレアン駅］と同様、北アフリカで編成されたこの軍隊は、第2機甲師団がアメリカ第7軍と連動してその一部となっていたのに対し、自立的な作戦行動をとることができた。ライン軍とドナウ軍が合体したライン・ドナウ方面軍は、1944年8月15日、南仏プロヴァンスに上陸し、ローヌ河谷とナポレオン街道を北上し、1944-45年の極寒の間、フランス東部ヴォージュ地方で長く厳しい戦いを強いられた。ライン川を渡ったその最前線は、1945年春のドイツ遠征でドナウ川まで進撃し、最終的にこれが5月8日の勝利をもたらすことになった。

## ブーローニュ＝ジャン・ジョレス（Boulogne-Jean Jaurès）駅

ジャン・ジョレス［→サン＝モール駅］は、ジャン＝ジョレス大通りがビヤンクールと合体したブーローニュの幹線道路であるため、ジョレス駅に加えてここでも駅名となっている。

ルノー工場の一大工業都市だったブーローニュは、パリ西部の住宅地区としてのたたずまいもみせていた。ブーローニュの市門を通ると、花で満ちた庭園やテニスで知られるローラン＝ガロス・スタジアムに出られた。ジャン

＝ジョレス大通りと、シャンソン『サクランボの実る頃』の作者の名をとった、ジャン＝バティスト＝クレマン[(1)]大通りの交差点には、ブーローニュ＝シュル＝メールの聖母を称えて1319年に創建された、ノートル＝ダム＝デ＝ムニュ教会が建っている。

　ムニュ（農民保有の土地や家屋、中庭、家畜小屋などの総称であるマンスのこと）の小邑は、フィリップ5世［在位1316-22］がそこにノートル＝ダム＝デ＝ムニュ教会を創建した当時、漁港の名で呼ばれていた。この教会は、同王の父フィリップ4世［在位1285-1314］が、おそらく1308年に格別の恩寵を得た［娘イザベルがイングランド王エドワード2世（在位1307-27）と挙式をあげたこと］、ブーローニュ＝シュル＝メールの聖母への巡礼を想い起こさせる。こうしてブーローニュとビアンクールは、まさにこれら両王の恩恵を受けて、互いに結びついたのである［ブーローニュ＝ビアンクール市］。

1．ジャン＝バティスト・クレモン（1836-1903）は北仏セーヌ地方の素封家に生まれた詩人。若くして家族と離れ、しばらく放浪生活を続けたのち農業従事者となった彼は、1866年、「われらがサクランボの季節に歌えば、陽気なナイチンゲールと冷やかしやのツグミが浮かれ騒ぐ」と謳うこのシャンソンを作詞し、2年後、テノール歌手で作曲家のアントワヌ・ルナール（1825-72）がこれに曲をつけてミュージック・ホール「エルドラド」で歌い、爆発的な人気を博した。

## ポルト・ドートゥイユ（Porte d'Auteuil）駅

　ポルト・ドートゥイユ駅は16区とオートゥイユ通りの西端に位置する。ブーローニュの森の外側、パリでもっとも高級な地区の端にあるこの一角は、全体がすさまじいばかりの不動産投機と大所有地に特徴づけられる。かつて最大の広さを誇っていたのは、オルレアン公の兄弟、すなわちコンティ公ルイ・フランソワ・ド・ブルボン[(1)]の愛妾ブフレール伯爵夫人［1725-1800］の領地だった。彼女はルイ15世の寵姫ポンパドゥール侯爵夫人［→ラ・モット＝ピケ＝グルネル通り、サンティエ通り］にこう言ったという。「マダムは王国の長女です」。侯爵夫人はそれにこう答えた。「あなたは3番目ね」

　パリのそうそうたる芸術家や政治家たちをその邸館に迎え入れたブフレール伯爵夫人は、恐怖政治［→コンコルド駅、ロベスピエール駅］の犠牲になることはなかったが、破産の宿命をまぬがれることはできなかった。彼女の領地は、城館や使用人ともども外交官・政治家のタレーラン・ペリゴール［1754-1838］に貸し出され、愛娘はオートゥイユ通りにある夫人の元料理人宅に

住まざるをえなくなった。やがてその資産はモンモランシー家に、ついでペレール家［→ペレール駅］の手に渡った。後者はそこに鉄道を通し、残りの土地は分譲した。こうして今日のポルト・ドートゥイユ地区が生まれ、まずヴィラ・モンモランシーが建設された。

1．コンティ公（1717-76）は初め軍人として1733年のポーランド継承戦争に従軍し、目覚ましい軍功をあげた。やがて従兄にあたるルイ15世の信を得てその政治に関与し、国王直属の秘密警察「セクレ・デュ・ロワ」の長官などを務めるが、のちに反国王勢力の中心人物のひとりになる。膨大なコレクションやルソーの庇護者としても知られる。

### ミケランジュ＝オートゥイユ駅 → 9号線

### エグリーズ・ドートゥイユ（Église d'Auteuil）駅

「褐色の夜のなか／黄色く色あせた尖塔の上で／月は／1に似た点のようだった」。16区の通りに名を残すが、メトロの駅名にはなっていない詩人アルフレッド・ド・ミュッセ［1810-57］にとって、尖塔はもはやそのようなものでしかなかった。詩人の目に映ったのは、三角錐状の尖塔と4基の小尖塔をもつ、ノートル＝ダム・ドートゥイユ教会の古いロマネスク様式の鐘楼だった。

この教会はフランス革命でかなりの被害をこうむっている。その堂宇はまず集会所に転用され、ついで納屋、さらに黒色火薬工場にされたのだ。やがて廃墟と化したそれが再建されるには、長い時間を待たなければならなかった。一方、地区自体も、1877年に教会を解体し、ロマネスクおよびビザンティン様式でそれを再建することが決まったのと軌を一にして様相を一変した。今日見られる教会は、球根状の装飾で覆われた奇妙な鐘楼をいただいている。設計者は建築家のヴォードルメル［→サン＝ジャック駅］である。

### ミケランジュ＝モリトール駅 → 9号線

### シャルドン＝ラガシュ（Chardon-Lagache）駅

ここまできて、ようやく2つの名がまっとうに結びついた（！）駅名に出会う。シャルドン［1809-93］はマドモワゼル・ラガシュの夫である。彼らは1857年、貧しい高齢者たちを受け入れるホームを創設している。夫の父

ピエール・シャルドンはオートゥイユ小教区の「貧者の医者」だった。彼にはふたりの息子がいた。オートゥイユで同じ医業を営むアレクサンドルと、フォブール・サン゠トノレ通りに「モンターニュ・リュス（ロシアの山脈）」と呼ばれる雑貨店を開いて財をなした、ピエール゠アルフレッドである。裕福な金物商の娘だった妻とともに、前記ホームをつくったのが彼である。

あるいはこうした商店主たちのために、オートゥイユ地区は品が落ちたと考えられるかもしれない。しかし、それはまったくあてはまらない。

ちなみに、ピエール・シャルドンの父は総括徴税請負人だった。彼は国王の名で徴税して財をなした。まさにその富があったからこそ、子孫たちはなおも蓄財を続けながら慈善を行うことができたのだ。

## ミラボー（Mirabeau）駅

「ミラボー橋の下をセーヌが流れ、われらの恋が流れる」[詩集『アルコール』（1913年）、堀口大學訳]。詩人アポリネール［1880-1918］はそう歌った。だが、ミラボー伯[1]が、現在こそ彼の名がついているが、当時はまだ橋がかかっていなかった場所に、わざわざセーヌ川を見るために出かけなければならなかった理由はどこにもない。

オートゥイユの幹部市吏たちが、通りにこの偉大な演説家の名を冠しようと思い立ったのは、第2帝政期［1852-70］のことだった。補助線街路はフランス人音楽家の名をとってウィレム通りと呼ばれていた［ウィレムことギヨーム・ルイ・ボキヨン（1781-1842）はパリ出身で、とくにピエール゠ジャン・ベランジェ（1780-1857）のために数多くのシャンソンを作曲した］。この呼称はメトロの駅名にもとりいれられたが［1913年］、1921年、とくに愛国的だった当時の市会議員は、それがドイツ皇帝ウィルヘルム（フランス語名ギヨーム）・フォン・ホーヘンツォレルン［在位1888-1918。プロイセン王国・ドイツ帝国の最後の国王・皇帝］を想起させるとして、駅名表示板から削除することを求めた。このウィレム（ヴィルヘルムではない）の本名がボキヨンだと抗弁しても無駄だった。メトロ駅の方は改称されたが［これにより駅名はエグリーズ・ドートゥイユとなった］、通りの呼称はそのままだった。別の市会議員が、オートゥイユ村が立派なボキヨンに多くを負っていると主張したからである。事実、ボキヨンは1864年に村立オルフェオン（男性勤労者合唱団）を立ち上げていた。

ミラボーに関しては、何の反対もなかった。国王と宮廷を威嚇して君主制

を維持しようとした彼は、スキャンダラスな人生の手本ともいうべき一生を送ったにもかかわらず、模範的な演説家としてなお称えられていた。だが、国民公会の議員たちは、1791年4月3日に民衆の熱意によってパンテオンに運び入れられていた彼の遺骸を、そこから撤去するという良識をもっていた。にもかかわらず、彼の名はメトロの駅名に残ったままである。

1．ミラボー伯オノレ・ガブリエル・リクテ（1749-91）は、立憲君主制を唱えた革命家・政治家・自由主義的貴族。雄弁で知られ、貴族でありながら第3身分から三部会に選出されて国民公会議長を務めた。父ヴィクトル（1715-89）はケネーの重農主義を奉じた経済学者。

### ジャヴェル＝アンドレ・シトロエン（Javel-André Citroën）駅

　失業者がヨーロッパ全体で数百万を数えた1929年の世界恐慌時、労働者たちが採用係の窓口で列をなしていた――。ジャヴェル河岸に広大な工場を建設した自動車生産業者のアンドレ・シトロエン［1878-1935］は、安価な自動車生産を可能にするアメリカ式の流れ作業をとりいれるため、資金を借り入れることにした。フランス銀行の理事たちはこの無謀な計画に憤慨したが、シトロエンは工場を救った。ただ、人民戦線［→ポン・ド・ヌイイ駅、アナトル・フランス駅］の時代に大いに普及した、前輪駆動11馬力の車が完成するのをみる前に、彼は没してしまう。それは一介の労働者でもローンで買える大衆車だった。

　シトロエン工場がジャヴェル河岸で拡張することはなかった。従来の工業用地に移転したからである。そこは小さな集落であり、1777年には、大量のジャヴェル水を製造したアルトワ伯［→ポルト・ドーフィヌ駅］の化学工場が創設されていた。このジャヴェル水とは次亜塩素酸カリと塩化ナトリウムにセーヌの水を混合したもので、最上の漂白剤とされた。

### シャルル・ミシェル（Charles Michels）駅

　かつてこの駅は、不動産開発業者がグルネル地区で売り出した分譲地の名をとって、ボーグルネル［字義は「美しいグルネル」］と呼ばれていた。1845年、それはレジスタンスの殉教者、すなわち共産主義の活動家だったシャルル・ミシェルの名にあらためられた。1903年に生まれた彼は、1940年10月5日朝5時にゲシュタポに逮捕された。37歳の時だった。そして翌年10月22日、300人あまりの他の人質とともにブルターニュ地方のシャトーブリアン採石

場で銃殺された。16区選出の下院議員だった彼は、旧ボーグルネル村の広場にその名を残している。

　当初、パリを占領していたドイツ軍に共産主義者狩りの命令は明確な形で出されてはいなかった。だが、ソ連に対する敵対意識によって、この赤狩りは1941年6月22日に始まった。こうして人質とともに、治安当局に知られていた共産主義の活動家たちのリストがつくられ、〔彼らを弾圧することで〕ドイツ軍の軍事的な安定が保たれた。

## アヴニュ・エミール・ゾラ（Avenue Émile Zola）駅

　1907年。15区の新しい大通りに小説家エミール・ゾラの名がつけられた。ドレフュス大尉〔→ナシオン駅〕の名を冠したメトロ駅はないが、その擁護者であるゾラ〔1840生〕は、1906年7月、司法の誤りの犠牲となった大尉の名誉回復がなったあと、この栄誉に浴している。《ルーゴン・マカール叢書》の作者である彼は、政治の攻撃性に抗議するため、共和国大統領に向けて公開状をしたため、それをクレマンソーの「オーロル（黎明）」紙〔→リュ・ド・ラ・ポンプ駅〕に発表している。題して、「われ弾劾す」。

　1902年に没したゾラは、メトロの揺籃期しか知らなかった。ただ、この鉄道に強い関心を抱いていた『獣人』〔1890年。殺人犯の主人公は機関士〕の著者である彼が、メトロの大規模な工事現場や新しい交通手段に押し寄せるパリの群衆に着想を得ていたことにまちがいはない。

## ラ・モット・ピケ＝グルネル（La Motte Picquet-Grenelle）駅 → 6号線

## セギュル（Ségur）駅

　セギュル大通りは、当初、戦場での軍略を革新したギベール伯[(1)]の名で呼ばれていた。やがてこの大通りは、フランス元帥で、1781年から87年にかけて軍事卿を務めたフィリップ・ド・セギュル伯〔1724-1801〕のために改称された。進歩的な軍人だった彼は、ルイ16世の軍隊をヨーロッパでもっとも近代的かつもっとも恐れられるべき軍に改革する責務を担わされた。そのためには、のちにナポレオンが数多くの戦いで勝利できた、グリボーヴァル型大砲[(2)]をとくに採用しなければならなかった。工兵や騎兵、歩兵、さらには憲兵隊までもがこれを装備し、厳格な訓練と戦闘時の効果的な軍律に服した。だが、不幸にもセギュル侯は宮廷で我が物顔に振舞う貴族たちの反感

に屈し、旧家が将校のポストにつくのを制限しなければならなかった。

恐怖政治時代［→コンコルド駅、ロベスピエール駅］、この偉大な公僕は投獄の憂き目にあったが、ギロチン刑はまぬがれた［フォルス監獄から釈放された彼は極貧の身をかこったが、死の前年、ナポレオン１世から年金を下賜された］。
1．ギベール伯ことジャック＝アントワヌ・イポリット・ド・ギベール（1743-90）は、13歳でオーヴェルニュ連隊に入り、オーストリア継承戦争後の７年戦争（1756—63）にも従軍する。1770年、ロンドンで『戦術総論』を上梓して脚光を浴び、73年のドイツ旅行では啓蒙君主として知られるフリードリヒ２世（在位1740-86）から、その軍略的才能を絶賛される。1775年、軍事卿サン＝ジェルマン伯（1707-78）とともにフランス軍の近代化に尽力し、85年、アカデミー・フランセーズ会員となる。著作に『近代戦の体系的防衛』（1779年）などがある。
2．この大砲は、軍事卿サン＝ジェルマン伯の命を受けた技術将校のジャン＝バティスト・ド・グリボーヴァル（1715-89）が、1777年、プロイセンやオーストリア軍の大砲を改良して考案した。

### デュロック（Duroc）駅

ポンタ＝ムソン［フランス北東部ロレーヌ地方］出身のロレーヌ人ジェラール・デュロック［1772生］は、彼を宮廷大元帥［皇族に仕える一種の家令］に抜擢したナポレオン１世の忠僕だった。生地の砲兵学校を卒業後、彼は1793年のトゥーロン攻囲戦でボナパルトと出会い、96年からのイタリア遠征やエジプト遠征でボナパルトの副官を務めた。ブリュメールのクーデタ［→サン＝シュルピス駅］に加担した彼は、やがて皇帝の寵を得て、ただちに外交の使命を託される。だが、ドイツ遠征さなかの1813年、ドイツ中西部の国境都市バウツェンで砲弾をまともにうけて戦死してしまう。

国王ルイ＝フィリップ［在位1830-48］はそんな彼の遺灰をアンヴァリッド［→アンヴァリッド駅］に移し、ナポレオンの傍らに安置するよう命じた。

### ヴァノー（Vaneau）駅

1830年の７月革命時、ヴァノー［1811生］は国立理工科学校の学生だった。自由な思想をもつ者たちを怖れたシャルル10世はこの学校を閉鎖した。これが引き金となって、若い学生たちは残らず反国王派となり、銃を手にバリケードにのぼった。ヴァノーもそのひとりだった。だが、バビロヌ通りでの戦闘中、彼はスイス人衛兵たちの銃弾に斃れた。

労働者たちはそんな彼の遺骸を病院に運び、寄金を募った。やがて彼はモンパルナス墓地に埋葬される。第1次大戦まで、理工科学校の後輩たちは毎年ヴァノーの墓に詣でたものだった。たしかに彼は、自由の価値――今日まで科学者たちが受け継いできた――に対する敬意を政治に求める自由思想の象徴だった。

## セーヴル゠バビロヌ（Sèvres-Babylone）駅

　このメトロ駅はセーヴル橋へと続くセーヴル通りとバビロヌ通りの交差点にある。古代メソポタミアの都市名がパリの一角にある。いささか場違いな感じがするが、17世紀からフランス革命時まで、ここは首都内に広大な領地を有するさまざまな宗教施設に占められていた、ということを想起しなければならない。サント゠テレーズ（聖女テレジア）のベルナール師と呼ばれていた神父ジャン・デュヴァル・ド・クラメシー［生没年不詳］は、1663年、バビロン司教に叙せられた。だが、それはイン・パルティブス［異教国の名目だけの司教］であり、廃墟と化していたバビロンに彼が住むことはなかった。当時、ムスリムの国ペルシアは宣教の地であった。

　ベルナール師は、とくにペルシアで活動するパリ外国宣教会のための神学校を創設するため、現在のバビロヌ通り地区にあった全財産を寄付した。1683年、ボシュエ[1]はこの神学校の除幕式で説教を行った。

1．ジャック・ベニニュ・ボシュエ（1627-1704）は聖職者・説教家。ヴィンセンシオ・ア・パウロ（1576／81-1660）の薫陶を受け、1652年からストラスブール、ついでメスの司教代理となり、57年、王大后アンヌ・ドートリシュ（→シャトー・ド・ヴァンセンヌ駅）の前での説教でその寵を得て、宮廷説教家となる。ローマ教皇からフランス教会の独立をめざすガリカニスムを主張し、専制君主制や王権神授説を支持した。

## マビヨン（Mabillon）駅

　ルイ14世時代の有名な説教師だったマビヨン[1]は、北仏アルデンヌ地方出身のベネディクト会士である。彼の名をとったマビヨンは、サン゠シュルピス［→サン゠シュルピス駅］とサン゠ジェルマン゠デ゠プレ［→サン゠ジェルマン゠デ゠プレ駅］の間にある聖職者たちの地区で、ここを走るマビヨン通りは1817年に開通している。宗教復興真っ盛りの時代で、聖職者がパリのなかで力を取り戻し、社会を奪回するという使命を拡大していた。それ以前、

この通りには陽気な名がつけられていた。フォワール（大市）通りである。由来はサン＝ジェルマンの大市で、そこではアンリ4世［在位1589-1610］が大金を投じて賭けに興じていた。やがて小教区の聖職者たちは、この多少ともふざけた通りの名を厳格な説教師のそれに置き換え、地区の教化事業を推進していくのだった。

1．公文書研究の先駆けとなったジャン・マビヨン（1632-1707）は、104歳（！）で没した農民を父、アルデンヌ地方の領主の末裔を母として生まれ、18歳から古典研究にいそしむ。1652年、ランス大学から神学の修士号を受け、翌年、サン＝モール学派の中心だった北仏ランスのサン＝レミ司教座聖堂に入って修道士をめざすが、健康上の問題からそれをあきらめ、1652年からストラスブールやメスの司教代理となる。1660年に司祭に叙された彼は、やがてルイ14世下で実権を握っていた財務総監コルベール（1619-83）の寵を得てイタリアに旅し、王立図書館のための書籍や手稿を集めた。

## オデオン（Odéon）駅 → 4号線

## クリュニー＝ラ・ソルボンヌ（Cluny-La Sorbonne）駅

ソルボンヌの神学講義に出ていたクリュニーの修道士たちは、古代ローマの温泉遺跡に建てられたクリュニー館に受け入れてもらうことができた。

戦争時に閉鎖されていたこのメトロ駅は、たんにクリュニーと呼ばれていた。だが、中心部に散在するパリ大学のさまざまな学部の講義へと急ぐ、数多くの学生たちのために駅舎が再開・修築されると、駅名にラ・ソルボンヌの呼称が加えられた。現在みられるソルボンヌ［パリ第4大学］の建物は、第3共和政時代の1885年から1901年にかけて、ネノ[(1)]の設計図にもとづいて建てられたものである。

このソルボンヌは、1257年にロベール・ド・ソルボン[(2)]が創設した学寮を受け継ぐもので、リシュリュー［→リシュリュー駅］はこれら中世の建物を、現在の礼拝堂を含む新たな施設に建てなおした。反動主義者たちの教育機関とみなされていたソルボンヌはすべて聖職者たちの手中にあり、フランス革命期には完全に閉鎖された。その貴族叙任状を返却して、ソルボンヌを高等教育の中心に据えたのは世俗的共和政だった。

1．アンリ＝ポール・ネノ（1853-1934）はパリ出身の建築家。国立美術学校卒業後、1877年、ローマ賞を得てイタリアに留学し、1881年に帰国後、個人邸

を含む数多くの建築を手がけた。とくに有名な仕事としては、ソルボンヌのほかに、死後に完成したジュネーヴの国際連盟宮殿（1831-37年）がある。

2．ソルボン（1201-74）は北仏アルデンヌ地方の小村ソルボンに生まれた神学者。ランスやパリで神学を学び、聖王ルイ9世（→シテ駅）の庇護を得て、1251年に北仏カンブレの聖堂参事会員、さらに57年には宮廷説教師および国王告解師となり、59年にはパリの参事会員に選ばれた。本文にあるソルボンヌ学寮は主に貧しい学生を受け入れた。

### モベール＝ミュテュアリテ（Maubert-Mutualité）駅

　ジャン・オベール［13世紀］ははたしてよこしまな人物だったのか。彼の名に、ラテン語で「悪い」を意味するmalusの接頭辞mがついてMaubertとなったが、オベールの名を冠した広場［5区］周辺の土地を有する、サント＝ジェヌヴィエーヴ修道院の2代目院長だった彼は、界隈の堕落には無力だった。しかし、熱心な学生たちがここで、ドイツから来たドミニコ会士のアルベルトゥス・マグヌス[1]の講義を聴講していたことは確かである。聖ルイ王［→シテ駅］の時代、マグヌスは鉱物の自然学を教え、［その錬金術によって］鉛を金に変質させることができるとみなされてもいた。また、アリストテレスを初めとするギリシア哲学についても語った。学生たちはモベール広場で、そんなマグヌスの講義を、師を囲むように地面に座ったまま、興奮しながら聴いたものだった。

　この広場は時へずしてモベール広場となり、そこでは物乞いや泥棒たちの頭目を選ぶ選挙が行われた。国王はそんな広場に処刑台を設け、極刑（車刑）用の車輪のほか、時に焚刑用の火刑台もすえた。モベールとはまさに言い得て妙の広場名だった。

　1931年、結婚式や宴会、さらに組合集会ないし政治集会にも開放された広いミュテュアリテ・ホールが建設され、第2帝政期にパリ市が獲得した一帯の浄化に一役買うようになった。だが、モベール広場はなおもその呼称を維持し、メトロの駅名に採用されたのである。

1．マグヌス（1193頃-80）は哲学者・神学者・化学者・錬金術師・教会博士。『霊魂論』（1254-57）を初めとする膨大な著作を遺した彼は、当代一流の知性とされ、トマス・アクィナス（1224／25-74）もその薫陶を受けている。アクィナスの『神学大全』（未完）は、マグヌスの『神学大全』から影響を受けて書いたといわれている。

## カルディナル・ルモワヌ（Cardinal Lemoine）駅

　リシュリュー［→リシュリュー駅］とともに、ルモワヌ[(1)]はメトロの駅名となった例外的な枢機卿(カルディナル)である。たしかに彼はつとに知られた修道士だった。ボニファティウス8世からフランスの教皇特使に任じられ［1302年］、枢機卿にも叙せられたジャン・ルモワヌは教育機関を創設してもいる。

　16世紀ともなると、西洋思想が再生する上で基礎となった古典の読み方を教えたため、この学寮はとくに人気を博した。そこでは、ギリシア学者でアリストテレスの注釈者でもあったジャック・ルフェーヴル・デタープル[(2)]が、聖書への回帰を唱えて学生たちを魅惑した。彼はまた宗教改革運動にも加わり、1516年にフランスの宗教改革者たちに運動のきっかけを与えた、ブリソネ司教を中心とするモー・グループを活気づかせた。そして国王ルイ＝フィリップの時代［1830-48年］、学寮の名声はゆるぎないものとなった。

　カルディナル・ルモワヌ学寮は、16世紀初頭には自由な気風に満ち、カルチェ・ラタンに魅惑的な思想を広めた。

1．北仏ピカルディ地方出身のルモワヌ（1250-1313）は、パリ大学で神学を学び、アミアンやパリの聖堂参事会員などを務めた。本文にある教育機関とは「枢機卿の家」（彼の死後は「ルモワヌ枢機卿学寮」）と呼ばれ、神学生60人に加え、芸術を学ぶ学生も40人受け入れた。教皇至上主義を奉じていたボニファティウス（教皇在位1294-1303）は、戦費調達のために聖職者や教会への課税を実施したフィリップ4世（在位1285-1314）と対立し、自分の追い落としをはかった国王に破門をもって抗したが、国王の腹心だった大法官ギヨーム・ド・ノガレ（1260-1313）の策謀で憤死に追い込まれた。ルモワヌはこの庇護者の死後、難を避けてローマに逃れ、最終的にアヴィニョンで没した。

2．デタープル（1450-1537）は神学者・人文主義者。パリで学業を収め、ヨーロッパ各地、さらにアジアやアフリカまで旅をしたのち、1495年にパリに戻り、ルモワヌの学寮で教壇に立つ。やがてパリ東部のモー司教区を拠点として教会改革運度を進め、カトリックから弾圧されてストラスブールに逃げる。だが、みずからは終生カトリックを守った。ウルガタ聖書にもとづいて、1523年にパリで新約聖書、30年にアントウェルペンで旧約聖書のフランス語版を出版している。パリ生まれのギヨーム・ブリソネ（1470-1534）は、ランスの大司教から枢機卿にまでなった同名の父の意向で、名門のナヴァール学寮で神学などを修め、1507年、父からサン＝ジェルマン＝デ＝プレ大修道院の聖職禄を譲られると、デタープルを受け入れて、修道院の秩序回復や霊性・規則などの活性化に努める。1721年、国

王フランソワ1世（→サン＝ポール駅）の実姉マルグリット・ド・ナヴァール（1492-1549）の霊的指導者となった彼は、国王からモーの司教区を託され、ここに名だたる神学者や説教師を集めて、カトリックの改革を実現するための「セナクル・ド・モー（モー・サークル）」を組織した。さらに印刷所を興してデタープルらの著作を刊行するが、ソルボンヌの神学部やフランシスコ会によって弾圧される。

**ジュシュー駅 → 7号線**

**オーステルリッツ駅 → 5号線**

# ⑪ 11号線

シャトレ広場。手前にシャトレ記念柱、奥にシャトレ劇場が見える

# 11号線

メリー・ド・リラ駅 ～ シャトレ駅

《開業1935年、営業距離6.3km、駅数13》

- メリー・デ・リラ駅
- ポルト・デ・リラ駅
- テレグラフ駅
- プラス・デ・フェット駅
- ジュルダン駅
- ピレネー駅
- ベルヴィル駅
- ゴンクール駅
- レピュブリック駅
- アール゠エ゠メティエ駅
- ランビュトー駅
- オテル・ド・ヴィル駅
- シャトレ駅

11号線

　11号線はベルヴィルの高台により便利に行けるようにするため、遅まきながら建設された。ポルト・デ・リラ駅とシャトレ駅の区間は1935年に開通している。その2年後、路線はメリー・デ・リラ駅まで延長された。ドイツ軍の占領時期、路線は経済的理由によって閉鎖されたが、1945年に再開した。その際、RATP（パリ交通公団）は実験的に新しい車両を用いている。

### メリー・デ・リラ（Mairie des Lilas）駅
　リラの呼称は第2帝政期に丘を覆っていた花盛りの庭、とくに小説家で劇作家でもあったポール・ド・コックが、作品の登場人物や話を見つけていた、ガンゲット［パリ郊外の大衆酒場で、食堂や舞踏会場になることもあった］や居酒屋、安食堂などの庭に咲いていたリラの花に由来する。1871年に没した彼は、リラ村の墓地に埋葬されている。1793年に高級地のパシー村［→パシー駅］で生まれているだけに、彼はとりわけリラ村を愛した。父親はフランス革命期にパリの西部に移り住んだオランダ人銀行家で、彼はこのパシーを拠点に実りの大きな商売をしていたが、不法な取引で逮捕され、ギロチン刑に処されていた。
　『ベルヴィルの乙女』［1834年］や『モンフェルメイユの牛乳配達女』［1836年］、さらに『3枚のペチコートをつけた娘』［1864年］などの著者であるコックは、400点以上もの本を書き、じつに能天気な戯曲も200作以上遺し、民衆の間でかなりの成功を収めた。

### ポルト・デ・リラ駅 →3号線

### テレグラフ（Télégraphe）駅
　通信機の発明者である技師のクロード・シャプ［1763-1805］は、メトロの駅名になっていない。だが、彼の発明品はこの駅名に残っており、それは、ベルヴィルの丘に、中継による通信システムを可能にした腕木通信機が据えられていたことを物語っている。中継基地は海抜128メートルの位置にある、ル・プルティエ・ド・サン＝ファルゴー［→サン＝ファルゴー駅］の領地に設けられた。サン＝シュルピス教会［→サン＝シュルピス駅］の塔やモンマルトル、さらにパリ西部のモン・ヴァレリャンにも備えられた。こうして技師は、一連の革命戦争時にその通信網の実験をすることができ、国境での軍

事的な勝利を瞬時にパリに送信したのだった。
　地方の主要都市まで通信網を拡大する。ナポレオンはその利点をただちに理解した。これにより、ボルドーとリヨン、やがてマルセイユやストラスブールまでがパリと結ばれるようになった。だが、通信の分野での決定的な進歩がみられるようになるには、電信の登場まで待たなければならなかった。そのことをメトロは記憶しているのだ。

### プラス・デ・フェット駅 → 7号線

#### ジュルダン（Jourdan）駅

　メトロの路線に、なぜパレスティナのティベリア湖から流れ出るヨルダン川（フランス語名ジュルダン）があるのか。命名は1867年にさかのぼる。当時、聖職者たちが、第2帝政期に顕在化した玉座［ナポレオン3世（在位1852-70）］と祭壇［ローマ教皇ピウス7世（在位1846-78）］との結びつきに激しく敵対していた、ベルヴル地区を手中に収めたいと考えたからである。

　この駅はサン＝ジャン＝バティスト・ド・ベルヴィル［字義は「ベルヴィルの洗礼者ヨハネ」］教会の真向かいにある。荒野で教えを説いた聖人に捧げられた同教会の建立は、きわめて公的な色合いの強いものだった。1859年、パリ大司教のシブール師[1]が礎石を聖別し、オスマン男爵本人［→序文、サン＝マンデ＝トゥーレル駅、レンヌ駅］がこれを据えた。1859年に竣工をみた教会堂は、大司教モルロとセーヌ県知事オスマン、さらに政府派遣のベルヴィル村長デノワイエが献堂式を行った。それは行政区画と教区を同時に失地回復させる作戦だった。

1．マリ・ドミニク・オーギュスト・シブール（1792-1857）は1818年にローマで司祭に叙階されたのち、22年に南仏ニームの司教座聖堂参事会員となる。1853年、ナポレオン3世の挙式を司式するなど、皇帝の信を得たが、聖母マリア無原罪の御宿りの教義化を時期尚早として反対し、ジャン・ルイ・ヴュルジエなる司祭に刺殺された。フランソワ・ニコラ＝マドレーヌ・モルロ（1795-1862）は、1820年に司祭となり、39年にパリ司教、42年にトゥール大司教、さらに暗殺されたシブールの後を襲ってパリ大司教となった。デノワイエについては詳細不詳。

#### ピレネー（Pyrénées）駅

　この駅は大世紀［ルイ14世時代］に結ばれたピレネー条約［1659年にフラ

ンスとスペインの戦争を終結させた平和条約］ではなく、ピレネー山脈そのものを祝う。こうした命名は、おそらく第3共和政初頭のパリで高揚していた地区の役人たちの習い性だった。

　宗教施設が数多くあること以外に、ピレネー通りには特段目立つものはない。ベタニア・プロテスタント教会、聖救い主女子修道院、聖霊（修道）会フランス地方センターといった施設である。だが、この通りはきわめて長く、全長3.5キロメートル以上にも及ぶ［最長はヴォージラール通りで4.4キロメートル］。ベルヴィル通りとメニルモンタン通りに接し、これらふたつの旧村を結んでいる。そこはまた社会戦争の巡回路でもあった。

**ベルヴィル駅 → 2号線**

**ゴンクール（Goncourt）駅**

　ゴンクール兄弟がその名をメトロの駅につけられる日がくるとは、いったいだれが予想しただろうか［→序文］。帝政下で、エドモン［1822-96］、ジュール［1830-70］・ド・ゴンクール兄弟は訴訟に巻き込まれていた。ふたりの姓の前にある貴族称号の小辞deを除こうとする訴訟だった。彼らにはこの紋章を受ける権利がなかった。だが、ゴンクール一族ゆかりの商人がその称号を得るための策を弄し、自分の息がかかった下院議員に働きかける。こうして兄弟は辛うじて小辞を保持することに成功した。

　1899年、そんな彼らの名がレピュブリックとベルヴィルの間を走る通りにつけられた。たしかに彼らはここに移り住んだ。ガンゲット［パリ郊外の大衆酒場で、食堂や舞踏会場になることもあった］や怪しげなダンスホールが連なる丘を登るのに都合がよかったからだ。彼らはそんな悪場所ですべてを忘れたが、写実的な小説の雰囲気を探すためだと嘯いてもいた。

　1899年の命名は、幹部市吏たちが兄弟の徳性ではなく、むしろ才能を称えたからである。そうでなければ、兄弟はいかなる機会にも恵まれなかっただろう。それにしても、メトロには表示板の名前を好んで倍増する傾向がある。まさにゴンクール兄弟の場合がそうで、地上の通りと地下にその名がみられる。むろん兄弟にとって、それは不快なことではないだろう。

レピュブリック駅 → 3 号線

アール・エ・メティエ駅 → 3 号線

### ランビュトー（Rambuteau）駅

　ランビュトーはオスマン男爵［→序文、サン＝マンデ＝トゥーレル駅、レンヌ駅］の先駆者である。このもうひとりのオスマンは、ナポレオン 3 世時代ではなく、ルイ＝フィリップ時代のセーヌ県知事だったためか、おそらくみずからが望んだようにパリを改革する手段を持ち合わせていなかった。

　ランビュトー伯クロード・フィリベール・バルトゥロ［1781-1869］は、1833 年から 48 年まで知事を務めた。彼は中世からのパリの小路を改造して、大きな幹線道路を敷設するだけでなく、中央市場［→レ・アル駅］を整備し、古い一角のどこに何本もの貫通道路を通すかたえず計画していた。とりわけ彼がこだわったのは、市中の安全をはかるため、夜間のパリに照明をつけることだった。そこで彼はオイルの外灯をガス灯に変え、こうして帝国祭で沸き立つパリは、都市ガスで照らし出されるようになった[1]。やがて共和政時代に電灯が登場するようになるが、それは 1880 年代に入ってからだった。

1．ランビュトー伯が知事に就任する 1 年前、コレラがパリを襲っている。そのため彼はパリの排水溝整備や緑地拡大、街路樹植林などの都市改造を行った。

### オテル・ド・ヴィル駅 → 1 号線

### シャトレ駅 → 1 号線

# 12号線

ノートル゠ダム・デ・シャン駅とラスパイユ大通り。右手バス停の後方からこの大通りに出るノートル゠ダム・デ・シャン通りには、カミーユ・クローデルやロマン・ロランが住んでいた

# 12号線

**メリー・ディシ駅 ～ ポルト・ド・ラ・シャペル駅**

《開業1910年、営業距離22.5km、駅数30》

- メリー・ディシ駅
- コランタン・セルトン駅
- ポルト・ド・ヴェルサイユ駅
- コンヴァンション駅
- ヴォージラール駅
- ヴォロンテール駅
- パストゥール駅
- ファルギエール駅
- モンパルナス=ビヤンヴニュ駅
- ノートル=ダム・デ・シャン駅
- レンヌ駅
- セーヴル=バビロヌ駅
- リュ・デュ・バック駅
- ソルフェリーノ駅
- アサンブレ・ナショナル駅
- コンコルド駅
- マドレーヌ駅
- サン=ラザール駅
- トリニテ=デティエンヌ・ドルヴ駅
- ノートル=ダム・ド・ロレット駅
- サン=ジョルジュ駅
- ピガル駅
- アベス駅
- ラマルク=コーランクール駅
- ジュール・ジョフル駅
- マルカデ=ポワソニエ駅
- マルクス・ドルモワ駅
- ポルト・ド・ラ・シャペル駅

# 12号線

　パリの南北を走る12号線は、アンパン男爵［エドゥアール・ルイ・ジョゼフ・アンパン男爵（1852-1924）。ベルギー出身の技術家・実業家・金融家。1875年に鉄道・路面電車会社を興したのを手始めに、以後、多方面に手を広げ、1903年にはパリ鉄道・電車会社、最終的にはパリ・メトロ会社（1949年までアンパン一族が経営）を含む12の鉄道関連会社、16のガス・電気供給会社、4銀行、6不動産会社などからなる一大コンツェルンを築いた］とは無縁の独立した会社によって建設された。このパリ南北電鉄会社は1901年に結ばれた譲渡契約にもとづいて、モンマルトルとモンパルナス間の路線を獲得した。同社はかなりの額にのぼる予算を投入して路線全体を開通させなければならなかった。だが、セーヌを越えてコンコルドへと向かうには、全長657メートルものトンネルを地下に埋設することが不可欠だった。そのため、2本のシールドを用いてトンネルを開削し、圧搾空気と圧搾水をつくる工場が、上院議会の地下に設けられた。工事は1907年7月に始まり、2年後に完成した。そして1910年11月、ようやく電車がセーヌ川の下を通る。だが、モンマルトルの丘では、その土壌の性質ゆえに深く開削する工事が待っていた。工事は1906年に始まり、それが終わったのはじつに6年後の1912年だった。最寄り駅のアベス駅は地下35メートルの場所につくられ、そこにはエレベーターと螺旋階段が必要となった。さらに1911年、ノートル＝ダム・ド・ロレット駅とピガル駅間が、翌12年にはピガル駅とジョフラン駅間がついに開通をみるまでになった。

## メリー・ディシ（Mairie d'Issy）駅

　イシの風車が回らなくなってすでに久しい。かわりに、パリ・ヘリポートでヘリコプターの回転翼が回っている——。

　イシは宗教的パリの延長上にある。たとえば、マルグリット・ド・ヴァロワ［→ラ・ミュエット駅］が晩年を送った城址に建てられた神学校があるが、これはかつて聖シュルピス会［→サン＝シュルピス駅］に属し、ボシュエ［→セーヴル＝バビロヌ駅］やフェヌロン[1]、さらにかなり後代にはルナン[2]も受け入れた。この神学校の地下納骨所には、パリ大司教のダルボワ師や神学生のポール・セニュレを含むパリ・コミューンによる人質たちが1871年5月24日にその前で銃殺された、ロケット監獄の巡回路の壁が敬意とともに復元されている。

　メリー・ディシ［字義は「イシ市役所」］駅は、市内にある数多くの教会や

礼拝堂への最寄り駅となっている。サン＝テティエンヌ教会や、1931年にシャンティエ・デュ・カルディナル会[3]の最初の事業として創建されたサン＝ブノワ教会、ノートル＝ダム・プロテクトリス・デ・ザンファン（こどもたちの庇護聖母）礼拝堂（1933年創建）、ノートル＝ダム・デ・ポーヴル（貧者たちの聖母）礼拝堂（1955年創建）、さらに1934年に建立されたサン＝ブノワ礼拝堂や、1937年に建築家のシャルル・ヴェネ［詳細不明］が建てたサント＝リュシ教会などである。

　宣教の地であったイシ＝レ＝ムリノーには、1934年に市民センターも創設されているが、明らかにここは宗教施設がもっとも稠密なパリ郊外の町といえる。

1．フランソワ・ド・サリニャック・ド・ラ・モト・フェヌロン（1651-1715）は、アキテーヌ地方サント＝モンダヌのフェヌロン城に生まれた聖職者・神学者・作家・思想家。受動的に神との神秘的合一を求めたキエティスム（静寂主義）を支持し、1699年、『オデュッセイア』に範をとった教訓物語『テレマックの冒険』で絶対王政を非難してルイ14世の逆鱗に触れ、失脚した。

2．エルネスト・ルナン（1823-92）はブルターニュ地方トレギエ生まれの思想家・宗教史家。1860・61年にパレスティナの学術調査を行い、それをもとに、1863年、近代合理主義にもとづく史的イエス研究の書『イエス伝』を著す。ほかに大著『キリスト教起源史』（17巻、1863-81年）などの著作がある。

3．1931年にパリ大司教でもあったヴェルティエ枢機卿（カルディナル）（1864-1940）が、教会堂の建立と維持を目的として創設した組織。

## コランタン・セルトン（Corentin Celton）駅

　1945年9月15日、プティ＝メナジュ駅は正式にコランタン・セルトン[1]と改称された。このブルターニュ人はプティ＝メナジュ病院で働いていた時、ドイツ軍に人質として逮捕され、パリ西部のモン・ヴァレリャンで銃殺刑に処された。

　プティ＝メナジュはパリ最古の病院のひとつで、フランソワ1世［→サン＝ポール駅］時代に建てられ、同王の実姉マルグリット・ド・ヴァロワ［→ラ・ミュエット駅］は晩年をイシ城で送っている。この病院は病人や狂人、わけても貧しい老人夫婦を収容するための施設だった。最初パリのセーヴル通りに建てられ、第2帝政期［1852-70］にイシに移転された。

1．セルトンはブルターニュ地方の生地プロレアで漁師として働いたのち、パリに

出てサン＝タントワヌ病院で介護人を務める。1934年、プティ＝メナジュ病院に移り、39年に従軍看護師となった。翌年、復職して公共事業労働者を集めて人民委員会を組織し、レジスタンスと組合活動を始める。だが、1943年、偽造身分証明書携帯の廉で治安警察に逮捕され、ゲシュタポに引き渡されたのち、銃殺された。

## ポルト・ド・ヴェルサイユ（Porte de Versailles）駅

　ポルト・ド・ヴェルサイユは見本市の場である。パリ見本市は1991年に入場者数約104万3000を数え、フランス国内の同種のイヴェントのうちで断然飛びぬけている［例年4月末から5月初旬にかけて開かれるパリ見本市の2010年度の入場者数は61万、2011年度は65万］。この見本市は1904年に始まったが、最初の会場はカロー・デュ・タンプル［3区タンプル通りの古着・安物衣料センター］だった。1905年から09年にかけて、会場はグラン・パレに、ついで11年にはシャトー＝ドー［→シャトー＝ドー駅］、17年からはアンヴァリッド［→アンヴァリッド駅］、19年にはシャン・ド・マルス［→シャン・ド・マルス＝トゥール・エッフェル駅］に移った。この一大イヴェントが、5万㎡もの展示面積をもつポルト・ド・ヴェルサイユのホールで開かれるようになったのは、1925年のことだった。

　会場には、農機具や皮革・繊維、自動車など、多岐にわたるブースが連なっている。規模をより小くした見本市ですら、開催期間中、このメトロ駅は訪問客で溢れ返るほどである。だが、パリ見本市を訪れるには、メトロが唯一の手段となっている［1997年7月からは路面電車(T2)が運行している］。

## コンヴァンション（Convention）駅

　国民公会は共和政時代におけるもっとも革命的な議会だった。ここで権力を掌握したモンターニュ（山岳）派の国民公会議員は、公安委員会［→ロベスピエール駅］の独裁を敷いた。それは恐怖政治［→コンコルド駅、ロベスピエール駅］の議会でもあった。

　国民公会はまた共和政の議会だった。1893年以来、コンヴァンション通りは15区を端から端まで横断するようになったが、たしかに共和主義の幹部市吏たちは、パリの他の地区ではその想い出が毛嫌いされていたロベスピエール派の国民公会100周年を、自分たちのやり方で祝おうとしたのだ。

　1925年にコンヴァンション通りに創設された国立印刷所は、ロベスピエールやダントンではなく、リシュリュー枢機卿［→リシュリュー駅］に負っ

ている。この枢機卿が、刑罰に値するさまざまな政令や国家の公文書のみならず、文学・科学書についても、誤字・脱字や誤植とは無縁の申し分のない印刷を確実なものにしようと腐心していたからだ。

**ヴォージラール（Vaugirard）駅**

パリでもっとも長い（4.4 km）ヴォージラール通りはまた、もっとも宗教的な通りでもあり、教会や礼拝堂、神学校、さらに修道院を建てたさまざまな修道会が獲得した一帯を通っている。リュクサンブール公園を起点とすれば、カルワリオ女子修道院（現在撤去）や聖トマ＝ド＝ヴィルヌーヴ援助女子修道院、ベルナルド会女子修道院、御血女子修道院、さらにフランス革命期に監獄に転用され、1792年9月、3人の司教を含む118人の司祭や修道士たちが虐殺された跣足カルメル会修道院などがある。キリスト教学校修士会もまたヴォージラール通りに施設を有していた。首都のすべての神学校は神学生を楽しませ、老教授たちに憩いを与えるため、この通りに別荘を構えていた。さまざまな宣教会もしばしばここを拠点とした。

そんななかにあって、司祭ポワルーの施設は復古王政期［1814-30年］に名声を博していた。この司祭は若者のための学寮をヴォージラール通りに創設したが[1]、やがてそれはイマキュレ・コンセプシオン（聖母無原罪の御宿り）学寮となり、ルイ＝フィリップの時代［1830-48年］には、年間400人の学生を受け入れるようになった。19世紀末にはイエズス会がこの学寮を買い取って運営し、有名にした。だが、1905年の法令［教会と国家の分離に関する法律］によって修道会が教育に携わることが禁じられ、学寮は閉鎖を余儀なくされた。

旧ヴォージラール村はたえず教会によって植民地化されていた。その区画は革命時に分割され、これにより、それまでヴォージラールの教会領主たちの手にあった土地、すなわちヴァルボワストロン——語源は「牛小屋がつくられている谷」——の利用が可能になった。

1．ポワルー（1792-1861）は1829年、革命期に追放されたシュルピス会がヴォージラール通りに有していた土地を購入し、ここに6区のルガール通りにあった彼の学寮の分校を建てた。

**ヴォロンテール（Volontaires）駅**

ヴォロンテールとはまず、自分たちの通りを、ヴォージラール通りからフ

ールノー街道、現在のファルギエール通りまで延長することを望んでいた地区民を指した。彼らは自腹を切って肉体労働者たちを集め、その通りを車が通れるようにしてから土地を分譲し、大金を手に入れることができた。そして、サン＝キュロット［→コンコルド駅］部隊の鼓手が打ち鳴らす徴兵の音に応えて、革命暦２年［1790年］、国境での共和国防衛に勇躍向かった志願兵を称えるため、ヴォロンテール（志願兵）と命名したのだった（1884年）。第３共和政は一連の革命戦争に愛着を覚えていた。その敬虔な記憶をメトロ駅は受け継いできたのである。

**パストゥール駅 →６号線**

**ファルギエール（Falguière）駅**

　アレクサンドル・ファルギエール［→ポルト・ド・クリニャンクール駅］は共和主義の彫刻家である。彼は「共和国の勝利像」の制作者に選ばれた。みずから凱旋門の上に５年間、そのひな型を展示していたからである。1859年にローマ賞を獲得したこの大胆なトゥールーズ人は、1847年、『フランス軍を受け入れるスイス』と題した群像をしごく真面目に制作していた。だが、人々に妖艶なクレオ・ド・メロド[1]の存在を知らせた裸体像の作品『踊り子』を、1896年のル・サロン展に出品して、上流階級の神経質な精神を逆なでした。『クジャクを持つ女性』［1890年］もまた、不作法とのそしりを受けた裸体像だった。だが、彼の公的な栄光は、フランス南西部ケルシー地方のカオールにある『ガンベッタ像』や、アルジェリアのビスクラに展示されている『ラヴィジュリー枢機卿像』といった、よりまっとうな作品に負っている。おそらく彼はこうした作品のおかげで認められたのだろう。

**モンパルナス＝ビヤンヴニュ駅 →４号線**

**ノートル＝ダム・デ・シャン（Notre-Dame des Champs）駅**

　ノートル＝ダム・デ・シャン［字義は「野原の聖母」］駅は、かつて石材を首都の中心部に供給する砕石業者たちが行き来した田園風の通りの名を冠している。
　この通りにある数多くの宗教施設のなかで、聖女テクラ女子修道会（呼称はミラノ司教座聖堂の聖女にちなむ）がある。シャマリエール［フランス中

南部オーヴェルニュ地方］の教会は、聖女テクラの聖遺物を入手したが、それをノートル＝ダム・デ・シャン通りのこの女子修道会に譲り渡した。修道女たちは若者の教育と職業訓練を使命としていた。学生たちは多かった。彼女たちはサン＝シュルピス小教区の貧しいこどもたちを受け入れる無料学校も4校開設し、さらに奉公先を失った下女たちへのキリスト教教育も請け負い、そのあとで、しかるべき家への紹介も行った。

　ノートル＝ダム・デ・シャン教会はこの通り沿いではなく、モンパルナス大通りに面している。これは第2帝政下の1867年に落成した数多くの教会のひとつである。

### レンヌ（Rennes）駅

　レンヌ通りにはさしたる歴史がなく、レンヌ駅もまたしかりである。この通りは、1853年、セーヌ河岸とブルトン駅ないしモンパルナス駅［→モンパルナス＝ビヤンヴニュ駅］とを結ぶため、オスマン男爵［→序文、サン＝マンデ＝トゥーレル駅］によって敷設された。レンヌ通りの面白さは、それがサン＝ジェルマン・デ・プレ広場［→サン＝ジェルマン・デ・プレ駅］で終わっていることである。つまり、オスマンはセーヌ川まで通すことになっていた通りを、途中であきらめざるをえなかったのだ。

　しかし、オスマンは何本もの大通りを敷設するため、数多くの教会堂や豪壮な邸館を取り壊している。ここレンヌ通りにはその対象となるものは何ひとつなかった。ボナパルト通りはどうだったか。アンリ4世［在位1589-1610］と愛妾ガブリエル・デストレ［→シャトー・ルージュ駅］の息子だった、ヴァンドーム公[1]の邸館は破壊された。破毀院院長やロアン＝ロシュフォール公爵夫人[2]の邸館も同じだった。

　一方、隣接する高級住宅地であるフォーブール・サン＝ジェルマンの邸館はそのままだった。解体に抵抗しうるあらゆる法的・財政的手段をもっていた上級の行政機関も解体をまぬがれた。こうしてレンヌ通りは、セーヌ河岸まで向かう道幅の狭いボナパルト通りに行き手を遮られるかのように、袋小路状になって尽きる。レンヌ駅はこの通りがラスパイユ大通りと交差する場所にあるが、通り自体はパリでもっとも中途半端なものといえる。

1．ヴァンドーム公セザール・ド・ブルボン（1598-1665）は父王アンリ4世の死後、9歳で王位についた王妃マリ・ド・メディシス（→ポン・マリ駅）の王太子ルイ13世（在位1610-43）の転覆を狙って失敗し、ルーヴル宮の1室に幽閉

されるが、脱出してブルターニュに逃げる。さらにリシュリュー枢機卿（→リシュリュー駅）を失脚させる陰謀に加担してヴァンセンヌの監獄に投獄されてもいる。釈放後、オランダやイングランドに亡命し、リシュリューの死後帰国して、マザラン枢機卿（→シャトー・ド・ヴァンセンヌ駅）の追い落としをはかるが、これも失敗して再びイングランドに亡命する。しかし、長男とマザランの姪が結婚したことで和解する。

2．シャルロット・ロアン＝ロシュフォール公爵夫人（1767-1841）は、ロアン枢機卿（→バスティーユ駅）の姪で、コンデ家の血を引くバーデン辺境伯アンジャン公（1772-1804）の愛人。アンジャン公の祖父コンデ公（1736-1818）の反対で結婚することが叶わず、生涯独身を通した。

## セーヴル＝バビロヌ駅 →10号線

## リュ・ド・バック（Rue de Bac）駅

かつてバック通りには、たしかに平底の渡し船とかかわっていた。16世紀、ヴォージラールの採石場から切り出された石材は、バック街道を通ってセーヌ河岸まで運ばれ、渡し船に積み込まれていたからだ。母妃カトリーヌ・ド・メディシス［→ルーヴル＝リヴォリ駅］がチュイルリー宮を造営することを決めた頃、バック街道はバック通りと呼ばれるようになった。セーヌ河岸との角に最初に新築された建物の最初の借家人は、灰色の制服をまとったマスケット銃士隊長、すなわち伯爵で騎士のバッツ・カステルモール・ダルタニャン［1611頃-73］だった。彼はすみやかに出世の階段をのぼり、まずチュイルリー王立鳥小屋筆頭管理官、ついでノロ追跡子犬管理官［1666-67年］に任命されている。戦争とは無縁の職位だったが、それでも彼は、長男の名付け親となることを受け入れてくれた国王のために戦った。

こうしてダルタニャンが移り住んだのを契機として、バック通りは邸館を構えた高位貴族や、ジャック・サミュエル・ベルナール［→ブーランヴィリエ駅］のような大金融資本家たちが住みつくようになった。

## ソルフェリーノ（Solferino）駅

1859年にナポレオン3世の軍がオーストリア軍に勝利したイタリアの戦場名、マジェンタ［→ロム駅］とソルフェリーノは、ふたつながら大通りの名となっている。勝利を得ながら、当該治世の宣伝に用いられた戦いは稀で

あり、戦勝の数もそれほど多くはなかった。しかも戦勝といいながら、敵が戦わずに撤退して戦費だけが高くついた、勝利という言葉が疑わしいようなものもあった。たしかに、敵と同様、フランス軍もまた多くの戦死者を出している。それは、戦争を終結させるために必要と判断した派兵の結果だが、そうした戦争の多くはかならずしもフランスと直接かかわるものではなかった。事実、ナポレオン3世はイタリアが独立して、オーストリア占領軍を追い出すことができるよう戦端を開いている。パリの通りにソルフェリーノの名が追加されたのは、おそらくイタリア王となったピエモンテ王に、イタリアがヨーロッパの独立国となるうえでフランスが努力と犠牲をいとわなかった、ということを想い起こさせるためだった。

## アサンブレ・ナショナル（Assemblée Nationale）駅

1945年まで、この駅はシャンブル・デ・デピュテ［字義は「下院」］駅と呼ばれていた。第4共和政の新憲法に対する国民投票［同年10月］の結果、下院が国民議会(アサンブレ・ナショナル)となったのにともなって改称した。

復古王政以来、下院および国民議会はセーヌ河岸のブルボン宮に置かれている［上院はリュクサンブール宮］。国家はこの宮殿をオルレアン家から買い受けた。それがブルボン宮と呼ばれているのは、ルイ14世と寵姫モンテスパン侯爵夫人［1640-1707］の庶子で、寡婦資産を受けたブルボン公爵未亡人のルイズ・フランソワズ［1673-1743］がこれを建てたからである。ガブリエルとオベール⁽¹⁾によって竣工したそれは、まもなく国王ルイ15世［在位1715-74］に買い取られた。当時そこはラセ館と呼ばれていた。公爵夫人の愛人だったラセ侯爵⁽²⁾が住んでいたことによる。

ルイ15世のあと、コンデ公［ブルボン＝コンデ公ルイ5世、1736-1818］がここを手に入れて増築した［1764年］。そして、マドレーヌ寺院［→マドレーヌ駅］の建設を命じたナポレオンは、セーヌ川を挟んでコンコルド広場の反対側にあるこれを、マドレーヌと対応させようと、正面を［12本の円柱を擁する］ギリシア神殿風の宮殿にした。こうして国民議会堂は古代アテナイの雄弁家たちに相応しい装飾で覆われるようになった。

1. ジャック・ガブリエル（1667-1742）はマンサール（→アンヴァリッド駅）の弟子・縁者で、1735年、国王筆頭建築家となった。王立建築アカデミー会長。ジャン・オベール（1680頃-1741）もまたマンサールの弟子で、彼の推挙で国王建築家となった。ブルボン邸館の工事は1722年に始まり、1728年に完成した。

2．ラセ侯爵アルマン・ド・マデヤン［1652-1738］は、大コンデ公［1621-86］の副官として、ウィーンをオスマン帝国から守る戦いに加わった。文人として、さらに3度の結婚を含む数多くの恋愛沙汰から、「ルイ14世時代ドンファン」としてもも知られる。

コンコルド駅 → 1号線

マドレーヌ駅 → 8号線

サン＝ラザール駅 → 3号線

トリニテ＝デティエンヌ・ドルヴ（Trinité-d'Estienne d'Orves）駅

　パリ解放後、トリニテ駅にエティエンヌ・ドルヴの名が加えられた。フランス海軍将校で国立理工科学校出身のアンリ・オノレ・ドルヴ［1901-41］は、第2次大戦中、諜報網を立ち上げた。1940年、アレクサンドリアへの派遣艦隊にいた彼は、ド・ゴールから海軍情報部の組織化を託される。だが、仲間のある将校からドイツ軍に密告・逮捕され、死刑の宣告を受けて、1941年8月29日、パリ西部のモン・ヴァレリャンで銃殺された。

　トリニテ教会は1863年に建立されている。それは有名なランポノーがポシュロン地区につくり、楽しい夜会を催して、小間使いに仮装した上流階級の女性たちを車引きやフランス衛兵たちと結びつけていた、居酒屋が店を閉じた頃だった[(1)]。

　道徳的な秩序の回復に腐心していた帝政は、バリュ［→バリュ駅］が創建を請け負ったトリニテ教会に経済的援助をした。この教会の正面には巨大な彫像が置かれており、それぞれが人間の道徳に不可欠な7枢要徳のうちの信仰と希望と慈愛を表している。

1．この居酒屋については不明だが、ジャン・ランポノー（1724-1802）はフランス中部ニエーヴル地方出身で、樽職人の息子。1740年頃パリに出て、11区の居酒屋マロニエを購入し、これをタンブール・ロワヤル（国王の太鼓）と改称して開店した。そこでは品質こそ落ちるものの、他店よりはるかに安くワインを飲ませ、さまざまな出し物で客を喜ばせて評判をとった。彼は店の外壁に、自分をモデルとしてワイン樽に跨ったバッコス（バッカス）神を描かせ、次のような文言を添えた。「フランスが樽に駆け寄るのを見よ／ランポノー氏に玉座を差し出すのはだ

れか」。だが、彼のタンブールは統領政府時代の1799年に姿を消した。「酩酊」の代名詞ともなったランポノー（Ramponneau）の名は、フランス語のさまざまな表現にとり入れられ、たとえば彼が太鼓腹で陽気な性格だったところから、「起き上りこぼし」も指すようになった。

## ノートル＝ダム・ド・ロレット（Notre-Dame de Lorette）駅

　共和国大統領だったアドルフ・ティエール［→序文］の義父で、実業家［両替商］だったアレクシス・ド（ス）ヌ［1789-1849］は、政府からノートル＝ダム・ド・ロレット通りを譲渡された。娘は妻の友人［愛人とする説もある］だったティエールに嫁いだ。ティエールにしてみれば、ドスヌを拒む理由などなかった。この義父は建築可能な土地への投機で蓄財し、ノートル＝ダム・ド・ロレット通りの坂道に沿って、賃貸住宅を二列状に建てた。これらの住宅は、9区のヌーヴェル・アテヌ（新アテネ）地区の芸術家たちや作家たちがすぐに借り受けた。こうしてドラクロワ［1798-1863］やエティエンヌ・カルジャ[1]、ミニェ、さらに詩人のギュスタヴ・カーンや作家のジョルジュ・サンド［1804-76］などが、「ロレット」、つまり画家や銀行家のもとにかけもちで通いつめる貞操観念に欠ける娘たちとともに、隣り合うかのように住みついた。

　メトロ駅の真上に立つノートル＝ダム・ド・ロレット教会は、1836年に献堂されている。工事を請け負った建築家のイポリット・ル・バ[2]は、その着想をイタリアのバシリカ式大聖堂から得ているが、モンマルトルの丘の中腹に建てられたそれは、銀行家たちに慈悲の義務を喚起し、尻軽な女性たちに信仰心を取り戻させることを目的とした、本格的な布教教会だった。

1．エティエンヌ・カルジャ（1828-1906）は写真家・漫画家・ジャーナリスト。1869年、ランボー（1854-91）やヴェルレーヌ（1844-96）らとともに芸術結社「ヴィラン・ボンノム」を立ち上げ、とくにランボーの肖像写真を数多く撮った。1998年、彼が撮ったランボー（のちに喧嘩別れ）の肖像写真つき名刺1枚が、オークションで19万1000フラン［約450万円］で売れ、話題となった。フランソワ＝オーギュスト・ミニェ（1796-1884）は作家・歴史家・ジャーナリスト。1821年、南仏エクサン＝プロヴァンスからパリに出て活動を開始し、1824年、20カ国以上の言語に翻訳されることになる『フランス革命史』（2巻）を著す。パリで没した詩人ハイネ（1797-1856）との親交はつとに知られている。ギュスタヴ・カーン（1859-1936）は象徴派詩人・作家・劇作家で、無政府主義者だ

ったともされる。1887年に上梓した処女詩集『彷徨う王宮』で詩人としての地位をいち早く確立した。「メルキュール・ド・フランス」や「ラ・ヴォーグ」などの雑誌にも数多く寄稿している。

2．ルイ＝イポリット・ル・バ（ないしルバ、1782-1867）はネオ・クラッシック様式と合理主義を融合させた建築家で、1840年から63年まで国立美術学校で建築史の教授を務めた。フランス初の一望監視方式を採用したプティット・ロケット監獄（→シャトレ駅）は、彼の代表的建築のひとつである。

### サン＝ジョルジュ（Saint-Georges）駅

アドルフ・ティエール［→序文］の名はメトロ駅のサン＝ジャックにも登場する。彼の義父ドヌヌ［→トリニテ＝デティエンヌ・ドルヴ駅］の会社は、サン＝ジョルジュ広場に豪壮な邸館を建てた。「ア・サン＝ジャック」というかなり古い看板の名を冠したこの邸館は、最初はドスヌの妻の名義だったが、15歳の娘エリズが結婚した際、婿にこれを売却した。ティエールはここに膨大な数の美術品を集めた。歴史家としても成功したこの政治家は、蓄財の術も心得ていたのである。

1871年、ティエールの邸館はパリ・コミューンによって火を放たれたが、第3共和政はそれを少しずつ再建した。この共和政体はティエールを「領土の解放者」、「コミューン兵たちの征服者」とし、国家的な英雄だとみなしていた。それゆえ共和主義者たちは、1877年9月3日の彼の葬儀に際し、進んで葬列に加わった。事実、彼は復古王政に反対の立場をとり、新体制創設の父との評価を勝ち得た。そんな彼の邸館再建は、祖国と市民社会の救い主に対する国家の謝意を表すものと考えられた。

### ピガル駅 → 2号線

### アベス（Abesses）駅

パリのメトロ駅のうち、最深部（30メートル）にあるアベス駅は、殉教した聖人たちを安置していた、ノートル＝ダム・デ・モンマルトル［字義は「殉教の山の貴婦人たち」］大修道院の記憶を今に伝える。たとえば、1133年に肥満王ルイ6世［在位1108-37］によって設けられたその墓地には、聖ドゥニ（ディオニュシウス）[1]とその同伴者だったルスティクスとエレウテリスが埋葬されたという［埋葬地をサン＝ドゥニやシテ島（→シテ駅）とする説も

ある]。

　アベス駅のエレベーターを出て、エクトール・ギマール[2]がつくった鋳鉄製の改札口を越えると、かつて18区の区役所に使われていた旧モンマルトル村役場に行きあたる。この地区ゆかりの名士としては、共和国首相を2度務めたジョルジュ・クレマンソー［→シャンゼリゼ＝クレマンソー駅、リュ・ド・ラ・ポンプ駅］や、シャンソン『サクランボの実る頃』の作者ジャン＝バティスト・クレマン［→ブーローニュ＝ジャン・ジョレス駅］などがいる。詩人ヴェルレーヌ［1844-96］は1870年8月11日、ここで結婚式をあげた。

1．聖ドゥニはガリア布教のため、250年ないし270年頃にイタリアからやってきて、パリ（ルテティア）の初代司教となった。272年頃に斬首によってモンマルトルで殉教した彼は、落ちた自分の首をひろい、それを抱いたまま数キロメートル北に歩き、最終的に斃れた地にその名を冠した大聖堂が建てられたとされる［→バジリク・ド・サン＝ドゥニ駅］。

2．ギマール（1867-1942）はパリの国立装飾芸術学校で建築家のウジェーヌ・トラン（1832-1903）や、歴史建造物主席建築家のシャルル・ジュニュス（1852-1928）に学び、さらに国立美術学校を卒業して建築の世界に入った。中世建造物の修復・復元で有名なヴィオレ＝ル・デュク（→シテ駅）の建築理論に影響を受けた彼は、やがてアール・ヌーヴォー様式に魅かれ、斬新な発想でパリ市内に数多くの建築を残した。

### ラマルク＝コーランクール（Lamarck-Caulaincourt）駅

　フランス革命期にパリの自然史博物館教授を務め、「生物変移論」を唱えた博物学者のシュヴァリエ・ド・ラマルクこと、ジャン＝バティスト・ド・モネ［1829没］と、アルマン・コーランクール将軍［1827没］との間には、後者が北仏エーヌ県で1773年に生まれ、前者が同じ北仏のソンム県で1744年に生まれていることを除けば、共通点はなにひとつない。

　コーランクールは侯爵で、父［将軍ガブリエル・ルイ・ド・コーランクール（1749-1808）］の副官や司令部付将校となるが、1793年、爵位を奪われた。そこで彼は1兵卒として働きことを選び、この愛国精神に心を動かされたオシュ［→オシュ駅］は、彼に爵位を返した。

　1802年、将軍兼ボナパルトの副官となった彼は外交大使となり、13年には外務大臣に任じられた。そして百日天下［1815年］の間、ボナパルトになおも忠誠をつくしたが、皇帝の失脚後、サンクト＝ペテルブルク駐在大使時

代［1801年］の彼を高く買っていた、ロシア皇帝アレクサンドル［→リシュリュー＝ドルオ駅］のとりなしで亡命をまぬがれた。

祖国を裏切ったオーギュスト・ド・マルモン［→ムトン＝デュヴェルネ駅］や策謀家のニコラ・スール［→序文］、さらにジョアシャン・ミュラ［→序文］もまた、メトロ駅にその名を残していない。第2帝政［1852-70］が主人に忠実だったクーランクールを彼らと区別し、その名を大通りにつけたのは、けだし当然といえるだろう。

### ジュール・ジョフラン（Jules Joffrin）

パリ市会議員ジュール・ジョフラン[1]の名は、同僚や友人たちが後世にまでこの優れた人物のことが記憶されるよう望まなかったなら、メトロの駅名につけられる可能性はほとんどなかっただろう。没後5年たった1895年、18区の広場にその名を記した表示板がかけられたジョフランは共和主義者で、18区選出の下院議員に選ばれた。彼に関する想い出は2度の世界大戦を越えて、開通当初からこの駅名と結びついてきた。まさにこれは共和主義の継続性を示す格好の事例（！）といえる。

1．ジョフラン（1846-90）はフランスの社会主義政治家。1870年の普仏戦争に加わり、翌年のパリ・コミューンを支持したが、コミューン崩壊後、イギリスに亡命した。

### マルカデ＝ポワソニエ駅 → 4号線

### マルクス・ドルモワ（Marx Dormoy）駅

マルクス・ドルモワ[1]がパリの通りに足を踏み入れたのは、1945年のことにすぎない。それまでは、みずからが町長を務めていたフランス中央部アリエ県の小工業都市モンリュソンで知られているだけだった。ジャン・ジョレス［→ブーローニュ＝ジャン・ジョレス駅、サン＝モール駅］のとは似ているが、預言者マルクスのとは異なる短く刈り上げた顎髭を蓄えていた彼は、社会主義のために労働者たちの心をかきたてる才に恵まれ、それをさまざまな集会で思う存分発揮した。レオン・ブルム［→ポン・ド・ヌイイ駅、アナトル・フランス駅］はそんな彼を高く買い、1936年、最初の人民戦線政府の国務副大臣に登用した。さらに彼は内務大臣となり、ファシストたちのさまざまな地下組織を暴いていった。だが、1941年、ヴィシー政府によって居住指定さ

れたフランス南東部のモンテリマールで暗殺される。マンデル［→リュ・ド・ラ・ポンプ＝アヴェニュー・ジョルジュ・マンデル駅］と同様、彼はナチズムの犠牲となった数少ない政治家のひとりだった。それゆえにこそ、彼の名はメトロの駅名表示板に相応しい。

1．1830-1905。人民戦線の指導者のひとりで、ファシズムと戦うが、極右団体「カグール」のメンバーがベッドに仕掛けた爆弾で落命する。

### ポルト・ド・ラ・シャペル（Porte de la Chapelle）駅

このパリの市壁にある市門(ポルト)は、首都からサン＝ドゥニの大聖堂へといたる街道沿いのラ・シャペル・サン＝ドゥニ村の名で呼ばれている。かつてそこには数多くの居酒屋が店を連ねていた。農民たちは首都向けの野菜を栽培し、今もモンマルトルの丘でつくられるワインと似た酸味のある安ワインでグラスを満たしていた。

村にあるサン＝ドゥニ＝ド＝ラ＝シャペル教会は、聖女ジュヌヴィエーヴ[1]の記憶を伝えてきた。彼女はパリを守るため、この教会に来て祈った。そこにはまたジャンヌ・ダルク［1412-31］の想い出もあった。パリ攻囲戦の際に傷を負ったジャンヌがここで瞑想していたというのだ。

1．ジュヌヴィエーヴ（422頃-502頃）についてはさまざまな伝承があるが、一説に、パリ西郊のナンテールで生まれた彼女は、451年、フン族（アッティラ）がパリを攻囲した際、民衆を喚起して、その襲撃からパリを守ったとされる。パリと憲兵の守護聖女。

# 13号線

ゲテ駅とレンヌ通り（左）。
前方はモンパルナス＝ビヤンヴニュ駅

# 13号線

ポルト・ド・クリシー駅 ～ ポルト・ド・ヴァンヴ駅

シャティヨン＝モンルージュ駅 ～ アニエール＝ジュヌヴィリエ＝レ・クルティーユ駅 ～
サン＝ドゥニ＝ウニヴェルシテ駅
《開業1911年、営業距離24.3 km、駅数32》

- シャティヨン＝モンルージュ駅
- マラコフ＝リュ・エティエンヌ・ドレ駅
- マラコフ＝プラトー・ド・ヴァンヴ駅
- ポルト・ド・ヴァンヴ駅
- プレザンス駅
- ペルネティ駅
- ゲテ駅
- モンパルナス＝ビヤンヴニュ駅
- デュロック駅
- サン＝フランソワ・グザヴィエ駅
- ヴァレンヌ駅
- アンヴァリッド駅
- シャンゼリゼ＝クレマンソー駅
- ミロメニル駅
- サン＝ラザール駅
- リエージュ駅
- プラス・ド・クリシー駅
- ラ・フルシュ駅
- ギ・モケ駅
- ブロシャン駅
- ポルト・ド・サン＝トゥアン駅
- ポルト・ド・クリシー駅
- ガリバルディ駅
- メリー・ド・クリシー駅
- メリー・ド・サン＝トゥアン駅
- ガブリエル・ペリ駅
- カルフール・プレイエル駅
- レ・ザニェット駅（2008年6月以降）
- サン＝ドゥニ＝ポルト・ド・パリ駅
- アニエール＝ジュヌヴィリエ＝レ・クルティーユ駅（前同）
- バジリク・ド・サン＝ドゥニ駅
- サン＝ドゥニ＝ウニヴェルシテ駅（1998年5月以降）

パリの南北を結ぶ13号線は一部12号線と並走し、モンパルナスで交差してサン＝ラザール駅へと至り、12号線がモンマルトルの丘を縦貫するのに対し、そこから北西へと一気に斜行する。13号線は1911年、まずサン＝ラザール駅とポルト・ド・サン＝トゥアン駅間が、さらに12年には、ラ・フルシュ駅を経てポルト・ド・クリシー駅までが開通した。だが、連続して南下する路線が欠けていた。1975年、ミロメニル駅〜シャンゼリゼ＝クレマンソー駅間がようやく完成し、76年にはポルト・ド・ヴァンヴ駅からシャティヨン＝モンルージュ駅までが開通した。1980年には、路線はポルト・ド・クリシー駅からアスニエール駅まで延長された［1998年にはバジリク・ド・サン＝ドゥニ駅とサン＝ドゥニ＝ウニヴェルシテ駅間、2008年にはガブリエル・ペリ駅とアニエール＝ジュヌヴィリエ＝レ・クルティーユ駅間が開通している］。

## シャティヨン＝モンルージュ（Châtillon-Montrouge）駅

　シャティヨンの森はかつてパリを囲んでいた城塞の一部だった。1870年10月13日、シャティヨンの村だけでなく、この城塞もまたプロイセン軍との流血戦の舞台となった。

　モンルージュという呼称は、1930年代末の都市改造によって大都市圏に組み込まれた、モン・ルージュ［字義は「赤い山」］のいくつかの村を指す。そして、1934年にはここに、建築家のアンリ・ドゥコーが鐘楼つきの行政センター［現文化・会議センター］を、37年にはエリック・バジュが鉄筋コンクリートの教会堂［サン＝ジャック＝ル＝マジュール教会］をそれぞれ建てている。

　なお、メトロ13号線は、「栄光の30年」［1945年から75年までの高度経済成長期］におけるモンルージュとシャティヨンの人口急増に鑑みて、シャティヨン＝モンルージュ駅まで延長された。

## マラコフ＝リュ・エティエンヌ・ドレ（Malakoff-Rue Étienne Dolet）駅

　ユマニストのエティエンヌ・ドレ[1]はモンルージュの町にその場を得ていないが、メトロには忍び込んでいる。死刑を宣告され、1546年、パリのモベール広場［→モベール＝ミュテュアリテ駅］で焚刑に処されているにもかかわらず、である。出版人でもあった彼は、表現の自由とジュネーヴから送られた宗教改革派の書物の普及のために果敢に闘い、カルヴァンの思想を求め

に来るリヨンのブルジョワや聖職者たちに広めた。ラテン文学に造詣が深く、詩人でもあった彼の死は宗派的な暗殺、政治的な犯罪ともいえる。だが、モンルージュのおかげで、その名はメトロを利用するリセの生徒たちから注目されるようになった。それは忘れ去られたパリ人の正義であり、復権でもある。

1．1509年にオルレアンの名門貴族の家に生まれたドレは、リヨンで出版社を興し、自分の書のほかにフランソワ・ラブレー（1494-1553）らの書も刊行するが、その活動が異端だとして、1542年と44年に２度投獄され、最終的にソルボンヌの神学部から無神論者との断罪を受けて、リヨンからパリに護送され、拷問のあと、焚刑に遭う。著書に『第２の地獄』（1544年）などがある。

### マラコフ＝プラトー・ド・ヴァンヴ（Malakoff-Plateau de Vanves）駅

マラコフという名前はいささか風変わりで、そのロシア的な響きは隣接するポルト・ブラシオン一帯に意外な印象を与えている。しかし、近隣地区ではそれなりの理屈がある。ポルト・ブラシオンにその名がつけられたこの連隊長［1803生］は、1803年に北仏ノール県のコンデで生まれ、クリミア戦争の際、セバストポリ［→レオミュール＝セバストポル駅］にロシア軍が築いた、きわめて強固な要塞のひとつであるマムロン＝ヴェールへの攻撃で手柄を立てたが、1855年、戦死している。

一方、マラコフとはクリミア半島にあり、かつての兵士たちにつとに知られていた村の名である。1855年当時、村には「マラコフの塔」を描いた居酒屋の看板がかかっていた。このロシア名が、最終的には生まれつつあった村の、さらにそれが発展してできた町を指すようになったのである。

### ポルト・ド・ヴァンヴ（Porte de Vanves）駅

ポルト・ド・ヴァンヴはパリ周域の村名である。メトロ駅は、ルイ14時代の1698年に建築家のマンサール［→アンヴァリッド駅］が築いたコンデ公の旧城に近い。この城はやがてリセに改築されたが、偉大な歴史家ミシュレ［→序文］の名を冠したリセの生徒や教師たちは市吏たちに対し、ポルト・ド・ヴァンヴの駅名をジュール・ミシュレに改称するようRATP（パリ交通公団）に申し入れをしてくれるよう働きかけた。そうなれば市吏たちは尊敬を集めるようになると説明もした。だが、その働きかけは理解を得るまでにいたらなかった。こうしてフランス史の父の名は、今もなおメトロ駅の壁に見ることができない。これはまさに顰蹙ものといってよい。

## プレザンス（Plaisance）駅

　プレザンス（喜び）という駅名は、1本の小路に由来する。この小路は、1858年から60年にかけて、それまでの空き地に新たにプレザンスと名づけた地区を建設する計画がもちあがり、市吏たちが作成した区画整理に合意がなされたことを物語っている。実際の画地分譲は、メーヌ通りに立つ城の最後の所有者の息子、アレクサンドル・マリ・クウェノン［生没年不詳］によって実現した。地理学者で建築家でもあった彼は、蓄財に強い関心を抱いていたからである。そこで彼は、詩人、というよりむしろあちこちの居酒屋でシャンソン歌手として名を馳せていた、ショーヴロ[1]なる人物と手を組んだ。この歌手はすでにヴォージラール界隈で、アヴニール（未来）と呼ばれる画地分譲を行っており、分譲予約者を引きつけるため、プレザンスという呼称を思いついたのだった。

1. アレクサンドル・ショーヴロ（1797-1861）はパリに生まれ、詩人や流しの歌手で小銭を稼いでいた。その才能はいずれもほどほどのものだったが、やがて結婚を機にロースト肉店を興して蓄財し、1835年、メーヌ通り沿いの土地を購入したのを手始めに、ヴォージラール界隈で不動産を売買し、大成功を収めた。

## ペルネティ（Pernety）駅

　子爵ジョゼフ・マリ・ド・ペルネティは1856年、将軍という肩書とともにその人生を終えている。それから12年後、彼の名がパリの通りにつけられた。さほど不思議な話ではなく、第2帝政がこの元兵士に報いたのだ。1766年、リヨンに生まれた彼は、フランス東部メスの学校を出てから、ラ・フェール連隊に砲兵中尉として入隊した。そして、オーストリア軍とのリヴォリの戦い［1797年］で、射撃の腕前を発揮して騎兵中隊長に任じられ、マレンゴ［1800年］の戦いで連隊長に昇格した。アウステルリッツ［→オーステルリッツ駅］とイエナ［→イエナ駅］でも戦った。さらにワグラムの戦い［→序文、ワグラム駅］では、ロバウ島に大砲100門を装備して勝利に貢献した。復古王政で更迭をまぬがれた彼は、軍歴を重ねて国務大臣となり、国王ルイ＝フィリップ［在位1830-48］から子爵、さらに皇帝ナポレオン3世［在位1852-70］からは男爵に叙せられた。そんなペルネティの名を冠した通りは、彼の所有地の中央部を通っている。

## ゲテ（Gaîté）駅

　名は体を表すという言葉があるが、パリのメトロ駅でゲテ（快活）ほどそれがよくあてはまる駅はない。この駅があるモンパルナスの旧城柵では、19世紀にありとあらゆる種類の見世物が盛んだったからだ。そこにはジゴレット（娼婦たち）やエスカルゴ（カタツムリ）といった名のダンスホールがあったが、それらより特権的だったのは、ダンスホール兼レストランのミル・コロンヌ（千本の円柱）だった。1833年創業のこれは、官能的に踊る裸体のヴィーナスを描いた看板をかかげていた。モンパルナス劇場はすでに1819年に開業していたが、68年には、フランソワ・ジャマンがカフェ＝コンセールのゲテ・モンパルナス[1]を興し、そこからはフラグソン[2]やマヨル、ドラネムらの一座が生まれた。女流作家のコレット［1873-1954］も、このゲテ・モンパルナスで催された狂宴で、裸になって「ピクチャー・ポーズ」をとったものだった。

　同様のポーズは、フォリー＝ボビノや、のちにはカジノ＝モンパルナスといった、同じゲテ通りのミュージック・ホールでも再演された。こうしてこの一角は、ほぼ1世紀の間、じつに狂おしいばかりの快活さの舞台となった。

1．カフェの経営者だったジャマンは、1867年に解体されたエクスポジシオン劇場の廃材を用いて創設したこのカフェ・コンセールで、1875年、最初のレビュー『ゲテ、万歳』を上演し、大成功を収めている。

2．フラグソン（1869-1913）はピアノの弾き語りで評判をとり、国内はもとより、イギリスでも多くのコンサートを行った。さらに彼はジャズの原型のひとつであるラグタイムを初めてフランスに紹介したが、父親と口論し、射殺された。マヨル（1872-1941）は、のちにミュージック・ホールと名を変えるカフェ＝コンセール時代最後の大歌手。パリの劇場「コンセール・マヨル」を買い取って、のちに軽妙洒脱な演技で国民的俳優となるモーリス・シュヴァリエ（1888-1972）らの若い歌手を援助しただけでなく、故郷トゥーロンのスタジアムに巨資を寄付したり、ラグビー・チームのオーナーにもなった。ドラネム、本名シャルル・アルマン・メナール（1869-1935）は、カフェー＝コンセールの殿堂ともいうべき「エルドエラド」の舞台に20年以上も立ち、コミカルな出で立ちと、大ヒット作となった『グリーンピース』を初めとする自作のナンセンス・シャンソンで一世を風靡した。また、1924年には小説『豊かな自然』も刊行している。

モンパルナス゠ビヤンヴニュ駅 → 4号線

デュロック駅 → 10号線

## サン゠フランソワ・グザヴィエ（Saint-François Xavier）駅

　聖フランソワ・グザヴィエ［フランシスコ・ザビエル、1506-52］の名は教会とメトロ駅にあるが、パリの広場にはなく、通りや大通りにもない。イグナチオ・デ・ロヨラ［1491-1556］の薫陶を受け、イエズス会士たちの育成者で極東への宣教者でもあったこの聖人は、1919年、当然のことながらメトロの駅名から削除されるはずだった。彼の名を冠した広場が、アドリャン・ミトゥーアール［1864生。詩人・政治エッセイストでもあった］の名にとって代わられたためである。前年に他界したミトゥーアールは、パリの市議会議長で、第1次大戦中、パリを切り盛りしていた。立派な功績の持ち主である。それを称えるべく、広場に彼の名がつけられた。だが、メトロはその例に従う必要がないと考えた。きわめて異例のことだが、これにより地上から消えた名前がメトロ駅に残ることになった。

　ただし、教会はある。1878年にこの宣教者に捧げられた近代的な工法によるそれは、圧倒的な規模を誇っている。古式ロマネスク様式に一部ルネサンス様式を加えた外観は、だれもが賛美するものではないが、その量感によって周囲を圧し、メトロの駅名が妥当であることを証明している。

## ヴァレンヌ（Varenne）駅

　ヴァレンヌ（ないしガレンヌ）の地はサン゠ジェルマン゠デ゠プレ教会の未開墾地だった。ヴァレンヌ駅の呼称は国王の逃亡［1791年、ルイ16世と家族がパリ脱出をはかって逮捕された場所が、ロレーヌ地方のヴァレンヌだった］とは無縁で、ヴァレンヌ通りが政治権力の中心となって以来、改称するのが難しかった地名に由来する。1935年1月、首相官邸がこの通りにあるマティニョン館に置かれると、第5共和政の歴代首相もそこに居を定めるようになった。そうしようと望むなら、彼らはヴァレンヌ駅でメトロに乗ることができる。しかし、実際には運転手つきの車でパリ市内を走りまわった厳格なポワンカレ［→シャンゼリゼ゠クレマンソー駅］に倣って、車を用いている。つまり、権力はメトロを使わないのだ。

　第2次大戦中、このメトロ駅は閉鎖されていた。フランス政府がヴィシー

に置かれていたため、無人の邸館に最寄り駅は不要となったからである。だが、フィリップ・アンリオ[(1)]はドイツ軍やラジオ・パリ局のより近くにいようと、ここに住んだ。1944年にラヴァル[(2)]政権の情報宣伝相となった彼は、その執務室でレジスタンス活動家たちに殺害された。当時、ヴァレンヌ通りの親独協力者たちは、ヴィシー政府のオテル・デュ・パルク［字義は「公園館」］にいた仲間たちより不安な日々を送っていた。

1．アンリオ（1889生）は極右・カトリック右派に属し、反共・反ユダヤ・反フリーメイソン・反議会主義を唱えた政治家。第2次大戦前は反ヒトラーだったが、ドイツ軍のロシア進攻を機に親独に転向し、卓抜した雄弁力を買われて情報宣伝相となって、連日ラジオ・パリ局から大衆扇動の演説を行った。「フランスのゲッペルス」と呼ばれた彼は、本文にあるようにレジスタンス活動家たちに暗殺され、ヴィシー政府による国葬がパリのノートル＝ダム司教座聖堂で営まれた。親独義勇軍によるマンデル（→リュ・ド・ラ・ポンプ駅）殺害は、アンリオ暗殺の報復だった。

2．ピエール・ラヴァル（1883-1945）は第2次大戦前までは極左の平和主義者で、第3共和政で数度首相を務めた。1940年、共和政を解体してヴィシー政権を立ち上げ、副首相、のちに首相となり、親独政策を推進した。1942年6月、ラジオ・パリで「ドイツが勝利しなければ、ボルシェヴィズムがいたるところにはびこる」と扇動した演説は有名。1945年、国家大逆罪で逮捕・処刑された。

アンヴァリッド駅 → 6号線-RER

シャンゼリゼ＝クレマンソー駅 → 1号線

ミロメニル駅 → 3号線

サン＝ラザール駅 → 3号線

リエージュ（Liège）駅

　リエジュ駅は当初ベルラン（ベルリン）と呼ばれていた。1914年、ドイツ皇帝がフランスに宣戦布告すると、当然のことながら、敵国の首都名をメトロから削除して改称するべしとの声があがった。

　ベルギー東部のリエージュはベルリンとは反対に友好都市で、勇猛なベルギー軍は祖国の中立性を3方面から侵したドイツ軍の攻撃と相対していた。

リエージュの12か所にあった要塞は、1914年8月6日から16日までの10日間、ドイツ軍の侵略によくもちこたえていた。そこでドイツ軍のエーリヒ・ルーデンドルフ将軍［1865-1937。当時の階級は正確には第2補給部隊長・師団長代理］は、リエージュ市民の抵抗に終止符を打つため、何門もの臼砲を陣地に運び込まなければならなかった。それゆえ、このメトロの駅名は、たんに友好都市の名前だけでなく、大戦におけるリエージュの英雄的な逸話にも由来する。

**プラス・ド・クリシー駅 → 2号線**

**ラ・フールシュ（La Fourche）駅**
　ラ・フールシュ［字義は「分かれ道」］は旧クリシー村へ向かう道と、旧サン＝トゥアン村［→サン＝トゥアン駅、ポルト・ド・サン＝トゥアン駅］の市門を越えてサン＝ドゥニ［→ストラスブール＝サン＝ドゥニ駅］へと向かう道の分岐点の名である。それは旧バティニョル村［現17区］の土地にあり、メトロ駅はサン＝ミシェル＝デ＝バティニョル［字義は「バティニョルの聖ミカエル」］教会への最寄り駅となっている。これは近代的な教会で、第2帝政期以来かなり数を増した新しい小教区が待ち望んでいたものだった。最初の堂宇は、1858年、主任司祭の負担で建立された。だが、あまりにも狭すぎたため、1910年に解体され、大量の鉄筋コンクリートを基盤とする煉瓦製の教会堂が建てられることになった。工事が終わったのは1918年だが、一般に開かれたのはそれから7年後の25年。現在の姿になったのは、鐘楼がとりつけられた1934年だった。以来、聖ミカエルはラ・フールシュの2本の通りを行く旅人たちを祝福している。

**ブロシャン（Brochant）駅**
　地質学者で鉱物学者でもあったアンドレ・ブロシャン・ド・ヴィリエは1772年に生まれ、北仏サン＝ゴバンのガラス製造工場［前身はコルベール（→レ・ゴブラン駅）が1665年に設立した王立ガラス製造工場］の支配人をしていた。
　17区に生まれつつあったブロシャン界隈は、1864年、新しくできた通りにその名をつける著名人を探していた。ブロシャンは没年の1840年、科学アカデミーの会員だった。そんな彼を選ばない手はなかった。こうして市議会は、そしてのちにメトロは、彼の名を縮めて駅名としたのだった。

## ポルト・ド・クリシー（Porte de Clichy）駅

　この駅はバルザック駅と命名してもよかった。偉大な小説家の名を冠したリセが、ポルト・ド・クリシー大通りの2番地にあるからだ。だが、ことメトロにかんするかぎり、バルザック［1595頃-1654］は運に恵まれていない。スタンダール［1783-1842］やフロベール［1821-80］らと同様、彼の名を冠した駅はない。

　ポルト・ド・クリシー駅という呼称は、皇帝ナポレオン3世［在位1852-70］の時代まで首都の外側にクリシー村があったことを想い起こさせる。この村には数多くの居酒屋が店を構えていた。そのうちのひとつペール・ラテュイル［→プラス・ド・クリシー駅］は、1767年当時、散策者たちにホット・ミルクを提供する60頭以上もの牝牛を飼う農場の近くにあった。

　やがて1871年よりのちに、奇抜な考えの持ち主だった元連隊長のマクシム・リスボンヌ[1]が、「革命家面」をした者たちのための居酒屋を開く。彼はパリ・コミューン［→序文、チュイルリー駅、ベルヴィル駅］での功績で革命家との肩書を得たが、のちにそれが災いしてニューカレドニアのヌメアに徒刑囚とし送られた。釈放後、看板を付け替える、つまりさまざまな店を興す才に恵まれていたリスボンヌは、モンパルナスにジョッキー＝クラブ、モンマルトルにカジノ・デ・コントリビュシオン・ディレクト［字義は「直接税カジノ」］といった店を立ち上げた。

1.　パリ出身のリスボンヌ（1839-1905）は、1854年のクリミア戦争に従軍したのち、パリで役者となり、カフェ＝コンセールのフォリ・サン＝タントワヌの支配人も務めるが、倒産して保険の代理業者となる。1870年に普仏戦争が勃発すると、国民軍の部隊長としてビュザンヴァル（→ビュザンヴァル駅）の攻防戦、さらに連隊長としてパリ攻囲戦を戦う。さらに翌年の「血の1週間」（→ベルヴィル駅）ではヴェルサイユ政府軍を相手に、パンテオンやシャトー＝ドー（→シャトー＝ドー駅）の防衛戦を組織するが、負傷して逮捕され、死刑を宣告される。だが、本文にあるようにニューカレドニアでの徒刑に減刑され、帰国後、演劇活動を再開する一方、「アミ・デュ・プープル」紙（→ラスパイユ駅）で社会変革を唱える。さらにカジノ・ド・コンシェルジュ（字義は「門番カジノ」）やタヴェルヌ・デュ・バニュ（「徒刑囚の安食堂」）などの居酒屋を始めるが、いずれも失敗し、最後は煙草小売人となった。

## メリー・ド・クリシー（Mairie de Clichy）駅

　クリシーとはウサギ小屋を指す。かつてこの町はクリシー＝ラ＝ガレンヌと呼ばれていた。そこでは野ウサギ狩りが行われ、穴ウサギ（ガレンヌ）が飼育された。だが、町はパリ郊外の工業都市としてすみやかに発展していった。ルヴァロワ［→ルイズ・ミシェル駅、ポン・ド・ルヴァロワ＝ベコン駅］とサン＝トゥアン［→サン＝トゥアン駅、ポルト・ド・サン＝トゥアン駅］の間に挟まれたクリシーは、やがて郊外における労働争議の中心地のひとつとなった。

　1939年、この町に建築家のマルセル・ロッズ[1]による公会堂が建てられた。ピロティ［建物を持ちあげ、その下に吹き放ちの空間をつくる柱］の上に載せられたそれは、移動式の通廊と取り外し可能な床、さらに引きこみ式の天井を備えていた。こうした近代化にもかかわらず、サン＝ヴァンサン＝ド＝ポール教会［1900年建立］は生き残った。そういえば、聖ヴァンサン[2]は1612年から25年まで、ここクリシーの主任司祭を務めており、彼の説教壇は保存されてきた。

1．ロッズ（1891–1978）はパリ出身で、都市計画家。国立高等装飾芸術学校と国立美術学校で建築学を学び、1931–34年にパリ北郊のドランシーに建設したピロティを用いた集合住宅シテ・ド・ラ・ミュエットで注目を浴びる。1940–44年にはル・コルビュジエ（1887–1965）らと建築革新協会（ASCORAL）を拠点に新建築の普及に努め、50年からは母校美術学校の建築学教授を務めた。プレハブ工法の開発・推進者。

2．聖ヴァンサン・ド・ポール（ウィンケンティウス・ア・パウロ、1574／81–1660）は、フランス南西部ランド地方のプイに生まれる。1600年、司祭に叙されるが、05年、マルセイユからナルボンヌへと向かう船旅の途中、海賊に捕まり、チュニスに連行される。だが、2年後に脱出して帰国し、1612年、のちに庇護者となるコンディ家の家庭教師や夫人の聴罪司祭を務めながらクリシーの教区司祭となった彼は、19年、ガレー船付き司祭長に任じられる。そして1625年には農村の貧民教化を目的とする宣教会、のちのラザリスト会、33年には愛徳女子修道会を創設する。1670年にパリ総救貧院の付設施設として創設された捨て子院は、この女子修道会を母体とする。1737年、クレメンス12世により列聖。

## ガブリエル・ペリ（Gabriel Péri）駅［旧ガブリエル・ペリ＝アニエール＝ジュヌヴィリエ（Asnières-Gennevilliers）駅］

　メトロはアニエール橋で再びセーヌ川を越える。かつてこの一帯では、首都の土木工事現場や周辺の野菜集約栽培者たちのためのロバが飼育されていた。

　ガブリエル・ペリは第２次大戦の英雄である。アンリ・バルビュス[1]とともに「クラリテ（明晰）」誌のジャーナリストだった彼は、1902年に南仏の軍港トゥーロンで生まれ、24年に「ユマニテ（人類）」紙に入り、29年にはフランス共産党の中央委員会委員となった。ドイツ軍の占領期には、共産主義に関する非合法文書の推進役を務めた。だが、1941年５月、ゲシュタポに逮捕され、12月15日に銃殺された。

1．バルビュス（1873-1935）はアニエール＝シュル＝セーヌ生まれの作家。若くして作家活動に入り、1895年に処女詩集『泣き女』、1908年にはデカダンスと写実主義を融合させた小説『地獄』でその地位を確立する。1914年、肺病をおして歩兵隊に入り、その体験をもとに、1616年、『砲火』を発表してゴンクール賞を受ける。1923年、フランス共産党に入り、レーニン（1870-1924）やゴーリキー（1868-1936）の知己を得る。ロシア革命を賛美していた彼は、「クラルテ」誌を拠点にプロレタリア文学の確立に努め、さらにロマン・ロラン（1866-1944）とともに平和主義運動のアムステルダム＝プレイェルを指導する。だが、ロシア旅行中、モスクワで客死する。一説に、彼がその伝記を書いたスターリンの命で毒殺されたという。

## 訳者追加

## レ・ザニェット（Les Agnettes）駅

## アニエール＝ジュヌヴィリエ＝レ・クルティーユ（Asnières-Gennevilliers-Les Courtilles）駅

　両駅は2008年６月14日の路線拡張によって新設された。それまでの終点だったガブリエル・ペリ駅から延びた距離は約1.9キロメートル、工事費用は１億6000万ユーロ（約２億円）。１ｍでおよそ1000万円かかった計算となるが、この拡張によって13号線はパリのメトロ全線のうちで最長路線となった。

レ・ザニェットは、レ・クルティーユ地区を含むアニエール＝シュル＝セーヌ市とジュヌヴィリエ市の境に位置する。ジェヌヴィリエ市を構成する5地区のひとつで、1960年代から70年代にかけて著しい発展を遂げた。同市の公会堂や中央図書館を含む超近代的な20階建ての市役所はこの地区にある。

パリ大都市圏最大の河港として発展したジュヌヴィリエは、新石器時代からの生活遺跡があり、ガリア＝ローマ時代、さらにメロヴィング朝の貨幣も出土している。だが、町に恩恵をもたらしたセーヌ川はまた20世紀初頭までしばしば洪水によって町を襲い、9世紀にはヴァイキング（ノルマン人）が竜骨船を駆って略奪を行った。14世紀中葉からのほぼ1世紀間、ここは度重なる叛乱の舞台となり、ほぼ同時期の百年戦争でも戦場となった。

1746年、リシュリュー枢機卿（→リシュリュー＝ドルオ駅）の甥の孫息子であるリシュリュー公は、1729年にサン＝シュルピス教会（→サン＝シュルピス駅）の聖母礼拝堂の再建を手がけ、1755年からは地震で瓦解したリスボン復興計画にも参加した。さらに彼は、フィレンツェ出身の画家・建築装飾家のジヴァンニ・セルヴァンドーニ（1695-1766）に命じてジュヌヴィリエに壮大な城を建て、国王ルイ15世（在位1715-74）やその愛妾ポンパドゥール夫人（→ラ・モット＝ピケ＝グルネル通り、サンティエ通り）らを招いた。1783年、ボーマルシェ（1732-99）が『フィガロの結婚』を書き終えたのもこの城だった。

革命前、一帯の大地主18人のうち、4人がジェヌヴィエールに住み、その耕地の半分以上を所有し、王室とサン＝ドゥニ修道院もそれぞれここに領地を有していた。19世紀も末になると、セザンヌ（1839-1906）やモネ（1840-1926）、ルノワール（1841-1919）らの印象派画家たちが、マネ（1832-83）一家やギュタヴ・カイユボット（1848-94）が住んでいたこの地をしばしば訪れ、数多くの作品を描いている。

ジュヌヴィリエの産業化は遅く、1909年にパリ北駅（→北駅）への鉄道と路面電車が開通してからだった。これにより、さまざまな工場、とくに自動車工場がこの地にでき、廃品回収業者や屑鉄業者もやってきた。こうして数人の地主たちが君臨していた農村ジュヌヴィリエは、両大戦間に人口稠密な労働者の町へと変貌した。

第2次大戦中の10度にわたる空爆で多くの工場が被災し、3000人以上もの失業者とスラム街が生まれたこの町は、戦後、国内やヨーロッパ各地、さ

らに北アフリカからの移住者を迎えた。そのなかには、アルジェリアから移った女優イザベル・アジャーニ（1955-）の両親もいた。彼らは総じて安価な労働力を提供し、町のスラム化に拍車をかけた。だが、70年代からは産業化やHLM（低家賃住宅）の増加、インフラの整備が進んで、町はパリ郊外の都市網に組み込まれるようになり、パリ・メトロ300番目の駅としてアニエール＝ジュヌヴィリエ＝レ・クルティーユ駅が開業する前年の2007年12月には、パリを縦断するRER-C線の駅もつくられた。

一方、ジュヌヴィリエ市と隣り合うアニエール＝シュル＝セーヌ市の呼称は、かつてセーヌ河岸に数多くのロバの飼育場（アニエール）があったことに由来する。前4000年紀の巨石文化までさかのぼるその歴史は、一部ジュヌヴィリエと重なるが、13世紀前葉まで、ともにサン＝ドゥニ修道院の領地だった。1248年、同修道院長のギヨーム・ド・マルクーリがこの地の、そして周辺村落の住民全員を小作身分から解放したものの、百年戦争では過酷な徴税に苦しみ、1460年には戸数わずかに5戸を数えるのみとなった。それが80戸にまでなるのは、18世紀に入ってからだった。

1837年、村にパリとル・ペック（→サン＝ラザール駅）を結ぶ鉄道が敷設され、翌年、アニエール—ヴェルサイユ右岸駅間が開通する。1839年には、フランス全土の土地台帳を作成したガスパール・ド・プロニー（→シャトー＝ドー駅）がこの地で没しているが、その名は、市内のリセに校名として残っている。ゴンクール賞作家のアンリ・バルビュス（→ガブリエル・ペリ駅）がこの地で生まれた1873年、モネがアニエールのセーヌ川を描き、79年にはルノワールが、83年には点描画を唱えた新印象派の創始者ジョルジュ・スーラ（1859-91）がそれに続いた。1879年には、名女優サラ・ベルナール（→ペール＝ラシェーズ駅）がここに移り住んでいる。

興味深いことに、この町にマドレーヌ（→マドレーヌ駅）〜ブルギニョン間の路面電車が止まるようになって8年後の1899年、世界初のペット・家畜用墓地がつくられた。そこには今も、犬猫はもとより、猿やオウム、羊などの墓が見られる。この年には建築家エマニュエル・ガルニエの設計になる、壮麗な結婚式場を備えた市役所も完成している。だが、1910年、町はジュヌヴィリエ同様、セーヌの洪水で被害を受け、第1次大戦中の15年には、ツェッペリン飛行船の爆撃でサラ・ベルナールの旧宅も破壊された。

1968年、アニエールは他県に同様の地名があるため、現行のアニエール＝シュル＝セーヌに改称した。今日、パリのベッドタウンとなっているこの

町の代表的な歴史建造物としては、マンサール（→アンヴァリッド駅）が設計したアニエール城がある。

## ギ・モケ（Guy Moquet）駅

　この学生は、1940年には16歳だった。父親のプロスペル・モケ［1897-1986］はパリ［セーヌ県］選出の共産党会員議員だったが、同年、ヴィシー政権のため失職して投獄された［1941年、アルジェリアに徒刑囚として送られ、43年、ド・ゴールにより釈放］。若いギは、他の学生たちと占領軍に反対するデモを行い、逮捕されて、まずパリ13区のサンテ監獄に、次いでクレルヴォー監獄［パリ盆地東部シャンパーニュ地方のクレルヴォーに、1115年、聖ベルナール（1090／91-1153）が創設した大修道院を、1804年から転用］に投獄された。さらに、他の人質ともどもブルターニュ地方のシャトーブリアンに送られ、1941年、やはりメトロ駅にその名を残すシャルル・ミシェル［→シャルル・ミシェル駅］とともに、採石場で銃殺された。

　かつてこの駅はマルカデ＝バラニーと呼ばれていた。マルカデ通りとバティニョル・バラニー市長の名にちなんだ呼称である。

## ポルト・ド・サン＝トゥアン（Porte de Saint-Ouen）駅

　この駅はビシャ病院への最寄り駅である。解剖学者で外科医でもあったマリ・フランソワ・グザヴィエ・ビシャの名を冠した病院だが、面妖なことに駅名は彼の記憶を保っていない。1771年に生まれ、フランス外科学の創始者のひとりで、有名なドゥソー[1]の弟子で後継者でもあった彼は、幸運にも駅名となっているコルヴィザール［→コルヴィザール駅］とともに、医学競進協会を立ち上げている。1800年には、慈善院［現パリ市立病院］の医師に任じられた。だが、チフスに罹り、31歳で没した［死因は過労と慈善院の階段からの転落］。「生命とは死に抵抗する諸機能の総体である」。彼は1800年に著した『生と死に関する生理学的諸研究』でそう書いている。18区には彼の名が冠せられた病院［1882年創設］があるが、彼はさらにメトロ駅を待っている。

1.　ピエール・ジョゼフ・ドゥソー（1738-95）は外科医・解剖学者。フランス東部オート＝ソーヌ地方の農家に生まれ、1764年、パリに出て医業を始め、88年、慈善院の外科医となる。革命後の1793年、反革命容疑者として逮捕されるが、50人もの医師たちの陳情者が功を奏して釈放され、95年、10歳になったルイ17世

の治療を行うが、その甲斐もなく幼王は病没し、彼もまたまもなく他界する。当時、革命政府による陰謀に加担するのを拒んだため、毒殺されたとの噂が駆けめぐったという。生前、彼はフランス初の外科病院をパリに創設している。

### ガリバルディ（Garibaldi）駅

　1885年、パイヤソン大通りは、イタリアの革命家ジョゼッペ・ガリバルディの名に改称された。彼がすでにフランス人に感謝されて当然の資格をひとつ以上有していたからだ。まず、彼はのちに大通りにその名を冠することになるニースに生まれている［1882没］。そして、とくに赤シャツ隊ないし千人隊と呼ばれた義勇兵によるナポリ奪還のために進軍を組織し、祖国イタリアの統一をめざして激しく戦った。1870年の普仏戦争では、彼はまた共和国への感謝と連帯感から、ガンベッタ［→ガンベッタ駅］麾下の軍隊で戦ってもいる。そんな父の勇気だけを聞いていた息子のリチョッティは[1]、1914年、フランスのために戦うべく、その義勇兵を率いてアルプスを越えた。

1．リチョッティ（1847-1924）は、ウルグァイのモンテビデオで生まれ、幼年時代をニースで送る。普仏戦争時に父とともにヴォージュ戦線に参加し、ブルゴーニュ地方のシャティヨン＝シュル＝セーヌで800人のフランス射撃兵を率いてプロイセン軍と戦う。1912年の第1次バルカン戦争では、赤シャツ隊の先頭に立って、ギリシア北西部のイオアンニナをオスマン軍から奪回する作戦を展開した。その後、イギリス人と結婚し、アメリカとオーストラリアで事業を始めるが失敗する。1887年から90年まで下院議員となる。ただ、本文との齟齬があるが、彼は高齢のために第1次大戦には参加できなかったともいわれている。ファシズムの台頭には最期まで反対した。

### メリー・ド・サン＝トゥアン（Mairie de Saint-Ouen）駅

　サン＝トゥアンがフランス史に重要な役割を演じた唯一の出来事は、1814年5月2日、サン＝トゥアン宣言が署名されたことで、亡命から帰国した国王ルイ18世［在位1814-15年／1815-24年］は、パリに入る前、それにもとづいて憲章を布告した。

　実際のところ、国王はナポレオンを失脚させた対仏同盟軍［→ポルト・ド・ヴァンセンヌ駅］のおかげでパリに戻ったため、フランスが身をもって知った、そして自由の獲得に象徴される革命と帝政の長い時期に対してなんらかの譲歩をしなければ、国中が自分に反旗を翻すのではないかと恐れていた。

ナポレオン自身もまた、1815年にエルバ島から帰国した際、自由の行使を保証する帝国憲法の追加条項に署名せざるをえなかった。ルイ18世が署名した場所は、シャルル6世の子であるギュイエンヌ公［1397-1415］が築いたサン＝トゥアン城だった。18世紀、ポンパドゥール夫人［→ラ・モット＝ピケ＝グルネル通り、サンティエ通り］が一時期ここに住んでいた。

### カルフール・プレイェル（Carrefour Pleyel）駅

　パリのコンサート・ホールであるサル・プレイェルは、1757年にウィーン近郊のルッパーシュタルで生まれた有名な作曲家、イニャス・ジョゼフ・プレイェル[1]にちなんで命名されているが、ホール自体の名を冠したメトロ駅はない。プレイェルはパリでピアノ工場を興し、息子カミーユ[2]が1831年に没した父の仕事を継いだ。こうしてプレイェル一族が本格的に世に出ることになり、やがてプレイェルの名がサン＝トゥアンの隣駅につけられた。このホールで電車を待ちながらブラームスを演奏できる。おそらくそれは不可能ではないだろう。

1．ドイツ語名イグナーツ・ヨーゼフ・プライエルは、1772年からヨーゼフ・ハイドン（1732-1809）の薫陶を受け、1783年、ストラスブールに移って、司教座聖堂の楽長フランチシェク・リヒテル（1709-89）を補佐し、その死後に楽長となる。だが、フランス革命によって教会活動が制限されると、ヴァイオリニストでプロフェッショナル・コンサート楽団の指揮者でもあった、ヴィルヘルム・クラマー（1744-99）の招きでロンドンに渡り、ハイドンと再会してもいる。
　やがてフランスに戻った彼は、一時共和主義者たちに逮捕されるが、革命を賛美する『8月10日の革命』を作曲して難を逃れる。1791年にはすでに、『ラ・マルセイエーズ』の作者ルージェ・ド・リール（1760-1836）とともに、自由賛歌を作曲していた。1795年、最終的にパリに移ると、彼はショセ・ダンタン地区（→ショセ・ダンタン＝ラ・ファイエット駅）に居を構えて音楽出版社を立ち上げ、おそらく中世からの安価な民衆本叢書「ビブリオテーク・ブルー（青表紙本）」をモデルに、文庫本形式の「ビブリオテーク・ミュジカル」叢書を刊行する。そして1807年、ピアノ会社プレイェルを設立して最初のモデルを製作し、以後、数人の支援者を得てこの事業を展開する。
　一方、音楽家としての彼は、生涯に41の交響曲、70の弦楽四重奏曲、さらにいくつかの弦楽五重奏曲とオペラを作曲している。
2．1824年に父から事業を託されたカミーユ・プレイェル（1788-1855）は、

父ほど作曲家としての才に恵まれてはいなかったが、イギリス宮廷では注目されたピアノ奏者だった。彼はヨーロッパ各地を旅してオルガン製作者たち、とくにブロードウッドやエラールを訪ね、その協力のもとにピアノ製作を展開しる。そして、音にこだわる作曲家たちの要求を技術に反映させながら「ソン・プレイェル（プレイェル音）」を精緻化して、プレイェル・モデルを世界的なものとする。1834年当時、プレイェル社は200人もの従業員を抱え、年間1000台のピアノを生産していた。1855年、カミーユは53年からの共同経営者だったオーギュスト・ウォルフ（1821-87）に、会社の全経営権を譲渡した。

### サン＝ドゥニ＝ポルト・ド・パリ（Saint-Denis-Porte de Paris）駅

ポルト・ド・パリ（パリ市門）はサン＝ドゥニ市に属し、セーヌ川に注ぐサン＝ドゥニ運河に面している。

かつてこの市門の上には、炭酸ナトリウムを人工的につくりだす方法［ルブラン法］を発見した化学者ニコラ・ルブラン[1]の彫像が立っていた。だが、それはドイツ軍によって撤去・溶解された。とすれば、この人物を選んだのは正当だったことになる。

1950年当時、サン＝ドゥニは航空機や自動車、電機、化学製品などの工場や電機・機械工房などを擁しており、パリ地域でもっとも重要な工業都市のひとつだった。1914年からの第1次大戦では、そこにはさらに武器生産工場も設けられた。そしてその通りには、レジスタンスの英雄的な共産主義の闘士たちの名がつけられた。ダニエル・カザノヴァ[2]やガブリエル・ペリ［→ガブリエル・ペリ駅］などであり、さらにマルセル・サンバ[3]といった社会主義者の闘士たちの名もみられた。まさにサン＝ドゥニは極左の城砦だった。

1．パリ大学の医学部に学んだルブラン（1742-1806）は、1780年、オルレアン公爵家の専属外科医となり、塩から炭酸ナトリウムを析出するその研究に金銭的な援助を受ける。1789年、ルブラン法を発見してメゾン＝ド＝セーヌ、現在のサン＝ドゥニに工場を建設し、オルレアン家の支援を受けて91年から炭酸カルシウムの生産を開始する。だが、革命によってオルレアン家が没落し、最終的に工場も破産に追い込まれて自殺する。

2．カザノヴァ（1909-43）はコルシカ島出身の女性レジスタンス活動家。パリ大学の歯学部に学ぶが、左翼学生たちの組織に加わり、1930年代には青年共産主義者同盟、平和主義と反ファシズムを唱えるフランス若年女性連合の指導者となる。

1940年からはパリ地方の女性委員会に参加し、非合法の新聞「パンセ・リーブル（自由思想）」に寄稿する一方、みずから「ラ・ヴォワ・デ・ファム（女性たちの声）」紙を立ち上げ、ドイツ占領軍に反対するデモを繰り返し組織する。だが、1942年にフランス警察に逮捕され、43年、アウシュヴィッツに送られる。この収容所で、外科・歯科医の看護師として働きながら、地下活動を続けたが、チフスにかかって落命する。

3．サンバ（1862-1922）はパリ北西部のボニエール＝シュル＝セーヌに生まれた弁護士・ジャーナリスト。1893年以来、セーヌ県選出の下院議員に幾度なく選ばれた彼は、1902年にフランス社会党、05年にSFIO（社会主義労働者インターナショナル・フランス支部）の中枢に入り、政教分離法に賛成票を投じる。さらに、社会主義新聞の「ラ・プティット・レピュブリク（小共和国）」紙の主幹を務める一方、1914年には公共事業相に就任し、人権擁護連盟のメンバーにもなった（→マルセル・サンバ駅）。妻はフォーヴィズムの画家で彫刻家としても知られるジョルジェット・アギュト（1867-1922）。

## バジリク・ド・サン＝ドゥニ（Basilique de Saint-Denis）駅［旧サン＝ドゥニ・バジリク駅］

　このメトロ駅は、フランスの歴代王たちが埋葬されているサン＝ドゥニ大聖堂から指呼の間に位置する。殉教者、すなわち聖ドゥニ［250頃没］や仲間たちの亡骸は、ルイ16世［在位1774-92］とマリー＝アントワネット［1755-93］、ルイ18世［在位1814-15年／1815-24年］、さらに他の王族たちの棺とともに、その納骨堂に安置されている。銀メッキを施した貴重品箱の中には、国王アンリ3世［在位1574-89］、アンリ4世［在位1589-1910］とその妃マリー＝ド＝メディシス［1575-1642］、息子ルイ13世［在位1610-43］、13世の長子であるルイ14世［在位1643-1715］、さらにルイ18世の心臓や内臓が収められている。彼らの墓はフランス革命時に荒らされ、高名な人物の遺骸も数多く散逸した。ただし、赤紫と金糸で織られたサン＝ドゥニ修道院の幟［→ストラスブール＝サン＝ドゥニ駅］は、長い間宝物として展示されていた。フランスの国王たちは戦いの前にこの幟を手にした。それは国王のシンボルであり、のちにフランス王国の旗印となった。

　このサン＝ドゥニはたんに聖別された場所であるだけでなく、やがてメトロが足を踏み入れることになる歴史の場でもある。

［訳者追加］

### サン＝ドゥニ＝ウニヴェルシテ（Saint-Denis Université）駅

　サン＝ドゥニ市の北部、ピエレット＝シュル＝セーヌ市との境に位置するこのメトロ駅は、1998年5月25日に開業している。地上部はバス・ターミナルで、駅名にあるウニヴェルシテ（パリ第8大学）は真向かい、さらに国立古文書館新館の最寄り駅ともなっている。

　パリ第8大学、通称サン＝ドゥニ・ヴァンセンヌ大学（2010年現在学生数約2万2000、専任教員数約700）は、1968年5月にパリの学生たちが社会的不平等・不公平や権力および逼塞状況を打破すべく立ちあがった、いわゆる「5月革命」のあと、1969年にヴァンセンヌに創設された学生自治の実験大学を嚆矢とする。ミシェル・フーコー（1926-84）やジル・ドゥルーズ（1925-95）、ジャン＝フランソワ・リオタール（1924-98）、ロラン・バルト（1915-80）、モナ・オズーフ（1931-）といった当代きっての思想家や哲学者、文学者、歴史家などが教壇に立ったこの大学は、大学入学資格試験（バカロレア）なしでも入れた。

　だが、共産主義者や毛沢東信奉者を初めとするフランス左翼思想の一大拠点となり、学生運動が活発化するになるにつれて、体制からその存在が疎まれるようになり、1980年、時のパリ市長ジャック・シラク［1932-］や大学担当相によって、教職員の反発もものかわ、サン＝ドゥニに改組・移転される。これにより、学生たちはより若く、ほとんどが大学入学資格試験合格者となった。教員もまた全体的に若返った。一説に彼らの多くはヴァンセンヌ時代の闘争に無関心だというが、たしかにかつてこの大学が引き受けていた自由教育の「実験」精神を、現在のパリ第8大学に見出すことは難しいとだけはいえる。

# 14号線

【訳者追加】

ビブリオテーク・フランソワ・ミッテラン駅構内

# 14号線【訳者追加】

サン＝ラザール駅 ～ オランピアド駅

《開業1998年、営業距離10.7km、駅数9》

- サン＝ラザール駅
- マドレーヌ駅
- ピラミッド駅
- シャトレ駅
- リヨン駅
- ベルシー駅
- クール・サン＝テミリヨン駅
- ビブリオテーク・フランソワ・ミッテラン駅
- オランピアド駅

# 14号線

　メトロ14号線は1998年10月に開業したもっとも新しい路線である。同じセーヌ左岸を走るRER（→序文）-A線のオベール駅とシャトレ＝レ・アル駅間の混雑を緩和し、同時に12・13区を中心部と結ぶために敷設された。その最初の区間は、マドレーヌ駅とビブリオテーク・フランソワ・ミッテラン（元大統領の名を冠した国立図書館）駅だった。だが、2003年12月にマドレーヌ駅からサン＝ラザール駅まで延長され、さらに2007年6月には、ビブリオテーク・フランソワ・ミッテラン駅とオリンピアド駅間が結ばれた。駅間距離を他の路線以上に広げて停車回数を減らし、他の路線が平均時速25ｋｍであるのに対し、45ｋｍという高速走行をするところから、「メテオル（Meteor）」（東西高速メトロ）とも呼ばれるこの路線の特色は、最新の技術が駆使されているところにある。ジーメンス輸送システム会社が開発したSAET（自動列車運転システム）を採用したことで乗務員が不要となり、車両はパリのメトロのなかで唯一運転士のいない自動操縦システムを採用しており、次駅を知らせる車内放送も初めて行われている。もうひとつの特色は、わずか9駅を数えるだけにもかかわらず、RERの全線──A・D線（シャトレ駅・リヨン駅）、B線（シャトレ駅）、C線（ビブリオテーク・フランソワ・ミッテラン駅）、さらにE線（サン＝ラザール駅）──と連結していることである。これにより、パリの鉄道網は格段の便利さを増すようになった。

　最初、14号線という呼称はアンヴァリッド駅とポルト・ド・ヴァンヴ駅を結ぶ路線に用いられていた。だが、1976年、アンヴァリッド駅からセーヌ川を越えてサン＝ラザール駅へといたる区間が開通したのにともなって、それは13号線に吸収され、14号線の呼称自体も廃止された。

サン＝ラザール駅 → 3 号線

マドレーヌ駅 → 8 号線

ピラミッド駅 → 7 号線

シャトレ駅 → 1 号線

リヨン駅 → 1 号線

ベルシー駅 → 5 号線

**クール・サン＝テミリヨン（Cour Saint-Émilion）駅**
　ベルシー公園の最寄り駅であるこのメトロ駅は、ボルドー・ワインの銘酒サン＝テミリヨンの名を冠している。由来は、かつてその一帯がボルドー地方からワインを積んで首都に来る列車の終着駅、すなわち旧ベルシー貨物駅だったことによる。セーヌ沿いのベルシー河岸には、水路で運ばれてきたワインの貯蔵倉庫も連なっていた（ただし、これらのワインをここで即売することは禁じられていた）。駅名にあるサン＝テミリヨン小路とは、通りがこれらワイン関連施設内にあったことを示している。
　このメトロ駅は最初、ブルゴーニュ・ワインの集散地であるディジョンと呼ばれ、のちにクール・サン＝テミリヨン小路に近接するブルゴーニュ・ワインの名産地にちなむ通りの名を結びつけて、ポマール＝サン＝テミリヨン通りと改称された。一説に、こうしてフランス・ワインを代表する２大産地の名を並置することで、不公平さとそれに起因する対立を避けたという。だが、1991年に出された「エヴァン法」（喫煙・飲酒および販売・宣伝規制令）により、時のRATP（パリ交通公団）はワインの銘柄をふたつながら並べた駅名を、現行のように単純化したのだった。

**ビブリオテーク・フランソワ・ミッテラン（Bibliothèque François Mitterand）駅**
　フランソワ・ミッテランは、1916年、ボルドー北方にあるジャルナック地方のシャランデーズに生まれている。家はカトリックで保守的なブルジョ

ワ階級に属していた。パリ大学から自由政治学院（のちの国立政治学院）に進んで、1937年に法学と文学の学士号をとるが、すでに34年から極右に傾き、反ユダヤ主義・反社会主義を標榜する王党派の民族主義運動「アクシオン・フランセーズ」に参加し、国粋主義的な「エコー・ド・パリ」紙に寄稿してもいた。

1937年、徴兵で植民地歩兵隊に入った彼は、終生の友となるユダヤ人の社会主義者で、のちの下院議員ジョルジュ・デヤン（1915-79）と出会い、第2次大戦が勃発した39年、召集されて下士官としてマジノ線に送られる。翌年6月、敵弾を受けて片腕を失くし、ドイツ軍の捕虜となるが、1年半を強制収容所で送った彼は、42年1月、脱出に成功し、帰国後、ヴィシー対独協力政府のもとで戦争捕虜互助委員会の責任者となる。やがて43年2月頃からORA（フランス陸軍レジスタンス組織）と関係を持ち、ドイツ軍の秘密護衛隊や親独民兵隊から狙われるようになる。ヴィシー政府は、革命秘密行動委員会、通称カグール団の推挙を受けて、彼にフランシスク勲章を授けている。親独活動が評価されたためである。しかし、遅くとも同年夏には対独レジスタンス運動に参加し、11月にはロンドに逃亡し、ド・ゴール将軍と出会ってその臨時政府に加わり、1944年2月には戦争捕虜・被強制収容者国民運動を指揮することになる。

終戦後の1946年11月、総選挙でヴェール県選出の国民議会議員となった彼は、以後、第4共和政で、植民地相や国務相、法相など5度の閣僚を務め、65年の大統領選挙では左派の統一候補としてド・ゴールと争い、一敗地にまみれる。さらにフランス社会党第一書記となって3年後の大統領選挙では、決選投票でヴァレリー・ジスカール・デスタン（1926-）に惜敗する。だが、1981年の大統領選挙ではこれを破って第5共和政第4代大統領となり、社会党内閣を率いて、死刑制度の廃止や法定労働時間の短縮、大学入試制度の改革、私企業の国有化などを実施する。1986年、総選挙での与党社会党の大敗を受けて、のちに大統領となる右派のジャック・シラク（1932-）を首相とする、第1次保革共存（コアビタシオン）による政権運営を行い、88年の大統領選挙ではこのシラクを倒し、死の前年の95年にその職を辞すまで、14年というフランス共和政史上最長の大統領在任記録を打ち立てた。しかし、雇用の拡大を図って導入した週35時間労働や社会保障費の拡大などを初めとする彼の施策が、現在のフランス経済や社会に大きな足枷となっていることは疑いえない。

そんな彼の死後2年目に開業したビブリオテーク・フランソワ・ミッテラン駅は、セーヌ川を望む同名の国立図書館の最寄り駅となっている。当初は近接する通りの名をとってトルビアック＝マセナ駅と呼ばれていた。4棟4層からなるこの新図書館は、1980年代にミッテランが立ち上げた都市改造のグラン・プロジェクトの一環として、新オペラ座（バスティーユ）などとともに企画され、彼の死から11カ月後の1996年12月に開館した。設計者は若手フランス人建築家のドミニク・ペロー（1953–）。国際コンペで最終的に彼を選んだのはミッテランだった。それまでのパリの国立図書館は12区のリシュリュー通りにあり、1367年に賢明王シャルル5世（1367–80）によって建てられた。トルビアック館とも呼ばれる新図書館に対し、リシュリュー館と呼ばれるそこには、現在、造形資料（写真・版画・貨幣など）や手写本の部門のほか、国立古文書学校付属図書館や国立美術史研究所が入っている。なお、これら両館および分館のアルセナル図書館に所蔵されている書籍は1400万点、木版活字本1万2000点、さらに中世の手写本25万点（うち、装飾写本2万点）を越えるという。むろんそのなかには、ミッテランの自伝『フランソワ・ミッテランもしくは「この男、危険につき」』（1958年）も入っている。

### オランピアド（Olympiades）駅

　ビブリオテーク・フランソワ・ミッテラン駅から1.5kmの距離を、6年あまりの工期と1億1100万ユーロの巨費（うち、パリ市の出資金は2300万ユーロ）を投じて、パリ・メトロ298番目の最新駅としてオランピアド駅が開業したのは、2007年6月である。駅舎は採光効率を高めるためにガラスを大量に用い、コンクリート壁に花崗岩の床面、さらに天井に木材を使って柔らか味を演出した。駅名はむろんオリンピックと関連しているが、命名に関してはRATP（パリ交通公団）とパリ市、さらに「オリンピアド（オリンピック競技大会）」の名称権を有するCNOSF（フランス・オリンピック・スポーツ委員会」との間で、開業数カ月も前から協議が行われた。無闇に神聖なスポーツの祭典の名を使ってほしくない。それがCNOSFの言い分だった。計画段階では隣接する通りの名を結んで、トルビアック＝ナポレオン駅となっていた。それがなぜ一転したのかは不明だが、すでに駅のある一帯は、1970年代からオリンピアド地区と呼ばれており、高層マンションが林立するパリでもっとも人口密度が高かった。

14 号線

　「この新しいメトロ駅は、それまで公共の交通機関に恵まれなかった13区の心臓部に位置するトルビアック（→トルビアック駅）＝シュヴァルレ（→シュヴァルレ駅）地区と、パリ第1大学トルビアック校2万の学生にとっての僥倖である」。2007年6月27日、ラジオ局の「エウロプ1」は、オランピアド駅開業時の放送でこう伝えているが、たしかにそれまで、ここはいささか自虐的に「ノーマンズ・ランド」と呼ばれてもいた。西側に中国・東南アジア系住民が数多く住む人口密集地に、無人地帯とは奇妙な話だが、市営バスしかなかったこのオランピアド地区にメトロ駅ができたことで、新しいパリの都市改造計画がひとつの転機を迎えたことはたしかである。

### 訳者解説
# メトロもしくは歴史の里程標

　地下鉄が世界で最初に走ったのはロンドンだった。1863年1月10日、「メトロ」の由来となったメトロポリタン鉄道のバディントン〜ファリントン間で、やがてブダペスト（1896年）やボストン（1898年）が続き、世紀が変わった1900年7月19日、ようやくパリにもポルト・マイヨ〜ポルト・ド・ヴァンセンヌ間が開通する。上野〜浅草間にわが国初の地下鉄が走るより27年前のことだった。当時、パリは5度目の万博（4月15日〜11月5日）で沸き返っていた。過去の回顧と新世紀への展望を標語に、4700万もの入場者を集めたこの万博には、ロンドンから来た川上音二郎と、その妻で、ロダンを虜にしたという貞奴が公演し、夏目漱石も同じロンドンから訪れている。あるいは彼らもまた多くの入場者と同様に、開業したてのメトロに乗ったのだろうか。

　以後、パリのメトロはまさに新世紀の交通手段として発展を続け、現在は駅数300を数えるまでになっている。パリ市内ならどこからでも500メートル以内にメトロ駅があるという。根拠のほどは定かでないが、長年住んでみてたしかにその実感はある。日曜・祭日に少なからぬバス路線が「走るかどうか保証できず（セルヴィス・ノン・アシュレ）」、つまり運休する方通事情にあって、安心できる便利な足といえる。

　2009年にかぎっていえば、1日あたりの乗客数は約400万。駅数182のモスクワ（約900万）や、駅数が282の東京（800万）には遠く及ばない。だが、コンコースではRATP（パリ交通公団）のオーディションに受かった音楽グループや大道芸人たちが、しばしば得意の芸を披露し、ときには無届の「芸人」たちが車輛の中まで入って、世辞にもうまいとはいいかねる「芸」で花代を求める。なかには失業しているのは自分のせいではないと乗客たちの同情を買い、口上と引き換えに1ユーロないしレストランの食券をねだる口舌の雄もいるが、これもまたパリのメトロならではの風景ではある。

訳者解説

　パリ市観光局の統計によれば、この「芸術の都」を訪れる外国人観光客の数は、年間およそ1400-1500万。年で多少の増減はあるものの、おおむね東京の約2倍である。その多くが1度ならずメトロを利用するはずだ。観光シーズンともなれば、混雑した車内に、フランス語に交じって各国語が乱れ飛ぶ。芸術の都がまさにコスモポリット都市であることをあらためて想い起こさせる。メトロポリタンとコスモポリタン。そこではこのふたつが分かつ難く結びついているのだ。
　一方、駅名表示板に目をやれば、道路や広場の表示板と同様に、青地に白文字で記された歴史上の人物や出来事の名が飛び込んでくる。なかには、よほどの物知りしか、いや、彼らさえ知らないような駅名もある。そうした命名の特徴や経緯は本文を読んでもらうほかないが、本書序文の顰に倣っていえば、パリのメトロはまさに歴史の「動く殿堂」としてある。地上の表示板と同様に、地下に歴史を刻みながら、メトロは過不足なくその歴史の回廊を走っているともいえる。
　「パリには歴史がよく似合う」。かつて訳者は本書の姉妹本とでもいうべきミシェル・ダンセル著『図説パリ歴史物語　上・下』（原書房、1991年）の訳者あとがきでそう書いたことがある。ベルナール・ステファヌ著『図説パリの街路歴史物語　上・下』（原書房、2010年）のあとがきでは、そんなパリの歴史的意味と重さを縷々紹介しておいたが、20世紀のパリもまたおそらくメトロ抜きには語れない。パリの文化と社会と感性がメトロと不可分に結びついているからである。本書はそれを端的に示しているはずだ。
　本書の著者ピエール＝ガブリエル＝ロジェ・ミケル（Pierre-Gabriel-Roger Miquel）は、1930年6月30日、フランス中部クレルモン＝フェラン北西方のモンリョソンに生まれている。同郷人に本書にも駅名として登場する人民戦線の指導者マルクス・ドルモワ（1830-1905）がいるが、父はパリで帽子を商っていた。歴史学の教授資格試験に合格したのち、パリ政治学院准教授（1960-70年）やパリ第10大学ナンテール校講師（1964-70）、リヨン大学准教授（1970-71年）を経て、1975年、ソルボンヌのマスコミ論教授となった。
　ミケルは処女作『ドレフュス事件』（1959年）以後、生涯110点以上（！）の著作をものしているが、彼の学問的成功をもたらしたのは、1976年に上梓し、フランス革命の賛美者である著者をして、のちに「ミシュレの後継者」と呼ばしめるようになる、643頁の大著『フランス史』である。後出の膨大

な著作の背景には、おそらくこの大著があるはずだが、1961年には『レイモン・ポワンカレ』でアカデミー・フランセーズのブロケット゠コナン賞、1983年には『第1次世界大戦』で、アカデミー・フランセーズのゴベール大賞を得ている。とりわけ後者は、中世史家のジョルジュ・デュビーや彼とともに心性史の分野を開拓したピエール・マンドルー、アンシャン・レジームの社会史・宗教史研究の泰斗ピエール・シュニュ、さらに中世史家で新しい歴史学を標榜する「アナル派」の指導者ジャック・ル・ゴフ、あるいは書物史研究に一大センセーションを巻き起こしたロジェ・シャルティエなど、錚々たる歴史家たちがその栄誉に浴している、フランス歴史学界最高の賞として知られる。

　一方、哲学の学士号に加えて、文学の博士号も有し、小説家としての顔ももっていた彼は、1970年代にはORTF（国営ラジオ・テレビ放送局）、ついでテレビ局のアンテンヌ2におけるドキュメンタリー部門の責任者となり、さらにラジオ局フランス゠アンテルの制作者として『歴史の忘れもの』や『フランス史』、『歴史の作り手たち』といった番組を制作してもいる。ル・モンド紙などの新聞・雑誌にもしばしば寄稿していたこの碩学は、一般の人々にも歴史の姿を分かりやすく伝える伝道者でもあった。

　だが、2005年11月、ミケルは突如脳溢血に襲われて半身不随となり、それから2年後の2007年11月26日、パリ西郊ブローニュ゠ビヤンクールで息を引き取る。享年77だった。死の翌日、ル・フィガロ紙は彼に次のような一文から始まる追悼文を捧げている。「フランスは第1次大戦の偉大な専門家のひとりを喪った」。「アナル派」とはつねに一線を画し、独自の歴史学を築き上げた。その学問的な根本志向は、29歳で上梓した前述の『ドレフュス事件』の次のような末文から克明に読みとれるだろう。

　　今日のフランス人が（ドレーフュス事件）に熱中するのを止めてしまったにせよ、公共生活におけるその行動、その政治的、または人道的思考方法が、なおしばしばドレーフュス大尉の悲劇が放ちつづけている異常にひろい振幅をもった波動によって規制されている以上、そこにある種の負債を認めざるをえないといわねばなるまい（渡辺一民訳）。

　歴史的出来事を現在と結びつける手法自体はさほど目新しいものではないが、30歳を前にしたミケルは、すでにフランス社会に巣くうドレフュスの

「事件性」をこうして指摘しているのだ。その慧眼と問題意識こそが、以後のミケル歴史学と形作ったはずである。

　本書はそんなミケルが広大無辺な蘊蓄を傾けて書き上げたものである。肩の張らない読み物とでもいえようか。そこではメトロの駅名をいわば歴史の里程標として、フランス史のエピソードが縦横無尽に語られている。これらのエピソードをどうつなぎ合わせるかは、むろん読者にゆだねられている。メトロの路線を経めぐりながら、そしてそれぞれの駅名を確かめながら、もうひとつの歴史に想いをめぐらせる。おそらくはこれこそが本書の醍醐味といえるだろう。パリの歴史散歩は地上にだけあるのではない。

　それにしても、ミケルは異様なまでに多作である。110点以上もの著作すべてを網羅的に紹介するのは差し控えるが（詳細はhttp://fr wikipedia.org/wiki/Pierre Miquelを参照されたい）、下記の一覧はエッセイや小説を除く彼の主要著作の一部である。

## ピエール・ミケル主要著作一覧

1959年　L'Affaire Dreyfus『ドレーフュス事件』, PUF, coll. Que sais-je?, Paris（渡辺一民訳、白水社《クセジュ文庫》）

1961年　Raymond Poincaré『レイモン・ポワンカレ』, Fayard, Paris

1973年　La paix de Versailles et l'opinion publique française『ヴェルサイユの平和とフランスの世論』(博士論文), Flammarion, Paris

1973年　Les souvenirs de Raymond Poincaré『レイモン・ポワンカレ追憶』, Plon, Paris

1976年　Histoire de la France『フランス史』, Fayard, Paris

1977年　La véritable histoire des Français『フランス人の真の歴史』, F. Nathan, Paris

1980年　Les Guerres de Religion『宗教戦争』, Fayard, Paris

1981年　Nouvelle histoire de France『新フランス史』, Fayard, Paris

1982年　Les faiseurs d'histoire. I : De Crésus à Jeanne d'Arc, II : D'Isabelle la Catholique à Catherine la Grande『歴史の作り手たち。I：クロイソスからジャンヌ・ダルクまで、II：イザベル女王からエカテリーナ2世まで』, Fayard, Paris

1983年　La Grande Guerre『第1次世界大戦』, Fayard, Paris

1984年　Histoire de la radio et de la télévision『ラジオ・テレビの歴史』,

Perrin, Paris
1986年　La seconde guerre mondiale『第２次世界大戦』, Fayard, Paris
1988年　La Grande Révolution『フランス大革命』, Plon, Paris
1989年　La Troisième République『第３共和政』, Fayard, Paris
1990年　Les gendarmes『憲兵隊』, Olivier Orban, Paris
1991年　Histoire du monde contemporain『現代世界史』, Fayard, Paris
1991年　La Campagne de France de Napoléon『ナポレオンのフランス遠征』, éd. de Bartillat, Paris
1992年　Le seconde Empire『第２帝政』, Plon, Paris
1993年　La Guerre d'Algérie『アルジェリア戦争』, Fayard, Paris
1993年　Les derniers rois d'Europe『ヨーロッパ最後の王たち』, Robert Laffont, Paris（加藤雅彦監訳、田辺希久子訳、創元社、1997年）
1993年　Petite histoire des stations de metro, Albin Michel, Paris（本書）
1994年　Les Polytechniciens『国立理工科学校の学生・卒業生たち』, Plon, Paris
1995年　Les compagnons de la Libération『フランス解放の仲間たち』, Denoël, Paris
1995年　Mourir à Verdun『ヴェルダンに死す』, Tallandier, Paris
1996年　Vincent de Paul『ヴァンサン・ド・ポール』, Fayard, Paris
1997年　Le chemin des Dames『貴婦人たちの道』, Perrin, Paris
1998年　La victoire de 1918『1918年の戦勝』, Tallandier, Paris
1999年　Vive la République, quand même !『それでも、共和国万歳！』, Fayard, Paris
1999年　Ce siècle avant mille ans『1000年前の今世紀』, Albin Michel, Paris（文学者協会賞）
2000年　Les Poilus『ポワリュ』, Fayard, Paris
2001年　Le gâchis des généraux : Les erreurs de commandments pendant la guerre de 14-18『将軍たちの無駄遣い。1914-18年の戦争における命令・指揮の誤り』, Plon, Paris
2001年　Les Oubliés de la Somme『ソンム戦の忘れもの』, Tallandier, Paris
2002年　Les 16 majeurs de l'Histoire『歴史の16大概念』, Balland, Paris
2002年　Les mensonges de l'Histoire『歴史の偽り』, France Loisirs, Paris
2003年　Les anarchistes『無政府主義者たち』, Albin Michel, Paris

# 訳者解説

2003年　La bataille de la Marne『マルヌの戦い』, Plon, Paris
2003年　L'Exode『脱出』, Plon, Paris
2003年　Vive la France『フランス万歳』, Seguier, Paris
2005年　Austerlitz『アウステルリッツ』, Albin Michel, Paris
2006年　La butte sanglante『血まみれの丘』, Plon, Paris
2008年　Gendarmes des destins incroyables『信じがたい宿命の憲兵隊たち』, Le Cherche Midi, Paris（死後刊行）

　この一覧からただちに分かるように、ミケルはとくに1980年代から晩年まで、毎年のように、時には複数点をほぼ同時に刊行したことになる。これら著作の多様性は、ややもすれば特定の時代、特定の地域、あるいは特定の主題に陥りがちな歴史学者の習性をはるかに凌駕して、さながらメトロの駅名のようである。万華鏡の歴史学。そう名づけてもよいだろう。そのかぎりにおいて、まさに彼の歴史学はメトロのように長い時間の回廊を走り抜けたといえる。

　ときに著者独特のレトリックに悩まされながら、なんとか翻訳を終えることができた。これで前述したM・ダンセル『図説パリ歴史物語』（2巻）および『図説パリの街路歴史物語』（2巻）と合わせて、訳者の「パリ3部作」が同じ原書房から出ることになる。パリに学んだ者として、せめてもの恩返しといえば奇矯にすぎるかもしれないが、これまで同様、本書でもまた原著にかなりの注を施す訳者のわがままを許してくれた、原書房の寿田英洋第1編集部長と廣井洋子氏に対し、心より感謝したい。数えてみれば、原書房から上梓した訳書はいつの間にかこれで16冊目。ありがたいことである。また、都立多摩総合医療センターの上田哲郎先生、西田賢司先生、唐鎌優子先生にも、こうして仕事ができることへの謝意を表さなければならない。

2011年10月

訳者識

# パリ・メトロ駅名索引

○数字は路線番号、アルファベットはRER線

【ア行】

アヴニュ・アンリ・マルタン ⒞ 180
アヴニュ・エミール・ゾラ ⑩ 18, 262
アヴニュ・フォシュ ⒞1 180
アーヴル＝コーマルタン ③⑨ 7, 99, 248
アヴロン ② 17, 86
アサンプレ・ナショナル ⑫ 284
アナトル・フランス ③ 14, 18, 19, 92
アニエール＝ジュヌヴィリエ＝レ・クルティーユ ⑬ 302
アベス ⑫ 25, 277, 287,
アール・エ・メティエ ③⑪ 23, 104, 274
アルジャンティヌ ① 31, 34
アルマ＝マルソー ⑨ 10, 14, 183, 245
アレクサンドル・デュマ ② 18, 61, 85
アレジア ④ 14, 118
アンヴァリッド ⑧⑬⒞1 22, 184, 219, 223, 257, 298
アンヴェール ② 21, 61, 73
イエナ ⑨ 14, 245
ヴァヴァン ④ 13, 123
ヴァノー ⑩ 6, 263
ヴァレンヌ ⑬ 297
ヴィクトル・ユゴー ② 18, 19, 63
ヴィリエ ②③ 67, 91, 97
ヴィルジュイフ＝ポール・ヴァイヤン・クテュリエ ⑦ 11, 13, 192
ヴィルジュイフ＝ルイ・アラゴン ⑦ 19, 191
ヴィルジュイフ＝レオ・ラグランジュ ⑦ 13, 192
ヴォージラール ⑫ 280
ヴォルテール（レオン・ブルム） ⑨ 18, 249

ヴォロンテール ⑫ 280
ウルク ⑤ 153
エウロープ ③ 97
エグゼルマン ⑨ 15, 237, 240
エグリーズ・ドートゥイユ ⑩ 23, 259
エグリーズ・ド・パンタン ⑤ 23, 156
エコール・ヴェテルネール・ド・メゾン＝アルフォール ⑧ 23, 219, 232
エコール・ミリテール ⑧ 21, 221
エスト（東） ④⑤⑦ 15, 17, 21, 135, 152, 207
エスプラナード・ド・ラ・デファンス ① ⒶⅠ 23, 55
エティエンヌ・マルセル ④ 11, 133
エドガー・キネ ⑥ 18, 170
オシュ ⑤ 10, 15, 155
オーステルリッツ ⑤⑩ 14, 21, 148, 186, 257, 268
オデオン ④⑩ 21, 128, 257, 265
オテル・ド・ヴィル ① 21, 41, 274
オペラ ③⑦⑧ 22, 100, 191, 203, 219, 224
オベール ⒶⅠ 56
オーベルヴィリエ＝パンタン＝カトル・シュマン ⑦ 22, 210
オベルカンプ ⑤⑨ 20, 151, 248
オランピアド ⑭ 316

【カ行】

カデ ⑦ 6, 205
カトル＝セプタンブル ③ 11, 101
ガブリエル・ペリ ⑬ 11, 302
ガリエニ ③ 17, 110
ガリバルディ ⑬ 6, 13, 17, 306
カルディナル・ルモワヌ ⑩ 267
カルフール・プレイェル ⑬ 307

カンブロンヌ ⑥ 15, 16, 167
ガンベッタ ③③支線 11, 13, 91, 109, 111
カンポ・フォルミオ ⑤ 14, 146
ギ・モケ ⑬ 11, 13, 305
グラシエール ⑥ 172
グランド・アルシュ・ド・ラ・デファンス ①Ⓐ1 17, 23, 55
グラン・ブルヴァール ⑧⑨ 225, 248
クリメ ⑦ 14, 209
クリュニー＝ラ・ソルボンヌ ⑩ 23, 265
クール・サン＝テミリヨン ⑭ 314
クルセル ② 65
クレテイユ・ウニヴェルシテ ⑧ 23, 233
クレテイユ・プレフェクテュール ⑧ 233
クレテイユ＝レシャ ⑧ 233
クレベール ⑥ 10, 15, 161
クロワ・ド・シャヴォー（ジャック・デュクロ） ⑨ 23, 253
クロンヌ ② 80
ゲテ ⑬ 296
ケ・ド・ラ・ガール ⑥ 23, 174
ケ・ド・ラ・ラペ ⑤ 23, 149
ケネディ＝ラディオ・フランス Ⓒ1 13, 182
コメルス ⑧ 221
コランタン・カリウー ⑦ 11, 13, 209
コランタン・セルトン ⑫ 278
コルヴィザール ⑥ 20, 172
コロネル・ファビアン ② 11, 13, 61, 78
コンヴァンション ⑫ 279
ゴンクール ⑪ 18, 19, 273
コンコルド ①⑧⑫ 21, 36, 219, 223, 285

【サ行】
サンシエ＝ドーバントン ⑦ 8, 20, 198
サン＝ジェルマン＝デ＝プレ ④ 10, 24, 127
サン＝ジャック ⑥ 24, 171
サン＝シュルピス ④ 10, 19, 24, 125
サン＝ジョルジュ ⑫ 287
サン＝セバスチャン＝フロワサール ⑧ 9, 226
サン＝タンブロワーズ ⑨ 248
サンティエ ③ 103
サン＝トゥアン ⑥Ⓒ1 22, 24, 179
サン＝ドゥニ＝ウニヴェルシテ ⑬ 23, 293, 310
サン＝ドゥニ＝ポルト・ド・パリ ⑬ 23, 24, 308
サン＝トーギュスタン ⑨ 237, 247
サン＝ファルゴー ③支線 10, 13, 112
サン＝フィリップ・デュ・ルール ⑨ 246
サン＝プラシド ④ 10, 24, 124
サン＝フランソワ・グザヴィエ ⑬ 297
サンプロン ④ 139
サン＝ポール ① 24, 43
サン＝マルセル ⑤ 25, 147
サン＝マンデ＝トゥーレル ① 49
サン＝ミシェル ④ 129
サン＝ミシェル＝ノートル＝ダム ④⑥ⒷⒸ1 141, 186
サン＝モール ③ 107
サン＝ラザール ③⑫⑬ 21, 24, 40, 98, 285, 293, 298, 314
シテ ④ 131
シテ・ウニヴェルシテール Ⓑ2 141
ジャヴェル＝アンドレ・シトロエン ⑩ 14, 23, 261
ジャスマン ⑨ 241
ジャック・ボンセルジャン ⑤ 11, 13, 152
シャティヨン＝モンルージュ ⑬ 293
シャトー・ドー ④ 23, 134
シャトー・ド・ヴァンセンヌ ① 22, 29, 51, 176
シャトー＝ランドン ⑦ 207
シャトー・ルージュ ④ 137
シャトレ ①④⑦⑪ 22, 36, 40, 117, 132, 202, 271, 274, 314
シャトレ＝レ・アル Ⓐ1ⒷⒹ 141
シャラントン・エコール（プラス・アリス

索引

ティド・ブリアン) ⑧ 219, 231
シャルドン＝ラガシュ ⑩ 6, 7, 259
シャルル・ド・ゴール＝エトワル ①②⑥Ⓐ 5, 11, 17, 29, 32, 34, 64, 161
シャルル・ミシェル ⑩ 11, 261
シャロンヌ ⑨ 250
シャンゼリゼ＝クレマンソー ①⑬ 12, 17, 32, 34, 293, 298
シャン・ド・マルス＝トゥール・エッフェル Ⓒ1 21, 178, 183
シュヴァルレ ⑥ 7, 23, 174
ジュシュー ⑦⑩ 20, 191, 199, 257, 268
シュマン・ヴェール ⑧ 227
シュリー＝モルラン ⑦ 8, 12, 191, 200
ジュール・ジョフラン ⑫ 13, 277, 289
ジュルダン ⑪ 272
ショセ・ダンタン＝ラ・ファイエット ⑦⑨ 23, 203, 237, 248
ジョルジュⅤ (サンク) ① 12, 32, 33
ジョレス ②⑤⑦支線 13, 77, 152, 212
スターリングラッド ②⑤⑦ 13, 15, 76, 152, 208
ストラスブール＝サン＝ドゥニ ④⑧⑨ 7, 23, 133, 226, 248
セーヴル＝バビロヌ ⑩⑫ 8, 22, 264, 283
セーヴル＝ルクールブ ⑥ 8, 168
セギュル ⑩ 16, 262
ソルフェリーノ ⑫ 14, 17, 283

【タ行】

ダニューブ ⑦支線 215
ダンフェール＝ロシュロー ④⑥Ⓑ 17, 121, 141, 161, 171
タンプル ③ 105
チュイルリー ① 21, 37
デュゴミエ ⑥ 15, 175
デュプレクス ⑥ 16, 165
デュロック ⑩⑬ 15, 16, 263, 297
テルヌ ② 64
テレグラフ ⑪ 271
ドメニル (フェリックス・エブエ) ⑥⑧ 15, 161, 176, 229

トリニテ＝デティエンヌ・ドルヴ ⑫ 285
トルビアック ⑦ 15, 197
トロカデロ ⑥⑨ 15, 29, 161, 162, 237, 245

【ナ行】

ナシオン ①②⑥⑨ 47, 61, 161, 178, 251
ナショナル ⑥ 173
ノートル＝ダム・デ・シャン ⑫ 281
ノートル＝ダム・ド・ロレット ⑫ 23, 25, 277, 286
ノール (北) ④⑤ 21, 136, 141, 152

【ハ行】

パシー ⑥ 23, 161, 163
バジリク・ド・サン＝ドゥニ ⑬ 23, 24, 293, 309
バスティーユ ①⑤⑧ 13, 22, 44, 149, 227
パストゥール ⑥⑫ 19, 169, 281
バラール ⑧ 6, 20, 219
バルベス＝ロシュシュアール ②④ 7, 13, 74, 79, 137
パルマンティエ ③ 20, 106
パレ・ロワヤル＝ミュゼ・デュ・ルーヴル ①⑦ 36, 38, 191, 203
ピエール・エ・マリー・キュリー ⑦ 20, 194
ピガル ②⑫ 18, 72, 277, 287
ピクピュス (クルトゥリーヌ) ⑥ 25, 177
ビブリオテーク・フランソワ・ミッテラン ⑭ 313, 314
ビヤンクール ⑨ 23, 238
ビュザンヴァル ⑨ 15, 17, 251
ビュット＝ショーモン ⑦支線 23, 213
ピラミッド ⑦ 14, 203, 314
ビル＝アケム ⑥ 15, 161, 164
ピレネー ⑪ 272
ファルギエール ⑫ 6, 18, 281
フィユ・デュ・カルヴェール ⑧ 25, 226

327

フィリップ・オーギュスト　②　12, 84
フェデルブ・シャリニー　⑧　10, 17, 20, 228
フェリクス・フォール　⑧　12, 221
フォール・ドーベルヴィリエ　⑦　22, 191, 211
ブシコー　⑧　20, 220
プラス・ディタリ　⑤⑥⑦　145, 161, 173, 197
プラス・デ・フェット　⑦支線　⑪　214, 272
プラス・ド・クリシー　②⑬　70, 299
プラス・モンジュ　⑦　6, 19, 191, 199
ブーランヴィリエ　⑨Ⓒ1　181
フランクラン・D・ローズヴェルト　①⑨　13, 32, 33, 246
ブランシュ　②　71
ブルヴァール・マセナ　Ⓒ1　15, 187
ブルゲ＝サバン　⑤　21, 149
ブルス　③　22, 101
プレ・サン＝ジェルヴェ　⑦支線　191, 214
プレザンス　⑬　295
ブーレ＝モントルイユ　⑨　250
ブロシャン　⑬支線　6, 20, 299
ブーローニュ＝ジャン・ジョレス　⑩　14, 257
ブーローニュ＝ポン・ド・サン＝クルー（ラン・エ・ダニューブ）　⑩　257
ベルヴィル　②⑪　19, 23, 79, 273
ベル＝エール　⑥　176
ベルシー　⑥　161, 174, 314
ペルネティ　⑬　17, 295
ペルポール　③支線　17, 111
ペール＝ラシェーズ　②③　18, 82, 91, 109
ペレール　③⑥　14, 21, 23, 91, 94, 179
ベロー　①　51
ボタリス　⑦支線　213
ボビニ＝パブロ・ピカソ　⑤　19, 156
ボビニ＝パンタン＝レイモン・クノー　⑤　19, 156
ボリバル　⑦支線　13, 212

ポルト・ディヴリー　⑦　191, 195
ポルト・ディタリ　⑦　196
ポルト・デ・リラ　③支線⑪　91, 111, 112, 271
ポルト・ド・ヴァンヴ　⑬　293, 294
ポルト・ド・ヴァンセンヌ　①　48
ポルト・ド・ヴェルサイユ　⑫　279
ポルト・ド・クリシー　⑥⑬Ⓒ1　40, 179, 293, 300
ポルト・ド・クリニャンクール　④　22, 117, 139
ポルト・ド・サン＝クルー　⑨　237, 239
ポルト・ド・サン＝トゥアン　⑬　24, 293, 305
ポルト・ド・シャラントン　⑧　230
ポルト・ド・シャンペレ　③　14, 91, 94
ポルト・ド・ショワジ　⑦　191, 195
ポルト・ドートゥイユ　⑩　22, 219, 258
ポルト・ド・バニョレ　③　109
ポルト・ド・パンタン　⑤　22, 154
ポルト・ドーフィヌ　②　17, 61
ポルト・ド・モントルイユ　⑨　237, 252
ポルト・ド・ラ・ヴィレット　⑦　191, 209
ポルト・ド・ラ・シャペル　⑫　13, 290
ポルト・ドルレアン　④　17, 117
ポルト・ドレ　⑧　230
ポルト・マイヨ　①Ⓒ1　29, 30, 179
ポール＝ロワヤル　Ⓑ　142
ボワシエール　⑥　7, 162
ポワソニエール　⑦　206
ポン・デュ・ガリリャノ　Ⓒ5Ⓒ7　183
ポン・ド・セーヴル　⑨　23, 237
ポン・ド・ヌイイ　①　23, 29, 54
ポン・ド・ラルマ　⑨Ⓒ1　23, 184
ポン・ド・ルヴァロワ＝ベコン　③　23, 91, 93
ボンヌ・ヌーヴェル　⑧⑨　225, 248
ポン・ヌフ　⑦　23, 202
ポン・マリ　⑦　23, 191, 201

【マ行】
マドレーヌ　⑧⑫　25, 223, 285, 314

索引

マビヨン ⑩ 18, 257, 264
マラコフ＝プラトー・ド・ヴァンヴ ⑬ 14, 294
マラコフ＝リュ・エティエンヌ・ドレ ⑬ 14, 293
マルカデ＝ポワソニエ ④⑫ 7, 138, 289
マルクス・ドルモワ ⑫ 11, 13, 289
マルセル・サンバ ⑨ 11, 14, 239
マルゼルブ ③ 6, 11, 96
マレシェ ⑨ 23, 251
ミケランジュ＝オートゥイユ ⑨⑩ 18, 241, 259
ミケランジュ＝モリトール ⑨⑩ 10, 18, 240, 259
ミシェル・ビゾ ⑧ 229
ミュゼ・ドルセー ⑫C1 186
ミラボー ⑩ 10, 260
ミロメニル ⑨⑬ 6, 247, 293, 298
ムトン＝デュヴェルネ ④ 15, 120
メゾン＝アルフォール・スタッド ⑧ 232
メゾン＝アルフォール・レ・ジュイオット ⑧ 232
メゾン・ブランシュ ⑦ 196
メニルモンタン ② 14, 25, 81
メリー・ディヴリー ⑦ 22, 191, 194, 196
メリー・ディシ ⑫ 22, 277
メリー・デ・リラ ⑪ 22, 271
メリー・ド・クリシー ⑬支線 22, 301
メリー・ド・サン＝トゥアン ⑬ 24, 306
メリー・ド・モントルイユ ⑨ 22, 237, 253
モベール＝ミュテュアリテ ⑩ 7, 257, 266
モンガレ ⑧ 7, 228
モンソー ② 66
モンパルナス＝ビヤンヴニュ ④⑥⑫⑬ 8, 18, 20, 21, 61, 124, 161, 170, 281, 297

【ラ行】

ラ・クルヌーヴ・ユイ・メ・ミルヌフサン

カラントサンク ⑦ 191, 211
ラ・シャペル ② 75
ラスパイユ ④⑥ 117, 122, 171
ラ・トゥール・モーブール ⑧ 17, 222
ラヌラグ ⑨ 243
ラ・フールシュ ⑬⑬支線 299
ラマルク＝コーランクール ⑫ 9, 15, 288
ラ・ミュエット ⑨ 23, 243
ラ・モット＝ピケ＝グルネル ⑥⑧⑩ 8, 161, 166, 221, 262
ランビュトー ⑪ 13, 274
リエージュ ⑬ 21, 298
リケ ⑦ 7, 20, 208
リシャール＝ルノワール ⑤ 9, 20, 150
リシュリュー＝ドルオ ⑧⑨ 9, 15, 219, 224, 237, 248
リベルテ ⑧ 231
リュクサンブール Ⓑ 140
リュ・デ・ブーレ ⑨ 250
リュ・ド・バック ⑫ 283
リュ・ド・ラ・ポンプ（アヴニュー・ジョルジュ・マンデル）⑨ 244
リヨン ① 21, 23, 46, 314
ルイイ＝ディドロ ①⑧ 13, 18, 47, 228
ルイズ・ミシェル ③ 11, 14, 19, 93
ルイ・ブラン ⑦⑦支線 10, 13, 191, 208
ルーヴル＝リヴォリ ① 21, 38, 39
ル・クレムラン＝ビセートル ⑦ 191, 193
ルドリュ＝ロラン ⑧ 10, 13, 227
ル・ペルティエ ⑦ 10, 205
ルルメル ⑧ 17, 220
レ・アル ④ 13, 132
レオミュール＝セバストポル ③④ 7, 20, 103, 133
レ・ゴブラン ⑦ 22, 197
レ・ザニェット ⑬ 302
レ・サブロン ① 53
レピュブリック ③⑤⑧⑨⑪ 11, 19, 106, 152, 226, 248, 274
レンヌ ⑫ 282
ロベスピエール ⑨ 10, 13, 252

329

パリのメトロ歴史物語

ロミエール　⑤　6, 17, 152
ロム　②　21, 68

【ワ行】
ワグラム　③　14, 95

◆著者◆
ピエール=ガブリエル=ロジェ・ミケル（Pierre-Gabriel-Roger Miquel）
　1930年、フランス中部クレルモン=フェラン北西方のモンリョソンに生まれ、2007年、パリ西郊ブローニュ=ビランクールで他界。歴史家・文学博士。パリ政治学院准教授、パリ第10大学ナンテール校講師、リヨン大学准教授をへて、1975年より95年までパリ第4大学ソルボンヌ校教授をつとめた。1970年代にはORTF（国営ラジオ・テレビ放送局）、ついでテレビ局のアンテンヌ2におけるドキュメンタリー部門の責任者となり、さらにラジオ局フランス=アンテルの制作者として歴史番組の制作にあたった。著書に、『ドレフュス事件』（1959年）、『レイモン・ポワンカレ』（1961年）、『フランス史』（1976年）、『第1次世界大戦』（1983年）、『第2帝政』（1992年）、『ヨーロッパ最後の王たち』（1993年）、『歴史の偽り』（2002年）、『マルヌの戦い』（2003年）、『アウステルリッツ』（2005年）、『血まみれの丘』（2006年）など、100点以上がある。

◆訳者◆
蔵持不三也（くらもち・ふみや）
　1946年、栃木県生まれ。早稲田大学第1文学部卒。パリ第4大学ソルボンヌ校修士課程、フランス国立高等社会科学研究院博士課程修了。早稲田大学人間科学学術院教授。文化人類学（歴史人類学・フランス民族学）専攻。博士（人間科学）。著書に、『シャリヴァリ』（1991年）、『ペストの文化誌——ヨーロッパの民衆文化と疫病』（1995年）、『ヨーロッパの祝祭』（編著、1996年）、『神話・象徴・イメージ』（編著、2003年）、『シャルラタン』（2003年）、『エコ・イマジネール』（監修・著、2007年）、『医食文化の世界』（監修・著、2010年）、『英雄の表徴』（2011年）ほか多数。訳書に、ル・ロワ・ラデュリ『南仏ロマンの謝肉祭』（2000年）、F・イシェ『絵解き中世のヨーロッパ』（2003年）、H・マソン『世界秘儀秘教事典』（2006年）、R・キング『図説人類の起源と移住の歴史』（共訳、2008年）、Th・クローウェル『図説蛮族の歴史』（2009年）ほか多数。

Pierre-Gabriel-Roger Miquel: "PETITE HISTOIRE DES STATIONS DE METRO"
© ALBIN MICHEL 1993
This book is published in Japan by arrangement with ALBIN MICHEL,
through le Bureau des Copyrights Français, Tokyo.

## パリのメトロ歴史物語
<ruby>歴史物語<rt>れきしものがたり</rt></ruby>

●

2011年11月30日 第1刷

著者………ピエール＝ガブリエル＝ロジェ・ミケル
訳者………蔵持不三也
装幀………帰山則之
本文組版・印刷………株式会社ディグ
カバー印刷………株式会社明光社
製本………小高製本工業株式会社

発行者………成瀬雅人
発行所………株式会社原書房
〒160-0022　東京都新宿区新宿1-25-13
電話・代表 03(3354)0685
www.harashobo.co.jp
振替・00150-6-151594
ISBN978-4-562-04732-1
©2011 FUMIYA KURAMOCHI, Printed in Japan